GRUNDLAGEN DER ROMANISTIK

Herausgegeben von Eberhard Leube und Ludwig Schrader

10

# Geschichte des französischen Kernwortschatzes

von

Arnulf Stefenelli



ERICH SCHMIDT VERLAG

**CIP-Kurztitelaufnahme der Deutschen Bibliothek**

**Stefenelli, Arnulf:**
Geschichte des französischen Kernwortschatzes /
von Arnulf Stefenelli. – Berlin : E. Schmidt,
1981.
(Grundlagen der Romanistik ; 10)
ISBN 3-503-01637-6

NE: GT

ISBN 3 503 01637 6


Druck: Loibl, Neuburg (Donau)

# Inhalt

# I. Einleitung

## 1. Ziel und Methode

Dieser Band ist der Versuch einer kontinuierlichen und im Rahmen des (spontansprachlichen) Kernwortschatzes systematischen Darstellung der lexikalischen Entwicklung vom Latein bis zur Gegenwart. Er bemüht sich um ein möglichst adäquates Bild vom Umfang und von der Art der Veränderungen sowie um die Herausarbeitung und Begründung der wesentlichen Entwicklungslinien. Der französische Wortschatz hat als Geschichte einzelner Lexeme bereits eine sehr eingehende Erforschung und innerhalb des *FEW*[1] eine geradezu monumentale lexikographische Gesamterfassung erfahren; eine Wortschatzgeschichte als durchgehender Gesamtüberblick und als Charakterisierung der Haupttendenzen der Entwicklung wurde jedoch innerhalb der bisherigen Veröffentlichungen noch kaum in Angriff genommen[2]. Die einschlägigen Abschnitte der allgemeinen Sprachgeschichten sind nicht nur zwangsläufig summarisch und unvollständig, sondern bringen in der Regel auch die Gefahr eines falschen, weil einseitigen Gesamtbildes: sie konzentrieren sich meist weitgehend auf die als Veränderungsfaktoren besonders ins Auge springenden fremdsprachlichen Einflüsse und bringen demgegenüber die kontinuierlichen und umfangreichen internen Veränderungen nicht in ihrer wahren Bedeutung zum Ausdruck.

Methodische Voraussetzung für ein adäquates Bild vom Umfang der Veränderungen und vom tatsächlichen Anteil der einzelnen Veränderungsarten bildet (soweit absolute Exhaustivität arbeits- und darstellungstechnisch nicht

[1] W. v. Wartburg, *Französisches etymologisches Wörterbuch. Eine Darstellung des galloromanischen Sprachschatzes,* 1922 ff., *I—XXIII* (*XXIV, XXV* = Neubearbeitung *I*).

[2] Ansätze bieten vor allem: D. Messner, *Einführung in die Geschichte des französischen Wortschatzes,* 1977 (cf. *ZfSL 90*, 94—96); id., *Essai de lexicochronologie française*, 1975; J. Chaurand, *Introduction à l'histoire du vocabulaire français*, 1977. Eine anschauliche vulgarisierende Darstellung der Geschichte ausgewählter Wortgruppen gibt G. Gougenheim, *Les mots français dans l'histoire et dans la vie, I* ⁴1972, *II* ²1969, *III* 1975. Systematische Darstellungen wichtiger Teilbereiche bilden etwa Chr. Schmitt, *Die Sprachlandschaften der Galloromania,* 1974, und K. Gebhardt, *Das okzitanische Lehngut im Französischen,* 1974.

möglich ist) die systematische Betrachtung einer möglichst objektiven und repräsentativen lexikalischen Auswahl. Wir wählen als Hauptgrundlage unserer Darstellung, als ein Corpus, das diese Voraussetzungen in bezug auf den spontansprachlichen Kernwortschatz (bei allen Vorbehalten im einzelnen) in relativ hohem Maße erfüllt, die für die Erarbeitung des „français fondamental" erstellte Frequenzliste der tausend häufigsten Wörter der heutigen Sprechsprache[3]. Die Bezeichnungsgeschichte derjenigen (jeweils vorherrschenden) Begriffe, die den Lexemen dieser Liste[4] entsprechen, wird systematisch dargestellt und schafft als Kern der Arbeit die Grundlage für eine angemessene Berücksichtigung aller wesentlichen Aspekte der zentralen Wortschatzentwicklung. Der übrige Wortschatz wird in Auswahl, vor allem zur breiteren Veranschaulichung bestimmter Entwicklungstendenzen, einbezogen.

## 2. Lexikalische Kontinuität und lexikalische Veränderung

Eine diachronische Betrachtung des französischen Wortschatzes kann von der naiven Frage ausgehen, ob oder wieweit in lexikalischer Hinsicht über-

[3] G. Gougenheim — R. Michéa — P. Rivenc — A. Sauvageot, *L'élaboration du français fondamental,* 1964, S. 69—89 (zur differenzierteren semantischen Aufgliederung im verbalen Bereich cf. W. Strack, *Das Verb im gesprochenen Französisch,* 1977).
Eine Teilanalyse der mit *h-* anlautenden Formen dieses Corpus, im Vergleich mit umfangreicheren Lexika, gibt J. Dubois, *Essai de lexico-statistique historique du français contemporain,* in *La Linguistique 2,* 1965, 103—115 (in überarbeiteter Form in *Introduction à la lexicographie*, 1971, 198—206). Einen knappen Überblick v. a. über die allerhäufigsten Einheiten enthält J. Chaurand, *Introduction,* S. 22 f.

[4] Eingeschlossen werden neben den eigentlichen Lexemen (Verben, Substantive, Adjektive, Adverbien) die weithin denselben Entwicklungstendenzen unterworfenen (zwischen Grammatik und Lexikon stehenden) Klassen der Präpositionen, Konjunktionen, Indefinitpronomina und Ordinalzahlwörter. Ausgeklammert bleiben die Artikel, Personal-, Possessiv-, Demonstrativ-, Relativ-, Interrogativpronomina, Grundzahlwörter, Interjektionen, ferner *anglais, américain, italien, allemand, suisse, russe* sowie die sieben in *Elaboration* S. 207 f. sub I und IV ausgenommenen Formen.
Dies ergibt insgesamt 927 Bezugswörter bzw. (bei Berücksichtigung mehrerer Synonymien) knapp 900 „Begriffe", deren Bezeichnungsgeschichte aber teilweise erst in den jüngeren Entwicklungsphasen einsetzt; eine kontinuierlich bis zum klassischen Latein zurückverfolgbare Bezeichnungsgeschichte zeigen etwa 560 Begriffe, eine vergleichbare Entsprechung seit dem Altfranzösischen besteht in rund 760 Fällen.

haupt eine Entwicklung und eine Differenzierung gegenüber dem Latein bzw. den übrigen romanischen Sprachen gegeben sind. Das Lateinische und die romanischen Idiome können in ihrem Wortschatz grundsätzlich Kontinuität bzw. Übereinstimmung zeigen, und gerade hinsichtlich des von uns ins Auge gefaßten Kernwortschatzes herrscht bisweilen, wegen des Fehlens systematischer Analysen, die impressionistische Annahme einer sehr weitgehenden Stabilität[5].

Tatsächlich zeigt ein Vergleich etwa zwischen

| lt. | fr. | it. | sp. |
|---|---|---|---|
| *dicĕre* | *dire* | *dire* | *decir* |
| *hora* | *(l')heure* | *(l')ora* | *(la) hora* |
| *bonus* | *bon* | *buono* | *bueno* |

bezüglich des lexikalischen Typus keine diachronische Veränderung und geographische Differenzierung[6]. Und es lassen sich mit den Elementen des geläufigsten Alltagswortschatzes selbst ganze Sätze bilden, deren Lexemtypen im Lateinischen und in den drei herausgegriffenen romanischen Sprachen weitestgehend identisch erscheinen[7]:

| | | | | | | | | | | | | | |
|---|---|---|---|---|---|---|---|---|---|---|---|---|---|
| *si* | *ma* | *mère* | *voit* | *nos* | *jeunes* | *amis,* | *elle* | *doit* | *leur* | *dire* | *que* | *l'eau* | *de* | *la* | *mer* |
| *[si]* | | *[mater]* | *[vidēre]* | | *[iuvenis]* | *[amicus]* | | *[debēre]* | | *[dicĕre]* | | *[aqua]* | | | *[mare]* |

*est froide*
*[frigidus]*

*se mia madre vede i nostri giovani amici, deve dire loro che l'acqua del mare è fredda*

*si mi madre ve a nuestros jóvenes amigos, debe decirles que el agua del mar está fría.*

Eine andere Beispielauswahl oder ein erweitertes Beispielmaterial macht jedoch rasch deutlich, daß auch im Rahmen des Kernwortschatzes höchstens

[5] So spricht etwa P. Guiraud, *Le moyen français*, S. 51 vom „lexique de base qui est toujours très stable".

[6] Wir abstrahieren von gewissen inhaltlichen Divergenzen, so der je nach Jahreszeit variierenden Dauer der lateinischen *hora*.

Bereits für Dante ergibt sich die genetische Zusammengehörigkeit der romanischen Sprachen (okzitanisch, französisch, italienisch) gerade aus der Tatsache, daß diese „fast alles" mit denselben Wörtern bezeichnen: „Signum autem quod ab uno eodemque ydiomate istarum trium gentium progrediantur vulgaria, in promptu est, quia multa per eadem vocabula nominare videntur, ut *Deum, celum, amorem, mare, terram, est, vivit, moritur, amat,* alia fere omnia" (*De vulgari eloquentia I,* 8).

[7] Weitgehende Divergenzen auch bei diesem Beispielsatz (nur 4 der 10 klassischen Worttypen) würde die rumänische Entsprechung zeigen.

von einer relativen Stabilität und Kontinuität die Rede sein kann, daß bei einer Vielzahl auch zentraler Begriffe Veränderungen nicht nur der Lautform, sondern auch des Bezeichnungstypus als solchem gegeben sind. Bald divergieren die romanischen Sprachen vom klassischen Latein, gehen untereinander aber parallel, so etwa bei der Bezeichnung für ,,Pferd'', wo klassisches *equus* nirgends fortlebt, also offensichtlich im späteren Vulgärlatein ganz durch den Typus *caballus* (> u. a. fr. *cheval*, it. *cavallo*, sp. *caballo*) ersetzt wurde. Bald divergieren auch die romanischen Sprachen untereinander, etwa wenn sie teils am klassischen Typus festhalten, teils nicht, oder wenn sich in verschiedenen Sprachräumen der Romania verschiedene Ersatztypen durchsetzen[8]. Diese Fälle einer lexikalischen Veränderung bzw. Differenzierung sind ihrerseits selbst innerhalb des Kernwortschatzes so zahlreich, daß sie sich exemplarisch und kondensiert wiederum am gesamten Wortbestand konstruierter Sätze illustrieren lassen:

*les pommes que j'ai achetées sont très belles; je veux les manger tout de suite*
*le mele che ho comprato sono molto belle; voglio mangiarle subito*
*las manzanas que he comprado están muy hermosas; quiero comerlas en seguida*

*l'enfant qui a été blessé commence à pleurer*
*il bambino che è stato ferito comincia a piangere*
*el niño que ha sido herido empieza (comienza) a llorar*

*avant de partir nous avons fermé les portes de la maison*
*prima di partire abbiamo chiuso le porte della casa*
*antes de partir hemos cerrado las puertas de la casa*

Die drei Sätze veranschaulichen den völligen oder weitestgehenden Ersatz der klassischen Normalbezeichnungen für: „Apfel" (*mālum*); „kaufen" (*emĕre*); „sehr" (*valde*); „schön" (*pulcher*); „essen" (*edĕre*); „sofort" (*statim, confestim*); „Kind" (*puer / puella, liberi*); „verwunden" (*vulnerare*); „anfangen" (*coepi, incipĕre, inchoare*); „weinen" (*flēre*); „fortgehen" (*abire, proficisci*); „Tür" (*ianua*); „Haus" (*domus*)[9]. Sie zeigen ferner eine Vielzahl innerromanischer Differenzierungen, wobei das Französi-

[8] Als Beispiel läßt sich etwa die Bezeichnung des weiblichen Pferdes, der ,,Stute'', herausgreifen: sp. *yegua* setzt die klassische Bezeichnung *equa* fort, it. *cavalla* entspricht einem sekundären Femininum zu *caballus* (*caballa*), fr. *jument* (afr.mfr. neben *ive* < *equa*) beruht auf *iumentum* (lt. „Lasttier").

[9] Einzelne romanische Fortsetzer haben: *mālum* (ostfr. Abl.; cf. *melum* > ostrom.); *valde* (frpr.); *confestim* (ev. okz.); *incipĕre* (rum., rätorom.); *inchoare* (okz.); *ianua* (v.a. sard., okz., vereinzelt auch fr.; weiterverbreitet bleibt *ostium,* > u. a. afr.mfr. *huis*); *domus* (sard., afr. hapax).
Vergleiche auch die sachlich gegliederte Liste der ganz oder weitestgehend untergegangenen klassischen Formen bei F. Diez, *Grammatik der romanischen Sprachen I*, ⁴1876, 47—51.

sche mit seinem Bezeichnungstypus mehrfach weitgehend eigene Wege geht (*pomme, acheter, très, enfant, blesser, fermer, maison*)[10].

Diese zweite Gruppe von Beispielen macht deutlich, daß grundsätzlich auch im Rahmen des Kernwortschatzes vielfache Veränderungen und damit eine wesentliche wortgeschichtliche Problemstellung bestehen. Andrerseits unterstreicht die Gegenüberstellung mit den vorangegebenen Beispielen für Stabilität, daß im lexikalischen Bereich mit einer kleinen Zahl ausgewählter Beispiele letztlich fast alles bewiesen oder widerlegt werden kann und daß wir einen zuverlässigen Einblick in die genaue Relation zwischen Kontinuität und Veränderung erst von der systematischen Betrachtung eines aufgrund objektiver Kriterien gewonnenen Beispielcorpus erwarten dürfen.

Einen Ansatz in dieser Richtung bildet der kurze Überblick über die Geschichte der zwanzig häufigsten Verben des „français fondamental“ bei G. Gougenheim, *Les mots français I*, S. 257—260. Er ergibt, daß sich bei diesen zentralsten Verbalbegriffen lexikalische Veränderung (fast durchwegs vulgärlateinisch-gallolateinische Neuerungen) und lexikalische Kontinuität im Sinne des Fortlebens der gleichbedeutenden klassischen Verben (*être, avoir, faire, dire, voir, pouvoir, vouloir, venir, croire, devoir*) die Waage halten[11]. Unsere folgende Darstellung wird dieses Verhältnis in Ausweitung auf das gesamte „français fondamental“ und in Differenzierung nach den einzelnen Entwicklungsperioden[12] zu ermitteln haben.

[10] Im Falle von *pomme* und *enfant* gemeinsam v. a. mit dem Okzitanischen und Katalanischen. Die innerromanische Abspaltung des Galloromanischen bzw. Französischen erfolgt in der Regel erst sekundär, von einer weitgehend gemeinsamen vulgärlateinisch-protoromanischen Basis aus: die Grundformen von *acheter* (**accaptare*) und *maison* (*mansio*) überlagern als vorwiegend nordgallolateinische Neuerungen eine ältere gemeinvulgärlateinische Ersatzschicht *comparare* bzw. *casa*; *très* und *fermer* ersetzen erst in der Entwicklung vom Alt- zum Neufranzösischen die fast gemeinromanischen Bezeichnungstypen *multum* (afr.mfr. *mout*) bzw. *claudĕre* (afr.mfr. *clore*). Umgekehrt war vermutlich die Vorform von *enfant* (*infans* „Kind“) zunächst weiter verbreitet und trat in den anderen Gebieten erst sekundär (etwa gegenüber den ursprünglichen Lallwörtern it. *bambino*, sp. *niño*) größtenteils zurück.

[11] Eine entsprechende Auswertung der zwanzig häufigsten Substantive und Adjektive ergäbe einen deutlich höheren Anteil an Veränderungen.
Vergleiche auch G. Gougenheim, *Recherches sur la fréquence et la disponibilité,* in *Etudes de grammaire et de vocabulaire français,* 248—257.

[12] Die chronologische Einordnung der einzelnen Entwicklungen kann allerdings, angesichts der Unvollständigkeit und des relativen Werts der Datierungen, häufig nur Annäherungswert besitzen. Cf. zur Datenforschung u. a. M. Höfler, in *ZrP 85*, 1969, 93—107; *90*, 1974, 30—40; B. Quemada, *Matériaux pour l'histoire du vocabulaire français, Datations et documents lexicographiques*, 1959 ff.

Die von Gougenheim vorgenommene Einbeziehung von *faire* und *croire* unter die Verben, die direkt „les verbes latins qui exprimaient la même notion“ fortsetzen, gibt allerdings Anlaß zu der Präzisierung, daß auch bei anscheinender Kontinuität des einzelnen Worttypus die fallweise Verschiebung des strukturellen Stellenwerts bzw. der semantischen Struktur zu berücksichtigen ist[13]: das lateinische Verbum *facĕre* steht in der klassischen Sprache teilweise in Opposition zu *agĕre*, die vulgärlateinische Entwicklung zum Romanischen hingegen bringt den Schwund von *agĕre* und damit auch eine Verschiebung des strukturellen Stellenwerts von *facĕre* bzw. dessen romanischen Fortsetzern wie fr. *faire* (zu fr. *agir* s. S. 193); als Entsprechung zu nfr. *croire* fungiert im klassischen Latein nicht nur *credĕre*, sondern in der Nuance des subjektiven Meinens vor allem auch *putare* (an dessen Stelle vulgärlateinisch teils *cogitare*, cf. S. 53).

Ähnlich bleibt auch zu dem S. 11 angeführten Beispielsatz zu präzisieren, daß die Entsprechung zwischen klt. *iuvenis* und dessen romanischen Fortsetzern wie fr. *jeune* zwar im hier vorliegenden Bezug auf Personen gilt, nicht aber in bezug auf Tiere und Pflanzen, wo die klassische Sprache auch bzw. nur *novellus* kennt (cf. S. 49), daß neben *mater* im klassischen Latein in der speziellen biologischen Nuance „Erzeugerin“ auch *parens* und *genetrix* sowie neben *amicus* auch *familiaris* „Bekannter, Freund“ bestehen[14].

## 3. Arten und Gründe der lexikalischen Veränderung

Im Rahmen der vielfältigen Arten lexikalischer Veränderungen unterscheiden wir zunächst zwischen „Bezeichnungsveränderung“ (wie sie in allen oben angeführten Beispielen vorliegt) und lexikalischer Veränderung aufgrund geänderter Bezeichnungsnotwendigkeiten. Verändert sich in ersterem Fall die Bezeichnung kontinuierlicher sprachlicher Inhalte oder Inhaltsbereiche, so basiert die zweite Art auf dem meist kulturgeschichtlich bedingten

[13] Vgl. v. a. E. Coseriu, *Pour une sémantique diachronique structurale*, in *TLL 2,1*, 1964, 139—186 (= *Für eine strukturelle diachronische Semantik*, in *Strukturelle Bedeutungslehre*, ed. H. Geckeler, 1978, 90—163); G. Gougenheim, *Etudes*, S. 240.

[14] Im Rahmen der zwanzig häufigsten Substantive des „français fondamental“ zeigen gleich fünf Formen, die auf den ersten Blick als kontinuierliche Weiterführung der klassischen Bezeichnungstypen erscheinen können, weitgehende und in einer Wortschatzgeschichte keineswegs zu vernachlässigende semantisch-strukturelle Verschiebungen:
*tempus* vs. *temps* (auch „Wetter“); *annus* vs. *an* (neben *année*); *femina* vs. *femme* (nur vom Menschen, auch „Ehefrau“); *schola* (neben *ludus*) vs. *école*; *filia* vs. *fille* (auch „Mädchen“).

Zurücktreten oder Neuauftreten sprachlicher Inhalte. Es handelt sich im wesentlichen um Wortschwund oder Neologismus in Verbindung mit dem Schwund oder Neuauftreten der „Sache", etwa den zurücktretenden Bezeichnungsnotwendigkeiten für die Spezifika der antiken und mittelalterlichen Kultur (Sozialstruktur, Heeresorganisation, Kleidung usf.) oder den neuen Bezeichnungsnotwendigkeiten z. B. für moderne technische Neuerungen[15].

Innerhalb der „Bezeichnungsveränderung" läßt sich je nach Kontinuität oder Veränderung der Inhaltsstruktur zwischen „Bezeichnungswechsel" und „Bezeichnungsverschiebung" scheiden. Beim Bezeichnungs w e c h s e l (Wortersatz) tritt ein Lexem B (nach einer mehr oder weniger langen Periode des Nebeneinanders und der Konkurrenz als synonyme Bezeichnungsvariante) als gleichwertige Entsprechung an die Stelle von Lexem A:

[ A ] → ( [ A/B ] ) → [ B ][16]

Die Bezeichnungs v e r s c h i e b u n g dagegen bringt eine Veränderung der semantischen Struktur (cf. S. 14), das heißt eine Änderung, Aufgabe oder Neuschaffung einer lexikalischen Opposition, wie z. B. in der Bezeichnungsgeschichte von

„jung": [ *iuvenis* / *novellus* ] → [ *iuvenis* ] > [ *jeune* ]

„Jahr": [ *annus* ] → [ *an* / *année* ]

Eine durchgehende Erfassung und strenge Abgrenzung der inhaltsstrukturellen Verschiebungen wird allerdings weithin durch den nur begrenzt systematischen Charak-

[15] Im einzelnen werden auch mehrere Bezeichnungsveränderungen von den in gewisser Hinsicht geänderten Bezeichnungsnotwendigkeiten mitbedingt (vgl. etwa die vulgärlateinisch-protoromanische Entwicklung der Verwandtschaftsbezeichnung, S. 51, oder der Militärterminologie, S. 62).

[16] Etwa in der oben angesprochenen Bezeichnungsgeschichte von
„Pferd": *equus* ⟶ *caballus* (u. a. > fr. *cheval*)
„kaufen": *emĕre* ⟶ *comparare* ⟶ **accaptare* (> fr. *acheter*).

ter der Sprachrealität[17] sowie durch unsere begrenzte Kenntnis der älteren Sprachrealitäten beträchtlich erschwert und im Rahmen unserer Darstellung auch nicht angestrebt.

Wortgeschichtlich-semasiologisch, im Blick auf die beteiligten Lexeme, können wir hinsichtlich der Herkunft der neuen Bezeichnung (also der Voraussetzung der Bezeichnungsveränderung) zwischen Bedeutungsveränderung, Neubildung und Entlehnung, hinsichtlich des Schicksals der älteren Bezeichnung zwischen Bedeutungsveränderung und Schwund unterscheiden. So resultieren etwa von den S. 12 angesprochenen Lexemen: *pomme* „Apfel" (*pomum* urspr. „Baumfrucht") und *beau* (*bellus* urspr. „hübsch") aus einer Bedeutungsveränderung bzw. (weniger weit gehenden) „Verlagerung" (cf. S. 28), *acheter* (< **accaptare*) und *tout de suite* (seit 17. Jh.) aus Neubildungen (bei *acheter* mit gehaltlicher Verlagerung) sowie *blesser* (< frk. **blettjan*) aus einer Entlehnung (mit gehaltlicher Verlagerung). Von den jeweils vorangehenden älteren Bezeichnungen sind etwa *mālum* „Apfel" und *pulcher* „schön" ganz geschwunden, während die wichtigsten mittelalterlichen Entsprechungen zu *tout de suite*, nämlich *maintenant* und *tantôt*, in veränderter Bedeutung fortbestehen.

Die Gründe der lexikalischen Veränderung sind teils innersprachlicher, teils außersprachlicher Natur (psychische Triebkräfte; veränderte Bezeichnungsnotwendigkeiten und sozio-kulturelle Voraussetzungen; veränderte Differenzierungsbedürfnisse; Kontakt mit anderen Sprachen). Als innersprachliche (sprachimmanente) Faktoren der Bezeichnungsveränderung müssen grundsätzlich sowohl formale und inhaltliche Nachteile der zurücktretenden als auch formale und inhaltliche Vorteile der siegreichen Bezeichnungen ins Auge gefaßt werden. In erster Linie in Betracht kommen als potentielle Nachteile die Wortkürze, Homophonie und Unregelmäßigkeit sowie inhaltliche Farblosigkeit und Polysemie, als Vorteile die Lautfülle, Regelmäßigkeit, Eindeutigkeit sowie — als verschiedene Formen von „expressiver" Ausdruckskraft[18] — phonische Motivation (Onomatopöie, Laut-

[17] Vergleiche etwa zum heutigen Verhältnis zwischen *an* und *année* M. Wandruszka, *Sprachen vergleichbar und unvergleichlich*, 1969, S. 116 ff. und U. Liehr, *Jour — journée, an — année*, 1971 sowie zu Grundsatzfragen struktureller Lexematik zuletzt O. Gsell, *Gegensatzrelationen im Wortschatz romanischer Sprachen*, 1979, und W. Hupka, *op.cit.* S. 155 Fn. 66.

[18] „Expressiv" nennen wir jede über die reine Darstellungsfunktion der Sprache und über die abstrakte Arbitrarität des Sprachzeichens hinausgehende Bezeichnung, also die mit Konnotationen verbundenen und die motivierten Formen (solange die Lebendigkeit der Motivation erhalten bleibt). Zur „Remotivationstendenz" cf. Verf., in *Sprache und Mensch in der Romania, Festschrift H. Kuen,* 1979, S. 179—192.

symbolik), morphologische Motivation (durchsichtiger Wortfamilienbezug, bildhafte Ausdruckskraft), konkrete Anschaulichkeit, Intensiv- und Affektgehalt, gehobener Stil- und Prestigewert (z. B. gelehrter und fachsprachlicher Bezeichnungsvarianten). Von den verschiedenen möglichen Gründen können im einzelnen Veränderungsfall durchaus mehrere zusammenwirken.

Die sprachverändernde Relevanz der genannten Faktoren und damit der lexikalische Entwicklungsrhythmus können in den einzelnen Entwicklungsphasen beträchtlich divergieren. Sie werden einerseits sprachimmanent, speziell vom jeweiligen lautlichen Entwicklungsrhythmus (Reduzierung des Lautkörpers; neue Homophonien; Verdunkelung der Motivation) mitbestimmt, andrerseits vor allem von der Wirksamkeit psychischer Kriterien wie Vereinfachungs- und Expressivitätsstreben, die als vorwiegend spontansprachliche Tendenzen durchgehend bestehen, in ihrer gemeinsprachlichen Auswirkung aber maßgebend von der jeweiligen Festigkeit der Sprachtradition und damit auch von den jeweiligen Zeitverhältnissen determiniert sind.

Die onomasiologische oder semasiologische Beschreibung und die Begründung der lexikalischen Veränderungen müssen letztlich in jedem Fall einzeln und individuell erfolgen. Der gesamthafte Rahmen unserer Wortschatzgeschichte erstrebt darüber hinaus aber gerade auch die Herausarbeitung der wichtigsten überindividuellen und für die Gesamtentwicklung kennzeichnenden Faktoren. In diesem Sinne setzt die Darstellung auch gliederungsmäßig gewisse Schwerpunkte, welche die für die Entwicklung offenbar wesentlichen Erscheinungen und Haupttriebkräfte besonders hervortreten lassen. Als eine durchgehend wesentliche Triebkraft der Bezeichnungs- bzw. Bedeutungsveränderung sehen wir in erster Linie das Streben nach Expressivität (so die Bildung und das Vordringen von konkret-anschaulichen, motivierten, intensiven und affektiven Formen)[19]. Dieser sehr häufig bestimmende und insgesamt dominierende Aspekt bleibt aber selbstverständlich jeweils mit einer Mehrzahl anderer Faktoren (z. B. formale, oft mit dem Expressivitätsstreben gekoppelte Kriterien[20]; fremdsprachliche Einflüsse; sachlich-kulturgeschichtliche Gegebenheiten) in Relation zu setzen.

[19] Für die Wortschatzgeschichte im Vordergrund steht weniger die Innovation im Bereich der „Parole" als deren progressive Ausweitung und gemeinsprachliche Verallgemeinerung. Diese Verallgemeinerung zur „Normalbezeichnung" ist allerdings in den meisten Fällen gerade auch mit dem Verlust des ursprünglichen Expressivcharakters verbunden.

[20] Zu Auswirkungen der Homophonie, Wortkürze und Unregelmäßigkeit cf. v. a. S. 25, 87, 162, 173 ff., 195, 203, 218 ff.

## II. Der vulgärlateinisch-protoromanische Wortschatz

Die romanischen Sprachen beruhen in ihrem Kern auf der lateinischen Sprech- bzw. Spontansprache, dem sogenannten „Vulgärlatein". Dementsprechend betrachten wir als Ausgangspunkt und erste Entwicklungsphase der französischen Wortschatzgeschichte den vulgärlateinisch-protoromanischen Wortschatz in seinen Besonderheiten gegenüber der Norm der klassischen Literatursprache und in seiner zum Romanischen hinführenden nachklassischen Entwicklung.

Hierbei fassen wir den in seiner Definition und Berechtigung umstrittenen Terminus „Vulgärlatein" als einen Sammelbegriff für verschiedene diastratisch (soziokulturell), diatopisch (geographisch) und diachronisch differenzierte Formen der primär mündlichen Spontansprache (einschließlich gewisser fachsprachlicher Elemente). Hinsichtlich der diastratischen Schichtung darf Vulgärlatein im Sinne von Protoromanisch nicht speziell auf die Volkssprache der unteren Schichten bezogen werden; andrerseits spielen aber in der nachklassischen vulgärlateinischen Entwicklung neben allgemein spontansprachlichen gerade auch die vorwiegend volkssprachlichen Tendenzen eine entscheidende Rolle, wobei die Ausweitung primär populärer Ausdrucksformen eine gewisse Annäherung der zunächst besonders ausgeprägten diastratischen Divergenzen bringt[1]. In geographischer Hinsicht konzentrieren wir uns in diesem Kapitel auf diejenigen Erscheinungen, die mehrere oder alle romanischen Großräume betreffen und dementsprechend als mehr oder weniger gemeinprotoromanisch gelten können, während die Frage der diatopischen romanischen Ausgliederung und die Darstellung der lexikalischen Spezifika des (nördlichen) Gallolateins einem anschließenden speziellen Kapitel vorbehalten bleiben. Ungeachtet dessen dürfen wir aber auch für die frühe und überwiegend gemeinromanische Periode des Vulgärlateins einzelne diatopische Divergenzen nicht ausschließen und insgesamt nur eine relative Einheitlichkeit voraussetzen.

[1] In manchen Fällen mündet eine diastratisch-diaphasische Differenzierung des frühen Vulgärlateins in eine romanische geographische Differenzierung (cf. S. 24 f., 94).

Eine spezielle und systematische Darstellung des vulgärlateinischen Wortschatzes existiert nicht. Kompetente Teileinblicke vermitteln vor allem:

E. Löfstedt, *Philologischer Kommentar zur Peregrinatio Aetheriae*, 1911 (Nachdruck 1966) [= Löfstedt]

id., *Syntactica*, 2 Bde., ²1942/1933 (1956) [= Löfstedt*Synt*]

id., *Late Latin*, 1959

A. Ernout, *Aspects du vocabulaire latin*, 1954 [= Ernout]

V. Väänänen, *Introduction au latin vulgaire*, ²1967, v. a. III. *Les mots*, 75—103 [= Väänänen]

Ein Gesamtinventar des lateinischen Wortschatzes bis zum Ende des 6. Jhs. gibt der *Thesaurus linguae latinae*, 1900 ff. [= *ThLL*]

## 1. Quellen

Das Vulgärlatein als primär mündliche Spontansprache ist nirgends direkt, in rein authentischen Zeugnissen überliefert. Die wesentlichen Besonderheiten des vulgärlateinisch-protoromanischen Wortschatzes sind uns jedoch indirekt zugänglich, einerseits durch lateinische Dokumente, die der Spontansprache nahekommen bzw. spontansprachliche Elemente enthalten, andrerseits durch das Zeugnis der romanischen Sprachen.

Die wichtigsten lateinischen Dokumente für die Kenntnis des Vulgärlateins bilden:

Einzelne vulgärlateinisch gefärbte literarische Texte, die im Sinne einer realistischen Darstellung bewußt auch spontansprachlich-volkssprachliche Elemente verwenden, so vor allem die Komödien des Plautus oder die *Cena Trimalchionis* des Petron, der eine Reihe ungebildeter Freigelassener offenbar weitgehend die ihnen tatsächlich zukommende Sprache sprechen läßt (cf. 2.).

Mehrere Texte christlicher Autoren, die zum Teil bewußt gewisse Konzessionen an die Volkssprache machen, vor allem um auch von der großen Masse verstanden zu werden („Melius est reprehendant nos grammatici quam non intelligant populi", Augustinus). Besonders ausgeprägt sind die spontansprachlichen Züge in den ältesten Bibelübersetzungen, der sog. *Itala* oder *Vetus latina* (seit Anf. 2. Jh.), eine geringere vulgärlateinische Färbung zeigt die vereinheitlichende *Vulgata* des Hieronymus (Ende 4. Jh.)[2].

Manche Werke nachklassischer Autoren, die (abgesehen von geringen literarischen Ambitionen) die Norm der klassischen Literatursprache nur mehr mangelhaft be-

[2] Cf. H. Rönsch, *Itala und Vulgata*, 1875 (Neudruck 1965); F. Abel in *Interlinguistica, Festschrift M. Wandruszka*, 1971, 3—12; *Novae concordantiae Bibliorum sacrorum iuxta vulgatam versionem critice editam*, 5 Bde., 1977.

herrschen und so weitgehend unbewußt spontansprachliche Elemente in ihre Sprache einfließen lassen. Ein anschauliches Beispiel bietet das sog. *Itinerarium Egeriae* (früher *Peregrinatio Aetheriae*) aus dem Beginn des 5. Jhs. (cf. Löfstedt; Ernout, 199—219; G. F. M. Vermeer, *Observations sur le vocabulaire du pèlerinage*, 1965).

Unter ähnlichen Voraussetzungen mehrere Fachtexte (etwa über Heilkunde, Ackerbau und Viehzucht, Kochkunst), deren Verfasser vor allem in den späteren nachklassischen Jahrhunderten meist geringe literarisch-stilistische Kenntnisse und Ambitionen hatten. Als besonders ertragreiches Beispiel sei die sog. *Mulomedicina Chironis* (2. Hälfte 4. Jh.) genannt, als frühe Quelle für eventuelle gallolateinische Spezifika das Rezeptbuch *De medicamentis liber* des Marcellus Empiricus aus Bordeaux (Anf. 5. Jh.). Die Spontansprache der merowingischen Periode spiegelt sich vor allem in den zahlreichen „Vulgarismen" der Chroniken (Gregor v. Tours, 2. Hälfte 6. Jh., *Fredegarchronik*, 7. Jh.), Gesetzestexte (*Lex Salica*, Ende 5./Anf. 6. Jh.) und Urkunden.

Private Inschriften, die in zwangloser Form bzw. von Ungebildeten redigiert wurden, so Tausende von Wandkritzeleien (*graffiti*) in Pompeji und zahlreiche Grabinschriften. Der spezifisch lexikalische Quellenwert der Inschriften bleibt allerdings beschränkt, da der Wortschatz vor allem der Grabinschriften meist begrenzt und weitgehend stereotyp ist; relativ ergiebig ist hier fast nur der Bereich der Verwandtschaftsbezeichnungen (z. B. *tata* „Vater", > rum., südit.; *brutis* „Schwiegertochter", > u. a. fr. *bru*; *cognatus, sororius* „Schwager", S. 65, 109).

Angaben lateinischer Grammatiker, insbesondere auch die aus puristischer Sicht getadelten und gerade dadurch in ihrer spontansprachlichen Existenz bezeugten Formen, z. B. „*similat* non dicimus, sed similis est" (Diomedes, 4. Jh.; cf. S. 74) oder „Nemo (d. h. kein Gebildeter) enim dicit *de post* forum, nemo enim *ab ante*" (Sergius, um 400; cf. S. 70). Eine umfangreiche Zusammenstellung solcher Korrekturen (227 Formen) überliefert die sog. *Appendix Probi* (3./4., ev. 7. Jh.), wobei aus lexikalischer Sicht vor allem die Verwendung mehrerer Diminutivableitungen anstelle ihrer Grundformen interessiert (cf. S. 45 ff.): 83 „auris non *oricla*", 133 „fax non *facla*", ferner *iuvenclus, catellus, nepticla, anucla, mergulus*.

Glossen, das heißt Erklärungen seltener oder nicht mehr lebendiger Wörter durch geläufigere, häufig vulgärlateinische Entsprechungen, so etwa „os : *bucca*" oder „urbs : *civitas*". Von besonderem Interesse für die Kenntnis und Illustration des protofranzösischen Wortschatzes sind die vermutlich um 800 in Nordfrankreich entstandenen *Reichenauer Glossen* (= *RGl*; cf. S. 92 Fn. 8).

Eine wesentliche und unerläßliche Ergänzung dieser lateinischen Quellen bildet das indirekte Zeugnis der romanischen Sprachen, nämlich Formen und Bedeutungen, die von allen oder mehreren romanischen Idiomen vorausgesetzt werden und dementsprechend mit Wahrscheinlichkeit für das Vulgärlatein erschlossen werden können. Die Tatsache, daß etwa alle romanischen Bezeichnungen für „Ohr" auf den Typus *auric(u)la* zurückführen, ließe einen vulgärlateinischen Ersatz von klassisch *auris* durch sein Diminutivum auch dann erschließen, wenn dieser innerhalb der genannten Quellen nicht bezeugt wäre. In entsprechender Weise läßt sich etwa als Bezeichnung des in den Beispielen von S. 12 angesprochenen Begriffs „anfangen" aufgrund der romanischen Verben (it. *cominciare*, fr. *commencer* seit 10. Jh., okz. *comensar*, kat. *comensar*, sp. *comenzar*, pg. *começar*) ein nicht bezeugtes spätvulgärlateinisches **cominitiare* rekonstruieren (das Simplex *initiare* „anfangen", > sard., obit., rätorom., ist seit dem 2./3. Jh. n. Chr. belegt).

Das Prinzip der Rückerschließung ist grundsätzlich mit Umsicht zu handhaben; es setzt voraus, daß die entsprechenden romanischen Formen nicht auf paralleler Einzelentwicklung oder auf innerromanischer Entlehnung beruhen können und daß die rekonstruierte Form in Einklang mit der vulgärlateinischen Wortbildung bzw. mit belegten Parallelen steht[3]. Die prinzipielle Berechtigung der Methode jedoch wurde auch dadurch bekräftigt, daß mehrere zunächst nur erschlossene Formen nachträglich tatsächlich belegt werden konnten, so beispielsweise *anxia* „Angst" (Dracontius, 5. Jh.; > rom., afr. *ainse*) oder die auch in der letzten Auflage des *REW*[4] noch mit Asterisk versehenen Formen *perdonare* „verzeihen" (4./5. Jh., s. Löfstedt 125; > rom., fr. *pardonner*), *parescĕre* „erscheinen" (als *parescant*, s. Löfstedt 58; > westrom., fr. *paraître*), *canutus* „grau" (s. Löfstedt*Synt II*, 326; > rom., fr. *chenu*), *natica* „Hinterbacke" (u. a. Ambrosius; > rom., afr. *nache*). Der Gesamtanteil der für das Vulgärlatein erschlossenen Asteriskformen innerhalb des *REW* beläuft sich auf etwa 10 Prozent der Grundwörter.

## 2. Lexikalischer Kommentar zu einem Textausschnitt aus Petron

Als konkretes Quellenbeispiel und zur exemplarischen Veranschaulichung vulgärlateinischer Besonderheiten schon der frühen Kaiserzeit greifen wir zwei kurze Textstellen der *Cena Trimalchionis* aus dem fragmentarisch überlieferten *Satiricon* Petrons heraus. Dieses höchstwahrscheinlich im ersten nachchristlichen Jahrhundert (zur Zeit Neros) entstandene Werk läßt den spontansprachlich-volkstümlichen Wortschatz erstmals in breiterer Form hervortreten und bezeugt bereits für das frühe Vulgärlatein eine Reihe kennzeichnender protoromanischer Erscheinungen. Der Autor Petron war offensichtlich bestrebt, die Gespräche der an diesem Gastmahl beteiligten ungebil-

[3] Als Parallelen zu **cominitiare* vergleiche etwa *conducĕre, comedĕre, cognoscĕre, cooperire*, S. 43 f.; siehe auch R. Cornelissen, *Lateinisch com- als Verbalpräfix in den romanischen Sprachen,* 1972, wo insgesamt etwa hundert vulgärlateinische Neupräfigierungen erfaßt sind (zu **cominitiare* S. 50 f.).
[4] W. Meyer-Lübke, *Romanisches etymologisches Wörterbuch,* [3]1935.

deten Freigelassenen sprachlich realistisch wiederzugeben, und ein Vergleich mit unserer sonstigen Kenntnis des Vulgärlateins bzw. des Protoromanischen bestätigt, daß diese Wiedergabe (soweit wir dies in schriftlicher und literarisch stilisierter Form erwarten dürfen) weitgehend getreu erfolgt. Teilweise ergibt sich auch eine diastratische Differenzierung zwischen der Umgangssprache etwa des gebildeten Erzählers Encolpius und der volkstümlicheren Ausdrucksweise der Ungebildeten[5], der die folgenden Sätze entstammen (Ed. Ernout):

(Seleucus) 42,2 „fui enim hodie in funus. *Homo bellus*, tam bonus Chrysanthus animam ebulliit . . . (42,6) *Planctus est* optime — manu misit aliquot — etiam si maligne illum *ploravit* uxor".

Im folgenden Ausschnitt stellt Echion, ein einfacher und völlig ungebildeter Mann, sich selbst und seine Sprechweise in Gegensatz zur Sprache der Gebildeten. Die sprachliche Form, in der er diese Gedanken gegenüber dem Rhetor Agamemnon zum Ausdruck bringt, illustriert den Inhalt seiner Worte auf das trefflichste:

46 „Videris mihi, Agamemnon, dicere: ‚Quid iste argutat molestus?' Quia tu, qui potes loquere, non loquis. Non es nostrae fasciae, et ideo pauperorum verba derides. Scimus te prae litteras fatuum esse. Quid ergo est? Aliqua die te persuadeam, ut ad villam venias et videas casulas nostras. Inveniemus quod *manducemus*, pullum, ova: *belle* erit, etiam si omnia hoc anno tempestas dispare pallavit. Inveniemus ergo unde saturi fiamus. Et etiam tibi discipulus crescit cicaro meus . . . Ingeniosus est et bono filo, etiam si in aves morbosus est. Ego illi iam tres cardeles *occidi*, et dixi quia mustela *comedit*".

Betrachten wir, ausgehend von den kursiv gekennzeichneten Formen und in Verbindung mit dem sonstigen Wortgebrauch Petrons, die Bezeichnung der Begriffe „Mann", „schön, hübsch", „(be)weinen", „essen" und „töten"[6]:

*homo*: Als Bezeichnung für „Mann" zeigt die klassische Sprache das synonyme Nebeneinander von *vir* (speziell in positivem Sinn, z. B. *vir bonus, probus, fortis*) und *homo*. Im spontansprachlich-vulgärlateinischen Wortgebrauch wird jedoch, unter Verzicht auf die fallweise Nuancierungsmöglichkeit, die letztere Form verallgemeinert, und die romanischen Sprachen setzen

[5] Cf. A. Stefenelli, *Die Volkssprache im Werk des Petron im Hinblick auf die romanischen Sprachen*, 1962 [= Verf. *Petron*]. Der Einschränkung von B. Löfstedt, *ZrP 80*, 129, daß nicht von einer konsequenten Differenzierung zweier Sprachstile gesprochen werden kann, stimmen wir voll zu; cf. auch H. Petersmann, *Petrons urbane Prosa (Syntax)*, 1977.

[6] Zu *fui in funus, dispare pallare* sowie den lautlichen und morpho-syntaktischen „Vulgarismen" *argutare, loquere, pauperorum, prae litteras, te persuadeam, ego, ille, cardeles, dixi quia* s. Verf. *Petron*.

dementsprechend ausschließlich *homo* fort (> rom., fr. *homme*; für *vir* „Ehemann“ wird v. a. *maritus* verallgemeinert, > rom., fr. *mari*)[7]:

| *homo* „Mensch“ | |
|---|---|
| *vir* / *homo* „Mann“ | „Frau“ |

→

| *homo* | |
|---|---|
| *homo* | „Frau“ |

Das vulgärlateinische Zurücktreten des bereits bei Plautus und Terenz selteneren *vir* läßt sich nun in den volkssprachlichen Teilen der *Cena Trimalchionis* deutlich beobachten, das heißt die ungebildeten Freigelassenen gebrauchen *vir* mit einer einzigen begründeten Ausnahme überhaupt nicht und greifen durchwegs, wie Seleucus an der zitierten Stelle, zu *homo*. Die wesentlichen Gründe für diese Verallgemeinerung bilden einerseits das offenbar geringere Nuancierungsbedürfnis und das Ökonomiestreben der Spontansprache, andrerseits — als Kriterium für die Bevorzugung von *homo* — dessen größere Lautfülle, eventuell auch die patriarchalische Vorstellung vom Mann als dem eigentlichen „Menschen“[8].

***bellus, belle***: Die klassische Normalbezeichnung für „schön“, nämlich *pulcher*, tritt als abstrakter farbloser Ausdruck in der Spontansprache ganz gegenüber anschaulicherem *formosus* („wohlgeformt“) und affektiverem *bellus* („hübsch, nett“) zurück und lebt im Romanischen nirgends weiter. Nach dem Zeugnis Petrons war diese Entwicklung zu Beginn der Kaiserzeit schon weitgehend abgeschlossen: *pulcher* findet sich im Rahmen der *Cena* nur einmal (in einer vermutlich sprichwörtlichen Wendung); *formosus* (> rum., sp., pg.) begegnet sechsmal (jeweils in der Umgangssprache der Erzählung); das bereits bei Plautus und in Cicerobriefen geläufige *bellus* (>

[7] Die so verallgemeinerte Polysemie von *homo* („Mensch“ + „Mann“, > u. a. fr. *homme*) wird in den Randgebieten der Romania wieder eingeschränkt: rum. *om* vs. *barbăt*, sp. *hombre* vs. *varón*, pg. *homem* vs. *varão*. Man vergleiche auch im modernen Französischen die mehrfachen Umschreibungsmöglichkeiten für *homme* „Mensch“ (*personne, individu, être humain*) und die geläufigen spontansprechsprachlichen Synonyme v. a. für *homme* „Mann“ (*type, gars, mec*; S. 250).

[8] Cf. Löfstedt *Synt II*, 43; zum Einfluß des Genus cf. Meillet, *Linguist. hist. I*, 240, 277. Eine Schwächung von *vĭr* durch Homophonien (*vērum* „Wahrheit“, Gamillscheg, *Bedeutungslehre*, 178 f., *vēr* „Frühling“, *vĕrres* „Eber“, Ducháček in *Interlinguistica, Festschrift M. Wandruszka*, 43 Fn. 12) ist als zusätzlicher Teilfaktor nicht auszuschließen, vor allem aus semantisch-kommunikationslinguistischer Sicht aber wenig wahrscheinlich. Eine Deutung L. Spitzers aus dem neuen christlichen Humanitätsideal (*VR 2*, 198 f.) scheidet angesichts des Wortgebrauchs schon bei Petron chronologisch aus.

u. a. fr. *beau*) insgesamt neunmal (davon mehrmals wie in unserem Ausschnitt im Munde der Ungebildeten)[9].

*plangĕre, plorare / manducare, comedĕre*: Besonders deutlich kommt das volkssprachlich-spontansprachliche Streben nach anschaulicher und affektiver Expressivität bei der Bezeichnung für „weinen" und „essen" zum Ausdruck. Die objektiv-nüchternen Normalverben der klassischen Sprache, *flēre* bzw. *edĕre (ĕsse)*, werden im Vulgärlatein ganz ersetzt und finden im Romanischen keine Fortsetzung. Eine erste expressive Ersatzschicht bilden *plorare* „laut und heftig weinen, heulen" (> westrom., fr. *pleurer*) bzw. die präfigierte Form *comedĕre* „aufessen" (> sp., pg.). In volkstümlicher Sprechweise erhalten aber auch diese Verben ihrerseits die Konkurrenz zweier offenbar noch ausdruckskräftigerer Bezeichnungsvarianten, die sich in einem Teil der Romania ganz durchsetzen, nämlich *plangĕre* „sich aus Trauer schlagen, laut trauern, wehklagen" (als „weinen" > v. a. ostrom.)[10] bzw. *manducare* „kauend, lautstark und gierig essen, fressen" (> u. a. fr. *manger*)[11]. Der Wortgebrauch bei Petron veranschaulicht nun jeweils alle drei dieser Bezeichnungsschichten und läßt hierbei auch gewisse diastratisch-diaphasische Differenzierungen sichtbar werden: *flēre* findet sich insgesamt zehnmal, jedoch nie im Munde der ungebildeten Sprecher, *plorare* achtmal, hiervon fünfmal in der volkstümlichen Sprechweise der Ungebildeten, zweimaliges transitives *plangĕre* speziell bei den Ungebildeten (im zitierten Satz des Seleucus mehr oder weniger synonym zu *plorare*)[12]. Noch genereller als bei *flēre* zeigt sich das frühe vulgärlateinische Zurücktreten bei *edĕre*: das einfache Verbum war zur Zeit Petrons offenbar schon in der Spontansprache aller Schichten weitgehend durch *comedĕre* ersetzt; die Präfixform findet sich insgesamt elfmal und bildet die geläufigste Bezeichnung sowohl der volkstümlichen Gespräche (neben vereinzeltem *edĕre*) als auch der gehobeneren Umgangssprache der Erzählung; daneben tritt aber auch bereits zweimal, in der zum Teil

[9] Cf. auch Väänänen, § 158, (zu *belle*) § 26; zu *formosus* Ernout, *Philologica II*, 78 ff.

[10] Ferner als Ersatz für klt. *miserēri* „Mitleid haben" und *queri* „klagen, sich beklagen": > u. a. fr. *(se) plaindre* (seit *Alexius* bzw. *Roland*).

[11] Ähnlich entwickelt sich auch vlt.-rom. *masticare* „kauen" in Teilen der Pikardie (*ALF* 809) zu „essen".
Vergleiche in der modernen spontanen Sprechsprache als expressive Synonyme zu *manger*: *bouffer, bâfrer* u. a.

[12] Keine Verwendung bei Petron findet *lacrimare*, das als zwar anschauliches, aber nicht sehr kräftiges Verbum (cf. *lacrima* „Träne") in der Spontansprache wenig vital war (cf. auch *ThLL*) und im Romanischen nur als Randbezeichnung fortlebt (u. a. afr. *lermer* „Tränen vergießen, weinen").

eigentlich „vulgären" Ausdrucksweise eines Trimalchio oder Echion (s. Zitat S. 22), das zunächst zweifellos derb-expressivere *manducare*[13].

Als Gründe des vulgärlateinischen Ersatzes von *flēre* und *edĕre* sind neben dem in diesem Falle besonders augenscheinlichen und wohl bestimmenden Streben nach inhaltlicher Expressivität auch die formalen Nachteile der traditionellen klassischen Formen ins Auge zu fassen. Beide Verben sind nicht nur inhaltlich farbloser als ihre Ersatzformen, sondern aufgrund der geringen Lautsubstanz (speziell der einsilbigen Formen) auch formal wenig ausdruckskräftig; hinzu kommen bei *edĕre* die formalen Nachteile der Unregelmäßigkeit und der teilweisen Homophonie mit *esse* „sein". Solche formalen Nachteile der Kürze, Homophonie und Unregelmäßigkeit bilden zwar meist keine zwingenden Gründe für den Untergang bzw. Ersatz einer Form, können aber sicherlich in mehreren Fällen am Schwinden eines ohnehin in seiner Vitalität bedrohten Lexems beteiligt sein. Daß die teilweise Wortkürze beim Ersatz von *flēre* und *edĕre* tatsächlich mitspielte, wird durch das in einigen Texten feststellbare Zurücktreten speziell der einsilbigen Formen erhärtet: bei *edĕre* meidet bereits Plautus, trotz grundsätzlicher Geläufigkeit des Verbums (81 Belege), die einsilbigen Formen *ēs* und *ēst* gänzlich (s. Ernout 155 Fn. 2); bei „weinen" zeigen einige spätlateinische Dokumente (z. B. *Vitae Patrum*) eine hybride Flexion, die speziell die einsilbigen Formen von *flēre* durch die Entsprechungen von *plorare* ersetzt, also *ploro, ploras, plorat, flemus, fletis, plorant*[14]. Im Falle von *edĕre* kann außerdem erst die Berücksichtigung auch der formalen Nachteile verständlich machen, daß sich beim Begriff „essen" die expressiven Formen ganz durchsetzen konnten, während beim Begriff „trinken", der wohl genauso Anlaß zu expressivem Ausdruck bot, klassisches *bibĕre* (> rom., fr. *boire*) allgemein erhalten blieb[15].

[13] Geläufig begegnet das Verbum dann seit den Bibelübersetzungen (s. Ernout 155 f.; Löfstedt, *Late Latin,* 40 f.).

[14] S. Hofmann, *IF 43,* 96 ff. Ein entsprechender zunächst nur teilweiser Ersatz speziell der einsilbigen Formen läßt sich auch in der vulgärlateinischen Ablösung von *ire* „gehen" durch *vadĕre* beobachten, etwa im Rahmen der *Vulgata* (s. Wackernagel, *Gött. Nachr.,* 1906, 181 ff.; Löfstedt *Synt II,* 38 ff.; Väänänen, § 141; Ernout 156 ff.; Rohlfs, *Romanische Sprachgeographie,* 1971, § 132).
Man vergleiche bei Löfstedt *Synt II* den gesamten Abschnitt *Wortform, Wortumfang und Verwandtes* (35—62). Dort findet sich auch die Beobachtung, daß sechzig Prozent aller lateinischen Einsilbler in der Entwicklung zum Romanischen ganz geschwunden sind, eine Zahl, die aber selbstverständlich in Relation zum Gesamtumfang der Verluste gesehen werden müßte.

[15] Gamillscheg (*Bedeutungslehre,* 195 f.) erklärt diese Divergenz zwischen „essen" und „trinken" aus dem Umstand, daß *potare* „saufen", welches als expressiver Ersatz für *bibĕre* in Betracht kam, durch die Homophonie mit *putare* „(Bäume) beschneiden" und *putare* „meinen" unbrauchbar geworden sei. Dieser Faktor kann eventuell mitgespielt haben, scheint uns aber nicht entscheidend, da die Volkssprache (wie Gamillscheg in der Folge selbst andeutet) sicherlich noch weitere Expressivsynonyme kannte und auf der Suche nach einem ausdruckskräftigeren Ersatz für *bibĕre* wohl nicht nur auf *potare* angewiesen gewesen wäre.

*occidĕre*: In der Bezeichnung für „töten" zeigt die Spontansprache gegenüber dem klassischen synonymen Nebeneinander von *interficĕre* und *occidĕre* eine Bevorzugung bzw. Verallgemeinerung des offensichtlich anschaulicheren und drastischeren *occidĕre* („niederhauen", cf. *caedĕre*). Diese Synonymeneinschränkung läßt sich schon im Werk des Petron deutlich beobachten: *occidĕre*, welches in weiten Teilen der Romania fortlebt (u. a. afr.mfr. *ocire*), dominiert bereits bei allen Sprechern, *interficĕre*, welches im Romanischen nirgends weitergeführt wird, beschränkt sich auf einen einzigen (poetischen) Beleg[16].

Die in Verbindung mit dem kurzen Petrontext besprochenen Erscheinungen illustrieren mehrere wichtige lexikalische Besonderheiten schon des frühen Vulgärlateins[17] und zeigen in ihrer Begründung auch bereits die meisten wesentlichen Faktoren, die für die lateinische Spontansprache allgemein kennzeichnend und weithin bestimmend sind. Dieser exemplarische Einblick soll im folgenden durch einen im Rahmen des Kernwortschatzes systematischen Überblick auch über die jüngeren vulgärlateinischen Veränderungen erweitert und vervollständigt werden.

[16] Ein ähnliches Bild zeigen auch die späteren vulgärlateinisch gefärbten Texte (s. Löfstedt *Synt II*, 342—345).
Zu *tutari* (> fr. *tuer*) s. S. 59. *Necare* „töten, umbringen, ermorden" wird im späteren Vulgärlatein bzw. Protoromanischen, vermutlich über die Verbindung *aquā necare*, zu „ertränken" spezialisiert (> rom., fr. *noyer*); cf. Löfstedt, *Late Latin*, 191—194; Väänänen, § 207; Klein, in *Serta Romanica, Festschrift G. Rohlfs*, 21 ff.

[17] Der Wortgebrauch bei Petron veranschaulicht ferner auch den Ersatz von *canĕre* „singen" und *nare* „schwimmen" durch ihre lautvolleren und regelmäßigen Intensivformen *cantare* (> rom., fr. *chanter*) bzw. *natare* (> rom., afr.mfr. *noer*) sowie das spontansprachliche Zurücktreten von *osculari* „küssen" gegenüber affektiverem *basiare* (urspr. „leidenschaftlich, zärtlich küssen"; > rom., fr. *baiser*), *reperire* „finden" gegenüber anschaulicherem *invenire* (einzelne Reste sard., kors., afr.) und *ut* „wie" gegenüber anschaulicherem, eindeutigem und lautvollerem *quomodo* (> rom., afr.mfr. *com*; *quomodo et* > u. a. fr. *comme*).
In zahlreichen anderen Fällen treten die zum Romanischen hinführenden Erscheinungen erst in den späteren Quellen (oder überhaupt nicht) zutage und kennzeichnen offensichtlich erst die Spontansprache der späteren Jahrhunderte. Die klassischen Bezeichnungen für „sprechen" (*loqui*) und „Wort" (*verbum*) beispielsweise treten in der Entwicklung zum Romanischen ganz zurück, erscheinen bei Petron aber (wie auch unser Textausschnitt illustriert) selbst im Munde der Ungebildeten noch geläufig.

## 3. Überblick über die Besonderheiten gegenüber der klassischen Norm und über die nachklassische Entwicklung zum Romanischen

Klassisches Latein und Vulgärlatein zeigen als zwei Teilsysteme („codes") ein und derselben „langue" zahlreiche lexikalische Übereinstimmungen. Viele klassische Lexeme (z. B. *dicĕre, vidēre, venire, debēre, hora, annus, vita, aqua, bonus, sōlus, carus, viridis*) gehörten offensichtlich, auch nach dem Zeugnis der romanischen Sprachen, in weitgehend gleicher Weise der Spontansprache an, sind also in weitgehend gleicher Weise schrift- und vulgärlateinisch. Neben diesen Gemeinsamkeiten zeigt der Wortschatz des Vulgärlateins jedoch schon seit der klassischen Periode zahlreiche Besonderheiten sowie in seiner zum Romanischen hinführenden nachklassischen Entwicklung relativ umfangreiche Veränderungen. Im Rahmen des Kernwortschatzes, gemessen an der Bezeichnungsgeschichte des „français fondamental", tangieren diese Divergenzen und Veränderungen mehr als die Hälfte (gut 300) der in Betracht kommenden (rund 560) Begriffe. Eine exakte Quantifizierung der eigentlichen wortschatzgeschichtlichen Entwicklung etwa ab der klassischen Periode müßte an sich von den bereits zu dieser Zeit gegebenen spontansprachlichen Erscheinungen absehen; da jedoch unsere begrenzten Kenntnisse der Spontansprache eine durchgehende diesbezügliche Bestimmung und Trennung nicht durchführen lassen, fassen wir „Besonderheiten" und „Veränderungen" zusammen[18].

Andrerseits gliedern wir aber den folgenden Überblick nach dem Grad der Entfernung vom klassischen Wortschatz und unterscheiden (in bezug auf die neuen protoromanischen Bezeichnungen) erstens „Verlagerungen" von Lexemen, die in ähnlicher Funktion auch dem klassischen Wortbestand angehören, zweitens (weitergehende) „Bedeutungsveränderungen" innerhalb des traditionellen Formenbestandes sowie drittens und viertens nachklassische „Neubildungen" bzw. „Entlehnungen". Die jeweiligen Untergliederungen bemühen sich teilweise um eine Heraus-

[18] Aus der Darstellung ausgeklammert bleiben Formen, die offenbar vorwiegend der poetischen Sprache angehörten. Lexeme wie *aequor, tellus, cruor, aevum* (als dichterische Synonyme zu den Normalwörtern *mare, terra, sanguis, aetas*) waren in der Spontansprache entweder nicht mehr oder überhaupt nie lebendig und kommen daher in der Regel auch für das Romanische nicht in Betracht (zu *cruor* vs. *sanguis* cf. Ernout 119—126). Insgesamt gilt aber mit B. Axelson (*Unpoetische Wörter*, 1945, 138): „Den allergrößten Teil ihres Wortschatzes hat die hohe und höchste Dichtung mit der Prosa gemeinsam". Zu einer gewissen schulischen Ausstrahlung poetischer Formen im Gallolatein s. S. 105, 111.
Zu Schwankungen und Verschiebungen im Genus der Substantive cf. Väänänen, § 213 ff.

arbeitung der wesentlichen Triebkräfte der Gesamtentwicklung, dürfen aber selbstverständlich die grundsätzliche Individualität jeder Veränderung und ein bei vielen Veränderungen wahrscheinliches Zusammenwirken von verschiedenen Faktoren nicht übersehen lassen[19].

## 3.1. Verlagerungen gegenüber der Norm des klassischen Wortschatzes

Als der klassischen Norm relativ nächststehende Besonderheiten des vulgärlateinischen Wortschatzes betrachten wir als erstes die „Verlagerung" von Lexemen, die grundsätzlich, in ähnlicher Funktion, auch dem klassischen Wortbestand angehören, durch eine spontansprachliche Ausweitung bzw. Verallgemeinerung aber eine Verschiebung ihres Stellenwertes erfahren. Wir unterscheiden, bei jeweils fließenden Grenzen, die Verallgemeinerung eines von mehreren Synonymen (d. h., von Nuancenunterschieden abgesehen, bedeutungsgleichen Formen), die verallgemeinernde Ausweitung einer zur klassischen Bezeichnung bedeutungsähnlichen Form und die Verallgemeinerung eines der Glieder einer lexikalischen Opposition.

### 3.1.1. Synonymeneinschränkung

Wie wir bereits am Beispiel von *vir/homo* und *interficĕre/occidĕre* sahen (S. 22 ff.), kann der Wortschatz des Vulgärlateins angesichts des klassischen Nebeneinanders mehrerer Synonyme eine Wahl treffen und jeweils eine (bzw. einen Teil) der Formen mit verallgemeinerter Funktion weiterführen. Allgemeine Voraussetzungen für den überwiegenden Teil dieser spontansprachlichen Einschränkungen sind einerseits ein relativ geringeres Nuancierungsbedürfnis, andrerseits das Ökonomiestreben. Als Kriterium für die jeweilige Wahl ergibt sich in vielen (wenn auch nicht allen) Fällen die Tendenz nach Anschaulichkeit, Eindeutigkeit und Einfachheit; das heißt die von der Spontansprache bevorzugte und weitgehend oder völlig verallgemeinerte Form erweist sich häufig als anschaulicher (von ihrer spezifischen Nuance und/oder ihrer Durchsichtigkeit her) und/oder eindeutiger und/oder regelmäßig. Die folgenden rund 40 Beispiele entstammen durchwegs der Bezeichnungsgeschichte des „français fondamental":

[19] Abkürzungen: rom. = von allen oder der überwiegenden Zahl der romanischen Sprachen weitergeführt
+ = von den romanischen Sprachen nicht weitergeführt (was aber eine Existenz speziell im frühen Vulgärlatein nicht zwangsläufig ausschließt)
(+) = vom Romanischen nur vereinzelt oder in anderen Funktionen weitergeführt.

| | |
|---|---|
| *agĕre* „treiben, tun“ (v. a. als duratives „tätig sein“) +[20] | *facĕre* „machen, tun“ (v. a. von konkretem Handlungsakt)<br>(> rom., fr. *faire*[21]) |
| *sumĕre* „nehmen“ (+)<br>*capĕre* „nehmen, fassen“ (+) | *pre(he)ndĕre* „erfassen, ergreifen“<br>(> rom., fr. *prendre*[21])<br>cf. *repre(he)ndĕre* „aufhalten, fassen“, „tadeln“<br>(> u. a. fr. *reprendre* „wieder nehmen“, „tadeln“, seit 12. Jh. „wieder anfangen“) |
| *intellegĕre* „einsehen, verstehen“ (+; rum., rätorom.; afr. hapax) | *compre(he)ndĕre* „begreifen, verstehen“ (aus bzw. neben konkretem „ergreifen, fassen“)<br>(> rom., fr. *comprendre*, afr.mfr. selten)<br>cf. *intendĕre* S. 54 |
| *diligĕre* „lieben“ (aus Achtung) + | *amare* (aus Neigung oder Leidenschaft)<br>(> rom., fr. *aimer*, seit *Eulalia* auch qch.[22]) |
| *fit* „es geschieht“ (+) | *accidit* „es trifft sich“ (zufällig, unerwartet)<br>(**accadet* > it., sp., pg.; afr. vereinzelt)<br>*evenit* (v. a. von erwartetem Geschehen) +<br>(cf. *advenit* > u. a. afr.mfr. *avient*) |
| *pendĕre* „bezahlen“ + | *solvĕre* (was man schuldet)<br>(> u. a. afr. *soudre*)<br>cf. *pacare* S. 60 |
| *opperiri* „(er)warten, gewärtig sein“ + | *exspectare* (> vereinzelt rätorom., okz.)<br>cf. *aspectare*[23] (> v. a. ostrom., okz.)<br>cf. *attendĕre* S. 107 |
| *amittĕre* „verlieren“ +[24] | *perdĕre* (v. a. „vergeuden“ bzw. im Spiel)<br>(> rom., fr. *perdre*) |
| *meminisse* „sich erinnern“ (noch im Gedächtnis haben) + | *recordari* „sich wieder vergegenwärtigen“ (mit gemüthafter Anteilnahme)<br>(> rom., afr.mfr. *[se] recorder*)<br>cf. *(re)memorare* S. 67, *subvenire* S. 54 |

20 Vergleiche für *gratias agĕre* „danken“ spätlt. *gratias reddĕre* (4.,5. Jh.); cf. afr.mfr. *rendre graces* seit *Passion* (V. 513).

21 Zur Aufgliederung der modernen Verwendungen cf. W. Strack, *op.cit.* S. 10 Fn. 3.

22 Neben *carum habēre* (cf. u. a. afr.mfr. *avoir chier*) und *bene velle* (cf. it.); cf. Rohlfs, *Romanische Sprachgeographie*, 1971, § 109.

23 Offenbar umgebildet, um der drohenden Homophonie mit *spectare* „schauen“ zu entgehen; cf. Väänänen, § 163; W. v. Wartburg, *Einführung in Problematik und Methodik der Sprachwissenschaft*, ³1970, 116.

24 Vergleiche die Bedeutungsverschiebung des Simplex *mittĕre* (S. 57), ferner G. Gougenheim, *Etudes de grammaire et de vocabulaire français*, 1970, 240.

| | |
|---|---|
| *experiri* „versuchen, erproben" +<br>*conari* „zu tun versuchen" (+) | *temptare* („prüfen, auf die Probe stellen")<br>(> rom., fr. *tenter*) |
| *cubare* „liegen" (im Bett, um<br>zu ruhen) (+; gask.)[25] | *iacēre* (im Gegensatz zu „stehen")<br>(> rom., afr.mfr. *gésir*)<br>cf. *collocare* S. 57 |
| *pergĕre* „fortsetzen, fortfahren" +<br>*continuare* (ohne Unterbrechung) + | *persequi* (beharrlich, bis zum Ende)<br>(> u. a. afr. *parsivre*; cf. *poursuivre*) |
| *inire* „hineingehen, betreten" +<br>*ingredi* +[26] | *intrare* „eintreten"<br>(> rom., fr. *entrer*) |
| *ostendĕre* „zeigen"<br>(passiv „sehen lassen") + | *monstrare* (aktiv „hinzeigen, aufzeigen")<br>(> rom., afr.mfr. *mostrer*, relatinisierend<br>afr. *monstrer*, fr. *montrer*) |
| *tegĕre* „bedecken" (zum Schutz<br>od. zur Verheimlichung) (+) | *operire* (um ungesehen zu machen)<br>cf. *cooperire* (> rom., fr. *couvrir*) S. 44 |
| *parens* „Vater" (v. a. biologisch) (+)<br>*genitor* „id." + | *pater* „Vater, Familienoberhaupt"[27]<br>(> rom., fr. *père*) |
| *parens* „Mutter" (+)<br>*genetrix* + | *mater*<br>(> rom., fr. *mère*) |
| *familiaris* „Bekannter, Freund" + | *amicus* (v. a. von herzlicher Freundschaft)<br>(> rom., fr. *ami*) |
| *pecunia* „Geld, Geldsumme" (+)<br>*aes* „Kupfergeld" + | *argentum* „Silbergeld, Geld"[28]<br>(> v. a. fr. *argent*, seit *Eulalia*) |
| *humus* „Erdboden" + | *terra* „Erde", „Erdboden"<br>(> rom., fr. *terre*)[29]<br>cf. *terrenum* S. 76 |
| *orbis terrarum* „Welt, Erdkreis" + | *mundus* „Welt, Weltall"[30]<br>(> rom, afr.mfr. *mont*, relatinisierend<br>*monde* seit 12. Jh.) |
| *praedium* „Landgut" + | *villa* „Landhaus, Landgut (v. a. Gebäude)"<br>(> u. a. afr.mfr. *vile* „Landgut", cf. S. 63) |

[25] Sonst protoromanisch „brüten" (> u. a. fr. *couver*).
[26] Vergleiche das Zurücktreten der Simplices.
[27] Cf. A. Meillet, *Linguistique historique et linguistique générale, I,* 241 f. Cf. *parentes* „Eltern" (> u. a. fr. *parents*).
[28] Cf. Löfstedt 163 Fn. 2.
[29] Cf. *RGl* 201 „Umo : *terra*".
[30] Cf. H. Menge, *Repetitorium der lateinischen Syntax und Stilistik,* § 192. Vergleiche das Zurücktreten von *orbis* (*RGl* 2762 „Orbem : *mundum*").

| | |
|---|---|
| *ianua* „Haustür" (+)[31]<br>*fores* („Türflügel") + | *ostium* (als Öffnung)<br>(> rom., afr.mfr. *uis, huis*) |
| *animal* „Lebewesen, Tier" (+)<br>*pecus* „Vieh" (+; sard., pg.) | *bestia* „Tier" (im Gegensatz zum Menschen)<br>(> u. a. fr. *bête*[32]) |
| *epistula* „Brief, Privatbrief"<br>(v. a. in bezug auf Form) + | *litterae* „(offizielles) Schreiben"<br>(v. a. in bezug auf Inhalt; cf. *littera*)<br>(> rom., afr. *letres*, fr. *lettre*) |
| *modus* „Maß" (absolut, „rechtes Maß") (+; afr. vereinzelt) | *mensura* (bestimmtes, konkretes)<br>(> rom., fr. *mesure*) |
| *magnus* „groß"<br>(+; v. a. sard., okz.) | *grandis*[33]<br>(> rom., fr. *grand*) |
| *diuturnus* „langdauernd" +[34]<br>*longinquus* (+; okz., asp.) | *longus* „lang" (v. a. räumlich)[35]<br>(> rom., fr. *long*) |
| *tranquillus* „ruhig" (v. a. innerlich) + | *quietus* (v. a. äußerlich, „nicht tätig")<br>(> rom., afr.mfr. *coi*) |
| *maestus* „traurig" + | *tristis*[36] (v. a. äußerlich)<br>(> rom., afr. *trist, Leodegar*;<br>halbgelehrt fr. *triste* seit 12. Jh.)<br>cf. *dolens*, gallolt. **dolentus*<br>(> afr.mfr. *dolent*, seit *Alexius*) |
| *laevus* „links" (gewählt und eher poetisch) (+, cf. *FEW*) | *sinister*<br>(> rom., afr.mfr. *senestre*) |

[31] V. a. sard., okz., vereinzelt auch fr. (cf. *RLiR 35*, 131 ff.). Zu spätlt. *ustium* für *ostium* cf. Verf. *Petron* 31 ff.

[32] Halbgelehrt oder aus vlt. *besta*. Die Fortsetzer von *bestia* bezeichnen teilweise auch spezielle Tierarten, z. B. fr. *biche* (< *bistia*).

[33] *Grandis* war ursprünglich stärker auf die konkrete Verwendung konzentriert und häufig als ruraler Terminus auf Tiere oder Pflanzen bezogen.
Das vulgärlateinische Vordringen von *grandis* läßt sich bereits am Wortgebrauch des *Bellum Africum* gegenüber dem Cäsars beobachten; im *Itinerarium Egeriae* ist die Form neben intensivierendem *ingens* zur geläufigsten Normalbezeichnung avanciert. *Magnus* hält sich zunächst noch im speziellen Bezug auf seelisch-geistige Größe, cf. Isidor: „*magnum* ad animum referimus, *grandem* ad corpus"; cf. Löfstedt 72 f.; id., *Synt II*, 339 f.

[34] Vergleiche das Zurücktreten von *diu* (S. 42).

[35] In zeitlichem Sinn klassisch meist nur mit Zeitbegriffen oder als „langwierig". Cf. Löfstedt, *Late Latin*, 114; *ThLL*.

[36] Vlt. auch *tristus* (cf. *Appendix Probi* 56 „tristis, non *tristus*").

| | |
|---|---|
| *haud* „nicht“ (Begriffsnegation; cf. Menge, *op.cit.*, Hofmann — Szantyr, *Lat. Syntax u. Stilistik*) + | *non* (Begriffs- und Satznegation) (> rom., fr. *ne*, cf. S. 72) |
| *valde* „sehr“ (+; frpr.) | *multum* „viel“, „sehr“[37] (> rom., afr.mfr. *mout*) |
| *ita* „so“ + | *sic* (cf. Menge, § 484) (> rom.[38]) |
| *tam* „so sehr“ (+; cf. Corominas, *DCEC IV*, 371)<br>*adeo* +, *tantopere* + | *tantum* „so groß, so viel“; „so sehr“ (bei Verben, nachkl. auch Adj. und Adv.) (> rom., fr. *tant*, bis 19. Jh. auch „si“) |
| *procul* „weit, fern“ (relativ) + | *longē* (absolut; cf. *longus*) (> rom., fr. *loin*) |
| *repente* „plötzlich“ + | *subito*[39] (> v. a. okz.)<br>cf. *subitanus* (> v. a. fr. *soudain*) S. 99 |
| *prae* „vor“ (+)<br>*pro* + | *ante* (allgemeiner, cf. Menge, § 141) (> rom., teils in der Komparativform **antius*, > u. a. *ainz* „vor“, „vorher“)<br>cf. *abante*, **deabante* S. 70 |
| *atque, ac* „und“ +[40]<br>*-que* + | *et* (> rom., fr. *et*) |
| *vel* „oder“ (+; cf. S. 110 Fn. 56)<br>*sive (seu)* + | *aut* (ausschließend, cf. Menge, § 522) (> rom., fr. *ou*) |

[37] *Multum* „sehr“ auch bei Cicero, aber seit Plautus vorwiegend in umgangssprachlichen Texten. *Valde* tritt offenbar erst im Spätlatein ganz zurück, cf. Löfstedt 35 f.

[38] Vor allem in erweiterter Form (cf. S. 71) bzw. als Bejahungspartikel (S. 102). Zu kopulativem bzw. satzeinleitendem *sic* (> afr.mfr. *si* „et ainsi, et“) cf. Väänänen, § 369. Vgl. jetzt auch N. Vasco da Gama, in *TLL 17,1*, 1979, 27—85.

[39] Die spontansprachliche Bevorzugung von *subito* spiegelt sich in den Quellen seit dem *Bellum Africum* und seit Petron (s. Löfstedt 168 f.; Verf. *Petron* 26 f.). Cf. *RGl* 980, 1984, 2230 „Repente : *subito*“.
Cf. *desubito* (> v. a. afr.mfr. *desote*); *subitus* > afr. *sode* (afr.mfr. *sodement* „plötzlich“).

[40] Cf. *ThLL* „altioris potius generis dicendi propria quam sermonis vulgaris“. Dementsprechend fehlen *atque, ac* in Texten wie der *Cena Trimalchionis*, abgesehen von der festen Verbindung *ac sic* (S. 71), weitgehend oder ganz (cf. auch Löfstedt 85 f.; *Synt II*, 340 ff.; Petersmann, *Petrons urbane Prosa*, 239 f.)

In manchen Fällen werden die von der Spontansprache zunächst verallgemeinerten Bezeichnungstypen im Übergang zum Romanischen ihrerseits abgelöst:

für „finden" das gegenüber _reperire_ bevorzugte anschaulichere _invenire_ (einzelne Reste sard., kors., afr.; cf. _RGl_ 390 „Reppererunt : _invenerunt_"), abgelöst durch _afflare_ „anblasen" > „*finden" (> rum., sp., pg.) und *_tropare_ (S. 82; > u. a. fr. _trouver_)

für „glücklich" das gegenüber _beatus_ („innerlich glücklich, glückselig") zunächst offenbar verallgemeinerte _felix_ (> rum.; cf. _RGl_ 192 a, 2556 „Beatus : _felix_"), das spätlateinisch vor bildhaften Ausdrücken wie *_astrucus_ (zu _astrum_ „Gestirn, Stern"; > iberorom., okz.; cf. fr. _malotru_, afr.mfr. „unglücklich" < *_male astrucus_) zurücktritt

für „reich" das gegenüber _locuples_ und _opulentus_ in nachklassischen und volkssprachlich gefärbten Texten geläufige _dives_ (s. _ThLL V_, 1588), welches protoromanisch aber ganz durch germanisch-fränkisch *_riki_ (S. 116) ersetzt wird

für „auch" das gegenüber gleichstellendem _quoque_ zunächst verallgemeinerte (steigernde) _etiam_, das u. a. durch *_alteru-sic_ (> u. a. afr. _autresi_) und *_al-sic_ (S. 109; > fr. _aussi_) verdrängt wird

für „vielleicht" die gegenüber _fortasse_ umgangssprachlichere Variante _forsitan_ (cf. Menge, § 479; Löfstedt 232 ff., 137, 47 f.; _forsit_ lebt teilweise weiter: sard., it., rätorom., frpr.)

für „fast" das gegenüber _paene_ und _fere_ zunächst verallgemeinerte _prope_ „beinahe" (cf. Menge, § 483, 8; _RGl_ 2087 „fere : _prope_"; > v. a. afr. _pruef_), das u. a. vor _presse_ (S. 66; > u. a. afr.mfr. _pres_; cf. fr. _presque_) zurücktritt

als kausale Präposition das gegenüber _ob_ „wegen" spontansprachlichere _propter_ (cf. Löfstedt 219 ff.; Menge, § 137), das protoromanisch v. a. durch _pro_ (cf. Löfstedt 156; > u. a. fr. _pour_; cf. _pro hoc_ S. 78) ersetzt wird.

## 3.1.2. Verallgemeinernde Ausweitung einer zur klassischen Normalbezeichnung bedeutungsähnlichen (meist expressiven) Form

### 3.1.2.1. Formen mit konkretem bzw. spezifischem Grundgehalt

Die Spontansprache ersetzt, wie bereits am Beispiel von _pulcher_ vs. _formosus, bellus_; _flēre_ vs. _plorare, plangĕre_; _edĕre_ vs. _comedĕre, manducare_ veranschaulicht (S. 23 ff.), eine Reihe von abstrakt-farblosen Normalbezeichnungen des klassischen Wortschatzes ganz oder weitgehend durch bedeutungsähnliche Formen mit meist konkreterem und/oder spezifischerem und insofern anschaulichem oder affektivem Expressivgehalt. Ein Teil der Verlagerungen wird offenbar auch durch formale Nachteile der klassischen Bezeichnungen begünstigt und mitbestimmt (cf. S. 25)[41]. Sämtliche im folgenden angeführten Beispiele betreffen den Kernwortschatz des „français fondamental“:

| | |
|---|---|
| *ire* „gehen“ (+) | *vadĕre* „schreiten“, „wandern“ (> rom., fr. *je vais* etc.)[42] |
| | *ambulare (*allare)*[43] „herumgehen, spazieren“ (> u. a. fr. *aller*, seit afr. auch „fahren“) |

Die vulgärlateinisch-protoromanischen Ersatzverben sind nicht nur lautvoller (cf. S. 25 Fn. 14), sondern auch inhaltlich konkreter und anschaulicher. Der Beginn des Ersatzes im Sinne eines zu „ire“ abgeschwächten bzw. verallgemeinerten *vadĕre* und *ambulare* reicht bis in die republikanische Zeit zurück (cf. Ernout 156 ff., mit Beispielen für *ambulare* „ire“ aus Plautus und *vadĕre* „ire“ aus den Atticusbriefen Ciceros).

Parallel oder im Anschluß an den weitgehenden Ersatz des Simplex treten auch die meisten Komposita von *ire* vor anschaulicheren und regelmäßigen Formen zurück, z. B. *inire* vor *intrare* (S. 30); *praeterire* +, *transire* (+) vor **passare* und *transversare* (S. 72, 74); *redire* (+) vor (klt. seltenem) *revenire*; *abire* + v. a. vor einfachem *vadĕre/ambulare* (cf. *RGl* 31 a, 177 a, 1707, 2700)[44]; bis ins Romanische weitergeführt wurden u. a. *exire* „herausgehen“ (> rom., afr.mfr. *eissir, issir*) und *subire* „herangehen“, vlt. „(hinauf)steigen“ (*Itin. Egeriae*; > rum., sp., pg.).

| | |
|---|---|
| *loqui* „sprechen“ + | *fabulari* „plaudern, schwatzen“ (> v. a. sp., pg.) |

*fabulari* ist bereits bei den altlateinischen Komödiendichtern wie Plautus (56 Belege) sehr geläufig (s. Löfstedt*Synt II*, 324 f.). In der nachklassischen Spontansprache kann es als zugleich expressive und regelmäßige Form klassisch *loqui* ganz verdrängen[45], tritt sekundär im zentralromanischen Bereich aber seinerseits vor der späten Neubildung *parabolare* (S. 73; > u. a. fr. *parler*) zurück.

[41] Die vulgärlateinisch bevorzugten Verben gehören fast durchwegs der *are*-Konjugation an.

[42] Das romanische Fortleben gilt jeweils für die Bedeutung der in der linken Spalte genannten klassischen Form.

[43] **Allare* (*alare, RGl*) als Kurzform entstand vermutlich über die militärische Befehlsform *ambulate* > **allate!*
Die etymologische Rückführung nicht nur von fr. *aller*, sondern auch von it. *andare*, okz., kat. *anar*, sp., pg. *andar* auf lt. *ambulare* scheint uns trotz lautlicher Schwierigkeiten durch die Geläufigkeit dieses Bezeichnungstypus in den vulgär- bzw. spätlateinischen Dokumenten hinreichend gesichert (cf. P. Aebischer, in *Studi linguistici italiani II*, 3—23, *IV*, 171—185).

[44] Auch auf eine spezifische Bezeichnung für „spazierengehen“ konnte die spätere Spontansprache, da *ambulare* nur in der erweiterten Bedeutung und *spatiari* überhaupt nicht fortlebt, offenbar ganz verzichten.

[45] Vergleiche in der heutigen Volkssprache *causer* „parler“ (S. 179).

*vocare* „rufen", „nennen"
(+, afr. *voer*)
*appellare* „ansprechen, nennen"
(> rom., fr. *appeler*, seit *Alexius* auch „rufen")

*clamare* „laut rufen, schreien", „laut bezeichnen, nennen"
(> rom., afr.mfr. *clamer* v. a. „nennen"; cf. auch S. 118)

*clamare* kann sich als zunächst intensivere Bezeichnungsvariante progressiv ausweiten und tritt (unter Abschwächung dieses Expressivgehalts) an die Stelle des nur vereinzelt fortgeführten *vocare* und an die Seite von *appellare*.

*emĕre* „kaufen" +

*comparare* „beschaffen, anschaffen"
(seit Plautus auch durch Kauf)
(> rom.)

Als expressive, lautvollere und regelmäßige Form kann *comparare* in der späteren Kaiserzeit die klassische Normalbezeichnung ganz verdrängen. Der Wortersatz war eventuell auch sachlich begünstigt durch den Rückgang der geregelten Handelsbeziehungen gegenüber dem Gütertausch. Das Protofranzösische bevorzugt sekundär **accaptare* (S. 107; > fr. *acheter*) und führt *comparare* (noch *RGl*) fast nur in der Bedeutung „teuer bezahlen, büßen" weiter (afr.mfr. *comparer, comperer*)[46].

*spectare* „schauen, betrachten"
(+, ev. afr.)
*adspicĕre* +
*in(con-)tuēri* +

*mirari* „bewundernd anblicken"
(> rom., v. a. sp., pg. *mirar*; afr.mfr. *mirer* v. a. „bewundernd, aufmerksam betrachten")

Die nachklassische Spontansprache verallgemeinert *mirare* zu „(aufmerksam) betrachten" und bevorzugt es als spezifisch-intensivere sowie nach dem homophonen Zusammenfall von *spectare* mit *exspectare* (seit 2. Jh. n.) auch eindeutigere Form (cf. Wartburg, *Einführung*, 116). Vergleiche auch vlt. *visare* (für klt. *visĕre*) „aufmerksam betrachten" (> u. a. fr. *viser*, afr.mfr. „anschauen, betrachten"). In einem Teil der Romania setzt sich als Normalbezeichnung für „schauen, betrachten" der germanische Typus **wardôn* durch (S. 85; > u. a. fr. *regarder*).

*ludĕre* „spielen"
(+, v. a. pg.)

*iocari* „scherzen"
(> rom., fr. *jouer*, cf. auch S. 117 f.)

cf.
*ludus* „Spiel"
(+, ev. okz. Abl.)

*iocus* „Scherz"
(> rom., fr. *jeu*)

Die Bedeutungsverlagerung von *iocari, iocus* im Sinne einer Ausweitung auch auf geregelte Spiele läßt sich (v. a. beim Substantivum) vereinzelt seit der klassischen Periode beobachten.

[46] Cf. R. de Gorog, in *ZrP 90*, 94 ff.

*accipĕre* „empfangen, erhalten" (+) *recipĕre* „entgegennehmen, aufnehmen"
(> rom., fr. *recevoir*)

*ferre* „tragen", „bringen" (+) *portare* „transportieren, hin(fort-)schaffen"
(v. a. eine schwere, lästige Last)
(> u. a. fr. *porter*, seit *Passion*; seit *Alexius* auch von Waffen, Kleidung)

Die spezifischere, konkretere Nuance von *portare* gilt vorwiegend für die strenge klassische Sprache. In der Spontansprache bzw. in den dieser nahestehenden Texten kann das Verbum seit Plautus an die Stelle von *ferre* treten und setzt sich schließlich nachklassisch, als monoseme, lautvollere und regelmäßige Form ganz durch (auch gegenüber den spezielleren klassischen Verben *gerĕre*, v. a. „an sich tragen", und *vehĕre*, v. a. mit Transportmittel)[47]. Cf. *baiulare* S. 96.

Im Anschluß an *ferre* treten auch mehrere von dessen Komposita zurück, so etwa *afferre* „bringen" gegenüber *apportare* (> u. a. fr. *apporter*), *auferre* gegenüber *tollĕre*; *offerre* und *sufferre* werden v. a. in den normalisierten Formen **offerire* (> u. a. fr. *offrir*) bzw. **sufferire* (> u. a. fr. *souffrir*, afr.mfr. „ertragen, erdulden") weitergeführt.

*fatigare* „ermüden" *lassare* „matt, schlaff machen"
(> v. a. it., okz.) (> rom., fr. *lasser*)

Die klassische Bezeichnung lebt weiter, erhält aber in der nachklassischen Spontansprache die zunehmende Konkurrenz des zunächst anschaulicheren *lassare* (cf. *lassus* „matt, schlaff"); schriftsprachlich begegnet *lassare* zunächst vorwiegend bei Dichtern, in Prosa seit Seneca (s. *ThLL*); cf. S. 192.

*tollĕre* „aufheben, hochheben" (+); *levare* „erleichtern"
„wegnehmen" (> rom., fr. *lever*)
(> rom., afr.mfr. *toudre, tollir*)

*surgĕre* „sich erheben, aufstehen" *se levare*
(> u. a. afr.mfr. *sordre*) (> rom., fr. *se lever*)

*oriri* „aufgehen" + *se levare*
(> u. a. fr. *se lever*)

*levare*, in klassischer Prosa v. a. „erleichtern", erfährt spontansprachlich eine sehr starke Ausweitung: seit der klassischen Periode (Ovid u. a.) rückt es zunehmend an die Seite von *tollĕre* (cf. auch *auferre* +, *demĕre* +) bzw. als *se levare* (cf. Bambeck, *Wortstudien*, 34) an die Seite von *surgĕre* sowie, im späteren Vulgärlatein, an die Stelle von *oriri*. Cf. gallolt. *obstare* „wegnehmen" S. 96.

[47] Cf. Löfstedt 270 f.; Ernout 159 ff.; id., *Philologica II*, 74 ff.; *ThLL*.

*venari* „jagen"
(> u. a. afr.mfr. *vener*)
cf.
*venatio* „Jagd"
(+, v. a. afr. *venoison*, selten)

*captare* (zu *capĕre*) „haschen (nach)"
(**captiare* > rom., fr. *chasser*)
(ev. schon spätlt.) **captia* „Jagd"
(> rom., fr. *chasse*, seit 12. Jh.)

*verberare* „schlagen" (v. a. züchtigend) (+)

*batt(u)ĕre* „schlagen, klopfen"
(> rom., fr. *battre*)

*battuĕre* (*battĕre* seit 2. Jh. n.) als offenbar spezifisch spontansprachliches Verbum wird von den Klassikern weitgehend gemieden, während es sich im späteren Vulgärlatein gegenüber *verberare* (> vereinzelt sard., tosk.) weitestgehend durchsetzt[48]; *ferire* „schlagen, treffen" lebt im Romanischen teilweise (in Gallien ausschließlich) in seiner klassischen Bedeutung, teilweise als Ersatz für *vulnerare* „verwunden" weiter.

*puer, puella* „Kind" (+)
*liberi* „Kinder" +

*infans* „kleines Kind" (bis ca. 7 Jahre)
(> v. a. gallorom., fr. *enfant*)

Die Ausweitung von *infans, infantes* zur Normalbezeichnung für „Kind" läßt sich vereinzelt seit dem 1. Jh. n. beobachten (s. *ThLL*). Vergleiche auch romanisch die lexikalische Opposition zwischen „Kind" und „Knabe, Mädchen", z. B. fr. *enfant* vs. *garçon* (S. 146) bzw. afr.mfr. *pucele* (S. 75, 125), *jeune fille* (S. 185).

*domus* „Haus"
(+, sard.; afr. hapax)
*aedes* „Wohnhaus" +

*casa* „(ärmliches) Häuschen, Hütte"
(> rom.)

Die in der Spontansprache sich ausweitende Verwendung von *casa* für „Haus" hat zunächst sicherlich Affektivcharakter, wird aber eventuell auch sachlich vom sinkenden Niveau der Wohnverhältnisse mitbestimmt. Im Gallolateinischen tritt *casa* seinerseits vor *mansio* und *hospitale* (S. 56, 107) zurück. Cf. auch *(in) casa* „bei" S. 98 Fn. 22.

*ictus* „Schlag" (+)

*colaphus* „Faustschlag", „Ohrfeige"
(> rom., fr. *coup*)

Das vom Griechischen übernommene *colaphus* (spätlt. *colpus*) begegnet bereits fünfmal bei Plautus, fehlt bei den klassischen Autoren, kann aber in der nachklassischen Spontansprache, als zunächst konkretere und ausdruckskräftigere Bezeichnungsvariante, *ictus* ganz verdrängen.

[48] Vergleiche spätlt. *combattĕre* „zusammenschlagen, kämpfen" (6. Jh.) als expressiver Ersatz für klt. *pugnare* (> u. a. vereinzelt afr. *poignier*): rom., fr. *combattre*; spätlt. *batt(u)alia* „Fechtübung, Kampf, Schlacht" (4. Jh.) als Ersatz für klt. *pugna* (vereinzelte Reste im Afr.) und *proelium* + : u. a. fr. *bataille*.

| | |
|---|---|
| *urbs* „Stadt" + | *civitas* „Bürgerschaft" |
| *oppidum* „fester Ort", „(Land –) Stadt" + | (> rom., afr.mfr. *cité*) |

*civitas* kann schon bei Sallust und Vitruv auch eine Stadt bezeichnen und wird als konkret-anschaulicherer Ausdruck in der nachklassischen Spontansprache (unter Zurücktreten der klassischen Nuancierung) verallgemeinert (cf. H. Baader, in *Verba et Vocabula, Festschrift Gamillscheg,* 35 ff.). Der Text des *Itinerarium Egeriae* kennt bereits ausschließlich (76 mal) *civitas.* Cf. auch *villa* S. 63, 136.

| | |
|---|---|
| *equus* „Pferd" + | *caballus* „Arbeitspferd, Gaul" (> rom., fr. *cheval*) |

*caballus* hat anfänglich (entsprechend der eigentlichen Bedeutung) oft pejorativen Wert, wird aber von der nachklassischen Spontansprache vermutlich gerade wegen dieses Affektivcharakters bevorzugt und schließlich zur Normalbezeichnung verallgemeinert (seit *CIL II* 5181; Hieronymus; Augustinus). Wohl höchstens als zusätzlicher Faktor am Ersatz mitbeteiligt ist die Homophonie von *equus* mit *aequus.* Das Femininum *equa* kann sich als speziellerer Terminus teilweise halten (rum., sard., iberorom.; afr.mfr. *ive,* neben *jument* S. 108 Fn. 53).

| | |
|---|---|
| *metus* „Furcht" (> sp., pg., okz.) | *pavor* „Zittern, Beben" (> rom., fr. *peur*) |
| *timor* (> rom., afr.mfr. *temor* selten, ev. < okz.)[49] | *tremor* „Zittern" (> u. a. afr.mfr. *tremour*; afr.mfr. *cremour*) |

Zu *pavor,* das seit Lukrez synonym zu *timor* begegnet und spontansprachlich teils vordringt, vergleiche auch die vermutlich bereits spätvulgärlateinische Verbindung *habēre pavorem* „(sich) fürchten" (*RGl* 225 „Pavens : timens, id est *pavorem habens*"): u. a. fr. *avoir peur* (seit *Leodegar*); cf. *timēre* > rom., afr. *tamer* vereinzelt (*metuĕre* +, cf. *RGl* 204); cf. *dubitare* S. 63.

| | |
|---|---|
| *ager* „Feld, Acker" (> u. a. okz.) | *campus* „freies Feld", „Ebene" (> rom., fr. *champ*) |

Das seit dem 4. Jh. bezeugte Einrücken von *campus* für *ager* (cf. *RGl* 141 „Ager : *campus*") entspricht sachlich der Konzentrierung der Landbebauung auf freie, ebene Flächen. Als spontansprachlich-protoromanische Bezeichnungen für „Ebene" dienen v. a. substantiviertes *planum, plana* (> u. a. afr.mfr. *plain*; fr. *plaine*) und *campanea* (S. 76; > rom., afr. *champagne*). Seit 1. Jh. n. rückt *campus* auch für klt. *rus* „Land" ein (cf. *ThLL*): cf. afr.mfr. *champs* „campagne".

[49] Cf. Ernout, *Philologica II,* 7—56; Schmitt, *Die Sprachlandschaften der Galloromania,* S. 146; *RGl* 938.

| | |
|---|---|
| *parvus* „klein" (+, vereinzelt okz.) | *minutus* „sehr klein, winzig" (> rom., fr. *menu*)<br>*modicus* „mäßig, bescheiden" + |

Die abstrakte klassische Bezeichnung tritt im kaiserzeitlichen Vulgärlatein progressiv gegenüber Diminutivableitungen (cf. Verf. *Petron* 82 f.) und anschaulicheren Adjektiven wie *minutus* und *modicus* (cf. Löfstedt 71 f.) zurück. Im Übergang zum Romanischen weichen diese Ersatzadjektive als Normalbezeichnungen ihrerseits vor den offenbar lautsymbolischen und primär kindersprachlichen Stämmen *pis- (pisinnus), pitz-, pitt-, pikk-* (S. 80; ⟶ fr. *petit*).

| | |
|---|---|
| *primus* „der erste" (> u. a. it.) | *primarius* „einer der ersten" (> rom., fr. *premier*, seit *Passion*) |

Die seit Plautus bezeugte erweiterte Form tritt speziell in den westromanischen Sprachen ganz an die Stelle von *primus*. Vergleiche *tertiarius* „ein Drittel enthaltend", das im Iberoromanischen für *tertius* (> u. a. afr.mfr. *tiers*) eintritt (cf. Verf. *Petron* 92).

| | |
|---|---|
| *tutus* „sicher" + | *securus* „ohne Sorge, sorglos" (> rom., fr. *sûr*) |

| | |
|---|---|
| *validus* „stark" +<br>*robustus* (+) | *fortis* („stark"), „tapfer" (> rom., fr. *fort*) |

Die Bedeutung *fortis* „stark" war offensichtlich primär spontansprachlich. Sie begegnet bereits im Altlatein (Plautus), tritt in der klassischen Sprache gegenüber „tapfer" zurück, dringt aber in späteren vulgärlateinisch gefärbten Texten (*Itin. Egeriae*; *Mulomedicina Chironis*) ganz in den Vordergrund (cf. Löfstedt 161 f.).

| | |
|---|---|
| *ruber* „rot" (+) | *rubeus* „rötlich" (> u.a. fr. *rouge*) |

Das in der klassischen Sprache vereinzelte *rubeus* erfährt nachklassisch eine progressive Ausweitung (s. *ALL 6*, 401). Vergleiche die formale Parallele von *russeus* (> u.a. sp., pg.), *aureus, argenteus, caeruleus, croceus.*

| | |
|---|---|
| *crassus* „dick" | *grossus* „dick", „massig" (seit Festus) (> rom., fr. *gros*) |

*crassus* seinerseits lebt in der Bedeutung „fett", als spontansprachlicher Ersatz für klt. *pinguis* (rom. nur vereinzelt, u. a. okz.), fort (cf. *RGl* 2603 „Pinguis : *crassus*"): rom., fr. *gras.*

*Bassus* „der Dicke" (klt. nur als Personenbeiname) übernimmt als Adjektivum protoromanisch die Bedeutung „niedrig" (belegt im 8. Jh.; seit Isidor als „dick", „untersetzt"): rom., fr. *bas.*

| | |
|---|---|
| *idoneus* „geeignet, fähig" +<br>(halbgelehrt afr. *aoine*) | *habilis* „handlich, bequem, geeignet"<br>(„fähig" seit 4. Jh.)<br>(> u. a. afr.mfr. *able* „geeignet, geschickt, fähig") |
| *omnis, omnes* „jeder, alle"<br>(+, it.) | *totus* „ganz", *toti*<br>(> rom., fr. *tout, tous*) |

Die vulgärlateinisch-protoromanische Verwendung von *toti* für *omnes* begegnet erstmals bei Plautus (*totis horis*), dann häufiger und auch als Singular *totus* „omnis" in nachklassischer Zeit seit Apuleius (cf. Löfstedt 69; id., *Vermischte Studien*, 209 ff., *Late Latin*, 115 f.). Vergleiche auch mehrere spätlateinisch-protoromanische Verbindungen mit *totus* S. 79.

| | |
|---|---|
| *cras* „morgen"<br>(+, sard., südit., asp., apg.) | *mane* „morgens, früh", „morgen früh"<br>(> rum.; afr. *main* vereinzelt)<br>cf. *demane* S. 70 (> u. a. fr. *demain*) |

Die ausgeweitete Verwendung von *mane* für *cras* sowie die zentralromanisch fortgesetzte Erweiterung *demane* („valde mane") sind seit der *Vulgata* bezeugt (cf. Rohlfs, *Sprachgeographie*, § 27). Zu *mane* „Morgen" s. S. 42.

| | |
|---|---|
| *sed* „aber", „sondern" +<br>*autem* „aber" +<br>*verum* (+) | *magis* „mehr", „vielmehr, eher"<br>(> rom., fr. *mais*) |

*magis* begegnet vereinzelt seit Plautus in der Bedeutung „aber", „sondern" und tritt in der nachklassischen Spontansprache, als zunächst anschaulich-kräftigere Bezeichnungsvariante, ganz an die Stelle der klassischen Adversativkonjunktionen (unter Aufhebung der Differenzierung zwischen einschränkender und ausschließender Funktion). Neben *magis* tritt im Zentralromanischen, mit stärkerer adversativer Funktion, **antius* „vorher": u. a. afr.mfr. *ainz* „vor, vorher", „eher, vielmehr", „sondern".

| | |
|---|---|
| *ut* „wie" +<br>*velut* +<br>*sicut* + | *quomodo* (vlt. *quomo*) „auf welche Weise"<br>(> rom., afr.mfr. *com*; *quomodo et* S. 71<br>> u. a. fr. *comme*, afr.mfr. auch „quand", kausal seit 13., 14. Jh.)<br>*quemadmodum* + |

Die Bezeichnungsverlagerung und spontansprachliche Bevorzugung der zugleich anschaulicheren, lautvolleren und gegenüber dem semantisch überlasteten *ut*[50] auch eindeutigeren Formen tritt bereits in der *Cena Trimalchionis* deutlich zutage (cf. Verf. *Petron* 56 f.).

[50] Zum Zurücktreten von *ut* „daß" gegenüber *quod, quia* (> u. a. fr. *que*) cf. Väänänen, § 374 f.; Rohlfs, *Sprachgeographie,* § 43.

*cum* (Konj.) „wenn" + *quando* (adv.) „wann"
(> rom., fr. *quand*)

*quando* weitet seine klassisch seltene Verwendung auch als temporale Konjunktion progressiv aus und kann die klassische Normalform ganz verdrängen. Das lautschwache und semantisch überlastete *cum* tritt protoromanisch auch in seinen anderen Funktionen (etwa konzessiv-adversativ „obgleich, während doch") völlig zurück.

*quoniam* „weil ja, da ja" + *quando* „wann", „da ja (nun einmal)"
(> u. a. afr.mfr. *quant* „puisque")

Neben der temporalen übernimmt *quando* vereinzelt seit der klassischen Periode auch die kausale Funktion der Angabe des bekannten bzw. unbestrittenen Grundes (cf. Menge, § 368).

*-ne* „ob" (indirekte Frage) + *si* „wenn", „ob, ob etwa" (nach Verben
*num* +, *nonne* +, *an* + des Erwartens und Versuchens)
(cf. Väänänen, § 378) (> rom., fr. *si*, afr. v. a. *se* < vlt. *sī*)

Eine Reihe von Richtungsadverbien der klassischen Sprache erfahren innerhalb des vulgärlateinisch-protoromanischen Wortschatzes eine Verlagerung bzw. Verallgemeinerung von der dynamischen auch auf die statische Bedeutung[51]:

| | |
|---|---|
| *sursum* „aufwärts" > | auch „oben": rom., afr.mfr. *sus* (seit *Eulalia*); fr. *dessus* < *desursum* S. 70 |
| *desuper* „von oben" > | „oben" (1. Jh. n.): u. a. afr.mfr. *desor* (seit 12. Jh.) |
| *retro* „rückwärts" > | auch „hinten", seit ca. 300 auch präp. (cf. *ALL 8*, 294; als Ersatz für klt. *pone, post* „hinten, hinter"): u.a. afr. *riere*; fr. *derrière* < *deretro* S. 70 |
| *illāc* „dorthin" > | auch „dort" (seit Terenz), als Konkurrent zu *ibi* (> u.a. it.; afr. *iv* hapax *Straßb. Eide*; fr. *y* wohl < vlt. *hīc*): rom., fr. *là* |
| *illōc, illŏc* „dorthin" > | auch „dort": u. a. afr.mfr. *iluec*. |

[51] Andrerseits übernehmen *ubi* „wo" und *ibi* „da, dort" auch die Bedeutungen „wohin" bzw. „dahin, dorthin" und damit (unter Aufgabe der lexikalischen Differenzierung) die Funktionen der lautschwachen klassischen Formen *quo* bzw. *eo*: *ubi* > u. a. fr. *où*; zu *ibi* s. unten sub *illāc*. Verwechslungen zwischen *ubi* und *quo* lassen sich bereits in Pompeji beobachten (cf. *ZrP 35*, 177). Vergleiche auch die Aufgabe der Differenzierung zwischen *foris* und *foras* (cf. Verf. *Petron* 86 f.).

### 3.1.2.2. Analytische Umschreibungen

Dem spontansprachlichen Streben nach Anschaulichkeit entspricht ähnlich wie im Formenbau auch in manchen Bereichen des Lexikons eine Bevorzugung bzw. Verallgemeinerung von analytischen Ausdrucksweisen. Besonders ausgeprägt zeigt sich die Tendenz in der Bezeichnungsgeschichte der Zeitbestimmungen, wo ein guter Teil der einfachen klassischen Formen teilweise oder ganz vor anschaulicheren und meist auch lautvolleren Umschreibungen (teils sekundär elliptisch wieder verkürzt) zurücktritt. Die folgenden Beispiele betreffen (mit Ausnahme von „Frühling") den Bestand des „français fondamental"[52]:

| | |
|---|---|
| *diu* „lange"<br>(+, v. a. rätorom.)[53] | *longo tempore* (fallweise seit klass. Zeit, geläufig seit 5. Jh.)<br>(cf. fr. *longtemps* als wohl neue urfr. Zusammensetzung, seit 10. Jh.)<br>*multo tempore* (seit 4. Jh.) |
| *nunc* „jetzt" + | *ha(c) hora*<br>(> westrom., afr.mfr. *ore, or* „jetzt", seit 10. Jh.)<br>*ipsa hora* (> v. a. sard.) |
| *tum* „dann; damals" +<br>*tunc* (+; cf. v. a. **intunc* > sp., pg.; cf. Rohlfs, *Sprachgeographie*, § 62) | *illa hora*<br>(> u. a. afr.mfr. *lors* 12. Jh.; fr. *alors* 13. Jh.) |
| *dies* „Tag"<br>(> rom., afr. *di* vereinzelt) | *diurnum* (sc. *tempus*), sb. seit 4. Jh.<br>(zunächst speziell im Gegensatz zur Nacht)<br>(> zentralrom., fr. *jour*, seit *Passion*) |
| *mane* „Morgen"<br>(> u. a. afr.mfr. *main*) | *matutinum* (sc. *tempus*), seit 1. Jh. n.<br>(> u. a. fr. *matin*, seit *Passion*) |
| *vesper(a)* „Abend"<br>(> u. a. afr.mfr. *vespre*, kann späteren Nachmittag einschließen) | *serum* (sc. *tempus*), *serō*<br>(> u. a. fr. *soir*, seit *Passion*)<br>*sera* (sc. *hora* od. *dies*)<br>(> v. a. ostrom.)[54] |

[52] Cf. auch die nachklassischen Neubildungen S. 76 ff.

[53] Die Relevanz auch der Wortkürze spricht aus dem Wortgebrauch des Anthimus, der *diu* ganz meidet, mehrsilbiges *diutius* aber öfters verwendet (cf. Löfstedt*Synt II*, 41 f.).

[54] Bereits Egeria meidet *vesper(a)* und verwendet *sera* elfmal. Das Vordringen der neuen Abendbezeichnungen wird auch durch die teilweise Spezialisierung von *vesper* auf das „Abendgebet" gefördert.

| | |
|---|---|
| *meridies* „Mittag" (+, v. a. it.) | *medius dies*, seit klass. Zeit (> rom., fr. *midi*, seit *Passion*) |
| *hiems* „Winter" + | *hibernum* (sc. *tempus*), seit klass. Zeit (> rom., fr. *hiver*, seit *Jonasfr.*) |
| *ver* „Frühling" (+) | *prima vera* (Inschriften, Glossen) (> u. a. afr.mfr. *primevoire, primevère*) *primum tempus* (cf. fr. *printemps*, als ev. neue afr. Zusammensetzung) |

Die Tatsache, daß die traditionellen Winter- und Frühjahrsbezeichnungen ganz ersetzt wurden, während sich *aestas* „Sommer" (> u. a. fr. *été*) neben *aestivum* (s. Bambeck, *Wortstudien*, 2; > okz., iberorom.) halten konnte, kann von dessen größerer Lautfülle (*aestatem*) mitbestimmt sein (cf. Löfstedt*Synt II*, 43).

### 3.1.2.3. Präfixverben, Frequentativ- und Intensivverben

Die schon bei mehreren der angeführten Verlagerungen wahrscheinliche Koppelung von inhaltlichen und formalen Faktoren (anschaulich-verdeutlichende Expressivität / Lautfülle, Regelmäßigkeit) ergibt sich besonders deutlich beim vulgärlateinischen Zurücktreten vieler einfacher Verben gegenüber ihren eigenen Präfixformen oder Frequentativ- bzw. Intensivformen.

Entsprechend dem S. 24 f. besprochenen Ersatz von *edĕre* durch *comedĕre* treten eine Reihe präfigierter Verbalformen aufgrund ihrer gehaltlichen Expressivität (konkret-anschaulich, spezifizierend, intensivierend) und wohl meist auch aufgrund ihres volleren Lautkörpers an die Seite oder an die Stelle der farblosen und oft auch lautschwachen klassischen Simplices[55]:

| | |
|---|---|
| *(noscĕre), novisse* „kennen" + | *cognoscĕre* „kennenlernen", „erkennen" (> rom., fr. *connaître*)[56] |
| *manēre* „bleiben" (seit 2./3. Jh. auch „wohnen", S. 57) (> u. a. afr. *manoir*) | *remanēre* „zurückbleiben" (> u. a. afr.mfr. *remanoir, remaindre*) *permanēre* „fort und fort bleiben" (> westrom., afr.mfr. *parmanoir, parmaindre*) |

[55] Cf. auch die nachklassischen Neubildungen sub 3.3.1.
Zur umgekehrten kunstsprachlichen Tendenz cf. Löfstedt, *Verba simplicia pro compositis*, in *Vermischte Studien*, 117—127.

[56] Cf. *recognoscĕre* „wiedererkennen" > „wiedererkennen", „erkennen" (> u. a. fr. *reconnaître*).

| | |
|---|---|
| *ducĕre* „führen"<br>(> u. a. afr.mfr. *duire*, selten) | *conducĕre* „zusammenführen"<br>(> rom., fr. *conduire*)<br>cf. *minari* S. 59 |
| *mittĕre* „schicken" (cf. S. 57)<br>(+, ev. Reste im Afr.,<br>*RF 3*, 524) | *transmittĕre* „hinüberschicken"<br>(> u. a. afr.mfr. *trametre*)<br>cf. **inviare* S. 74 |
| *operire* „bedecken, zudecken"<br>(S. 30) + | *cooperire* „von allen Seiten bedecken"<br>(> rom., fr. *couvrir*)[57] |

Der Ersatz einfacher Verben durch ihre inhaltlich und formal ausdruckskräftigeren sowie regelmäßigen Frequentativ- bzw. Intensivformen setzt teilweise sehr früh ein. Bereits in klassischer Zeit weitgehend gleichwertig an die Seite der Grundformen treten:

| | | |
|---|---|---|
| neben | *canĕre* „singen" +: | *cantare* (> rom., fr. *chanter*) |
| | *nare* „schwimmen" +[58]: | *natare* (> rom., afr.mfr. *noer*) |
| | *visĕre* „besichtigen, besuchen" +: | *visitare* (> u. a. afr. *visder*) |
| | *(ad)iuvare* „helfen" +: | *adiutare*[59] (> rom., fr. *aider*) |
| | *quatĕre* „schütteln, zerschlagen" +: | *quassare* (> rom., fr. *casser*)[60] |

Hinzu kommen als (meist schon altlateinische) Intensivformen, die speziell im Vulgärlatein zu Normalbezeichnungen verallgemeinert werden[61]:

| | | |
|---|---|---|
| für | *pellĕre* „stoßen" +: | *pulsare* (> u. a. fr. *pousser*, afr. vereinzelt) |
| | *iacĕre* „werfen" +: | *iactare*[62] (> rom., fr. *jeter*) |
| neben | *salire* „springen":<br>(> u. a. afr.mfr. *saillir*) | *saltare* (bezeugt nur als „tanzen")<br>(> rom., fr. *sauter*, afr. vereinzelt) |

[57] Cf. Consentius: „barbarismus fit, . . . si quis dicat *coperit* pro operit". Nach *cooperire* wird antonymes *aperire* „öffnen" v. a. gallolateinisch zu **operire* umgebildet (> fr. *ouvrir*).

[58] Die einsilbigen Formen von *nare* werden auch bei den Klassikern (z. B. Cicero) gemieden, bereits Properz und Petron haben nur *natare* (cf. Löfstedt*Synt II*, 51).

[59] *Adiutare* ist bereits altlateinisch (Plautus), begegnet bei den Klassikern aber nur vereinzelt (einmal bei Cicero).

[60] Cf. H. D. Bork, *Die Familie von lat. quatĕre im Romanischen,* 1969, S. 191.

[61] Ferner, außerhalb der Bezeichnungsgeschichte des „français fondamental", etwa:

| | | |
|---|---|---|
| für | *sternuĕre* „niesen" + : | *sternutare* (> rom., fr. *éternuer*) |
| neben | *premĕre* „drücken" (> u. a. afr. *priendre*): | *pressare* (> u. a. fr. *presser*) |

[62] Vlt. *iectare*, cf. Väänänen, § 53. Cf. *lanceare* S. 72.

### 3.1.2.4. Diminutivformen

Das spontansprachliche Zurücktreten einfacher klassischer Lexeme gegenüber ihren eigenen Diminutivableitungen kennzeichnet in erster Linie einige nominale Begriffsbereiche, wie Körperteil- und Tierbezeichnungen.

Die ursprünglichen Diminutiva können vor allem aufgrund ihrer affektiven (hypokoristischen) Expressivität sowie teilweise wohl auch ihrer größeren Lautfülle ganz oder weitestgehend an die Stelle der Grundformen treten und werden dementsprechend vom Romanischen als Normalbezeichnungen übernommen[63]:

| | |
|---|---|
| *genu* „Knie" (+) | *geniculum* (Varro), *genuculum* (4. Jh.)<br>(> rom., fr. *genou*) |

Bei Varro wird die diminutive Form noch in bezug auf kleine Kinder gebraucht, in der nachklassischen Spontansprache tritt sie aber, wohl vor allem aufgrund ihres hypokoristischen Gehalts, progressiv an die Stelle von *genu* (seit Tertullian; *Vulgata*)[64].

| | |
|---|---|
| *avia* „Großmutter" (+) | **aviola* (belegt als männlicher Beiname)<br>(> u. a. afr.mfr. *aïeule*) |
| cf.<br>*avus* „Großvater"<br>(+, vereinzelt; vlt. *avius*<br>> u. a. afr.mfr. *aive* „Ahne") | <br>**aviolus*<br>(> u. a. afr.mfr. *aïeul*) |

[63] Cf. S. 20; R. Hakamies, *Etude sur l'origine et l'évolution du diminutif latin et sa survie dans les langues romanes,* 1951, v. a. S. 41 ff.; Ernout 189—192; Rohlfs, *Sprachgeographie,* Kap. VIII.

[64] Vergleiche an weiteren Körperteilbezeichnungen, außerhalb des „français fondamental":

| | |
|---|---|
| *auris* „Ohr" (+) | *auric(u)la* (> rom., fr. *oreille*) |

*auricula* begegnet anfänglich (Plautus) als Bezeichnung speziell des Ohrläppchens bzw. mit hypokoristischer Nuance (cf. Löfstedt 310 f.), tritt aber seit Lucilius, Catull und Varro als Normalbezeichnung in Konkurrenz zu *auris.*

| | |
|---|---|
| *cerebrum* „Gehirn"<br>(+, rum.) | *cerebellum (cerebella)*<br>(> u. a. fr. *cerveau, cervelle*) |

Die ersten Belege zeigen *cerebellum* als kulinarische Bezeichnung des (kleinen) Tierhirns (Titinius; Celsus) oder, in bezug auf den Menschen, als Affektausdruck (Petron). Als Normalbezeichnung und Ersatz für *cerebrum* erscheint die Diminutivform seit der *Mulomedicina Chironis.*

Cf. auch *ungula* S. 48.

Besonders geläufig erweist sich die verallgemeinernde Ausweitung der Diminutivformen in der Bezeichnung der dem Menschen nahestehenden bzw. vertrauten Tiere (die Beispiele liegen außerhalb des „français fondamental")[65]:

| | |
|---|---|
| *avis* „Vogel" (> sard.; iberorom. neben *passer*) | *aucella* (Varro), *aucellus* (6. Jh.) (> u. a. fr. *oiseau*) |
| *luscinia* „Nachtigall" (+, rätorom.) | *lusciniola*, **lusciniolus* (> u. a. afr. *losseignol*; fr. *rossignol* ev. < okz.) |
| *apis* „Biene" (> u. a. afr.mfr. *ef*) | *apicula* (> rom.; fr. *abeille* < okz., S. 164) |
| *ovis* „Schaf" (+, rum.) | *ovicula* (Apuleius; für *ovis* seit 4. Jh.) (> westrom., afr.mfr. *oeille* „Schaf") |
| *agnus* „Lamm" (+, südit., pg.; afr.mfr. *agne* vereinzelt) | *agnellus* (> u. a. fr. *agneau*) |
| *pedis* „Laus" + | *pediculus*, *peduc(u)lus* (Petron) (> rom., fr. *pou*) |
| *rana* „Frosch" (> rom., afr.mfr. *raine*) | *ranunculus*, **ranucula* (> u. a. afr.mfr. *renouille*; fr. *grenouille*) |
| *vitulus* „Kalb" (+, v. a. sard., apik., ev. lothr.) | *vitellus* (> u. a. fr. *veau*) |

In begrenzterem Maße findet sich die spontansprachliche Ausweitung ursprünglicher Diminutiva auch bei Adjektiven sowie vereinzelt bei Verben:

| | |
|---|---|
| *vetus* „alt" (> u. a. afr.mfr. *viez*) | *vetulus* (> rom., fr. *vieux*) |
| *senex* (+, sard., okz., frpr.) | |

[65] Grundsätzlich zeigen aber auch mehrere Sach- bzw. Werkzeugbegriffe in ihrer vulgärlateinisch-protoromanischen Bezeichnungsgeschichte die Bevorzugung und (weitgehende) Verallgemeinerung einer (zunächst wohl meist diminutiven) Ableitung, öfters auch (wie bei *vitellus*) den Ersatz von *-ulus* durch akzentuiertes *-éllus*: z. B. *anellus* „anulus" (> rom., fr. *anneau*); *lenticula* „lens" (> rom., fr. *lentille* „Linse"); *cultellus* „culter" (> rom., fr. *couteau*); *acucula* „acus" (cf. Rohlfs, *Sprachgeographie*, § 52; > westrom., fr. *aiguille*); *martellus* „marculus, martulus" (> rom., fr. *marteau*).

Das zunächst vorwiegend auf Tiere und Pflanzen bezogene *vetulus* übernimmt als spontansprachlich ausgeweitete Diminutivform auch die Bezeichnung des menschlichen Lebensalters und rückt damit an die Stelle von klt. *senex*. Die Opposition zu dem speziell auf Sachen bezogenen Simplex *vetus* bleibt vorerst bewahrt und unterscheidet auch noch die jeweiligen Fortsetzer im Altfranzösischen[66]. Das Diminutivum *vetulus* „ältlich, ein wenig alt“ hatte neben der pejorativen vermutlich auch euphemistische Funktion (cf. 3.2.e) und bot zusätzlich den Vorteil der leichteren Flektierbarkeit (cf. unten *pariculus* vs. *par*, ferner *masculus* vs. *mas*).

| | |
|---|---|
| *novus* „neu“<br>(> rom., fr. *neuf*) | *novellus*<br>(> u. a. fr. *nouveau*) |

Parallel zu *vetulus* begegnet *novellus* zunächst, in der Bedeutung „jung“ (cf. S. 49), im speziellen Bezug auf Tiere und Pflanzen. Die verallgemeinernde Ausweitung der Diminutivform gegenüber *novus* „neu“ ist vorwiegend galloromanisch. Cf. *novella* „neue Dinge“ (> fr. *nouvelle* „Neuigkeit, Nachricht“, seit *Alexius*)

| | |
|---|---|
| *par* „gleich“<br>(> rom., afr.mfr. *per, pair*) | *pariculus* (cf. Bambeck, *Wortstudien*, 51)<br>eigentlich „ziemlich gleich“<br>(> rom., fr. *pareil*) |
| *urĕre* „(ver)brennen“<br>(+, vereinzelt okz.) | *ustulare* „ein wenig brennen, sengen“<br>(> u. a. afr. *usler*; vermutlich gekreuzt mit afr. *bruïr*: fr. *brûler*)[67]. |

### 3.1.2.5. Ausweitung vom Tier auf den Menschen

Die häufige affektive Übertragung von tierbezogenen Körperteilbezeichnungen auf den Menschen kann im stark volkstümlich geprägten vulgärlateinisch-protoromanischen Wortschatz in mehreren Fällen zur völligen Verallgemeinerung der Ausweitung und zum weitgehenden oder vollständigen Ersatz des traditionellen menschenbezogenen Lexems (bei teils gänzlichem Verzicht auf die klassematisch-lexikalische Opposition) führen:

| | |
|---|---|
| *tergum* „Rücken“<br>(+, ev. okz. Abl., s. *FEW*) | *dorsum* (klassisch nur vom Tierrücken)<br>(> u. a. fr. *dos*) |

[66] Heute noch im Gadertalischen; cf. auch rum. *bătrîn* (< *veteranus*) speziell für das Lebensalter.

[67] Vergleiche *ardēre*, welches teilweise auch die transitive Funktion übernimmt (cf. D. Norberg, *Syntaktische Forschungen auf dem Gebiete des Spätlateins*, 1943, 183): u. a. afr.mfr. *ardoir, ardre* (intrans. u. trans.), cf. S. 126.

Die spontansprachliche Ausweitung von *dorsum* auch auf den menschlichen Rücken und damit das Zurücktreten von *tergum* bzw. der lexikalischen Differenzierung läßt sich fallweise seit dem Altlatein belegen (cf. *ThLL*).

Ähnliche zunächst derb-expressive Verlagerungen und Ausweitungen zeigen, außerhalb der Bezeichnungsgeschichte des „français fondamental", die Bezeichnungen etwa für „Haut", „(Finger-, Zehen-)Nagel", „Mund" (cf. auch *cerebellum* S. 45 Fn. 64)[68]:

| | |
|---|---|
| *cutis* „Haut" (+) | *pellis* (klt. nur „Fell") (> rom., fr. *peau*) |
| *unguis* „Nagel" + | *ungula* „Klaue, Kralle, Huf" (> rom., fr. *ongle*) |
| *ōs, ōris* „Mund" + (cf. die Teilhomophonie mit *ŏs, ŏssis*; *auris*) | *rostrum* „Schnabel" (als „Mund" fallweise seit Plautus, geläufig seit 4. Jh.)[69] (> rum.; iberorom. „Gesicht") |

In entsprechender Weise, als sekundäre expressive Übertragungen vom Tier, werden schließlich auch einige nachklassische Neubildungen und Entlehnungen zu neuen menschlichen Körperteilbezeichnungen des Protoromanischen:

*spatula* „Schulterblatt", „Schulter" (S. 59 Fn. 91; > u. a. fr. *épaule*); *ficatum* „Leber" (S. 75; > rom., fr. *foie*); *camba, gamba* „Bein" (S. 82; > u. a. fr. *jambe*).

### 3.1.3. Verzicht auf lexikalische Oppositionen

Bereits viele der bisher genannten Verlagerungen (die Synonymeneinschränkungen und ein Teil der Verallgemeinerungen) implizieren den Verzicht auf lexikalische Nuancierungen und fallweise Differenzierungen der klassischen Sprache. Im folgenden vereinigen wir (soweit bisher noch nicht erfaßt) die den Kernwortschatz tangierenden Beispiele für die Aufgabe von besonders deutlichen und (meist) durchgehenden Differenzierungen bzw. „Oppositionen". Die inhaltsstrukturellen Verschiebungen zeugen grundsätzlich von

[68] Auch die Verschiebung von *coxa* „Hüfte" auf die Bedeutung „Oberschenkel" (> rom., fr. *cuisse*) erfolgte offenbar zunächst in bezug auf Tiere und erst in sekundärer Ausweitung auch auf den Menschen (cf. Ernout 143); bezüglich des durch *coxa* ersetzten klt. *femur* vgl. die morphologische Isoliertheit und die Homophonie mit spätlt. *femus, femoris* (für klt. *fimus*); als neue Hüftbezeichnung vgl. germanisch-fränkisch **hanka* S. 117.

[69] S. Löfstedt*Synt II*, 326 f.; vergleiche als weiterverbreitetes Ersatzwort für *ōs*: *bucca* (urspr.) „Backe, Wange" (> rom., fr. *bouche*).

einem geringeren Differenzierungsbedürfnis der Spontansprache[70], werden im einzelnen aber auch von besonderen Faktoren mitbestimmt.

Der in Verbindung mit *vetulus* (S. 46 f.) bereits angesprochenen Bezeichnungsverschiebung im Begriffsbereich „alt“, nämlich

| | | | | | |
|---|---|---|---|---|---|
| klt. | *senex* (Personen) | → vlt. (> afr.) | *vetulus* | → nfr. (rom.) | *vieux* |
| | *vetulus* (Tiere, Pflanzen) | | | | |
| | *vetus* (Sachen) | | *vetus* | | |

entspricht im Bereich „jung“ die Aufgabe der lexikalischen Opposition zwischen *iuvenis* (in bezug auf Personen) und *novellus* (in bezug auf Tiere und Pflanzen; cf. Ernout-Meillet):

| | | | |
|---|---|---|---|
| klt. | *iuvenis* | → vlt. (> rom.) | *iuvenis* |
| | *novellus* | | |

In der Bezeichnung für „schwarz“ und für „weiß“ verzichtet die Spontansprache auf die klassische lexikalische Differenzierung zwischen dem glanzlosen und dem glänzenden Farbaspekt[71]:

[70] Umgekehrt schafft sich die nachklassische Spontansprache aber etwa mit der erwähnten Verlagerung von *retro* „rückwärts“ > (auch) „hinten, hinter“ (S. 41) eine neue lexikalische Opposition gegenüber dem sowohl räumlich als auch zeitlich gebrauchten klt. *post* (rom. fast nur zeitlich; cf. auch *ad pressum, ad prope* S. 98):

| | | |
|---|---|---|
| *post* | → | *retro* |
| | | *post* |

[71] Cf. J. André, *Etude sur les termes de couleur dans la langue latine,* 1949, S. 25 f., 44 ff.; A. M. Kristol, *Color*, 1978, S. 51 ff., 95 ff. Man vergleiche auch die jeweils spezielleren klassisch-lateinischen Entsprechungen zu den aus dem Fränkischen übernommenen Farbbezeichnungen fr. *bleu* und *gris* (S. 115).

*ater* „glanzlos schwarz, dunkel"
(+, u. a. okz.)

*niger* „glänzend schwarz"
(mehr auf die konkrete Bezeichnung der Farbe konzentriert)
(> rom., fr. *noir*)

<table><tr><td>ater</td><td rowspan="2">→</td><td rowspan="2">niger</td></tr><tr><td>niger</td></tr></table>

*candidus* „glänzend weiß"
(+, obit., okz.)

*albus* „(glanzlos) weiß"
(> rum., sard., rätorom., pg.)[72]

<table><tr><td>candidus</td><td rowspan="2">→</td><td rowspan="2">albus</td></tr><tr><td>albus</td></tr></table>

*alius* „ein anderer"
(+; *aliud*, **ale* > u. a. afr.mfr. *el*, „etwas anderes", „anders")[73]

*alter* „der eine (von zweien), der andere"
(> rom., fr. *autre*)

<table><tr><td>alius</td><td rowspan="2">→</td><td rowspan="2">alter</td></tr><tr><td>alter</td></tr></table>

Schwankungen als *alius* „alter" finden sich schon im Altlatein, die spätlateinische Spontansprache verallgemeinert dagegen, nach dem Zeugnis der romanischen Sprachen, *alter* (*alter* „alius" seit 4. Jh.; cf. bei Oribasius die offensichtlich glossierende Verbindung *alius alter* und im *Itinerarium Egeriae* hyperkorrektes *alius* „alter", s. Löfstedt 145)[74].

Plausible Kriterien für den Sieg gerade von *alter* sehe ich nicht, die Aufgabe der Opposition als solche geht jedoch vermutlich von der teilweisen Neutralisierung in ne-

[72] Auch zwischen diesen Randzonen dürfte *albus* erst relativ spät gegenüber dem germanischen Bezeichnungstypus **blank* (S. 85; > u. a. fr. *blanc*) gewichen sein (cf. die überall noch vorhandenen Spuren, v. a. in Ortsnamen).

[73] Als Element von Zusammensetzungen lebt *alius* bzw. *aliud* (**ale*) auch in einigen späten Bildungen weiter, z. B. *(in)* **aliore (loco)* (> v. a. fr. *ailleurs*; ev. < *aliorsum*) für klt. *alibi* und *alio*, gallolt. **al-tantum* (S. 102), **al-sic* (S. 109).

[74] Mit der Verallgemeinerung von *alter* schwindet auch die klassische Opposition zwischen *alter* „der zweite, ein zweiter" (= ein anderer derselben Art) und *secundus* „der zweite" (als der dem ersten unmittelbar folgende; cf. Menge, *Rep.*, § 215, 2); *secundus* > rom., halbgelehrt afr. *segont*, fr. *second*. Cf. *deuxième* S. 185.

gativen Sätzen aus (cf. Meillet, *Linguist.hist.I,* 239 f.) und entspricht dem weitgehenden Zurücktreten der lateinischen Dualreste: *uter* „welcher von beiden" + (bis auf afr. *ure*), *neuter* „keiner von beiden" +; cf. aber *ambo* „beide" (> u. a. afr.mfr. *ambes*) bzw. die verdeutlichende vulgärlateinische Erweiterung *ambo duo* (> u. a. afr.mfr. *ambedui, andui* „beide").

Bei mehreren Verwandtschaftsbezeichnungen verzichtet die Spontansprache auf die vor allem juristisch relevante Differenzierung zwischen den Gliedern der väterlichen und der mütterlichen Linie. Diese Entwicklung wird sozialstrukturell durch die zurücktretende Bedeutung der patriarchalischen Familiengliederung begünstigt:

*patruus* „Onkel väterlicherseits" +

*avunculus* „Onkel mütterlicherseits"
(> u. a. fr. *oncle*)
cf. *thius, thia* S. 103 Fn. 36

| | | |
|---|---|---|
| *patruus* | | |
| *avunculus* | → | *avunculus* |

*matertera* „Tante mütterlicherseits" +

*amita* „Tante väterlicherseits"
(> u. a. afr. *ante*; fr. *tante* seit 12. Jh.)

| | | |
|---|---|---|
| *matertera* | | |
| *amita* | → | *amita* |

*patruelis* „Sohn des Bruders des Vaters" +[75]
*amitinus* „Sohn der Schwester des Vaters" +

*consobrinus* „Vetter mütterlicherseits"
(schon in klass. Zeit auch als allgemeine Bezeichnung)
(> u. a. fr. *cousin*)

| | | | |
|---|---|---|---|
| *patruelis* | *amitinus* | | |
| *consobrinus* | | → | *consobrinus* |

Zur Begründung der jeweiligen Wahl der Spontansprache: die zurücktretenden Termini waren wegen des durchsichtigen Bezugs zu *pater* bzw. *mater* als generelle Bezeichnungen weniger geeignet; *avunculus* und *consobrinus* waren die juristisch weniger bedeutsamen und vielleicht gerade deshalb familiäreren Ausdrücke; *amita* wurde eventuell durch das kindersprachliche Lallwort *amma* gestützt.

[75] Vergleiche auch *fratruelis* „patruelis" (*Vulgata*): > sard., südit.

*ludus* „niedere Schule, Elementarschule" + — *schola* „höhere Schule" (eindeutiger und anspruchsvoller) (> halbgelehrt rom., fr. *école*)

| | | |
|---|---|---|
| *ludus* | → | *schola* |
| *schola* | | |

Die weniger strenge semantische bzw. logische Präzision der Spontansprache führt teilweise auch zu unklaren Grenzen und zu verallgemeinernden Übergängen zwischen Größen- und Mengenbezeichnungen (weitere Beispiele bei Löfstedt 148 f.):

*tot* „soviele" +
*tam multi* + — *tanti* „so große" (> rom., afr.mfr. *tanz*; daneben seit *Roland* auch *tant de*)

*quot* „wieviele" +
*quam multi* + — *quanti* „wie große" (> rom., afr.mfr. *quanz* „wieviele")

Die Verlagerung wurde vermutlich auch durch die größere Lautfülle und die Flektierbarkeit von *tanti, quanti* mitbestimmt. Belege für *tanti* „tot" und *quanti* „quot" finden sich erstmals bei Properz und dann häufig in nachklassischen Texten (cf. Löfstedt 147 ff.; id. *Synt II,* 43).

Schließlich wird durch manche spontansprachliche Verlagerungen auch eine klassische Abgrenzung zwischen verschiedenen Wortklassen durchbrochen oder aufgehoben, vor allem in der Ausweitung von adjektivischem auf (pro)-nominalen und von adverbialem auf präpositionalen Gebrauch[76]:

*nullus* (adj.) „kein" tritt (vereinzelt seit klass. Zeit, s. *IF 43,* 88) auch neben *nemo* „niemand" (> ostrom.): u. a. fr. *nul*[77]

*paucus* (adj.) „wenig" tritt als auch nominales bzw. adverbiales *paucum* „wenig; ein wenig" ganz an die Stelle von klt. *paulum*: rom., fr. *peu*; fr. *un peu* seit 13. Jh. (afr. neben *auques* < *aliquid*)

*subtus* (adv.) „unten" begegnet (seit Vitruv; *Itala*; *Vulgata*) auch als Präposition „unter" und tritt in weiten Teilen der Romania an die Stelle von klt. *sub* (> rum., sp., pg.) und *infra* „unter" (> okz.): u. a. fr. *sous* (afr. vereinzelt auch adv.); auch die Erweiterung *desubtus* (S. 70) fungiert im späteren Vulgärlatein als Adverb und Präposition (entsprechend fr. *dessous* bis 18. Jh. auch präp.).

76 Vergleiche oben *retro* „hinten" und „hinter" (S. 41), ferner Rheinfelder, *Altfranzösische Grammatik II,* 345 f.

77 Vergleiche auch verstärkend-verdeutlichendes *nec ullus* und *nec unus* (seit ca. 400; > rom., afr. *negun*).

### 3.2. Bedeutungsveränderungen

Als gegenüber den bisher betrachteten „Verlagerungen" (trotz fließender Grenzen) weitergehende Veränderungen betrachten wir im folgenden (im Blick auf die neuen protoromanischen Bezeichnungen) die Fälle eigentlicher Bedeutungsverschiebungen und Übertragungen innerhalb des traditionellen Formenbestandes. Die neuen vulgärlateinisch-protoromanischen Bedeutungen kennzeichnen in der Regel offenbar erst die nachklassische Periode und lassen sich teils nur vom Romanischen her erschließen.

Die Gliederung unseres Überblicks läßt sich grundsätzlich wiederum von der Herausarbeitung der wesentlichen Gründe bzw. Triebkräfte leiten; angesichts der in manchen Einzelfällen kaum faßbaren Gründe sowie der Vielfalt und Komplexität der faßbaren Faktoren beschränken wir uns jedoch auf eine Veranschaulichung der wichtigsten oder augenscheinlichsten Aspekte (Arten bzw. Voraussetzungen bzw. Gründe)[78] und fassen die übrigen Fälle ungegliedert zusammen. Die Beispiele betreffen, sofern nicht anders vermerkt, durchwegs die Bezeichnungsgeschichte des „français fondamental".

#### a) Übertragung vom konkreten in den abstrakten (v. a. geistigen) Bereich

Die übertragene Verwendung konkreter Ausdrücke zur Bezeichnung abstrakter Begriffe bildet eine der augenscheinlichsten Universalien des Bedeutungswandels. Die zugrunde liegende psychische Triebkraft, nämlich das Streben nach konkret-faßlicher, anschaulicher Ausdrucksform, führt im vulgärlateinisch-protoromanischen Wortschatz zu einer großen Zahl grundlegender Veränderungen, insbesondere in der Bezeichnung geistiger Vorgänge[79]:

*pensare* „wiegen, wägen" (> rom., fr. *peser*) wird schon in klassischer Zeit auch auf das Geistige übertragen als „erwägen, überlegen" und tritt im späteren Latein (bezeugt etwa bei Gregor dem Großen) neben *cogitare* „denken": halbgelehrt rom., fr. *penser* (seit *Passion*)

*cogitare* gleitet, soweit es fortlebt, meist in die subjektive Bedeutung „meinen, glauben", also in die Funktion des nicht weitergeführten klt. *putare*: u. a. afr.mfr. *cuidier* v. a. „(ver)meinen" (seit *Alexius*)

[78] Mehrere Veränderungen erfolgen offenbar über die elliptische Verallgemeinerung spezieller Verbindungen (cf. etwa *intendĕre, collocare, tutari, orbus, aboculis*).
[79] Vergleiche auch bereits klassisches *comprehendĕre* „begreifen, verstehen" aus konkretem „ergreifen, fassen" (S. 29); ferner *follis* S. 59, *captivus, directum* S. 61.

*sapĕre* (vlt. *sapēre*) „schmecken, riechen (intrans.)" kommt in affektiv-expressiver Übertragung auf das Geistige (fallweise seit dem Altlatein) zur Bedeutung „verständig sein, verstehen" und wird in der nachklassischen Spontansprache zum Ersatzverbum für das nur in archaischen Randgebieten (sard., rum.) fortgeführte klt. *scire* „wissen" (teilweise auch für „können" im Sinn von „gelernt haben, vermögen")[80]: rom., fr. *savoir* (seit *Straßb. Eide*; *savoir* + Inf. seit *Passion*)

*apprehendĕre, apprēndĕre* „angreifen, ergreifen" verschiebt sich v. a. bei christlichen Autoren (Tertullian u. a.) in aufs Geistige übertragener Verwendung zu „begreifen" (cf. *comprehendĕre*) und schließlich spontansprachlich-protoromanisch zu einem Ersatzverbum für klt. *discĕre* „(er)lernen": westrom., fr. *apprendre* (seit 12. Jh. auch „lehren")

*intendĕre* „(hin)strecken, spannen" (> rum., vereinzelt afr.) übernimmt fallweise seit der klassischen Periode die übertragene Bedeutung „sein Streben, seine Aufmerksamkeit, seine geistige Tätigkeit auf etwas richten" und kommt protoromanisch auch zu den nicht bezeugten Bedeutungen „verstehen" bzw. (ev. über *aures intendĕre*) „hören": u. a. fr. *entendre* „hören" (vereinzelt seit *Alexius*), afr.mfr. v. a. „verstehen", „bedacht sein, achten (auf)"

*subvenire* „zu Hilfe kommen" erhält, ausgehend vom konkreten Grundgehalt „von unten herankommen", auch die übertragene Bedeutung „in die Gedanken kommen, einfallen" (2. Jh. n.) und wird zentralromanisch (in zunächst unpersönlicher Verwendung) zu einer Bezeichnung für „sich erinnern" (klt. *meminisse* +): u. a. afr.mfr. *(il) me so(u)vient* (seit *Roland*), fr. *se souvenir* (seit 13., 14. Jh.)

cf. *(re)memorare* S. 67, *recordari* S. 29

*talentum* „ein (griechisches) Gewicht", „eine Summe Geldes" kommt offenbar über das biblische Gleichnis von den anvertrauten Talenten (= Geldstücken) zum übertragenen Gehalt „von Gott verliehene Gaben, natürliche Anlage, Fähigkeit" und von hier aus (oder aus der über Marseille vermittelten griech. Bedeutung „Waagschale") zur Bedeutung „Sinn, Neigung, Wunsch, Lust, Wille": u.a. afr.mfr. *talent* (seit *Passion*; moderne Bedeutung erst seit 16./17. Jh., unter mlt. Einfluß wiederaufgenommen)

*laxare* „schlaff machen, lockern" verschiebt sich zu „loslassen" (*canes*, 2. Jh. n., Apuleius) und von hier aus übertragen einerseits, als Ersatz für klt. *sinĕre* (+, frpr.), zu „(zu)lassen, erlauben"[81], andrerseits zu „verlassen" (für klt. *relinquĕre* +), „(sein) lassen" (nicht belegt): rom., fr. *laisser* (seit *Eulalia*)

[80] In die ursprüngliche Funktion von *sapĕre* rückt u. a. *sentire* „fühlen, empfinden, merken" nach (cf. Ernout 186; als „riechen" nicht belegt): fr. *sentir*, seit Anf. 12. Jh. auch „(etwas) riechen" („riechen nach" seit 14. Jh.; cf. afr. *oloir* < *olēre*; *flairer* < *fragrare*).

[81] Als modales Hilfsverbum seit 7. Jh. (s. Löfstedt 191 f.); zu *laxare* „concedĕre" s. *ThLL*, zu parallelen Entwicklungen Löfstedt 189 ff.

*devenire* „herabkommen“, „wohin gelangen, geraten“ wird in der verallgemeinerten übertragenen Bedeutung „werden“ (seit *Itala*) zu einem vulgärlateinisch-protoromanischen Ersatzverbum des unregelmäßigen und lautschwachen klt. *fieri* (+; cf. vlt. *se facĕre*, Löfstedt 167 f., 358): u. a. fr. *devenir* (seit *Leodegar*)

*implicare* „hineinfalten, verwickeln“ kommt vermutlich über übertragene Verwendungen wie „jdn in eine Aktivität verwickeln (und so in irgendeiner Hinsicht verwenden)“ zur Bedeutung „verwenden, gebrauchen“ (nicht bezeugt): u. a. fr. *employer* (seit *Roland*; von Personen „verwickeln in“ seit 12. Jh., sonst 14. Jh.; „anstellen, einstellen“ 17. Jh.)

*calēre* „warm sein“ übernimmt über die Nuance „noch warm = von Interesse sein“ protoromanisch (speziell in unpersönlicher Verwendung) auch die übertragene Bedeutung „wichtig sein, daran liegen“ und teilweise „nötig sein“: rom., afr.-mfr. *chaloir* „wichtig sein, daran liegen“ (meist verneint) seit *Eulalia* und „nötig sein“ (immer verneint, meist mit Dativ der 2. Ps.)

*satio* „Saatfeld, Aussaat“ wird übertragen auf die Zeit des Anpflanzens und hieraus verallgemeinert einerseits zu „passende Zeit“ (> rom., afr.), andrerseits zu „Jahreszeit“: v. a. fr. *saison* (seit Wace; afr.mfr. neben *tens, temps*)

*tostus* „gebacken, geröstet“ kommt übertragen zur Bedeutung „fest, hart“ (> it.) und hieraus (vermutlich über Zwischenstufen wie „kühn“ oder „lebendig“) zu „schnell“ bzw. adverbiell „rasch“, „bald“[82]: u. a. afr.mfr. *tost* „vite“ (seit *Eulalia*), fr. *tôt* (mod. Bed. fallweise seit 12., 13. Jh.).

### b) Konkretisierung abstrakter Lexeme

Neben der häufigen Entwicklung von konkreter zu abstrakter Bedeutung zeigt die Spontansprache in manchen Fällen auch eine entgegengesetzte Konkretisierung ursprünglicher Abstrakta. Diese Verschiebungen zeugen gleich den vorangehenden von den Schwierigkeiten, die unfaßlich-abstrakte Begriffe für breite Sprecherschichten darstellen und setzen meist eine zunächst wenig genaue, nur andeutungsweise Ausdrucksform voraus. Die einschlägigen Beispiele tangieren den Kernwortschatz nur vereinzelt, sind aber insgesamt in der vulgärlateinisch-protoromanischen Entwicklung durchaus geläufig[83]:

[82] Vgl. engl. *fast* „fest“ > „schnell“ (ev. über die Verbindung mit Bewegungsverben); germ. *balþ* „kühn“ > dt. *bald*; klt. *torrens* „schnell fließend, reißend“. Klt. *velox* +, *celer* +, *citus* + (*cito*> v. a. sard., sp., pg.).

[83] Cf. Löfstedt 110 ff.; id. *Late Latin*, 145 ff.; Ernout 179—183; Väänänen, § 210; Herman, *Le latin vulgaire*, 1967, 107 f.; H.-W. Klein, in *Serta Romanica, Festschrift Rohlfs*, 18 ff.; Gamillscheg, *Bedeutungslehre*, 73 ff. [s. auch Folgeseite]

*mansio* „das Bleiben, der Aufenthalt" wird seit dem 1. Jh. n. konkretisiert zu „Aufenthaltsort" und bezeichnet in der nachklassischen Spontansprache speziell das Nachtlager, sowie schließlich (seit 4. Jh.) die „Wohnung"[84] und das „Haus" (s. *ThLL*). Die letztere Verwendung kennzeichnet in erster Linie das Nordgallolatein (cf. S. 107) und ersetzt hier vlt. *casa* (S. 37): fr. *maison* (seit *Passion*)

*ingenium* „Begabung" kommt über „Erfindung, Kunstgriff" (cf. *ThLL*) auch zur Nuance „List" und zur konkretisierten Bedeutung „(sinnvolle) Vorrichtung, Gerät, Werkzeug, Maschine, Kriegsmaschine" (cf. Bambeck, *Wortstudien*, 27 f.): u. a. fr. *engin* (afr.mfr. auch „Scharfsinn, Intelligenz, Begabung" und „List, Betrug")

*virtus* „Tüchtigkeit", „Tugend", „Tapferkeit" bezeichnet auch die „körperliche Kraft" sowie (wohl über „Krafttat" > „Wundertat") speziell im christlichen Latein „Wunder" (seit 4. Jh.): u. a. fr. *vertu*, afr.mfr. v. a. „Tapferkeit", „Körperkraft", „Wunder" (seit *Alexius, Roland*)

*vectura* „das Fahren", seit Varro auch konkretisiert zu „Transportmittel, Fahrzeug": u. a. fr. *voiture* (seit 12. Jh.)

### c) Bedeutungsausweitung spezifisch-anschaulicher Lexeme

Die neuen protoromanischen Bezeichnungen zeigen in ihren semantischen Vorstufen mehrfach eine speziellere Bedeutung, die einen spezifischen Aspekt des betreffenden Begriffs zum Ausdruck bringt[85]. Die wesentliche Triebkraft der spontansprachlichen Ausweitung bildet wohl meist die mit dieser Spezifizität (zunächst) verbundene Anschaulichkeit; in manchen Fällen ergab sich die neue Bedeutung vermutlich als Ellipse aus spezifisch-konkreten Verbindungen (cf. Fn. 78).

*tabula* „Brett" kann schon in klassischer Zeit auch speziell das „Spielbrett" oder den „Wechslertisch" bezeichnen und wird zentralromanisch, in Ausweitung von

Als Beispiele außerhalb des „français fondamental" vergleiche etwa:
*visus* „Sehen, Anblick" > „Gesichtssinn" > (wohl über „Augen") „Gesicht" (cf. dt. *Gesicht*): u. a. afr.mfr. *vis* (fr. *visage* seit *Roland*)
*testimonium* „Zeugnis" > „Zeuge" (*Itin. Egeriae*): u. a. fr. *témoin*
*venatio* „Jagd" (S. 37) > „Jagdbeute, Wildbret" (Livius): u. a. fr. *venaison*
*species* „Art" > „Handelswaren" (4. Jh.), „Gewürze": v. a. (halbgelehrt) fr. *épice*
(spätlt.) *prehensio* „Fassen, Ergreifen, Festnahme" > „Gefängnis": rom., fr. *prison* (afr. „Gefangenschaft", „Gefängnis", „Gefangener")
*tonsio* S. 99 Fn. 25.

[84] Vergleiche vlt. *mansus* „Aufenthalt", „Aufenthaltsort"; fr. *logement*; *demeure*; ferner *manēre* vlt. auch „wohnen" (S. 57).

[85] Vergleiche auch *plangĕre* S. 24, *causa* S. 62 sowie die weniger weit gehenden „Verlagerungen" sub 3.1.2.1.

spezifisch-anschaulichem „Tischbrett" zu „Tisch", zum Ersatzwort für klt. *mensa* (> rum., sard., rätorom., sp., pg., frpr.)[86]: u. a. fr. *table* (seit *Alexius*)

*camera* „Gewölbe" wird über die spezifisch-anschauliche Zwischenstufe „gewölbtes Zimmer" zu einer neuen Bezeichnung für „Zimmer" verallgemeinert (seit Augustinus) und kann spontansprachlich-protoromanisch klt. *conclave* ganz verdrängen: rom., fr. *chambre* (seit *Alexius*)

*manēre* „bleiben" kommt wohl über die spezifischere Zwischenstufe „übernachten" (Horaz) seit 2./3. Jh. zur neuen allgemeinen Bedeutung „wohnen"[87] und wird etwa vom Galloromanischen in beiden Funktionen fortgeführt: u. a. afr. *manoir, maindre* „bleiben" (cf. *remanēre* S. 43), afr.mfr. „wohnen" (seit *Eulalia*)

*tornare* „drechseln" (Cicero) wird nach dem Zeugnis der romanischen Sprachen, als zunächst spezifisch-anschauliche Bezeichnung, zu „drehen, wenden" verallgemeinert und kann in dieser Verwendung klt. *volvĕre* (> u. a. afr. *voudre*, vereinzelt) und *vertĕre* (> u. a. afr.mfr. *vertir*) beträchtlich einengen; über „wenden" gelangt *tornare* schließlich teils auch zur Bedeutung „zurückkehren": rom., fr. *tourner*, afr.mfr. auch „zurückkehren" (cf. *reverti* > afr.mfr. *revertir*; gallolt. *repatriare* S. 100), fr. *retourner* (seit *Passion*)

*collocare* „hinstellen" erhält über spezifische Verbindungen wie *collocare in lectum, in lecto* (Cicero) elliptisch die Bedeutung „niederlegen" (vereinzelt seit Afranius, *se collocare* seit *Vulgata*, cf. Chaurand, *Introduction*, 16 f.)[88]: rom., fr. *(se) coucher* (seit *Alexius*)

cf. *cubare, iacēre* S. 30

*mittĕre* „schicken" kommt in der nachklassischen Spontansprache vermutlich über die spezifisch-expressiven Zwischenstufen „werfen", „rasch wohin bringen" zur Bedeutung „setzen, legen, stellen" (Beispiele für den Übergang bei C. Beyer, *Die Verben des „Essens", „Schickens", „Kaufens"*, 1934, 30—33; Löfstedt, *Late Latin*, 32 f.)[89]: rom., fr. *mettre* (seit 10. Jh.)

86 Cf. *discus* „Scheibe" > „(runde) Tischplatte" > „Tisch": u. a. afr.mfr. *dois*, v. a. „großer, herrschaftlicher Tisch".

87 Cf. *demorari*, das neben „zögern, sich aufhalten" auch die Bedeutungen „bleiben" und „wohnen" übernimmt (s. Löfstedt 81): u. a. fr. *demeurer*.
Klt. *habitare* „wohnen" lebt nur vereinzelt weiter (it. Ma., rätorom.), wird aber vom Französischen seit dem 12. Jh. als gelehrtes *habiter* (S. 160) übernommen.

88 In der ursprünglichen Funktion von *collocare* rückt u. a. *allocare* (hapax, Not.Tir.) ein: u. a. afr.mfr. *alo(u)er* (u. a.) „placer" (seit *Alexius*).

89 Noch die altfranzösischen Verwendungen im *Rolandslied* charakterisiert Foulet (Glossar Ed. Bédier) „assez souvent il s'y ajoute une nuance de rapidité, de violence ou simplement de mouvement". Vgl. afr.mfr. *bo(u)ter* „stoßen" > mfr. „mettre".
In der ursprünglichen Bedeutung „schicken" wird *mittĕre* durch die anschaulich-eindeutigere Präfixform *transmittĕre* (S. 44), durch *mandare* und durch **inviare* (S. 74) ersetzt.
Parallel zum Simplex tritt auch *remittĕre* an die Seite bzw. an die Stelle von *reponĕre*: u. a. fr. *remettre*.

*ponĕre* „setzen, legen, stellen“ hält sich teils neben *mittĕre* in der eigentlichen Bedeutung, teils (speziell galloromanisch, S. 96) nur in der spezialisierten Bedeutung „Eier legen“ (> u. a. fr. *pondre*)

cf. *pausare* S. 72

*computare* „berechnen, abrechnen“ lebt sowohl in der verlagerten Nuance „zählen, rechnen“ als auch in der über anschaulich-konkretes „aufzählen“ entstandenen Bedeutung „erzählen“ (klt. *narrare* +, sard.) weiter: rom., fr. *compter, (ra)conter* (seit *Roland* bzw. *Passion*)

*hostis* „Feind (v. a. im Krieg)“ verschiebt sich in Ausweitung der zunächst spezifischen Bedeutung „feindliches Heer“ zu „Heer“ (zunächst als pl.; sg. seit *Lex Salica*; s. Löfstedt 255 f.; id., *Late Latin*, 17) und kann klt. *exercitus* in der protoromanischen Spontansprache ganz verdrängen: rom., afr.mfr. *ost* „Heer“ (seit *Alexius*)

*cohors* bezeichnet in klassischer Zeit einerseits den „Hofraum“ (v. a. für das Vieh), andrerseits die „Kohorte“ bzw. das „Gefolge“ (v. a. eines Statthalters oder Feldherrn). Im Übergang zum Romanischen erhält es auch die Bedeutungen „Landgut“ (6. Jh.) und wohl hieraus „Fürstenhof, -residenz“ sowie (über „Gefolge“) „Gefolge eines Fürsten“ (cf. B. Löfstedt, *Studien über die Sprache der langobardischen Gesetze,* 1961, 79 f.): rom., afr.mfr. *co(u)rt* (seit *Passion, Leodegar*), fr. *cour* (15. Jh.)

Anm.: Es bleibt zu berücksichtigen, daß die als Gliederungskriterium gewählte „Bedeutungsausweitung“ in der Mehrzahl der Beispiele speziell die dem Protoromanischen unmittelbar vorangehende Entwicklung betrifft. Die vorausgehenden Entwicklungen, etwa von „Brett“ zu „Tischbrett“ oder von „bleiben“ zu „übernachten“, bilden dagegen teils eine Spezialisierung bzw. Bedeutungseinengung. Dementsprechend gliedert Väänänen (§ 207) die Bedeutungsveränderungen von *collocare* (wo er der Zwischenstufe nicht Rechnung trägt), *manēre* (wo er nur die erste Entwicklungsphase ins Auge faßt) und *mittĕre* (wo er eine andere Entwicklung annimmt) gerade umgekehrt als Beispiele für „Rétrécissement du sens“.

### d) Affektive Übertragungen

Die relativ starke gemeinsprachliche Wirksamkeit eines vorwiegend volkstümlichen Expressivitätsstrebens zeigt sich besonders deutlich in der vulgärlateinisch-protoromanischen Verallgemeinerung von einigen als affektive Übertragungen entstandenen „Kraftausdrücken“[90]:

[90] Vergleiche etwa auch die Ausweitung von *plangĕre* „sich aus Trauer schlagen“ und *manducare* „kauend, lautstark und gierig essen, fressen“ zu Normalverben für „weinen“, „klagen“ bzw. „essen“ (S. 24).

*testa* „Tongefäß", „Scherbe" begegnet seit dem 4. Jh. in der übertragenen Bedeutung „Hirnschale" und wird in der Spontansprache zu einem derb-scherzhaften Kraftausdruck für „Kopf" (cf. in Glossen: „*testa* : caput vel vas fictile")[91]. In dieser Verwendung wird *testa* v. a. in Gallien zu einem ernsthaften Konkurrenten des abstrakten und polysemen klassischen Bezeichnungstypus *caput* (> u. a. afr.mfr. *chief, chef* „Kopf"): u. a. fr. *tête* (seit *Alexius*)

*minari* „drohen" wird im speziellen Bezug auf Vieh zu „(unter Drohungen) antreiben" (2. Jh., Apuleius; > rum.) und von hier aus, als Kraftausdruck auf Menschen verallgemeinert, zu „treiben, führen" (seit Hieronymus)[92]: u. a. fr. *mener*, anfänglich zum Teil noch „gewaltsam führen" (cf. Klein, in *Serta Romanica, Festschrift Rohlfs*, 21)

*follis* „Schlauch", „Blasebalg" wird vom Romanischen sowohl in dieser konkreten Bedeutung als auch in der seit Augustinus bezeugten affektiv-expressiven Übertragung auf einen „aufgeblasenen" und „dummen" Menschen weitergeführt (cf. Verf. *Petron* 27 f.)[93]: u. a. fr. *fou*, afr. vorwiegend „töricht" (seit *Roland*)

*tutari* „schützen" erhält über Verbindungen wie *tutare famem* „den Hunger abwenden, stillen" (1. Jh. n.; ev. auch über **tutare focum* „die Glut mit Asche abdekken bzw. schützen") die Bedeutung „auslöschen" (> u. a. mfr. *tuer*) und wird schließlich v. a. in Gallien (cf. sard.) als Kraftausdruck (ev. auch euphemistisch) übertragen zu „betäuben, bewußtlos schlagen", „totschlagen, töten": v. a. fr. *tuer*, anfänglich auch „bewußtlos schlagen", „totschlagen"; „töten" seit Anf. 12. Jh. (Gaimar)

*gurges* (spätlt. *gurga*) „Strudel, Wasserschlund" übernimmt zentralromanisch auch die übertragene Bedeutung „Schlund, Kehle" (bezeugt seit 5. Jh.): u. a. fr. *gorge* (seit 12. Jh.)

*papilio* „Schmetterling" wird als zunächst bildhaft-ausdruckskräftige Übertragung ab dem 3. Jh. (vereinzelt schon bei Ovid) auch zu einer Bezeichnung für „Zelt": u. a. afr.mfr. *paveillon* „Zelt" (fr. *pavillon*) seit 12. Jh.

### e) Euphemismen

An einer Reihe protoromanischer Bedeutungs- bzw. Bezeichnungsveränderungen war offensichtlich auch das Bemühen um eine euphemistische (be-

[91] Vergleiche fr. pop. *fiole, carafe, cafetière* u. a.
Als ähnliche vulgärlateinische Expressivübertragung wird *spatula* „Rührlöffel" zur Bezeichnung des „Schulterblatts" (zunächst der Tiere, dann auch des Menschen) sowie als zentralromanischer Ersatz für klt. *humerus* (v. a. rum., sp., pg.) auch der „Schulter" (Gregor von Tours): u. a. fr. *épaule* (cf. Rohlfs, *Sprachgeographie*, § 59).
[92] Vergleiche als neues spontansprachliches Verbum für „drohen" die von *minaciae* abgeleitete Neubildung **minaciare* (S. 73 Fn. 128).
[93] Klt. *stupidus* +, *stultus* +, *stolidus* (+, ev. frpr.).

schönigende) Ausdrucksweise beteiligt, wobei als Ausgangspunkt neben dem affektiven teils auch das gehobene Sprachregister in Betracht kommt[94]:

*infirmus* „schwach" wird spontansprachlich zu einer zunächst abschwächend-euphemistischen Bezeichnung für „krank" (vereinzelt seit Beginn der Kaiserzeit, geläufig seit 4. Jh.): rom., afr.mfr. *enferm* „krank, schwach" (seit *Alexius*)

*male habitus* „in einem schlechten Zustand befindlich, schlecht beisammen" (cf. Väänänen, § 157)[95]: u. a. fr. *malade* (seit *Passion*)

*pacare* „befrieden" spezifiziert sich über „beruhigen, besänftigen" (4. Jh.) zu „aussöhnen" bzw. über „(einen Gläubiger) zufriedenstellen" zu einem zunächst wohl euphemistisch-affektiven Konkurrenten von *solvĕre* „bezahlen" (S. 29; > u. a. afr. *soudre*): rom., fr. *payer*, bis 13. Jh. überwiegend „aussöhnen", aber seit Wace und Chrétien auch „bezahlen" (ev. < okz., S. 164 Fn. 87)

Vergleiche außerhalb des lexikalischen Kernbestandes etwa:

*orbus* „beraubt", „verwaist", das in Verbindungen wie *orbus luminibus, orbus ab oculis* zu einer anschaulichen und euphemistischen Bezeichnung für „blind" wird und als elliptisches *orbus* „blind" (2. Jh. n., Apuleius; cf. *ThLL*) bzw. *aboculis* (5. Jh.) an die Seite von klt. *caecus* (> rom., afr.mfr. *cieu*) tritt: u. a. (regional) afr. *orp*, mfr. *orbe*; v. a. fr. *aveugle*

*flebilis* „beklagenswert", das als zunächst affektiv-anteilvolle Bezeichnungsvariante die Bedeutung „schwach" übernimmt (cf. dt. *wenig* urspr. „beweinenswert"): u.a. fr. *faible.*

## f) Fachsprache und Gemeinsprache

Zahlreiche Bedeutungsveränderungen haben ihren Ursprung in einem speziellen fachsprachlichen Bereich bzw. in der gemeinsprachlichen Ausbreitung von fachsprachlichen Verwendungen[96]. Eine besonders starke Beeinflussung von Wortbestand und Semantik der protoromanischen Gemeinsprache erfolgt durch die christliche Sondersprache[97]:

[94] Vergleiche auch eben erwähntes *tutare* „auslöschen" für „totschlagen, töten", *vetulus* S. 47, *vulpiculus* S. 108, Fn. 51; cf. Gamillscheg, *Bedeutungslehre,* 125 ff.

[95] Beide Neuerungen können, zu Normalbezeichnungen verallgemeinert, klt. *aeger* ganz verdrängen (cf. auch H. Kuen, *Romanistische Aufsätze*, 212). Man vergleiche auch den entsprechenden weitgehenden Ersatz von klt. *morbus* „Krankheit" (+, iberorom., gask.).

[96] Vergleiche im Rahmen der bereits betrachteten Veränderungen: *apprehendĕre* (S. 54), *talentum* (S. 54), *virtus* (S. 56), *tornare* (S. 57), *minari* (S. 59). Cf. auch Meillet, *Linguist. hist. I*, 244 ff.; cf. S. 74 *adripare, impedicare.*

[97] Cf. v. a. J. Schrijnen, *Latinitas Christianorum Primaeva, Charakteristik des altchristlichen Latein*, 1932; Chr. Mohrmann, *Latin vulgaire, latin des chrétiens, latin*

*captivus* „gefangen" übernimmt neben dem konkreten klassischen Gehalt speziell über die moralisch-religiösen Übertragungen der Kirchensprache (Gefangensein durch Leidenschaften, Sünde, den Teufel, seit 2. Jh.) die Bedeutungen „schlecht, böse" (> v. a. it.) und „bemitleidenswert, unglücklich, erbärmlich"[98]: u. a. afr.mfr. *chaitif*, v. a. „unglücklich" und „gefangen" (seit *Passion, Roland*), fr. *chétif*

Cf. die ev. kirchenlateinisch beeinflußte Entwicklung der Neubildung *malifatius*, S. 77

*senior* „der Ältere" bezeichnet fallweise seit der klassischen Periode auch eine Rangstufe und tritt nachklassisch vor allem über die Kirchensprache („Gemeindeältester", 2. Jh.) als Respektsbezeichnung neben klt. *dominus* (> rom., afr.mfr. *dan*, nur mit Namen oder Titel, seit Ende 12. Jh. v. a. von Geistlichen): rom., afr.mfr. *sire, sieur (seigneur)*, cf. Foulet, in *R 71*, 1950, 1 ff., 180 ff.; cf. *monsieur* S. 153

*directum* „Recht" (8. Jh.) aus *directus* „gerade", welches vermutlich zunächst in der Kirchensprache zur übertragenen Bedeutung „rechtschaffen" kam[99] und in substantivierter Form als zugleich anschaulicher und lautvollerer Konkurrent klt. *ius* fast ganz verdrängen konnte: rom., fr. *(le) droit* (seit *Straßb. Eide*);

cf. als Gegenbildung hierzu *tortum* (eigentlich „das Gewundene, Krumme") „Unrecht": rom., fr. *tort* (seit *Passion*)

*dies dominicus* (Ende 2. Jh.), *dies dominica* (um 300) „Tag des Herrn" wird kirchensprachlich zur Bezeichnung des „Sonntags" und kann protoromanisch das ältere *solis dies* (cf. u. a. dt. *Sonntag*) ganz verdrängen[100]: rom., fr. *dimanche*

*natalis* (*dies*) „Geburtstag (Jesu Christi), Weihnachten" (*nativitas* > sp.; cf. Rohlfs, *Sprachgeographie*, § 140): v. a. zentralrom., fr. *Noël*

Vergleiche außerhalb des „français fondamental" auch

*paganus* „Dorfbewohner", das seit 1. Jh. n. in der Militärsprache („sermo castrensis") die Bedeutung „Zivilist" (im Gegensatz zu *miles*) annimmt und seit Tertullian zur protoromanischen Bezeichnung des „Heiden" wird. Die neue Bedeu-

*médiéval*, 1955; H. Rheinfelder, *Kultsprache und Profansprache in den romanischen Ländern*, 1933; id., *Semantik und Theologie*, in *Estudios Pidal II*, 1951, 253—271; E. Lerch, *Der Einfluß des Christentums auf den französischen Wortschatz*, in *Neuphilologische Monatsschrift 4*, 1933, 65—80, 108—121.

[98] Cf. P. Haerle, *Captivus — cattivo — chétif*, 1955; Rohlfs, *Sprachgeographie*, § 136. Klt. *miser* überlebt nur vereinzelt im Rum. und Fr. (afr. *mezre, Alexius*). Vergleiche *lassus* „matt, schlaff", das teilweise wohl schon spätvulgärlateinisch auf die Bedeutung „unglücklich" ausgeweitet wird: u. a. fr. *las*, afr.mfr. auch „unglücklich" (seit 10. Jh., cf. it.; cf. fr. *hélas*).

[99] Vergleiche *directio* „Rechtschaffenheit, Gerechtigkeit" in Psalmen, s. E. Lerch in *Neuphil. Monatsschrift 4*, 1933, 74, und *Sprachkunde*, 1940, *N. 3/4*, 7—11.

[100] Zum divergierenden Genus cf. Rohlfs, *Sprachgeographie*, § 68.

tung entstand eventuell aufgrund einer (sachlich nicht bezeugten) längeren Bewahrung des Heidentums unter der Landbevölkerung oder, was wahrscheinlicher ist, als Gegensatz zu den Christen als „milites Christi": rom., fr. *païen* (seit *Eulalia*)

Im Übergang von der Rechtssprache in die Gemeinsprache ergibt sich der Bedeutungswandel etwa von

*causa* „Rechtssache"[101] zu „Angelegenheit" und schließlich nachklassisch zu „Sache allgemein", in welcher Verwendung die Form protoromanisch weitgehend an die Stelle des lautschwachen klt. *res* (als „Sache" fast nur afr.mfr. *rien*) tritt: rom., fr. *chose* (seit *Straßb. Eide*)

Die Fachsprache des bäuerlichen Milieus bildet etwa den Ausgangspunkt für die neue Bedeutung *minari* „führen" (S. 59) oder für die spezifizierenden Einengungen von *cubare* „brüten" (S. 30 Fn. 25) und *ponĕre* „Eier legen" (S. 58). Der Terminologie der Küchensprache entstammen vermutlich die neuen protoromanischen Verwendungen von *cerebellum* (S. 45 Fn. 64), *spatula* (S. 59 Fn. 91) und *ficatum* (S. 75).

## g) Sachgeschichtliche Gründe bzw. Voraussetzungen

Die vulgärlateinisch-protoromanischen Entwicklungen müssen teilweise auch in Verbindung mit den jeweiligen sachlichen Gegebenheiten gesehen werden. Diese bilden allerdings meist weniger den eigentlichen Grund als vielmehr eine Voraussetzung für die sprachlichen Veränderungen.

Als Beispiel bereits angesprochen wurde ein eventueller Zusammenhang zwischen dem Ersatz von *emĕre* durch *comparare, *accaptare* und dem Rückgang geregelter Handelsbeziehungen (S. 35), zwischen der Ausweitung von *casa* „Hütte" zu „Haus" und dem sinkenden Niveau der Wohnverhältnisse (S. 37), zwischen der Verlagerung von *campus* und der Konzentrierung der Landbebauung auf freie, ebene Flächen (S. 38) sowie zwischen der Entwicklung der Verwandtschaftsbezeichnungen und dem Zurücktreten der patriarchalischen Familiengliederung (S. 51). Hinzufügen läßt sich etwa ein wahrscheinlicher Bezug zwischen dem Schwund eines Großteils der klassischen Militärterminologie (*pugnare, pugna*; *proelium* S. 37 Fn. 48; *exercitus* S. 58; *bellum* S. 85; *miles* S. 101) und der Auflösung der traditionellen römischen Heeresorganisation.

[101] Vergleiche als Ersatz für *causa* „Grund" v. a. *ratio* S. 65.

Vergleiche ferner:

*villa* „Landhaus, Landgut" (S. 30), dessen semantische Ausweitung zu „Siedlung, Dorf" (ca. 5. Jh.)[102] bzw. (im Frühaltfranzösischen) zu „Stadt" durch die sachliche Ausweitung der Siedlungen und die Herausbildung von Städten aus Dörfern begünstigt wurde: u. a. fr. *ville*, afr. anfänglich „Dorf" (seit *Passion*), seit *Roland* aber auch „Stadt" (ferner afr.mfr. „Landgut")

*forum* „Marktplatz", „Markt", das in seiner Grundbedeutung ganz gegenüber *mercatus* (> rom., fr. *marché*) zurücktritt und sachbedingt, als Ort auch der Gerichtsverhandlungen, die übertragene Bedeutung „Recht, Gesetz" (> v. a. iberorom.) übernehmen kann; vergleiche daneben die speziell in Nordgallien fortgeführte Bedeutung „Marktpreis" (8. Jh., cf. Bambeck, *Wortstudien*, 22): afr. *fuer* „Marktpreis, Preis", „Maß".

## h) Weitere Bedeutungsveränderungen

Im folgenden fassen wir diejenigen für den Kernwortschatz relevanten Bedeutungsveränderungen zusammen, die nicht oder nicht hinreichend eindeutig einem der sub a) bis g) betrachteten Gesichtspunkte zugeordnet werden können:

*habet* (unpersönlich) wird seit dem 4. Jh. zum spontansprachlichen Konkurrenten von *est, sunt* „es gibt"[103] und übernimmt ab dem 6. Jh. auch die Bedeutung „seit": westrom., afr.mfr. *a* (neben *est*) seit 11. Jh., fr. *il y a*

*demandare* „übertragen, anvertrauen" gelangt in der spätlateinischen Spontansprache über „auftragen, beauftragen" zu den Bedeutungen „verlangen" (belegt auf Fluchtafeln) und „fragen"[104]: rom., fr. *demander* (seit *Passion*)

*dubitare* „zweifeln" wird westromanisch auch in der verschobenen Bedeutung „fürchten" (bezeugt seit 5. Jh.) weitergeführt (cf. *dubius* „zweifelhaft" und „bedenklich, gefährlich"): u. a. fr. *douter*, afr.mfr. auch (häufiger) „fürchten" (seit *Passion*); cf. *redouter* (seit *Alexius*)

102 Klt. *pagus* „Dorf" +, *vicus* (+; it., rätorom.); cf. *RGl* 1655 „Vicis : *villis*, minores civitatibus".

103 Zu ähnlichen unpersönlichen Ausdrücken cf. Löfstedt 44 ff.

104 Das Verbum wird so zum Konkurrenten und im überwiegenden Teil der Romania zum Ersatz für klt. *petĕre* (> sard., okz., sp., pg.), *poscĕre* (+), *(inter)rogare* (> rum.; afr. *enterver* „ausfragen, ausforschen"; > rom., afr. *rover* „verlangen"), *quaerĕre* (> u. a. afr.mfr. *querre*, vereinzelt „bitten, verlangen, wollen", in der Regel „suchen"; cf. afr.mfr. *requerre* „bitten, verlangen"), *percontari* (> sard., sp., pg.). Parallel zum Zurücktreten der entsprechenden Verben werden auch die klassischen Bezeichnungen für „Frage", *interrogatio* und *quaestio*, erbwörtlich nicht weitergeführt (cf. S. 159).

*fallěre* „täuschen" kommt über „entgehen" in weiten Teilen der Romania zur Bedeutung „mangeln, fehlen" (klt. *abesse* +, *deesse* +)[105]: u. a. afr.mfr. *faillir, defaillir* (seit *Alexius*)

*servire* „dienen (Sklave sein)" wird auf verschiedene Arten von Diensten ausgeweitet und begegnet seit Beginn der Kaiserzeit auch in der übertragenen Bedeutung „dienlich sein, zu etwas dienen" (von Sachen): rom., fr. *servir* (seit *Eulalia*; „bedienen, servieren", „zu etwas dienen" 12. Jh.)

*tempus* „Zeit" übernimmt in der spontansprachlichen Entwicklung zum Romanischen auch die Bedeutung „Wetter" (für klt. *tempestas, caelum*)[106]: rom., fr. *temps*

*platea* „breite Straße (in einer Stadt)" (seit Plautus) bezeichnet vereinzelt seit klassischer Zeit auch den „öffentlichen Platz, Marktplatz" und wird nachklassisch-protoromanisch zur Bedeutung „Platz, Ort" verallgemeinert (bezeugt seit 4. Jh.): rom., fr. *place*, afr.mfr. auch „Ort, Stelle" (seit *Roland*)[107]

*factio* „das Tun, das Machen"[108] wird zu einer anschaulichen Bezeichnung für „Art und Weise" (klt. *modus* > u. a. afr. *muef*, mfr. *meuf* vereinzelt): u. a. fr. *façon*;
cf. **wîsa* S. 85, **manuaria* S. 77

*ministerium* (*misterium* seit 3. Jh., als Vermengung mit *mysterium*) „Dienst, Amt" übernimmt einerseits im Kirchenlatein die Bedeutung „Gottesdienst", andrerseits im späten Vulgärlatein die nicht belegten aber romanisch vorausgesetzten Bedeutungen „Handwerk, Beruf" und „Bedürfnis, Notwendigkeit" (etwas ist „ein Dienst" > „nützlich" bzw. „notwendig"): rom., fr. *métier*, afr.mfr. auch „Dienst", „Gottesdienst", „Bedürfnis, Notwendigkeit" (*est mestier, avoir mestier*)

*costa* „Rippe" erhält auch die Bedeutung „Seite" (im Ansatz schon bei Vergil) sowie im Übergang zum Romanischen (nicht belegt) „Abhang". Als „Seite" tritt es vor allem in der erweiterten Form **costatum* in Konkurrenz zu klt. *latus* (> rom., afr.mfr. *lez*) und zu dem in räumliche Bedeutung ausgeweiteten vlt. *pars*: rom., fr. *côte*; rom., fr. *côté* (seit *Roland*)

105 Als Verbum für „täuschen" dient einerseits das klassische Synonym *decipěre* „hintergehen, täuschen, betrügen", andrerseits v. a. gemeinromanisch vorausgesetztes **ingannare* (*RGl* 849 a; < ?): u. a. fr. *decevoir*, afr.mfr. „täuschen"; rom., afr.mfr. *enganer* „betrügen" (seit *Alexius*).

106 Das verbindende gemeinsame Inhaltselement bildet offenbar die Vorstellung eines veränderlichen Zustandes (vergleiche ferner den Bezug zwischen „Jahreszeit" und „Witterung"). Die beiden Bedeutungen werden im Romanischen (von Graubünden abgesehen) lexikalisch nicht oder nur durch zusätzliche Zeichen auseinandergehalten. Cf. H. Kuen, in *Interlinguistica, Festschrift M. Wandruszka*, 64 ff.

107 Cf. G. Gougenheim, *Etudes*, 306 ff.

108 Vergleiche auch *factura* „Form, Gestalt" (2. Jh. n., cf. *ThLL*): u. a. afr.mfr. *faiture* „Form, Gestalt" (seit *Alexius*).

*pars* „Teil" übernimmt neben der eben erwähnten Bedeutung „Seite" (cf. Löfstedt, *Coniectanea*, 115 ff.; A. Greive, *Französisch part*, 1961, 21 f.) auch die Funktion von „regio" (in Ansätzen seit klassischer Zeit, cf. Löfstedt 245; id., *Synt II*, 440 f.; klt. *regio* > it., anordfr. *roion*): rom., fr. *part*, afr.mfr. auch „Seite", afr. auch „région"

*poena* „Strafe" ab 1. Jh. auch „Qual": rom., fr. *peine*, „Qual, Mühe" 10. Jh., cf. S. 162

*ratio* übernimmt in der Entwicklung zum Romanischen (neben den fortgeführten klassischen Verwendungen „Berechnung, Rechnung, Rechenschaft", „Argument", „Vernunft", „Erkenntnisgrund") auch die Funktion von *causa* „realer Grund, Ursache"[109] sowie (über „Argument") auch die Bedeutungen „Rede" (nicht belegt) und „Recht" (cf. *FEW*): rom., fr. *raison*, afr.mfr. auch „cause", „Rechenschaft", „Rede"

*pullus, -a* „Tierjunges" wird teilweise auf bestimmte Tierarten, v. a. Hühner, spezialisiert; es begegnet als „junges Huhn" seit Horaz und spätlateinisch auch als „Hahn" (*Vulgata*, konsequent im *Itin. Egeriae*) bzw. „Huhn" (cf. *ALL 15*, 252): u. a. afr. *po(u)l* „Hahn" (selten), fr. *poule* (afr.mfr. neben *geline* < klt. *gallina*), ev. anfänglich „junges Huhn" (seit Ende 12. Jh.)[110]

*parentes* „Eltern" begegnet nachklassisch (seit 1. Jh.) auch ausgeweitet auf die „Verwandten" schlechthin und lebt romanisch teils speziell in dieser neuen Bedeutung, teils in beiden Funktionen weiter[111]: rom., fr. *parents*, seit *Leodegar* „Eltern" (afr. selten; cf. *père et mère* seit 12. Jh.) und „Verwandte"

*cognatus* „blutsverwandt" wird schon klassisch bisweilen verallgemeinert zu „verwandt" und hieraus seit dem 4. Jh. wieder spezialisiert zu „Schwager" (v. a. in christlichen Texten und auf Inschriften): rom., bis auf Nordgallien, wo es sekundär durch die Neubildung *sororius* (S. 109) verdrängt wird

*medius* „in der Mitte befindlich" erhält übertragen auch die Bedeutung „halb" (vereinzelt seit klassischer Zeit) und kann klt. *dimidius* protoromanisch weitgehend ersetzen[112]: rom., afr. *mi* „halb" (in Verbindungen und Zusammensetzungen)

*largus* „freigebig", „reichlich" wird auf die übertragene räumliche Bedeutung „weit" (> rom.) und hieraus zentralromanisch auch zu „breit" ausgeweitet: u. a. fr. *large*, seit *Roland* auch „breit" (afr.mfr. neben *lé* < klt. *latus*)

[109] Vergleiche gelehrtes fr. *cause* (seit 12. Jh.).
[110] Vergleiche vereinzeltes afr. *pole* „Mädchen" (*Eulalia*; S. 125).
[111] Cf. M. Wandruszka, *Sprachen vergleichbar und unvergleichlich*, 1969, 47 f.
[112] Einzig das Galloromanische führt *dimidius*, in der nach *medius* umgebildeten Form *demedius* (cf. Bambeck, *Wortstudien*, 16 f.), weiter: fr. *demi*.
Parallel zu *medius* verschiebt sich auch *medietas* „Mitte" (seit 2. Jh. n.; als hypothetische Prägung schon bei Cicero) protoromanisch zu „Hälfte" (vereinzelt seit 2. Jh.; cf. *ALL 3*, 458 ff.; *ThLL*): rom., fr. *moitié*.

*subinde* „unmittelbar danach, bald darauf" verschiebt sich seit Beginn der Kaiserzeit zu „wiederholt, oft" (cf. Verf. *Petron* 23 f.) und wird vor allem im Gallolatein zum Ersatzwort für klt. *saepe*[113]: v. a. fr. *souvent*

*loco* (als Ablativ von *locus*) übernimmt nachklassisch die adverbielle Funktion von *ibi* (cf. Löfstedt 143 f.) und geht seit dem 4. Jh. (s. *ThLL*) von dieser lokalen zur temporalen Bedeutung „auf der Stelle, sofort" über[114] (klt. *statim* +; *confestim* ev. > okz.): westrom., afr. *luès* „sofort"

*presse* „knapp" geht protoromanisch zur Bedeutung „nahe" über und kann klt. *prope* (> v. a. afr. *pruef*), wohl schon vorliterarisch auch in der Bedeutung „beinahe", weitgehend zurückdrängen: u. a. fr. *près*, afr.mfr. auch „presque" (seit Anf. 12. Jh.; cf. fr. *presque* ev. seit Chrétien)

*quare* „warum", „wodurch" (> vereinzelt okz.) findet sich seit Pompeji als kausale Konjunktion „denn, weil" (cf. Löfstedt 323 ff.; id., *Late Latin*, 179; Väänänen, § 370) und wird in dieser Funktion vor allem vom Gallolatein als Ersatz für klt. *nam, enim* weitergeführt: v. a. fr. *car*, seit *Passion, Leodegar,* afr. auch „deshalb" (*Alexius*) und (auffordernd) „doch" (fallweise bereits lt.)

*inde* „von da, davon her" wird fallweise seit der klassischen Periode zum protoromanischen Pronominaladverb „davon" (auch von Personen; cf. Väänänen, § 277): rom., fr. *en*

*versus* „nach . . . hin, gegen", welches klassisch in der Regel in Verbindung mit den Präpositionen *in, ad* und dem Substantiv nachgestellt zur Verwendung kommt, weitet sich in der nachklassischen Spontansprache progressiv zur autonomen Präposition und damit zum Konkurrenten von *ad* aus: rom., fr. *vers.*

## 3.3. Nachklassische Neubildungen[115]

### 3.3.1. Erweiterungen

Als dem klassischen Wortbestand nächststehende Gruppe von Neubildungen betrachten wir zunächst die in allen Wortklassen auftretenden Affixerweiterungen bzw. -umbildungen.

[113] Zur selben Bedeutung „oft" kommt eventuell bereits vorliterarisch auch *minutus, minute* „klein", „in kleine(n) Teile(n)" — über die Vorstellung kleiner zeitlicher Abstände oder über „dicht": u. a. afr.mfr. *menu* „oft" (cf. sp., pg.).

[114] Eventuell auch über eine Rekomposition von klt. *ilico* „auf der Stelle"; vergleiche fr. *sur-le-champ.*

[115] Zur vulgärlateinischen Wortbildung siehe v. a. F. T. Cooper, *Word Formation in the Roman Sermo Plebeius*, 1895; W. Meyer-Lübke, *Einführung in das Studium der romanischen Sprachwissenschaft*, § 196 ff.; E. Bourciez, *Eléments de linguistique romane*, § 66 ff.; Väänänen, § 173 ff.

Diese Neuerungen bringen in erster Linie eine formale „Erweiterung" und sind im Gegensatz zu den sub 3.3.2. behandelten „Neuableitungen" weder mit einem Wortklassenwechsel noch mit einer eigentlichen Bedeutungsveränderung verbunden. Zumindest bei einem Teil der Beispiele war die Formerweiterung anfänglich allerdings auch mit einer gewissen (vor allem intensivierenden) Expressivnuance gekoppelt.

Parallel zur besprochenen Verallgemeinerung älterer Präfixverben (3.1.2.3.) bildet die nachklassische Spontansprache auch eine Reihe von neuen Präfixformen, die aufgrund ihres volleren Lautkörpers und ihrer expressiven Gehaltsnuance teilweise oder ganz an die Stelle ihrer Grundformen treten[116]:

**cominitiare* „anfangen" (cf. S. 21 f.) zu *initiare* („anfangen" 2./3. Jh., > sard., obit., rätorom.): rom., fr. *commencer* (seit *Jonasfragment*)

*rememorare* „(sich) wieder erinnern" (seit 3. Jh.) zu *memorare* (seit 1. Jh. n. „erinnern", „sich erinnern"; > rom., afr.mfr. *membrer*, meist unpers.): rom., afr.mfr. *remembrer* (seit *Passion*) bzw. unpers. *remembre* (seit *Alexius*) „sich erinnern"

**arrestare* „stehenbleiben, anhalten" zu *(re)stare*: rom., fr. *arrêter* (seit *Roland*), afr.mfr. auch „s'arrêter" (*s'arrêter* seit 12. Jh.)

**appercipĕre* „wahrnehmen, bemerken" zu *percipĕre* (> rom., afr.mfr. *parçoivre, percevoir*): u. a. fr. *(s')apercevoir* (seit *Roland*)

**adaestimare* „schätzen" zu *aestimare* (> u. a. afr.mfr. *esmer*): u. a. afr. *aesmer* (seit *Oxf. Ps.*)

**exwardare, *rewardare* als vermutlich bereits spätlateinische Präfixformen zu dem aus germ. **wardôn* „schauen, beobachten" übernommenen **wardare* (S. 85; > rom., fr. *garder*, afr. auch „schauen"), mit teils spezifizierender teils intensivierender Funktion (*RGl* 1396 a „Respectant : *rewardant*"; cf. dt. *Ausschau halten*): u. a. afr.mfr. *esgarder* „(aufmerksam) schauen" (seit *Passion*); rom., fr. *regarder*, afr. auch „zurückschauen" (seit *Passion*)[117]

[116] Bisweilen erhalten auch ältere Präfixformen eine zusätzliche Erweiterung (cf. Väänänen, § 204).
Vergleiche auch die in erster Linie vom Anschaulichkeitsstreben bestimmten Umbildungen von klt. *impendĕre, expendĕre* „ausgeben" zu *dispendĕre* (bezeugt im 4. Jh. als „austeilen"; > u. a. afr.mfr. *despendre* „dépenser") und von klt. *invitare* „einladen" (rom. v. a. „herausfordern") zu **convitare* (nach *convivium* oder mit *con-* im Sinne von „mehrere Personen zusammen"; > rom., fr. *convier*).

[117] Vergleiche außerhalb des Kernwortschatzes etwa:

*appertinēre* „gehören (zu)" (*Gromat.vet.*) zu *pertinēre* (> u. a. afr. *partenir*): u. a. fr. *appartenir*

*adimplēre* „anfüllen" (*Vulgata*) zu *implēre* (> rom., fr. *emplir*): u. a. afr. *aemplir* (cf. fr. *remplir*)

Andrerseits dienen vor allem *-icare, -iculare* zur Bildung von suffigal erweiterten und zugleich regelmäßigen Verbalformen wie

**appariculare* „herrichten, vorbereiten" zu *apparare*: rom., fr. *appareiller* (seit *Roland*), afr.mfr. „herrichten"[118]

Einige einfache Verben erhalten im Übergang zum Romanischen die Konkurrenz ihrer erweiterten Inchoativformen:

(*) *parescĕre* „(er)scheinen" (belegt als *parescant*, s. Löfstedt 58) zu *parēre* (> u. a. afr.mfr. *paroir*): westrom., fr. *paraître* (afr. *paroistre* seit *Passion*, aber bis 16. Jh. vereinzelt, geläufig allerdings bei Benoit, *Trojaroman* und *Chronique*, cf. S. 200 Fn. 55)

cf. **apparescĕre* „erscheinen" zu *apparēre* (> u. a. afr.mfr. *aparoir*): rom., fr. *apparaître* (seit *Alexius*)

Mehrere formale Umbildungen auf der Basis des Partizipperfektstammes bringen in erster Linie eine Normalisierung, fallweise aber auch eine Erweiterung von klassischen Verben[119]:

**oblitare* „vergessen" (nach *oblitus*), als Ersatz für klt. *oblivisci*: rom., fr. *oublier* (seit *Passion*)

*ausare* „wagen" (cf. Ernout 164 Fn. 1, *Edictus Rothari* 345; nach *ausus*, ev. *ausum, -i*), als Ersatz für klt. *audēre*: rom., fr. *oser* (seit *Passion*)

**usare* „gebrauchen" (8. Jh., *Formules de Sens*; nach *usus*), als Ersatz für klt. *uti*: rom., fr. *user* (seit *Roland*), afr.mfr. „gebrauchen, verwenden" (*user de* seit 12. Jh.)

**refusare* „zurückweisen", „verweigern" (nach *refusus*) für *refundĕre*, oder Umbildung von *recusare* „ablehnen", „zurückweisen" (ev. > afr. *rëuser*, v. a. „zurück-

**impromutuare* „entleihen" (*RGl*) zu *(pro)mutuari* (*promutare* in Glossen): fr. *emprunter*
*abbreviare* „abkürzen" (4. Jh.) zu *breviare* (1. Jh. n.): rom., fr. *abréger*
*inhortari* „auffordern" (Apuleius) zu *hortari*: afr.mfr. *enorter* (cf. S. 110 Fn. 56)
*allactare* „stillen", „saugen" (Marcellus Empiricus) zu *lactare*: u. a. fr. *allaiter* (afr.mfr. auch „saugen")
**repoenitēre* „bereuen" (9. Jh.) zu *paenitēre, poenitēre* (> rom.): u. a. fr. *repentir.*

[118] Vergleiche außerhalb des Kernwortschatzes etwa (s. auch Väänänen, § 192; Meyer-Lübke, *Wortbildungslehre*, § 188):
**figicare* „heften" zu *figĕre*: rom., fr. *ficher*
**bullicare* „sieden, sprudeln" zu *bullire*: it. (fr. *bouger*, s. S. 96)
**pendicare* „schweben, neigen" zu *pendēre*: v. a. fr. *pencher*
**misculare* „mischen" (9. Jh.), mit zunächst ev. diminutiv-intensivierender Nuance, zu *miscēre*: rom., fr. *mêler.*

[119] Vergleiche auch die S. 44 genannten Frequentativa bzw. Intensiva.

schlagen") nach *refutare* (> u. a. afr. *refuder* hapax): u. a. fr. *refuser* (seit 12. Jh. „zurückweisen" und „verweigern"; neben afr.mfr. *veer* „verbieten, verweigern" < *vetare, contredire* < *contradicĕre* vlt. „verweigern")

Bei den Substantiven bevorzugt die nachklassische Spontansprache einige suffigale Erweiterungen mit teils zunächst kollektiver Nuance (cf. auch **costatum* S. 64) wie[120]

**calcearius* „Schuh" (Oribasius; *RGl* 278 a „Caligas : *calcearius*") für klt. *calceus* (als „Schuh" +): u. a. anordfr. *chaucier (cauchier)* „Schuh"
cf. *calceamentum* „Schuhwerk": u. a. afr.mfr. *chaussement, chaucement*
cf. *subtelaris* S. 101

sowie eine Reihe von Umbildungen auf *-o*, *-onis*, die als lautvollere Entsprechungen in Konkurrenz zu Formen vor allem auf *-us*, *-i* treten (cf. Verf. *Petron* 118; *Appendix Probi* 34 „lanius non *laneo*", 127 „botruus non *butro*")[121].

Bei den Adjektiven zeigen die späten Dokumente und das Zeugnis der romanischen Sprachen die Ausbreitung mehrerer volltönender Erweiterungen vor allem auf *-aneus* und *-anus* (cf. auch *primarius, tertiarius* S. 39):

*extraneus* „auswärtig, fremd" (als „außerhalb liegend" schon bei Cicero) für *exter* (cf. *Appendix Probi* 118 „exter non *extraneus*"): rom., fr. *étrange*, afr.mfr. auch „fremd, Fremder" (seit *Alexius*); cf. *foranus* S. 101

*medianus* „in der Mitte befindlich" (seit Vitruv, cf. Löfstedt 67 ff.) neben *medius* (> rom., afr. *mi*): u. a. fr. *moyen* (seit 12. Jh.)

**certanus* „sicher" neben *certus* (> rom., afr. *cert*): rom., fr. *certain*, seit 13. Jh. auch „ein gewisser" (*certus* „quidam" seit Cicero), pronominal *certains* „quelques-uns" seit 19. (vereinzelt 17.) Jh.

120 Zu den eventuell schon vorliterarischen Erweiterungen **annata* „Jahr (v. a. in bezug auf Inhalt)" und **diurnata* „Dauer, Verlauf eines Tages" s. S. 148.
Als suffigale Erweiterungen außerhalb des Kernwortschatzes vergleiche etwa
*aeramen* „Erz" (3. Jh.; cf. *aeramentum* 1. Jh.) für *aes* (cf. *RGl* 662 „Aes : *eramen*"): rom., fr. *airain*
*radicina* „Wurzelwerk, Wurzel" (4. Jh.) neben *radix*: u. a. fr. *racine*
*natica* „Hinterbacke" (4. Jh.; ev. über die Ellipse von *pars*) für *natis*: rom., afr.mfr. *nache, nage* „fesse".

121 Zum Beispiel:
*capo* „Kapaun" (Petron), **cappo* für *capus*: rom., fr. *chapon*
*cardo* „Distel" (Marcellus Empiricus) neben *cardu(u)s*: u. a. fr. *chardon*
**talo* „Fußknöchel, Ferse" (10. Jh.) für *talus*: u. a. fr. *talon*
**aculeo* „Stachel" neben *aculeus* (cf. *RGl* 111 a „Aculeus : *aculionis*"): rom., fr. *aiguillon*.

*galbinus* „grüngelb, gelb" (seit Petron) für *galbus* (cf. *flavus* „gelb" +; *crocum* > sard., okz., kat.): u. a. fr. *jaune* (seit *Roland*)

vergleiche ferner

*pluriores* „mehrere" (cf. Bambeck, *Wortstudien*, 58 f.) bzw. (nach *plus* umgebildetes) **plusiores*, als nach der geläufigen Komparativbildung erweiterte Form, die speziell im Gallolatein für klt. *plures* (+), *complures* + einrückt: fr. *plusieurs* (seit *Alexius*)

Bei vielen Adverbien und Präpositionen tendiert die Spontansprache zu erweiternden und verdeutlichenden Zusammensetzungen vor allem mit *de-*, *ad-*, *ab-*, *in-*[122]. Erst nachklassisch bezeugte, für den romanisch-französischen Kernwortschatz relevante Neuerungen sind:

*deinter, deintro, deintus* „innerhalb, innen" (seit *Itala, Vulgata*) zu *inter, intus* (> u. a. afr.mfr. *enz*): *deinter, deintro* > rom., außer fr.; *deintus* > v. a. fr. *dans*, afr.mfr. vereinzelt, auch adv. (cf. fr. *dedans*)

*desu(r)sum* (von Quintilian als Barbarismus getadelt) zu *su(r)sum* (S. 41): u. a. fr. *dessus* (seit 12. Jh., präp. *Roland*)

*depost* „nach" (Inschrift 3. Jh.; lokal *Itala*) zu *post*: ostrom., pg.; cf. fr. *depuis* (seit 12. Jh.)

*desubtus* „unten, unter" (*Mulomedicina Chironis*) zu *subtus* (S. 52): u. a. fr. *dessous* (bis 18. Jh. auch präp.) seit *Passion*

*deforis* „draußen" (Hieronymus) zu *foris* (seit Plautus, aber klt. selten; seit Apuleius auch präp.): u. a. afr. *defors* seit *Leodegar* (adv., präp.), fr. *dehors* (seit 12. Jh.)

*demane* „morgens" (seit *Vulgata*), „morgen" (s. S. 40): u. a. fr. *demain* (seit *Roland*)

*deex* „von her" (Bibeltext 4./5. Jh., s. *ALL 5*, 366): u. a. fr. *dès* (seit *Passion*)

*deretro* „hinten, hinter" (seit *Itala*) zu *retro* (S. 41): u. a. fr. *derrière* (seit *Roland*)

*adretro, arretro* „rückwärts, zurück" (cf. *ALL 5*, 342): rom., fr. *arrière* (seit *Passion*)

*adsatis* „genug, viel, sehr" zu *satis* (> v. a. afr. *sez*): u. a. fr. *assez* (seit *Passion, Leodegar*), afr.mfr. auch „viel, sehr"

*abante* „vor" (seit *Itala*) zu *ante*: u. a. fr. *avant*, seit *Straßb. Eide*, afr.mfr. auch örtlich; vermutlich bereits spätlateinisch auch:

**deabante*: u. a. fr. *devant* (seit *Passion, Leodegar*), afr.mfr. auch zeitlich;

cf. *inante* (Hieronymus): rom.

*insimul* „zugleich", *insemel* (cf. Rohlfs, *Vom Vulgärlatein zum Altfranzösischen*, 179) zu *simul*: rom., fr. *ensemble* (seit *Passion*)

*incontra* „entgegen, gegen" (Pompeji) zu *contra*: u. a. afr.mfr. *encontre* (seit *Passion, Leodegar*)

[122] Cf. v. a. *ALL 5*, 321—368; Löfstedt, *Late Latin*, 163 ff.; Väänänen, § 203.

Vergleiche ferner als erweiternde und intensivierend-verdeutlichende Verbindungen des protoromanischen Kernwortschatzes (cf. auch *ambo duo* S. 51):

*ac sic* „so" (cf. Löfstedt 85): westrom., afr. *eissi* (vereinzelt); gekreuzt mit afr. *ensi* (< gallolt. **in sic*): afr. *einsi*, fr. *ainsi*

*metipse* (7. Jh., cf. Löfstedt*Synt II*, 197 f.), **metipsimus* „selbst"[123], als kräftigere und eindeutigere Erweiterungen von *ipse* (das nachklassisch auch die Funktion von *idem* „derselbe" übernimmt und andrerseits auch als Demonstrativum verwendet bzw. in Richtung auf einen Artikel abgeschwächt wird): *metipse* > westrom., afr. *medeps* (vereinzelt); **metipsimus* > rom., fr. *même* (seit *Alexius*)

**alicunus* „irgendein(er)", als fast gesamtromanisch vorausgesetzte Verschmelzung von *aliqui(s)* (+) und *unus* (cf. auch *nec unus*, Fn. 77): rom., fr. *aucun*, afr.mfr. „irgendein(er)" (seit *Passion*, als Sg. 12. Jh.)

*cata unum* (cf. *unum cata unum*) für *cata* „je(der)" (S. 81): rom., afr. *chaün* (seit *Straßb. Eide*); umgeformt nach dem Typus *quisque*: afr.mfr. *chascun* seit *Alexius* (auch adj.), fr. *chacun*

*dum interim* „während", als Verschmelzung von *dum . . . interim* und erweiternd-verdeutlichender Ersatz für klt. *dum*: rom. afr.mfr. *(en)dementiers* „während, inzwischen";

cf. auch

*dunc* „dann" (auf Inschriften), das vermutlich als erweiternde Kontamination von *dum* mit *tunc* entstand[124] und protoromanisch neben der temporalen auch die konsekutive Funktion von klt. *ergo* übernimmt: u. a. fr. *donc*, afr.mfr. v. a. „damals; dann" (seit *Passion, Leodegar*); „also" seit 12. Jh.

*quomo(do) et* „wie auch" neben *quomo(do)* (S. 40; > rom., afr.mfr. *com*, speziell satzeinleitend und vor Adverb): u. a. fr. *comme* (seit *Alexius*, V 119), anfänglich speziell vor Nomen

sowie mehrere Erweiterungen mit *ecce* (fr.), *eccum* (rom.) v. a. bei den Demonstrativa (cf. Löfstedt 123 f.):

*ecce iste*: afr. *cist*, fr. *ce*
*ecce ille*: afr. *cil*, fr. *celui*
*ecce hoc*: fr. *ce*
*ecce hīc*: fr. *ci, ici*
*ecce hāc*: fr. *çà*

[123] Die Partikel *-met* diente zur Verstärkung des Personalpronomens (*egomet* etc.) und konnte in Verbindungen wie *egomet ipse, illemet ipse* (von Donat als „repetitio vitiosa" getadelt) mit dem Identitätspronomen verschmelzen. Das superlativartige, vermutlich nach *optimus* gebildete *ipsimus* findet sich bei Petron in der Bedeutung „Herr, Herrin".

[124] Die semantische Berührung von *dum, dunc, tunc* in der nachklassischen Spontansprache bezeugen etwa die *Tablettes Albertini* (cf. *ZrP 84*, 127 f.).

Für die Spontansprache kennzeichnend werden zunehmend auch verstärkende Erweiterungen der Negation mittels Mengenausdrücken (z. B. *mica* „Krume", *gutta* „Tropfen")[125]. Diese führen schließlich vor allem im Französischen zur doppelten Negation mit den von ihren Grundbedeutungen bzw. Kontextrestriktionen losgelösten „Füllwörtern" wie

*mica* > *mie* (afr.mfr.); *gutta* > *goutte* (afr.mfr.; v. a. mit *voir, ouïr, avoir*); *passus* > *pas*; *punctum* > *point* (cf. S. 137).

### 3.3.2. Ableitungen

Die nachklassisch-protoromanische Wortschatzentwicklung zeigt auch in der Bezeichnung der zentralen Begriffsbereiche die Bildung und Ausbreitung zahlreicher durchsichtig-anschaulicher Neuableitungen. Die neuen Formen bringen einen beträchtlichen Zuwachs an morphologischer Motivation und einen ständigen Ausgleich gegen die Motivationsverdunkelungen aufgrund der lautlichen, semantischen und lexikalischen Veränderungen. Ein guter Teil vor allem der Verbalbildungen entspringt offenbar primär dem Streben nach durchsichtigen Familienbezügen (und ökonomischen Analogien), mit fallweiser Veranschaulichung spezifischer Aspekte der jeweiligen Begriffe; hinzu kommen teilweise die Vorteile der Eindeutigkeit, der Lautfülle und der Regelmäßigkeit.

[denominale Verben]

**passare* „durchgehen", „überschreiten", „vorübergehen", „von einem Ort zum anderen gehen", zu *passus* „Schritt": rom., fr. *passer* (seit *Alexius*, von Beginn an auch zeitlich „vorübergehen" bzw. „verbringen")

**exagiare* „abwägen", „versuchen" zu spätlt. *exagium* „Wägen, Gewicht", „Versuch" (4. Jh.; > rom., fr. *essai*): rom., fr. *essayer* (seit *Roland*)

*pausare* „innehalten, aufhören", „ruhen" (ca. 400, cf. Ernout 168 Fn. 3), protoromanisch auch „hinlegen", zu *pausa*: rom., fr. *poser* (seit *Passion*);

cf. *repausare* (4. Jh.), das weithin zum Ersatzwort für klt. *(re)quiescĕre* „ruhen" wird: u. a. fr. *reposer* (seit *Jonasfragment*)

*carricare* „beladen" (*Lex Salica*; *Lex Visigothorum*) zu *carrus* „Wagen", als anschaulicher Ersatz für klt. *onerare* (cf. *RGl* 1122 „Onerati : *carcati*"): rom., fr. *charger* seit *Roland* (afr.mfr. neben *trousser*, wohl < gallolt. **torsare*)

*lanceare* „(die Lanze) schleudern, werfen" (3. Jh.) zu *lancea*: rom., fr. *lancer* (seit *Roland*)

[125] Frühe Belege bilden etwa:
*neque gutta* certi consilii (Plautus, *Pseud.* 397)
*nullaque mica* salis *nec* amari fellis in illis *gutta* sit (Martial 7,25,3)
*non micam* panis . . . in os coniecit (Petron, cf. Verf. *Petron* 71 f.).

*taliare* „spalten, schneiden" (seit 6. Jh., speziell bei Agrimensoren; Abl. seit 4. Jh.) zu *talea* „abgeschnittenes Stück, Setzreis", als Ersatz für *secare*, das fast nur in den Bedeutungen „sägen", „mähen" (rom., fr. *scier*) fortlebt (cf. *RGl* 1489 a „Sectis : *taliatis*"): rom., fr. *tailler* seit *Leodegar* (sekundär durch *couper* in spezielle Verwendungen zurückgedrängt)

*serare* „verriegeln, verschließen" (4. Jh.; cf. älteres *reserare*), *serrare* (6. Jh.) zu *sera* „Querbalken, Riegel": rom., fr. *serrer*, afr.mfr. auch „(ver)schließen" (12. Jh.)

*pretiare* „schätzen" (6. Jh.) zu *pretium* „Preis": u. a. fr. (v. a. afr.mfr. „hochschätzen") *priser* (seit *Roland*)

*parabolare* „sprechen" (7. Jh.) zu *parabola* „Rede" (S. 81), als zentralromanischer Konkurrent zu *fabulari* (S. 34): u. a. fr. *parler* (seit *Passion, Leodegar*)

*maritare* „(ver)heiraten" (seit 17 v., s. *ThLL*) zu *maritus* „Ehemann", ersetzt die klt. Verbindungen *in matrimonium collocare, dare* sowie als „heiraten" zunächst speziell von der Frau klt. *nubĕre*[126]: rom., fr. *marier* (afr.mfr. auch „se marier")

**fortiare* „zwingen" zu *fortia* „Kraft" (S. 76), als durchsichtig-anschaulicher und regelmäßiger Ersatz für klt. *cogĕre*[127]: rom., fr. *forcer* (afr. selten, belegt seit Chrétien, Var.)

cf. **exfortiare* „zwingen", refl. „sich anstrengen": rom., fr. *efforcer*, afr.mfr. „zwingen"[128]

[126] Seit 1. Jh. (Statius); in Teilen der Romania auch vom Mann, für klt. *uxorem ducĕre* (cf. Rohlfs, *Sprachgeographie*, § 113).
Cf. auch *sponsare* „sich verloben" (seit Tertullian), sekundär „heiraten" (Gregor von Tours), zu *sponsus*: rom., fr. *épouser* (seit *Alexius*).

[127] Neben *constringĕre* (fallweise seit Cicero) „zwingen" (s. *ThLL*): rom., fr. *contraindre.*

[128] Vergleiche an Verben, die außerhalb des Kernbestandes liegen, deren Bildung und Ausbreitung aber besonders deutlich das spontansprachliche Streben nach Remotivation im Sinne einer durchsichtig-analogen Entsprechung zum jeweiligen Substantiv veranschaulichen:

*mensurare* „messen" (seit *Itala*) zu *mensura* (S. 31), als durchsichtig-familienbezogener und regelmäßiger Konkurrent zu klt. *metiri* (> sp., pg., ev. sard., okz.): rom., fr. *mesurer*

*seminare* „sähen" (seit 1. Jh. n.) zu *semen* „Samen", als durchsichtiger, eindeutiger (cf. *serĕre* „reihen"), regelmäßiger und lautvollerer Ersatz für klt. *serĕre*: rom., fr. *semer*

*pectinare* „kämmen" (2. Jh.) zu *pecten* „Kamm", für klt. *pectĕre*: rom., fr. *peigner*

**nivicare* „schneien" (cf. *nivĕre* Pacuvius, > rätorom., frpr.; *nivare* Dracontius, > u. a. sard., okz., iberorom.), als gegenüber klt. *ning(u)ĕre* (> v. a. rum.) durchsichtigere Entsprechung zu *nix, nivis*: u. a. fr. *neiger*

**minaciare* „drohen" (*RGl* 220 „Minatur : *manatiat*") zu *minaciae* (seit Plautus für klt. *minae*, cf. Löfstedt*Synt II*, 326), als Ersatz des zu „antreiben, führen" verschobenen *minari* (S. 59): rom., fr. *menacer*

*votare* „geloben" (4./5. Jh.) zu *votum*, als Ersatz für klt. *vovēre*: u. a. fr. *vouer.*

[parasynthetisch]

(*)*adripare* „ans Ufer kommen, landen" (cf. *R 53*, 242; M. Bambeck, *Boden und Werkwelt*, 1968, 52 f.; Rohlfs, *Sprachgeographie*, § 102): u. a. fr. *arriver* (seit *Alexius*), afr. v. a. „landen", aber aufgrund der okz. und kat. Entsprechungen wohl bereits vorliterarisch (v. a. gallolateinisch) auch „ankommen" (cf. fr. *aborder*)

**inviare* „schicken" (belegt als „betreten" 3. Jh.): westrom., fr. *envoyer*, seit *Passion* (afr.mfr. neben *trametre* S. 44)

*impedicare* „verstricken, fangen" (4. Jh.) zu *pedica* „Fußfessel", romanisch v. a. in der erweiterten Bedeutung „hemmen, hindern" (klt. *impedire* > v. a. it.): u. a. afr.mfr. *empiegier* „(in der Schlinge) fangen"; halbgelehrt *empëechier* (seit *Oxf. Ps.*), fr. *empêcher*

*inodiare* „Haß, Widerwillen verursachen" (seit *Itala*, cf. *ALL 12*, 49), wohl aus der klt. Verbindung *in odio esse* „gehaßt werden" umgeprägt: u. a. fr. *ennuyer*, afr.mfr. v. a. „zuwider sein; bekümmern", aber von Beginn an (12. Jh.) auch „lästig sein", „langweilen"

[deadjektivische und deadverbiale Verben]

*similare* „ähnlich sein" (seit Pompeji, *CIL IV* 1877; cf. S. 20) zu *similis*, sekundär auch als Ersatz für klt. *videri* „scheinen" (cf. den Schwund des synthetischen Passivs): u. a. fr. *sembler* (seit *Roland*), afr.mfr. auch „gleichen" (cf. *ressembler* seit *Roland*)

cf. *mihi est visum* S. 102

*salvare* „retten, bewahren" (3. Jh.) zu *salvus* „heil", als durchsichtig-familienbezogener Ersatz für klt. *servare* (+): rom., fr. *sauver* (seit *Straßb. Eide*)

*transversare* „durchqueren" (*Itin. Egeriae*) zu *transversus* „quer": u. a. fr. *traverser* (seit *Passion*)

**appraestare* „bereit machen" zu *praestus* „bereit" (S. 75): rom., fr. *apprêter* (seit *Passion*), afr.mfr. „vorbereiten"

**assecurare* „sicher machen", „versichern" zu *securus* (S. 39): rom., fr. *assurer* (seit 12. Jh.)

*circare* „(rings) herumgehen, (suchend) durchstreifen" (seit 2./3. Jh., cf. *ALL 3*, 559, *8*, 186) zu *circa, circum*: rom., afr. *cerchier* (seit *Roland*) „suchend durchstreifen, durchsuchen", fr. *chercher* (16. Jh.), cf. S. 173

**incontrare* „begegnen" (*RGl* 1067 a „Obviare : *incontrare*") zu *incontra* (S. 70): u. a. afr.mfr. *encontrer*, seit *Passion* (cf. fr. *rencontrer*, seit 12. Jh.)

**abantiare* „vorwärts bringen" zu *abante* (S. 70): u. a. fr. *avancer* (seit 12. Jh.)[129]

[129] Vergleiche außerhalb des Kernwortschatzes etwa:
**directiare* „(auf)richten" zu *directus*: u. a. fr. *dresser*

## [deadverbiale Adjektive]

**propeanus* „nahe" zu *prope*: sard., okz., fr. *prochain* (seit 12. Jh. auch „nächst")

**longitanus* „fern" zu *longe, longiter*: u. a. fr. *lointain* (seit 12. Jh.)

**anteanus* „alt" (8. Jh.) zu *ante*: u. a. (halbgelehrt) fr. *ancien* (seit *Alexius*; afr.mfr. nur „alt", cf. S. 212 f.)

*praestus* „bereit" (auf Inschriften) zu *praesto*, vermutlich über die Verbindung *praesto esse* „bei der Hand, zu Diensten sein": rom., fr. *prêt* (seit *Alexius*)

**deretranus* „der letzte" (ev. bereits spätlt.) zu *deretro* (S. 70): u. a. afr.mfr. *derrain* (Anf. 12. Jh.); umgebildet nach *premier*: *derrenier* (Ende 12., *dernier* 15. Jh.)

## [denominale Substantive und Adjektive]

**villanus* „Bauer, bäurisch" (9. Jh.), zu *villa* „Landgut" (S. 30): rom., afr.mfr. *vilain* (seit 11. Jh.) „Bauer", seit ca. 1500 nur noch pejorativ (cf. S. 150)

**pullicella* (*pulicella* 6. Jh.) „Mädchen", wohl als Diminutivum zu *pullus* „Junges eines Tieres" (sekundär auch „Knabe, Mädchen", cf. Bambeck, *Wortstudien*, 61 f.): u. a. afr.mfr. *pucel(l)e* „Mädchen" (seit *Eulalia*)

**quadrellus* „vierkantiger Pfeil", „viereckige Platte" zu *quadrus* „viereckig", *quadrum* „Viereck": u. a. afr. *quarrel, carrel*, fr. *carreau*, „vierkantiger Pfeil, Bolzen" (seit *Roland*), „viereckige Steinplatte" (seit Wace)

*ficatum* „Leber (der mit Feigen gemästeten Gänse)" (seit 4. Jh.), als Lehnprägung zu gr. *συκωτόν* aus *ficus* „Feige"; zunächst kulinarischer Terminus, dann als Ersatz des morphologisch isolierten klt. *iecur* verallgemeinert (zunächst vom Tier, sekundär auch vom Menschen, s. Ernout 128; cf. *RGl* 1377 „Iecore : *ficato*"): rom.[130], fr. *foie* (seit *Roland*)

## [deverbale Substantive (regressive Ableitungen)]

*computus* „Berechnung" (4. Jh.) zu *computare* „berechnen" (S. 58), protoromanisch „Rechnung", „Rechenschaft"[131]: rom., fr. *compte* (seit *Roland*)

*valor* „Geltung, Kraft, Fähigkeit" (7. Jh., „Wert" 11. Jh.)[132] zu *valēre*: rom., fr. *valeur* (seit *Roland*)

**altiare* „erhöhen, emporheben" zu *altus*: rom., fr. *hausser*

**bassiare* „senken" zu *bassus* (S. 39): rom., fr. *baisser*

*appropiare* „nähern" (*Itala*) zu *prope*, als Ersatz für klt. *appropinquare* (> okz.): u. a. fr. *approcher*.

130 Zu den Schwankungen im Akzent und in der Quantität des *i* cf. Rohlfs, *Sprachgeographie*, § 65; Chr. Schmitt, *Sprachlandschaften*, 132.

131 Neben *ratio* > u. a. afr.mfr. *raison*.

132 Cf. B. Schuchard, *Valor*, 1970, 14 ff.

*dolus* „Schmerz" (seit 3. Jh.; cf. Löfstedt, *Vermischte Studien*, 96 f., 100, *Late Latin*, 160 f.) zu *dolēre*[133]: rom., afr.mfr. *duel* „(seelischer) Schmerz", seit *Passion* (fr. *deuil*)

*tenda* „Zelt" (7. Jh.) zu *tendĕre* „spannen": rom.; fr. *tente* (nach *tentum* umgeformt oder aus **tendita*) seit 12. Jh. (afr.mfr. neben *tref* < ? und *paveillon* S. 59); *tenda* = *tenta* (Part.) nach Merk, *loc.cit.*, 184 ff.

*prode* „Vorteil" (seit *Itala*), als durch Auflösung von *prodest* „es nützt" (cf. *pote est* = *potest*) geprägtes Substantivum[134] (cf. Löfstedt 184 ff.; *Late Latin*, 175): rom., afr.mfr. *prou, preu* „Vorteil, Nutzen, Gewinn"; sekundär (v. a. gallolateinisch) auch adv. „genug, viel": afr.mfr. *prou* (seit *Roland*)

### [(teils elliptische) Substantivierungen („dérivation impropre")]

**pagense* (sc. *territorium* od. *regio*) „das zu einem Gau gehörige Gebiet, Land, Gegend" aus spätlt. *pagensis* „zum Gau gehörig": u. a. fr. *pays* (seit *Leodegar*)

**contrata* (wohl *regio*) „(gegenüber, vor Augen liegende) Gegend" zu *contra* „gegen"[135], als konkret-anschaulicher Konkurrent zu klt. *regio* (> it., anordfr. *roion*): rom., fr. *contrée* (seit *Alexius*)

*campanea* „Ebene" (6. Jh., Gregor v. Tours), als kollektiver Plural zu spätlt. *campaneus*[136]: rom., afr.mfr. *champagne* „Ebene", „Feld" (fr. *campagne* Lehnwort, S. 199)

*terrenum* „Erdstoff, Erde, Boden" (1. Jh.) aus *terrenus*: rom., fr. *terrain* (seit 12. Jh.)

*coquīna* „Küche" (seit 4. Jh.) aus *coquinus* „zum Kochen gehörig", als durchsichtig-anschaulicher Ersatz für klt. *culina*: rom., fr. *cuisine* (seit *Roland*, seit 12. Jh. auch „Kochen, Kochkunst", „Kost")

*septimana* „Woche" (seit Augustinus) aus *septimanus* „die Zahl sieben betreffend", als Übersetzung des älteren Gräzismus *hebdomas* („Woche" im Sinne der Juden seit Tertullian; > u. a. vereinzelt it., rätorom., apik.): rom., fr. *semaine* (seit *Alexius*)

*fortia* „Kraft" (3. Jh., Commodian) aus *fortis* bzw. *fortia* (sc. *facta*), als konkreterer, lautvoller, regelmäßiger und eindeutiger Ersatz für klt. *vis* (cf. Ernout, *Philologica II*, 146 ff.): rom., fr. *force* (seit *Roland*); cf. *virtus* > *vertu* S. 56

*communia* „Gemeinde" (cf. klt. *commune* „Gemeinwesen") aus *communis*: u. a. afr. *comugne*, fr. *commune* „Gemeinde, Gemeinschaft" (mod. Bed. seit Ende 18. Jh.)

[133] Neben *dolor* > rom., fr. *douleur*. Zu *dolus* als ev. Variante von *dolor* cf. G. Merk, in *TLL 8, 1,* 1970, 168.

[134] Vergleiche auch **prodis* „gut, tüchtig" aus *prode est* (seit *Itala*): u. a. afr. *proz* (cf. S. 129), fr. *preux*.

[135] Vergleiche dt. *Gegend* (wohl Lehnübersetzung), fr. *endroit* S. 146.

[136] Vergleiche **montanea* „Gebirge" zu *montaneus*: rom., fr. *montagne*.

**manuaria* „geschickte Art; Art und Weise" aus vlt. *manuarius* „*handlich, geschickt": westrom. (cf. Corominas, *DCEC*), fr. *manière* (seit Anf. 12. Jh.)

**mercatans* „Kaufmann" von **mercatare* (zu *mercatus*), als wohl schon spätlateinischer Konkurrent zu *mercator* (> u. a. afr. *merchere*, vereinzelt): u. a. afr. *marcheant* (seit *Passion*), fr. *marchand* (afr.mfr. neben *mercier*)

*strata* (sc. *via*) „(gepflasterte) Straße" (seit 3. Jh.) aus *stratus* „gepflastert": u. a. afr. *estree* (seit *Roland*)

**fallĭta* „Mangel, Fehler" (cf. *falla* in Glossen) aus **fallitus* (für klt. *falsus*): rom., fr. *faute* (seit 12. Jh.)

**movitus*, **movita* „Bewegung" aus *movitus* (Part.perf. für klt. *motus*), für klt. *motus* „Bewegung": u. a. afr. *muete*, mfr. *meute* „Bewegung" (vereinzelt), „Aufbruch", „Heerfahrt" (seit 12. Jh.)

*puncta* „Stich" (4. Jh.) aus *punctus* (ev. *punctum*), protoromanisch „Spitze" (klt. *acumen* > pg.): u. a. fr. *pointe* (seit 12. Jh.)

**adventura* „Ereignis; Schicksal", als substantiviertes Part. fut. von *advenire*: u. a. fr. *aventure*, afr.mfr. auch „Schicksal" (seit *Alexius*), „Zufall" (cf. afr.mfr. *d'aventure* „zufällig", *par aventure* „vielleicht")

### 3.3.3. Zusammensetzungen und Verbindungen

Die Wortbildung durch Zusammensetzung spielt im Lateinischen allgemein eine geringe Rolle, ist in der Spontansprache aber relativ lebendiger als im klassischen Wortschatz (cf. Väänänen, § 196 ff.). Dementsprechend zeigt auch die nachklassisch-protoromanische Bezeichnungsgeschichte des Kernwortschatzes die Bildung und Ausbreitung einzelner neuer, anschaulich-expressiver Komposita[137]:

*malifatius* „unter einem bösen Geschick stehend, unglücklich" (inschriftliches hapax; cf. *bonifatius*), sekundär auch „schlecht, böse"[138], das direkt vermutlich nur im Galloromanischen fortlebt: v. a. fr. *mauvais* (seit *Alexius*), afr.mfr. vorwiegend „schlecht = böse"

[137] Vergleiche auch *male habitus* (S. 60) sowie die zusammengesetzten Adverbien und Präpositionen (S. 70), ferner außerhalb des Kernwortschatzes etwa:
*sanguisuga* „Blutegel" für klt. *hirudo* (> okz.): u. a. fr. *sangsue*
*trepalium* „(aus drei Pfählen bestehendes) Marterinstrument" (6. Jh.; > u. a. fr. *travail* „Notstall"); davon abgeleitet **tripaliare* „foltern, quälen" (> rom., fr. *travailler*, afr.mfr. „quälen; sich abmühen", cf. S. 173).

[138] Zur Frage eines kirchenlateinischen Einflusses cf. *RF 72*, 89 f.; *ZfSL 78*, 139 ff.
Vergleiche auch gallolt. **male astrucus* „unglücklich" (S. 33) sowie afr. *malfeü* „unglücklich" (*Alexius*).

*companio* „Gefährte" (*Lex Salica*) aus *cum* + *panis* („Brotgenosse"), als Lehnprägung nach germ. (got. bezeugtem) *gahlaiba* (cf. auch dt. *Genosse*), für klt. *sodalis, socius*: rom., fr. *copain* (< afr.mfr. *compain*), *compagnon* (seit *Roland*)

Als (zunächst) anschauliche Bezeichnungsvarianten schafft und verallgemeinert die protoromanische Spontansprache aber vor allem eine Mehrzahl von periphrastischen Verbindungen[139]:

*vicem*, (pl.) *vices* (vlt. auch **vicata*) „Wechsel", das in der Bedeutung „Mal" in Verbindungen wie *una vice* „einmal" (*RGl* 100 „Semel : *una vice*") als einheitlicher und anschaulicher Bildungstypus die multiplikativen Zahladverbien der klassischen Sprache (*semel, bis, ter* etc.; *primum, iterum* etc.) ersetzt[140]: rom., fr. *fois* (seit *Passion*; afr. auch *foiee*)

**ne . . . gente(m)* „nicht ein Geschlecht; nichts (in der Welt)" (cf. klt. *ubi, nusquam, minime gentium*), als zentralromanischer Ersatz für klt. *nihil* (+)[141]: u. a. afr.mfr. *nient* „nichts" (seit *Passion*; cf. fr. *néant*)

*per hoc* „deshalb" (1. Jh. für *propter hoc*; > it., sp.), *pro hoc* (5. Jh., cf. Stempel, *Satzverknüpfung*, 400): afr. *poro, poruec* „deshalb" (seit *Eulalia*)

*pro quod* „weil" (seit 6. Jh. für *pro eo quod*, cf. Norberg, *Syntaktische Forschungen auf dem Gebiete des Spätlateins*, 1943, 236; Stempel, *Satzverknüpfung*, 395 ff.)[142]: u. a. (neben afr.mfr. *que*) afr. *por que* (*Jonasfragment*); *por o que* (*Leodegar*), afr.-mfr. *por ce que, pour ce que* „weil" (fr. *parce que* seit 13., aber bis 16. Jh. selten)

[139] Vergleiche auch die Zeitbestimmungen sub 3.1.2.2., ferner *habēre pavorem* (S. 38).
Zur Herausbildung der romanischen Adverbialbildung aus analytischen Verbindungen v. a. mit *mente* cf. Väänänen, § 201; Deutschmann, *Lateinisch und Romanisch*, 1971, 71 ff.; B. Löfstedt, in *IF 72*, 1967, 79 ff. (v. a. 94 ff.); *FEW VI, 1*, 709. Den ersten frühromanischen bzw. frühaltfranzösischen Beleg liefern die *Reichenauer Glossen* mit der Erläuterung „Singulariter : *solamente*" (1561 a). Zum heutigen Französischen cf. Chr. Schwarz, *Der nicht-nominale ‚ment'-Ausdruck im Französischen*, 1980.

[140] Eventuell bereits vorliterarische Verbindungen mit *vices* übernehmen auch die Funktionen von klt. *nonnumquam, interdum* „manchmal" (cf. u. a. afr.mfr. *a la foiz, aucune foiz* „quelquefois") und klt. *olim, quondam, aliquando* „ehemals, einst" (cf. u.a. fr. *autrefois* seit 12., 13. Jh.; neben afr. *ainz* < *antea*, afr.mfr. *antan* < *ante annum*). Zum mittelalterlichen Nebeneinander von *fois* und *tanz* mit Kardinalzahlen cf. P. Rickard, in *Studies in Medieval French, Festschrift A. Ewert*, 1961, 194—213.

[141] Vergleiche *res nata*; *nulla*; *ne mica*; s. Väänänen, § 292; Rohlfs, *Sprachgeographie*, § 54.

[142] Nicht bezeugt, aber offenbar schon spätlateinisch ist auch die finale Verwendung von *pro quod* für klt. *ut* (cf. Stempel, *Satzverknüpfung*, 405; spätlt. finales *quod* > afr. *que* „pour que"): u. a. afr.mfr. *po(u)r ce que* „damit" (seit *Roland*), fr. *pour que* (seit Ende 12., aber bis 17. Jh. vereinzelt).

*pro quid* „warum" (cf. Norberg, *Syntaktische Forschungen*, 234 f.): u. a. fr. *pourquoi*, seit *Alexius* (afr. neben *que* < *quid*)

*post quod* „nachdem" (seit 6. Jh. für *postquam*), *postea quod, postius quod* (cf. Norberg, *Syntaktische Forschungen*, 239 ff.; Stempel, *Satzverknüpfung*, 411 f.): u. a. fr. *puisque*, afr. zunächst „nachdem" (bis 14. Jh.), aber seit *Roland* auch mit kausaler Funktion (cf. *quando* S. 41)

*ex toto, in totum, per totum* „in jeder Hinsicht, gänzlich" (cf. seit klass. Zeit *per omnia*; s. *ZrP 74*, 359 ff.; B. Löfstedt, *Langobard. Gesetze*, 323 ff.), als Ersatz für klt. *omnino, plane* (> okz.), *prorsus*: afr. *partot*, vereinzelt „tout à fait"; cf. afr.mfr. *del tot, du tout* „tout à fait" (seit *Roland*)

*per totum* übernimmt fallweise bereits spätlateinisch auch die lokale Bedeutung „überall" (Bibeltexte, nach Auskunft *ThLL*: Maxim. *eleg.* 3, 35), als Ersatz für klt. *omnibus locis, ubivis, ubique*: u. a. fr. *partout* (seit *Passion*)

*ante omnia, *ante totum, *super totum* „vor allem", als anschaulicher Ersatz für klt. *praesertim, imprimis, praecipue, potissimum* und wohl schon spätlateinische Vorstufe von u. a. afr. *ensoretot* „surtout" (seit *Passion*)

Als protoromanische Bezeichnungen der Wochentage (cf. *dies dominicus, dominica* S. 61; *sabbatum* S. 82) begegnen teilweise seit dem 1. Jh. (Pompeji) die Verbindungen:

*dies lunae (*lunis); dies Martis; dies Mercurii (*Mercoris); dies Iovis; dies Veneris* (> okz., kat., nordfr.); sekundär auch elliptisch *lunae (*lunis)* etc. (> v. a. rum., sp.) bzw., mit Nachstellung von *dies*, *lunae (*lunis) dies* etc. (cf. *ThLL*)[143]: u. a. fr. *lundi, mardi, mercredi, jeudi, vendredi.*

### 3.3.4 Onomatopoetische und lautsymbolische Bildungen

Bei einigen nur vereinzelt bezeugten oder nur erschlossenen protoromanischen Neubildungen handelt es sich mit Wahrscheinlichkeit um schallnachahmende oder lautsymbolische Schöpfungen, die sich gerade aufgrund ihrer phonischen Motivation und Expressivität progressiv ausweiten und schließlich zu (meist wieder arbiträren) Normalbezeichnungen verallgemeinern können:

*muttum* „Muckser" (seit Hieronymus)[144], das speziell in Gallien (+ kat.) zu einer Normalbezeichnung für „Wort" (v. a. als Ersatz für klt. *vocabulum*) wird (cf. *parabola* S. 81): v. a. fr. *mot* (seit *Passion*)

[143] Cf. v. a. Rohlfs, *Sprachgeographie*, § 139; Schmitt, *Sprachlandschaften*, 252 ff.

[144] Zunächst v. a. in negativen Wendungen. Vergleiche *muttire* (seit Plautus), *mu facĕre* (seit Varro; cf. Verf. *Petron* 119 f.).

**toccare* (cf. u. a. fr. *toc toc, faire toc*) zunächst wohl „schlagen" (von Glocken u. ä.), dann in der abgeschwächten Bedeutung „berühren" weithin Ersatzwort für klt. *tangĕre* (> afr. *taindre* vereinzelt): rom., fr. *toucher* (seit *Roland*, seit 12. Jh. auch „seelisch berühren, rühren"; cf. auch afr.mfr. *adeser* „toucher" < gallolt. *addensare* „dicht machen")[145]

Lautsymbolischen Charakter (im Sinne eines die Kleinheit wiedergebenden *i*) und primär kindersprachlichen Ursprung haben vermutlich mehrere mit den Stämmen *pis-, pitz-, pitt-, pikk-* gebildete spätlateinisch-protoromanische Bezeichnungen für „klein" (cf. S. 39)[146]. Belegt sind:

*pisinnus* (Attius Labeo; Martial; *Itin. Egeriae*; *Appendix Probi* 146); *pitinnus* (5. Jh., Inschrift); *pitzinnus* (4. Jh., Inschrift); *pitulus* (Antoninus Placentinus); *pititus* (775), als unmittelbare Grundlage von fr. *petit* (seit *Passion*; cf. S. 210 Fn. 10).

## 3.4. Fremdsprachliche Einflüsse

Die wichtigsten fremdsprachlichen Einflüsse in der Geschichte des vulgärlateinischen Wortschatzes liefern das Griechische, Keltische und Germanische[147]. Die jeweiligen Entlehnungen (vorwiegend Substantive) sind zu einem guten Teil sachbedingt und können die Intensität sowie die Hauptbereiche der kulturgeschichtlichen Kontakte widerspiegeln. Die Vermittlung erfolgte in der Regel über Sonder- oder Fachsprachen. Im Vergleich zu den aufgezeigten innerlateinischen Veränderungen und Neubildungen bleibt die Zahl der Neuerungen fremdsprachlichen Ursprungs sehr begrenzt; die nachklassische Bezeichnungsgeschichte des Kernwortschatzes wird insgesamt nur in rund zwanzig Fällen (hiervon mehrfach erst sekundär, durch innerlateinische Ausweitung) beeinflußt.

145 Vergleiche außerhalb des Kernwortschatzes etwa:
**piccare* „stechen" (cf. *picus* „Specht"): rom., fr. *piquer* (cf. die offenbar vom Streben nach Bewahrung der phonischen Motivation bestimmte Nichtpalatalisierung des *-k-*)
*pipio* „Piepvogel", „junge Taube" (4. Jh.; cf. *pipiare, pipare, pipire*): u. a. fr. *pigeon*
**pincio* „Fink": rom., fr. *pinson*
**quaccola* „Wachtel" (*RGl* 2975 „Coturnix : *quaccola*"; cf. Rohlfs, *Sprachgeographie*, § 116): u. a. fr. *caille*.

146 Cf. Rohlfs, *Sprachgeographie*, § 114.

147 Zu den italisch-mundartlichen Einflüssen s. A. Ernout, *Les éléments dialectaux du vocabulaire latin*, ²1929.

### 3.4.1. Griechisch

Das Griechische konnte zu allen Perioden und in den verschiedensten Bereichen nachhaltigen Einfluß auf den lateinischen Wortschatz ausüben (cf. Ernout, Kap. I). Die uns hier interessierenden nachklassischen Entlehnungen dringen in erster Linie und in relativ großem Umfang über die Kirchensprache ein[148]. Diese kirchensprachlichen Übernahmen umfassen einerseits eine große Zahl von primär kultbezogenen Termini wie

*ecclesia* „Kirche, Kirchengebäude", Anf. 4. Jh. (daneben als wohl ältere Bezeichnungsschicht *basilica*, um 300, > v. a. rum., rätorom.; cf. P. Aebischer in *RLiR 27*, 1963, 119—164): (halbgelehrt) rom., fr. *église* (seit *Alexius*)

*monasterium* „Einsiedelei", „Kloster" (*Itin. Egeriae*): u. a. afr.mfr. *mo(u)stier* „Kloster", „Kirche" seit *Alexius* (gelehrt fr. *monastère*)

*pascha* „Paschafest, Ostern" (< gr. < hebr.), *pascua* (in Glossen; nach *pascuum* „Weide"): rom., fr. *Pâques* (seit *Passion, Leodegar*)[149]

andrerseits aber auch einige Lexeme mit (sekundär) ausgeweiteter, gemeinsprachlicher Funktion[150]:

*parabola* „Gleichnis" (seit 1. Jh.), das zunächst in kirchlichen Texten über „Gleichnis als Erzählung" (nach gr. < hebr.) zur Bedeutung „Rede, Wort" kommt (cf. Löfstedt, *Late Latin*, 81 ff.) und protoromanisch zur Ersatzform für klt. *verbum* wird[151] (cf. *muttum* S. 79): rom., fr. *parole*

*cata* (präp.) u. a. in distributivem Sinne „je" (cf. Löfstedt 175; J. Knobloch, in *Festschrift A. Pagliaro*, 1969, 53—59), das vermutlich zunächst im Rahmen der Übersetzungsliteratur übernommen wurde und vom Romanischen vor allem in der Verbindung *cata unum* „jeder" (S. 71) fortgeführt wird (klt. *quisque* > sard., okz.)

148 Cf. Chr. Mohrmann, *Les emprunts grecs dans la latinité chrétienne*, in *Vigilae Christianae 4*, 193 ff.; id., *Etudes sur le latin des chrétiens*, 3 Bde., 1958, 1961, 1965; C. Tagliavini, *Storia di parole pagane e cristiane attraverso i tempi*, 1963; ferner die S. 60 Fn. 97 genannten Werke.

149 Vergleiche außerhalb des Kernwortschatzes etwa:
*monachus* „Einsiedler", „Mönch" (4. Jh.): rom., fr. *moine*
*presbyter* „Ältester", „Priester" (ca. 200): rom., fr. *prêtre*
*episcopus* „Aufseher", „Bischof": rom., fr. *évêque*
*parochia (paroecia)* „Sprengel eines Bischofs", „Pfarrei" (4. Jh.): u. a. fr. *paroisse*
*baptizare, baptidiare* „taufen": u. a. afr. *batoier* (gelehrt fr. *baptiser*).

150 Vergleiche auch die Lehnübersetzung *septimana* (S. 76).

151 *Verbum* wurde vermutlich durch seinen besonderen theologischen Gebrauch in seiner gemeinsprachlichen Vitalität beeinträchtigt (cf. Ullmann, *Précis*, S. 75) und lebt romanisch nur vereinzelt (in verschobenen Bedeutungen) weiter.

*sabbatum* „Sabbat", „Samstag" (speziell bei christlichen Autoren seit Tertullian) für älteres *sabbata, -orum* (< gr. < hebr.): rom.; *sambati dies*: fr. *samedi* (seit 12. Jh.)[152].

Neben den kirchensprachlichen Entlehnungen finden sich jedoch auch einige Gräzismen, die offenbar vorwiegend über die praktisch-fachsprachlichen Terminologien ins Vulgärlatein kamen, teils aber nur schwer einem bestimmten Ursprungsmilieu zuweisbar sind[153]:

*camba, gamba* „Sprunggelenk der Pferde" (seit 4. Jh. in veterinärmedizinischen Traktaten), sekundär „Bein der Pferde" (6. Jh., Anthimus) und schließlich, in expressiver Übertragung auch auf den Menschen (cf. S. 47 f.), Ersatzwort für klt. *crus* „Bein": u. a. fr. *jambe* (seit *Roland*)

*ballare* „tanzen" (seit Augustinus), das klt. *saltare* (in dieser Bedeutung) weitestgehend (Reste rätorom., asp.) verdrängt: u. a. afr.mfr. *bal(l)er* „tanzen" (seit 12. Jh.)

*plattus* „flach" (in Glossen): rom., fr. *plat* (seit *Roland*); neben *planus*, > rom., afr.-mfr. *plain*

vergleiche ferner

**tropare* „finden" (cf. *contropare* „vergleichen", *Lex Visigothorum*), das wohl zu gr. τρόπος „Redefigur, bildlicher Gebrauch eines Wortes" gehört und über die Zwischenstufen „in Allegorien reden", „dichten", „erdichten, erfinden" zu einem Ersatzverbum für *invenire* (S. 33) wurde: u. a. fr. *trouver* (seit *Passion, Leodegar*; *se trouver* „sich befinden" 12., 13., *trouver beau* etc. 13., *trouver que* 17. Jh.)

### 3.4.2. Keltisch

Das Keltische bzw. Gallische ist in der französischen Wortschatzgeschichte vor allem als Substratsprache, für die Herausbildung des spezifisch gallolateinischen Wortschatzes, von Bedeutung (S. 112 f.). Einzelne keltische Lehnwörter werden aber offenbar (v. a. über die keltische Bevölkerung Oberitaliens) auch dem noch mehr oder weniger gemeinvulgärlateinischen Wortschatz vermittelt und dementsprechend von weiteren oder allen Teilen

[152] Vergleiche außerhalb des Kernwortschatzes etwa:
*blasphemare* „lästern, schmähen", *blastemare* (auf Inschriften), protoromanisch v. a. „beleidigen" (> sp., pg.) und „tadeln" (seit 5. Jh., cf. Bambeck, *Wortstudien*, 7): u.a. fr. *blâmer*
*orphanus* „Waise, verwaist" (ev. bereits in Pompeji, s. *ThLL*), als eindeutigerer Ersatz für klt. *orbus* (S. 60): rom., afr. *orphe* (fr. *orphelin*).

[153] Vergleiche auch die primär kulinarische Lehnprägung *ficatum* (S. 75).

der Romania fortgesetzt. Diese vulgärlateinischen Übernahmen bleiben jedoch vereinzelt und bilden fast durchwegs spezielle Sachbezeichnungen. Dem Kernwortschatz des „français fondamental" entsprechen lediglich:

*cambiare* „tauschen, wechseln" (seit 2. Jh., Apuleius)[154], das zunächst wohl als Terminus des Tauschhandels an die Seite von *mutare* (> rom., afr.mfr. *muer*) tritt: rom., fr. *changer* (seit 12. Jh. auch „ändern")

**pettia* „Stück" (*petia* 8. Jh.): rom., fr. *pièce* (seit *Passion, Roland*)

**camminus* „Weg" (*caminus* 7. Jh.), als Konkurrent zu *via* (> rom., fr. *voie*) und morphologisch isoliertem *iter* (> nur afr.mfr. *oirre, erre* „Weg", „Marsch", „Reise"): v. a. westrom., fr. *chemin* (seit *Roland*)

vergleiche auch als Entlehnung bereits der republikanischen Periode:

*carrus, carrum* „(vierrädriger) Wagen"[155], das die lateinischen Wagenbezeichnungen *currus* und *plaustrum* (> afr.mfr. *ploustre* vereinzelt) völlig bzw. weitestgehend verdrängt: rom., fr. *char*

Bei der Mehrzahl der übrigen Entlehnungen handelt es sich um Bezeichnungen für spezielle, den Römern zunächst unbekannte Produkte und Kleidungsstücke, wie

*cerevisia* „Bier" (Plinius): westrom., afr.mfr. *cervoise*

*sapo* „Pomade (zum Färben der Haare)" (ev. germanisch; Plinius), sekundär „Seife" (4. Jh.): rom., fr. *savon*

*braca* „Art Hose" (Lucilius): rom., afr.mfr. *braie*

*camisia* „Hemd" (Hieronymus): rom., fr. *chemise*

sowie um einzelne Tier-[156] und Pflanzenbezeichnungen:

*alauda* „Lerche" (Plinius): u. a. afr.mfr. *aloe* (fr. *alouette*)

*betulla* „Birke" (Plinius; cf. das Verbreitungsgebiet des Baumes): u. a. afr.mfr. *boul* (fr. *bouleau*)

### 3.4.3. Germanisch

Die für die französische Wortschatzgeschichte wesentliche germanische Beeinflussung erfolgt durch das fränkische Superstrat speziell in Nordgallien (S.

[154] Die Einwände gegen keltischen Ursprung bei Figge, in *Romanische Etymologien, Vermischte Beiträge I,* 1968, 27—38, überzeugen nicht.

[155] Von einem besonderen keltischen Einfluß im Bereich des Wagenbaus zeugen auch *carpentum* „(zweirädriger) Wagen" und *benna* „Korbwagen" (> u. a. fr. *banne*). Vergleiche auch *leuca, leuga* „Meile" : westrom., fr. *lieue.*

[156] Vergleiche auch *beccus* „Schnabel" (Sueton), das (in dieser Bedeutung) klt. *rostrum* (S. 48) verdrängt: u. a. fr. *bec.*

113 ff.). Ältere, bereits vulgärlateinische bzw. protoromanische Übernahmen sind in sehr wenigen Fällen bezeugt und gesichert, andrerseits aber bei einer größeren Zahl von Lexemen mit Wahrscheinlichkeit anzunehmen. Vielfach spricht die weite romanische Verbreitung eines germanischen Worttypus für eine schon kaiserzeitlich-vulgärlateinische Entlehnung, die alternativen Erklärungsmöglichkeiten als Einzelentlehnungen aus verschiedenen germanischen Mundarten (v. a. fränkisch, ostgotisch, langobardisch, westgotisch) oder als sekundäre Ausstrahlung einer in Nordgallien übernommenen fränkischen Form lassen sich jedoch nicht mit Sicherheit ausschließen. Dementsprechend kann sich der Umfang der für das kaiserzeitliche Vulgärlatein postulierten Germanismen extensiv auf etwa hundert Formen belaufen[157], während sich die Zahl der mit hoher Wahrscheinlichkeit und gewisser Einhelligkeit angenommenen Entlehnungen auf insgesamt höchstens dreißig Beispiele[158] beschränkt[159]. Die Vermittlung der germanischen Lehnwörter erfolgte offenbar in den meisten Fällen über germanische Söldner bzw. die militärische Fachsprache, teilweise aber wohl auch im Rahmen der Handelsbeziehungen oder über germanische Siedler. Als Zeitpunkt der Übernahme kommen, da rumänische Entsprechungen in der Regel fehlen, vor allem das 4. und 5. Jh. in Betracht:

**marḳa* „Grenze; Grenzgebiet": rom., afr.mfr. *marche* „Grenze; Grenzgebiet" (seit *Roland*)

*rauba* „Geraubtes, Beute" (7. Jh., cf. **raubôn* > rom., afr.mfr. *rober*), sekundär auch speziell „(geraubte) Kleidung": u. a. fr. *robe*, afr. auch „Beute" (mod. Bed. seit 12. Jh.)

**corrêdare, *arrêdare* „herrichten" (got. **reþs* „Rat", „Vorrat"): rom., afr.mfr. *conreer* „herrichten, ausrüsten" (fr. *corroyer*) seit *Alexius*; rom., afr.mfr. *areer* „zurechtmachen, versorgen"

[157] So bei J. Brüch, *Der Einfluß der germanischen Sprachen auf das Vulgärlatein,* 1913.

[158] Neben den im folgenden angeführten (den Zentralwortschatz tangierenden) Lexemen vor allem:
*burgus* „befestigte Ortschaft, kleine Stadt"; *baro* „freier, tapferer Mann"; *ganta* „Wildgans"; *taxo* „Dachs"; *brasa* „glühende Kohle"; *hosa* „Gamasche"; *harpa* „Harfe"; *suppa* „in Brühe eingetunkte Brotschnitte"; **brod* „Brühe"; **sḳûm* „flüssige Seife, Schaum"; **alisno* „Ahle"; **binda* „Binde, Band"; **lîsta* „Leiste, Rand"; **banḳ* „Bank"; **frisḳ* „frisch"; **sparanjan* „verschonen"; **furbjan* „reinigen, blankreiben". Vergleiche auch die Lehnübersetzung *companio* (S. 78).

[159] Noch restriktiver sind Gamillscheg, *Romania Germanica I,* $^{2}$1970, 22 f., id., *EWFS* und Rohlfs, *Sprachgeographie*, Kap. XIII.

cf. auch *manwjan* (got.) „bereitmachen": u. a. afr. *amanevir* „zurechtmachen, bereiten" (*Alexius*)

*flasco, flasca* „Flasche" (6. Jh.): rom., afr. *flasche* „Gefäß, Flasche" (seit 12. Jh.; cf. **butticula* S. 108)

**wîsa* „(Art und) Weise": rom., afr.mfr. *guise* (seit *Passion*)

**blank* „weiß", das gleich anderen Farbbezeichnungen[160] zunächst vermutlich speziell in bezug auf Pferdefarben übernommen wurde, dann aber weithin zum Ersatz für *albus* (S. 50) ausgeweitet wird: u. a. fr. *blanc* (seit *Passion*)

sowie mehrere in bezug auf eine bereits vulgärlateinische Übernahme als Zweifelsfälle einzustufende Formen wie

**wardôn* „schauen, beobachten, bewachen": rom., fr. *garder* (seit *Passion, Leodegar*), afr. auch „schauen; achtgeben"

cf. **exwardare*, **rewardare* S. 67

**warjan* „wehren; beschützen", sekundär auch „heilen; genesen": rom., afr. *garir* (fr. *guérir*), auch „beschützen, bewahren, retten" (seit *Alexius*)

*kausjan* (got.) „prüfen", das vielleicht im militärischen Bereich als „erblicken, bemerken" übernommen wird (sekundär gallolateinisch auch „auswählen"): v. a. fr. *choisir*, afr.mfr. v. a. „erblicken, bemerken" (seit *Alexius*), mod. Bed. seit 1. Hälfte 12. Jh. (Gaimar)

**werra* „Wirren", das als Bezeichnung für „Krieg" ganz an die Stelle von klt. *bellum* tritt[161]: rom., fr. *guerre* (seit *Roland*)

**sin* „Richtung", „Sinn, Verstand": u. a. afr. *sen* „Sinn, Verstand", „Richtung" (11.-15. Jh.; verschmolzen mit fr. *sens*)

## 4. Zusammenfassung

Die betrachteten Besonderheiten und nachklassischen Entwicklungen des vulgärlateinischen Wortschatzes betreffen im Rahmen der vergleichbaren (d. h. in ihrer Bezeichnungsgeschichte bis ins klassische Latein zurückverfolgbaren) Begriffsbereiche des „français fondamental" gut 300 von insge-

[160] *Brunus* „braun" (Isidor), ohne exakte Entsprechung im klassisch-lateinischen Wortschatz (cf. z. B. *fuscus*), > u. a. fr. *brun*, und **falwa* „falb", > u. a. fr. *fauve*. Vergleiche auch mehrere in Nordgallien übernommene fränkische Farbbezeichnungen (S. 115).

[161] Zum Zurücktreten von *bellum* vergleiche S. 62, ferner die Homophonie mit dem spontansprachlich ausgeweiteten adj. *bellus* „schön" (cf. Rohlfs, *Sprachgeographie*, § 79).

samt etwa 560 Begriffen (cf. auch S. 123). Diese vulgärlateinisch-protoromanischen Spezifika und Veränderungen beruhen zum weitaus überwiegenden Teil auf innerlateinischer Entwicklung, nur vereinzelt (in rund 20 Fällen) auf fremdsprachlichen Einflüssen. Eine Reihe der Bezeichnungsdivergenzen und -veränderungen sind nicht nur mit einem lexikalischen Wechsel (Wortersatz), sondern auch mit Gegensätzen bzw. Verschiebungen der semantischen Struktur verbunden.

Die zahlreichen Bedeutungsveränderungen erfolgen häufig unter Beibehaltung auch der älteren Bedeutungen, wodurch sich für den spätlateinisch-protoromanischen Wortschatz eine beträchtliche Zunahme der Polysemie ergibt. Besonders augenscheinliche Beispiele für neue, bis ins Romanische bzw. Französische fortwirkende Polysemien zeigen etwa:

| | |
|---|---|
| *manēre:* | „bleiben", „wohnen" |
| *computare:* | „zählen", „erzählen" |
| *demandare:* | „verlangen", „fragen" |
| *laxare:* | „(zu)lassen", „verlassen", „sein lassen" |
| *tornare:* | „drehen, wenden", „zurückkehren" |
| *homo:* | „Mensch", „Mann" |
| *tempus:* | „Zeit", „Wetter" |
| *captivus:* | „gefangen", „unglücklich" |
| *largus:* | „reichlich", „weit", „breit" |

Wesentliche Voraussetzungen der auch im Kernwortschatz umfangreichen und tiefgreifenden Veränderungen bilden das in der nachklassischen Periode zunehmende Sinken der Bildungs- und Sprachtradition, das eine relativ freie spontansprachliche Entwicklung ermöglicht, sowie die Ausbreitung des Lateinischen auf zahlreiche allophone Sprecher vor allem der soziokulturellen Unterschichten[162]. Beides bedingt einen relativ raschen Entwicklungsrhythmus, mit der erhöhten und oft gemeinsprachlich ausgeweiteten Wirksamkeit insbesondere der primär spontansprachlichen Tendenzen nach Expressivität und nach Vereinfachung (Regelmäßigkeit, Ökonomie).

Als offenbar bedeutendste und wirksamste Triebkraft der Gesamtentwicklung erweist sich das Streben nach inhaltlicher Expressivität[163]. Es

[162] Cf. u. a. J. Herman, *Le latin vulgaire*, 1967, 25 f., 124 f.

[163] Die bedeutende Rolle der expressiven Sprachkomponente (v. a. sprecherbezogene Ausdrucks- und hörerbezogene Appellfunktion) bildet in gewissem Maß ein allgemeines Kennzeichen der mündlichen Spontansprache.

manifestiert sich in verschiedenen Formen beim überwiegenden Teil der Veränderungen und führt etwa (teils gekoppelt mit formalen Faktoren) zur Bevorzugung und Verallgemeinerung anschaulicher Synonyme sowie zum Ersatz von abstrakt-farblosen Lexemen durch (zunächst) spezifisch-konkrete, durchsichtige, intensive, affektive bedeutungsähnliche Formen, durch bildhaft-affektive Übertragungen und durch motiviert-anschauliche Neubildungen. Für einen großen Teil der protoromanischen Bezeichnungen gilt dementsprechend die Entwicklung vom „Expressivwort" zum „Normalwort". Die formalen Faktoren der Wortkürze, Homophonie und Unregelmäßigkeit sind mit Wahrscheinlichkeit am Zurücktreten mehrerer Lexeme beteiligt (cf. S. 25), bilden aber höchstens vereinzelt einen zwingenden bzw. den alleinigen Grund eines Wortersatzes[164]. In der Regel handelt es sich um virtuelle Nachteile, die wohl erst in der Auseinandersetzung mit einem auch inhaltlich expressiveren Konkurrenzwort mit von Bedeutung sind[165].

Das in der Bevorzugung regelmäßiger Formen wirksame Vereinfachungsstreben führt — in Verbindung mit einem teils geringeren Differenzierungsbedürfnis und geringerer semantisch-logischer Präzision der Spontansprache — auch zum Verzicht auf eine Vielzahl lexikalischer Nuancierungen und Oppositionen der klassischen Sprache. Dennoch läßt sich die Gesamtentwicklung des Vulgärlateins kaum, wie bei Ernout (S. 16)[166], nur als „appauvrissement" kennzeichnen, da dieser teilweisen Reduzierung der Ausdrucksmittel häufig auch Bereicherungen vor allem der expressiv-affektiven Bezeichnungsmöglichkeiten gegenüberstehen:

[164] Vergleiche etwa den homophonen Zusammenfall von *spectare* und *exspectare* (S. 29, 35), ferner *mălum* „Übel" und *mālum* „Apfel" (cf. S. 12), *hom(i)nes* und *omnes* (cf. S. 40), *hora* und *ora* (teils ersetzt durch *orum*), *habena* (+) und *avena, haud* und *aut* (cf. S. 32). Cf. auch F. Brunot, *HLF I*, 108.

[165] Als weitere Teilgründe mitzuberücksichtigen sind ferner v. a. sachliche Änderungen bzw. geänderte Bezeichnungsnotwendigkeiten, die Wechselbeziehungen zwischen Sonder- bzw. Fachsprachen und Gemeinsprache sowie fremdsprachliche Einflüsse.

[166] Vergleiche ferner Brunot, *HLF I*, 109 f.; Ullmann, *Grundzüge*, 103, *Précis*, 189; sowie die bei L. Söll (*Gesprochenes und geschriebenes Französisch*, 22, 186 ff.) angesprochene „geringere Variabilität" der Sprechsprache, die sowohl bezüglich des Vulgärlateins als auch des heutigen „français parlé" nur einem Teilaspekt des Wortschatzes gerecht wird (cf. S. 244 ff.).

Man vergleiche etwa die vulgärlateinische Koexistenz jeweils mehrerer Ersatzformen für *flēre* und *edĕre* (S. 24 f.)[167] sowie als neue Bezeichnungsvarianten, die nicht an die Stelle, sondern an die Seite der traditionellen Bezeichnungen treten, (u. a.) *(re)memorare, subvenire* „recordari"; *levare* „tollĕre"; *habet* „est, sunt"; *testa* „caput"; *dolus* „dolor"; **costatum, pars* „latus"; **pagense, *contrata, pars* „regio" (cf. auch S. 166 f.).

[167] Der bei H. Berschin — J. Felixberger — H. Goebl, *Französische Sprachgeschichte*, 1978, S. 84 ff., gerade auch für diese Beispiele angenommene „defektive (weniger elaborierte)" Charakter des vulgärlateinischen Wortschatzes ist problematisch, weil vor allem *plangĕre* und *manducare* keine „klassisch-lateinischen Bezeichnungsvarianten" bilden und weil für die ursprünglichen Bedeutungen der protoromanischen Bezeichnungstypen in der Spontansprache zum Teil neue Bezeichnungen einrücken.

## III. Gallolatein und Protofranzösisch

Unsere bisherige Darstellung galt dem Vulgärlatein als der mehr oder weniger gemeinsamen Grundlage der romanischen Sprachen, implizierte aber bereits in vielen Fällen gewisse (vorwiegend großräumige) Differenzierungen und damit eine nur relative geographische Einheitlichkeit des Protoromanischen[1]. Der folgende Abschnitt bemüht sich um eine systematischere Erörterung der Grundsatzfragen einer diatopischen, zu den romanischen Einzelidiomen hinführenden Differenzierung und um einen charakterisierenden Überblick über die spezifischen Besonderheiten des gallolateinischen bzw. nordgallolateinisch-protofranzösischen Wortschatzes.

Maßgebende Behandlungen dieses Aspekts aus gesamtromanischer bzw. innergalloromanischer Sicht enthalten:

G. Rohlfs, *Romanische Sprachgeographie*, 1971 [= Rohlfs, *Sprachgeographie*]
Chr. Schmitt, *Die Sprachlandschaften der Galloromania*, 1974 [= Schmitt]

### 1. Ursachen und Beginn der geographischen Differenzierung

Die geringe direkte Dokumentation und Kenntnis der geographischen Differenzierung des nachklassischen Lateins empfiehlt vorweg die mehr theoretische Klärung, welche Faktoren grundsätzlich als Ursachen der Differenzierung in Betracht kommen und ab welcher Periode wir aus dieser Sicht mit einer räumlichen Ausgliederung und einem teilweise spezifischen „Gallolatein" oder „Nordgallolatein" rechnen dürfen. Als wichtigste mögliche Ursachen kommen in Frage:

a) Divergenzen hinsichtlich der Zeit, der Intensität und der Träger der Romanisierung
b) der geographisch beschränkte oder konzentrierte Einfluß anderssprachiger Völker (v. a. Substrat und Superstrat)
c) eine divergierende Sprachhaltung und regionale Eigenentwicklung aufgrund der jeweiligen kulturell-bildungsmäßigen Situation, der geographi-

[1] Die romanische Ausgliederung ergibt sich nicht nur durch spezifische Eigenentwicklungen und Fremdeinflüsse, sondern auch durch spezifische Auswahl aus den zunächst allgemeiner vulgärlateinischen Bezeichnungsvarianten.

> schen Lage und Kontaktintensität gegenüber Rom, der Existenz und Strahlungskraft regionaler Romanisierungszentren, der Verkehrswege sowie der politischen, administrativen und kirchlichen Grenzen.

Angesichts der kontinuierlichen diachronischen Entwicklung und der diastratischen Vielschichtigkeit des Vulgärlateins können grundsätzlich schon die Unterschiede hinsichtlich Beginn, Dauer und Intensität der Romanisierung bzw. hinsichtlich der sozio-kulturellen (ev. auch regionalen) Herkunft der Romanisierungsträger zu diatopischen Divergenzen führen[2].

In der Praxis jedoch kommt diesen Faktoren nur eine begrenzte und fallweise Bedeutung zu, da die jeweils ältesten Romanisierungsschichten durch die zunächst verbleibenden Kontakte zu Rom meist von jüngeren Schichten überdeckt und so weitgehend nivelliert wurden. Insgesamt entscheidender als der Beginn und die Art der Romanisierung sind im allgemeinen die Kontaktverhältnisse und die sozio-kulturellen Bedingungen der folgenden Jahrhunderte, so daß der spezifische Ausgangspunkt etwa einer älteren oder niederen Sprachform nur insofern fortwirkt, als er in der Folgezeit durch eine weitgehende Isolierung (vgl. v. a. Sardinien) und/oder entsprechend spezifische Verhältnisse (z. B. konservative bzw. volkstümliche Haltung) erhalten bleibt[3].

Der differenzierende Einfluß der verschiedenen Substratsprachen wie des Gallischen in Frankreich kann prinzipiell gleichfalls schon mit dem jeweiligen Beginn der Romanisierung einsetzen, erstreckt sich in der Regel aber über einen Jahrhunderte dauernden Romanisierungsprozeß, im Falle des Gallischen bis zum 4./5. Jh. Die Auswirkungen des fränkischen Superstrats speziell auf das nördliche Gallolatein

[2] So dürfen wir davon ausgehen, daß der Ausgangspunkt etwa in dem seit 238 v. Chr. romanisierten Sardinien eine ältere Form des Lateins darstellt als in dem Anfang des 2. Jhs. n. Chr. eroberten Dazien, oder auch innerhalb Galliens in der um 120 v. Chr. begründeten Narbonensis eine ältere Latinität gegenüber dem erst seit Cäsar (und teils zunächst wohl auch weniger intensiv) romanisierten Norden (cf. u. a. H. Berschin — J. Felixberger — H. Goebl, *Französische Sprachgeschichte*, 1978, S. 158 ff.). Ebenso läßt sich voraussetzen, daß die Romanisierung Daziens vorwiegend durch Militär und einfache Kolonen erfolgte und dementsprechend einen niedereren Soziolekt vermittelte als die auch von den gebildeten Schichten, den Schulen und der Kirche getragene Romanisierung des Westens (cf. u. a. v. Wartburg, *Ausgliederung*, 21 f.). Ansonsten können wir aber sowohl über die genauen sozio-kulturellen Bedingungen der einzelnen Romanisierungen als auch linguistisch über die diastratische Schichtung des frühen Vulgärlateins wenig Gesichertes aussagen.

[3] Vergleiche zum archaischen Charakter des sardischen Wortschatzes M. L. Wagner, *La lingua sarda*, 1951, 67—136 (v. a. 78 ff.), zur teils relativ alten Latinität Südgalliens unten S. 105 f. und zum teils „primitiven" oder bäuerlichen Charakter des protorumänischen Lateins O. Deutschmann, *Lateinisch und Romanisch*, 115, 122 f.; W. Bahner, *Die lexikalischen Besonderheiten des Frühromanischen in Südosteuropa*, 1970, 48 ff.

beginnen Ende des 5. Jhs., dauern aber ebenso über eine längere Periode der teilweisen Zweisprachigkeit bis zum 8./9. Jh.

Die von vielfältigen Faktoren bedingten regionalen Eigenentwicklungen können meist erst mit der progressiven Dezentralisierung im römischen Imperium und dem Absinken einer sprachnormierenden und -nivellierenden Kultur in breiterem Maße differenzierend wirksam werden. Solange Rom das tonangebende Zentrum bildet, werden die Neuerungen zu einem Großteil von Rom aus auch in die Provinzen ausgestrahlt und können so die (relative) sprachliche Einheitlichkeit der Romania nur wenig gefährden. Erst mit dem Sinken der politisch-kulturellen Stellung Roms vermindert sich auch dessen sprachliche Strahlungs- und Ausgleichskraft, wodurch einerseits römische Neuerungen nur noch begrenzt über Italien hinausdringen und andrerseits spezifische provinzielle Entwicklungen von neuen regionalen Zentren (z. B. Lugdunum in Südostgallien) in diesen Regionen ungehinderter ausgestrahlt werden. Der Beginn einer solchen Dezentralisierung, als wesentlicher Voraussetzung auch der sprachlichen Differenzierung, läßt sich im 2. Jh. n. Chr. ansetzen[4].

Aus der Sicht der möglichen Gründe und Voraussetzungen dürfen wir demnach folgern, daß die diatopische Differenzierung prinzipiell bzw. fallweise bis in die Zeit der Romanisierung zurückführen kann, daß mit weitergehenden Divergenzen und einer eigentlichen romanischen Ausgliederung aber wohl frühestens ab dem 2./3. Jh. n. Chr. zu rechnen ist.

Im Rahmen der lateinischen Dokumentation finden sich zwar einige metasprachliche Hinweise auf regionale Gegensätze bereits zur Kaiserzeit[5], der konkrete Wortschatz der vulgärlateinisch gefärbten „Quellen" zeigt jedoch in geographischer Hinsicht bis zum 6. Jh. (oder noch länger) nur vereinzelte Divergenzen und eine insgesamt beträchtliche Einheitlichkeit (cf. v. a. Löfstedt, *Late Latin*, 39 ff.). Wohl lassen sich in Texten, deren Herkunft etwa aus Gallien feststeht, auch einzelne spezifisch gallolateinische Sprachelemente feststellen[6]. Bei Dokumenten unbekannter oder unsicherer

[4] Cf. Rohlfs, *Sprachgeographie*, § 20; v. Wartburg, *L'articulation linguistique*, 25. Zum kulturellen Verfall cf. E. Coseriu, *El llamado 'Latin vulgar' y las primeras diferenciaciones romances,* 1954, S. 179 ff. (= *Zur Entstehung der romanischen Sprachen*, ed. R. Kontzi, 1978, S. 282 ff.).

[5] Cf. Schmitt, 80 ff., zum gallischen Latein 88—91.

[6] So in der Rezeptsammlung des Marcellus Empiricus aus Bordeaux (Anf. 5. Jh.; cf. *ALL 8*, 469 ff.) etwa *pomum* „malum" (S. 98 Fn. 25), *vulpiculus* „vulpecula" (S. 108 Fn. 51), *vervex* „Schaf im allgemeinen" (S. 99 Fn. 25); bei Sulpicius Severus (+ 425) Ansätze für *apud* „cum" (S. 98) und im Rahmen der *Lex Salica* (5./6. Jh.) etwa *coccus* „Hahn" (S. 110 Fn. 55), *iumentum* „Stute" (S. 108 Fn. 53), *glenare* „Ähren lesen" (S. 112).

Herkunft aber erweisen sich solche Spezifika bezeichnenderweise nicht als hinreichend für eine eindeutige geographische Zuweisung, und es konnte bisher bei keinem der spontansprachlich gefärbten Texte des 4. bis 6. Jhs. gelingen, ihn allein aufgrund seiner sprachlichen Besonderheiten zu lokalisieren[7].

Im Hinblick auf die tatsächlichen vulgärlateinisch-protoromanischen Verhältnisse darf man allerdings dieser weitgehenden Einheitlichkeit der schriftlichen Quellen nur eine begrenzte Aussagekraft beimessen. Es liegt nahe, daß sie nur ein unvollständiges und teilweise überregional standardisiertes Bild der spontansprachlichen Realitäten geben und die eventuell bestehenden Differenzierungen in gewissem Maße verdecken können. Ihr Befund ließe sich auch schwerlich mit den frühromanischen Gegebenheiten in Einklang bringen. Der Wortschatz der einzelnen romanischen Sprachen zeigt vielmehr seit den ersten Dokumenten des 9./10. Jhs.[8] so ausgeprägte Eigenständigkeiten und damit protoromanische Divergenzen, daß wir schon für das Vulgärlatein des 6., 5. und ev. 4. Jhs. weit stärkere diatopische Differenzierungen erschließen müssen, als dies die schriftlichen Dokumente widerspiegeln[9]. Andrerseits sehen wir in der relativ einheitlichen Sprache der Texte aber doch einen Hinweis darauf, daß sich die Differenzierung in den genannten Jahrhunderten noch in Grenzen hielt und häufig noch nicht zu absoluten Gegensätzen in der Wortwahl geführt hatte. Wir nehmen insbesondere an, daß sich viele romanische Divergenzen zunächst nur in einem divergierenden register- und frequenzmäßigen Stellenwert der Konkurrenztypen anbahnten

[7] Cf. Löfstedt, *Late Latin*, 42 ff. Symptomatisch ist die Lokalisierungsgeschichte des *Itinerarium Egeriae*: Nachdem die unbekannte Verfasserin zunächst mit einer Dame aus Südgallien identifiziert worden war, glaubte man um die Jahrhundertwende den Text auch sprachlich aufgrund mehrerer „Gallizismen" eindeutig in Gallien lokalisieren zu können (cf. etwa konsequent gebrauchtes *manducare* „essen"). Seit jedoch 1903 aus der Selbstbiographie eines spanischen Einsiedlers ersichtlich wurde, daß die Autorin höchstwahrscheinlich in Spanien (Galizien) lebte, suchte und fand man im selben Text auch eine Reihe von sprachlichen „Hispanismen" (cf. H.-W. Klein, in *Romanica, Festschrift Rohlfs,* 1958, 243 ff.).

[8] Die erste breitere Dokumentation des spezifisch (nord)galloromanischen Wortschatzes vermitteln zahlreiche Worterklärungen der vermutlich um 800 in Nordfrankreich entstandenen *Reichenauer Glossen* (*RGl*). Vergleiche die Ausgabe von H.-W. Klein, Teil *I, Einleitung und Text,* 1968, und M. Raupach, Teil *II, Entstehung und Aufbau,* 1972.

[9] Die von Schmitt ermittelten innergalloromanischen Divergenzen (cf. S. 105 f.) sind in manchen Fällen nachweislich sehr alt, lassen sich aber kaum in ihrem Gros bis in die Kaiserzeit zurückprojizieren.

und so ein grundsätzliches Nebeneinander in den regionalen Diasystemen längere Zeit nicht ausschließen[10].

## 2. Neuerungsfreudiger (teils volkstümlicher) Grundcharakter des Gallolateins

Eine Analyse des gallolateinischen oder nordgallolateinischen Wortschatzes muß sich angesichts der begrenzten direkten Zeugnisse vorwiegend auf die Rekonstruktion des Protogalloromanischen bzw. Protofranzösischen stützen. Wir berücksichtigen demnach diejenigen lexikalischen Erscheinungen, die ausschließlich oder vorwiegend in diesen Teilen der Romania fortgesetzt bzw. vorausgesetzt werden[11], wobei wiederum die Bezeichnungsgeschichte des „français fondamental" systematisch und der übrige Wortschatz in Auswahl erfaßt wird[12]. Unsere Darstellung bemüht sich zunächst um eine Charakterisierung der gesamtgallischen Latinität (unter fallweiser Einbeziehung auch des angrenzenden oberitalienischen und katalanischen Sprachraumes), anschließend um die innergallische Differenzierung des Lateins und die spezifisch nördlich-protofranzösischen Besonderheiten sowie schließlich um die Einflüsse von Substrat und Superstrat.

Bereits viele der betrachteten vulgärlateinischen Entwicklungen betreffen mit ihren Fortsetzern nicht den Gesamtbereich, sondern lediglich einen größeren Teilraum der Romania. Überblickt man die dabei zutage tretende Großraumverteilung, so ergibt sich — bei aller Vielfalt im einzelnen — besonders häufig eine Übereinstimmung zwischen Gallien und Italien bzw. eine Divergenz dieses zentralromanischen Raumes gegenüber der Iberoromania und teilweise auch dem Rumänischen[13]. Hierbei zeigt in den mei-

[10] So spricht etwa der Gebrauch von *manducare* „essen" im *Itinerarium Egeriae* (s. Fn. 7) — falls es sich nicht um einen literarischen Anklang an die Bibelsprache (cf. Ernout 156) handelt — dafür, daß Hispanien noch im 5. Jh. genau wie die Sprache Petrons (S. 24 f.) sowohl *comedĕre* als auch *manducare* kannte und sich erst nach dieser Zeit endgültig für erstere Form entschied.

[11] Diese Begrenzung im Romanischen spricht für eine entsprechende regionale Konzentrierung in der spätlateinischen Spontansprache, kann die fallweise Existenz auch im Vulgärlatein der anderen Gebiete aber natürlich nicht ausschließen. Eine weitere Einschränkung für die protoromanische Rekonstruktion ergibt sich aus der unterschiedlichen Dokumentation und lexikographischen Erfassung der einzelnen frühromanischen Idiome.

[12] Einige Entwicklungen wurden aufgrund früher oder weiterverbreiteter Belege schon unter den vulgärlateinischen Beispielen angeführt, finden innerhalb des Romanischen aber vorwiegend oder ausschließlich in Gallien eine Fortsetzung.

[13] Vergleiche Rohlfs, *Sprachgeographie*, passim, v. a. § 57 ff.; J. Jud, in *RLiR 1*, 181 f.; W. Mańczak, in *Lingua 13*, 177 ff.

sten Fällen das Zentrum einen jüngeren und primär volkstümlichen Bezeichnungstypus, die iberische Latinität hingegen eine offensichtlich ältere und/oder gehobenere Form. In der Bezeichnung etwa für „Tag", „Tisch", „Vogel", „Schulter", „messen" halten das Spanische und Portugiesische an den klassischen Normalbezeichnungen *dies, mensa, avis* (neben *passer*), *humerus, metiri* fest, während sich in der Zentralromania (inkl. kat.) die spontansprachlich-volkstümlichen Neuerungen *diurnum, tabula, aucellus, spatula, mensurare* weitestgehend oder völlig durchsetzen[14] (s. Karte S. 95).

Entsprechend entscheidet sich angesichts eines vulgärlateinischen diaphasisch-diastratischen Nebeneinanders oder diachronischen Nacheinanders mehrerer verschiedener Ersatzformen Hispanien meist für den relativ gehobeneren und älteren Ausdruck[15], Gallien und Italien dagegen für die mehr volkstümlichen und jüngeren Varianten[16]:

| | Italien | Gallien | Hispanien (Sp., Pg.) |
|---|---|---|---|
| „essen": | *manducare* | *manducare* | *comedĕre* |
| „sprechen": | *parabolare* | *parabolare* | *fabulari* |
| „schön": | *bellus* | *bellus* | *formosus* |

Dieser im allgemeinen relativ neuerungsfreudigen Haltung des zentralromanischen Großraumes lassen sich nun eine Vielzahl von vorwiegend oder ausschließlich gallolateinischen Neuerungen anfügen, das heißt neue

[14] Einzelne galloromanische Reste zeigen *mensa* (frpr.; auch rätorom.), *humerus* (gask.), *metiri* (ev. okz.). Das Sardische bewahrt *dies, mensa, avis,* (ev.) *metiri.* Zur Latinität des Rätoromanischen cf. Verf., in *Ladinia 3*, 1979, 49—56.

[15] Vergleiche etwa auch v. Wartburg, *Einführung*, 118. Der häufig konservativen Haltung der hispanischen Latinität stehen andrerseits auch zahlreiche hispanische Eigenentwicklungen gegenüber (z. B. *quaerĕre* „lieben"; *germanus* „Bruder"; *primus* „Vetter"; *sperare* „warten"; *quietare* „bleiben"). Zu den inneriberoromanischen Divergenzen s. W. Pötters, *Unterschiede im Wortschatz der iberoromanischen Sprachen*, 1970. Zur Zwischenstellung des Katalanischen zwischen Galloromania und Iberoromania cf. Rohlfs, *Sprachgeographie*, § 148, G. Colón, *El léxico catalán en la Romania*, 1976.
Die Übereinstimmungen mit dem Rumänischen beruhen teilweise auf der gemeinsamen geographischen Randlage, teilweise auf der (durch die frühe Loslösung vom Imperium bedingten) relativ alten Latinität des Rumänischen, die mit dem zwar jüngeren aber relativ konservativen Hispanolatein konvergieren kann. Zu den hispanisch-sardischen Parallelen s. M.-L. Wagner, *La lingua sarda*, 1951, 122 ff.

[16] Entsprechendes gilt für die analytische Komparativbildung, wo Hispanien (und Dazien) das ältere und teils auch klassische *magis*, die Zentralromania dagegen jüngeres *plus* (> u. a. fr. *plus*) verallgemeinert (okz. teils auch *magis*; cf. Rohlfs, *Sprachgeographie*, § 26).

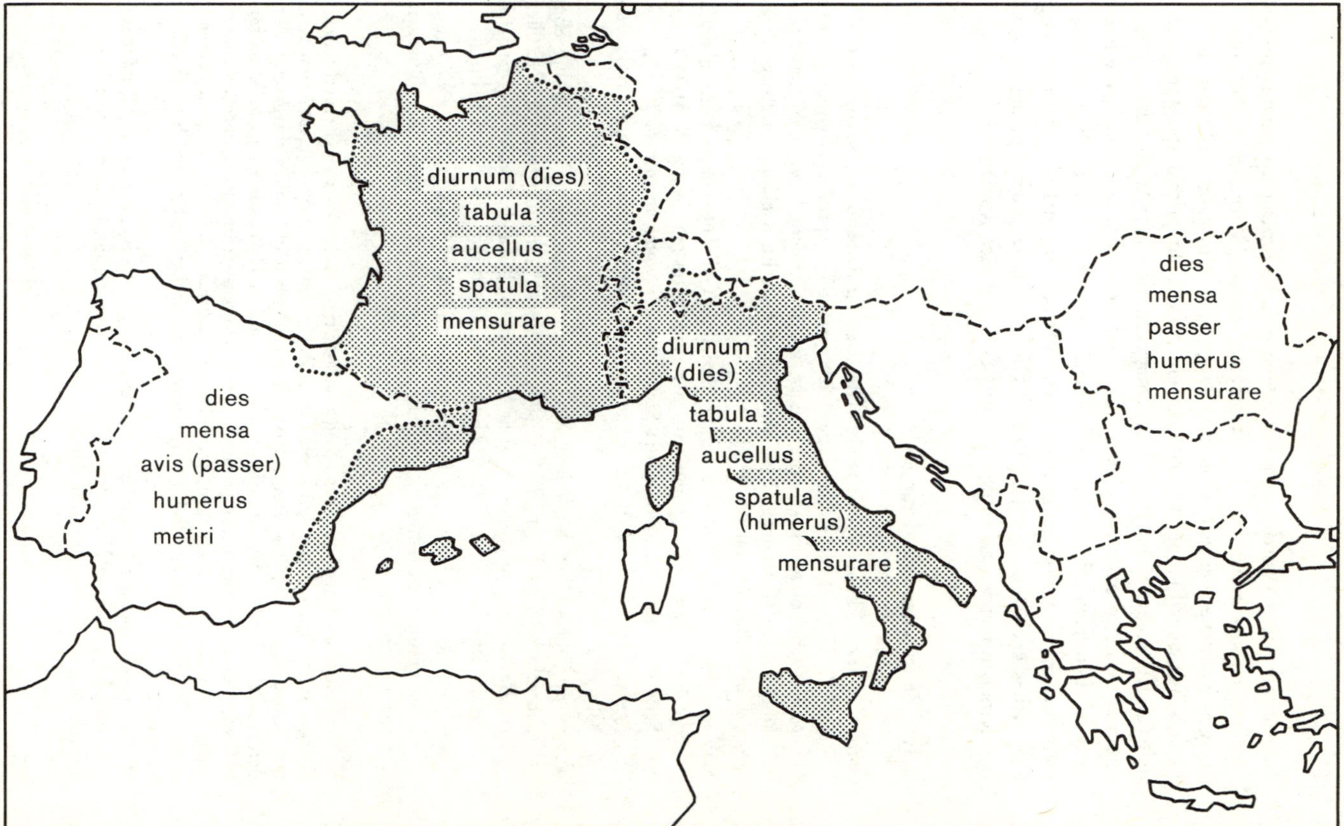
diurnum (dies)
tabula
aucellus
spatula
mensurare
dies
mensa
avis (passer)
humerus
metiri
diurnum
(dies)
tabula
aucellus
spatula
(humerus)
mensurare
dies
mensa
passer
humerus
mensurare

Bedeutungen und Wortformen, mit denen sich die protogalloromanische Latinität auch gegenüber Italien differenziert und im Vergleich zur gesamten übrigen Romania weitgehend eigene Wege geht. Ein guter Teil dieser gallolateinischen Spezifika zeigt wiederum einen offenbar primär spontansprachlich-volkstümlichen Charakter und entspricht den bereits für das Vulgärlatein schlechthin gekennzeichneten Entwicklungstendenzen, im besonderen dem Streben nach inhaltlicher und formaler Ausdruckskraft. Diese spontansprachlichen Grundtendenzen konnten offenkundig bei der Bezeichnung zahlreicher auch zentraler Begriffe in Gallien relativ stärker gemeinsprachlich wirksam werden als in den übrigen Gebieten der Romania:

## 2.1. Bedeutungsveränderungen[17]

*mittĕre* „schicken" kommt gemeinvulgärlateinisch zur Bedeutung „setzen, legen, stellen" (S. 57) und tritt damit als zunächst vermutlich expressives Synonym neben *ponĕre*; zum völligen Ersatz der klassischen Bezeichnung bzw. deren Einschränkung auf die Bedeutung „Eier legen" führt diese Entwicklung aber ausschließlich in Gallien (+ kat.)[18]

*baiulare* „(eine Last) tragen" übernimmt speziell im Gallolatein über „bringen" auch die Bedeutung „geben" und tritt hier gemeinsam mit *donare* (S. 107) an die Seite bzw. (im Norden) an die Stelle von klt. *dare*: afr.mfr. *baill(i)er*, v. a. „geben" (seit Anf. 12. Jh.; v. a. „übergeben" ohne Veränderung der Besitzverhältnisse)

*obstare* „entgegenstehen, hinderlich sein" kommt in transitiver Verwendung über „abwehren" (seit 3. Jh., *ThLL*; > v. a. rätorom.) offenbar speziell in Gallien zur Bedeutung „wegnehmen" (seit 5. Jh., cf. B. Löfstedt, *Studien über die Sprache der langobardischen Gesetze*, 1961, 330 ff.): fr. *ôter* (seit Anf. 12. Jh.)

**bullicare* „sieden, sprudeln" (als Erweiterung von *bullire*, S. 68 Fn. 118) übernimmt in expressiver Übertragung speziell in Gallien die Bedeutung „sich bewegen, sich rühren": fr. *bouger* (seit 12. Jh.)

[17] Vergleiche an Entwicklungen, die (v. a. aufgrund früher bzw. weiterverbreiteter Belege) schon unter den vulgärlateinischen Beispielen angeführt wurden, innerhalb des Romanischen aber vorwiegend oder ausschließlich in Gallien fortgesetzt werden: *infans* „Kind"; *subinde* „oft"; *quare* „denn, weil"; *novellus* „novus"; *muttum* „Wort"; ferner die bereits angesprochenen Weiterentwicklungen von *tutari* „auslöschen" zu „bewußtlos schlagen, totschlagen"; *adripare* „landen" zu „ankommen"; *satio* „Zeit des Anpflanzens" zu „Jahreszeit"; *kausjan* „erblicken, bemerken" zu „auswählen".

[18] Dementsprechend ist auch die Worterklärung „Pono : *mitto*" der *Reichenauer Glossen* (1319 a, cf. 1927) nur in Gallien erforderlich und bildet so einen Hinweis auf die geographische Herkunft der Sammlung.

*convenit* (vlt. *convénit*) „es paßt, schickt sich", „man kommt überein" wird vorwiegend im Galloromanischen (+ obit., rätorom.) zu einer Ersatzform für klt. *oportet* „es ist nötig, man muß" (cf. *RGl* 1794, 2094 „Oportet : *convenit*"): afr.mfr. *co(n)vient* „il faut"

cf. **estopet* S. 100

*femina* „Lebewesen weiblichen Geschlechts (Frau, Tierweibchen)" tritt vorwiegend im Gallolatein (+ kat., piem., friaul.) als spezifische Bezeichnung der „Frau" (sekundär auch „Ehefrau") an die Seite von *mulier* (vlt. auch „Ehefrau", cf. *ThLL*; > rom., afr.mfr. *moillier* „Ehefrau", vereinzelt auch „Frau")[19]: fr. *femme* seit *Passion*, seit *Roland* auch „Ehefrau"

*filia* „Tochter" übernimmt vorwiegend protogalloromanisch auch die Bedeutung „Mädchen" (cf. Blaise): fr. *fille* (seit *Passion*), als „Mädchen" bis 14. Jh. vereinzelt (cf. *jeune fille*, seit 15. Jh.)

*solacium* „Trost" und das hierzu gebildete Verbum *solaciare* „trösten" (Gregor d. Große) werden speziell galloromanisch in den ursprünglichen und den verschobenen Bedeutungen „Kurzweil, Unterhaltung, Vergnügen" bzw. „zerstreuen, unterhalten; refl. sich vergnügen" fortgeführt: afr.mfr. *solaz, soulas* v. a. „Kurzweil, Unterhaltung, Vergnügen" (seit Chrétien); afr.mfr. *so(u)lacier* v. a. „unterhalten, refl. sich vergnügen" (seit Chrétien)

*viaticum* „Wegzehrung; Reisegeld" lebt galloromanisch in der übertragenen Bedeutung „Reise" (belegt als „Wegstrecke", 6. Jh.) weiter: fr. *voyage*, seit *Roland* („Weg"), afr. v. a. „Pilgerreise, Kreuzzug" (cf. S. 181)

*invidia* „Neid" erhält protogalloromanisch auch die allgemeinere Bedeutung „Verlangen (nach), Lust (zu)": afr. *enveie* (*Passion, Leodegar*), relatinisierend fr. *envie* (seit *Oxf. Ps.*)

*nausea* „Seekrankheit, Übelkeit, Ekel" wird romanisch in verschiedenen volkstümlich übertragenen Bedeutungen, in Gallien speziell als „Zank, Streit" und als „Lärm"[20] fortgesetzt: afr.mfr. *noise* „Zank, Streit", „Lärm" (seit *Alexius*)

*augurium* „Vogelflug", „Vorzeichen, Vorbedeutung" wird speziell in Gallien zur Bedeutung „(gutes oder böses) Geschick" bzw. „Glück" verschoben: afr.mfr. *eür, heur* „Geschick", „Glück" (cf. fr. *bonheur, malheur* seit 12. Jh.)

*cuneus* „Keil" bezeichnet im Protogallolatein übertragen auch „Ecke, Winkel": fr. *coin* („Ecke, Winkel" seit 12. Jh.)

[19] Für „Tierweibchen" rückt *femella* (> v. a. fr. *femelle*) ein. Vergleiche auch v. Wartburg, *Einführung*, 116 f.; Rohlfs, *Sprachgeographie*, § 106 f.; A. Grisay, G. Lavis, M. Dubois-Stasse, *Les dénominations de la femme*, 1969. Zu fr. *époux, épouse* < *sponsus, sponsa* „Bräutigam, Braut", spätlt. auch „Ehemann, Ehefrau" cf. Chr. Schmitt, in *Neuphil. Mitteilungen 75*, 1974, 279 ff.

[20] Für klt. *strepitus* bzw. neben klt. *fragor* „Getöse" (> afr. *freour*), *fremitus* (> afr. mfr. *friente*), *fremor* (> afr. mfr. *fremour, fremeur*).

*levis* „leicht (von Gewicht)" bzw. dessen spezifisch gallolateinische Erweiterung **leviarius* (S. 109) werden offenbar speziell in Gallien auch auf die Funktion von klt. *facilis* „leicht zu tun" übertragen (cf. *RGl* 686 a „Facilis : *levis*"): afr.mfr. *leg(i)er*, auch „facile"; entsprechend

*gravis* bzw. vlt. *grevis* (belegt, s. *IF 75*, 114) auch für klt. *difficilis* „schwierig" (cf. *RGl* 454 a „Difficilem : *gravem*", 1621): afr.mfr. *grief* „difficile" (seit *Roland*)[21]

*semper* „immer" übernimmt speziell protogalloromanisch (+ kat.), über „ohne Unterbrechung, in einem fort", auch die Bedeutung „sofort": afr. *sempre(s)* „sofort" (seit *Passion, Leodegar,* hier auch „immer")

*apud* „bei" tritt in Gallien (+ obit., kat.) in der verschobenen Bedeutung „mit" ganz an die Stelle von klt. *cum*, während die gesamte außergallische Romania am klassischen Typus festhält[22]; belegt ist *apud* „mit" in Ansätzen (bei *esse, vivĕre, loqui*) seit dem 4. Jh. (Sulpicius Severus; *Querolus*), allgemeiner in komitativer und sekundär auch instrumentaler Funktion seit dem 7. Jh. (*Fredegar*): afr.mfr. *od, o* (seit *Straßb. Eide*; neben den lautvolleren Konkurrenten *atot* und *avuec, avec*, S. 109, 142; cf. die Verdeutlichung *ensembl'od*)

*ad pressum* „nahe bei" (4. Jh., *Mulomedicina Chironis*)[23] und *ad prope* „nahe bei" erhalten vorwiegend im Gallolatein auch die temporale Bedeutung „nach" und können speziell hier traditionelles *post* (cf. S. 49 Fn. 70) weitgehend verdrängen (afr. *post* völlig vereinzelt[24]): fr. *après* (seit *Leodegar*; afr.mfr. auch *emprès*) bzw. afr. *apruef*[25]

[21] Neben einer Vielzahl weiterer, fakultativer Bezeichnungsmöglichkeiten, cf. R. de Gorog, in *Studies in Honor of M. A. Pei*, 1972, 115 ff.

[22] Der spezifisch gallolateinische Bezeichnungswechsel ist vermutlich durch die Homophonie des Fortsetzers von *cum* mit dem von *quomodo* (afr.mfr. *com*) und ev. *cunnus* (fr. *con*) mitbedingt; weniger wahrscheinlich ist die Annahme keltischen Einflusses (cf. G. Löfgren, *Etude sur les prépositions od, atout, avec,* 1944; G. A. Beckmann, *Die Nachfolgekonstruktionen des instrumentalen Ablativs*, 1963, 216 ff.; anders Rohlfs, *Sprachgeographie*, § 39).
Die Funktion von *apud* „bei" übernimmt im Galloromanischen (+ kat.) vor allem die anschauliche präpositionelle Fügung *(in) casa* „im Hause von, bei": afr. *enchiés* (13., 14. Jh.), *chiés* (12. Jh.), fr. *chez* (übertragene Bed. seit 16. Jh.).

[23] Vergleiche *presse* S. 66.

[24] Vergleiche aber vlt. *postius* > afr.mfr. *puis* „nach".

[25] Vergleiche an Bedeutungsveränderungen außerhalb der Kernbereiche etwa:

*pomum, poma* „Baumfrucht; Obst", das in erster Linie gallolateinisch (+ obit., kat., teils auch sp.) zur Normalbezeichnung des „Apfels" wird (seit 5. Jh., Marcellus Empiricus) und hier klt. *malum* bzw. vlt. *melum* (> v. a. ostrom.) bis auf vereinzelte Reste verdrängt (cf. Rohlfs, *Sprachgeographie*, § 63): fr. *pomme*

*racemus (racimus)* „Traubenkamm", das vulgärlateinisch auch die gesamte „Weintraube" bezeichnet (seit *Vulgata*; > v. a. iberorom.) und speziell in Gallien (+

sowie als verallgemeinertes Diminutivum:

**soliculus*, das als zunächst wohl affektive Bezeichnung speziell im Gallo- und Rätoromanischen fast ganz an die Stelle von klt. *sol* tritt[26]: fr. *soleil* (seit *Passion*)

## 2.2. Neubildungen

### 2.2.1. Erweiterungen

Parallel zu den S. 66 ff. aufgeführten vulgärlateinischen Entwicklungen finden sich auch unter den protogalloromanischen Spezifika mehrere erweiterte Affixformen oder Umbildungen, die in erster Linie aufgrund ihres volleren Lautkörpers, teils gekoppelt mit einer zunächst expressiven Gehaltsnuance, an die Seite oder an die Stelle der jeweiligen Grundformen treten[27]:

*subitanus* „plötzlich" (5. Jh.)[28] zu *subitus* (> afr. *sode* vereinzelt): fr. *soudain* adj. (12. Jh., selten; adv. seit 16. Jh., cf. *soudainement* 12. Jh., afr.mfr. neben *sodement*)

kat.) zur Ersatzbezeichnung für das sonst fast überall bewahrte lautschwache *uva* „Traube" wird (cf. *RGl* 1669 „Uvas : *racemos*"): fr. *raisin*

*vervex* (vlt. *berbex*) „Hammel" wird in erster Linie gallolateinisch (+ obit., sard.) zur Bezeichnung für „Schaf (im allgemeinen)" und damit zum Konkurrenten von *ovicula* (S. 46) ausgeweitet; die erstmals bei Marcellus Empiricus bezeugte Verschiebung (cf. auch *RGl* 1095 a) wurde vermutlich durch die Bewahrung der keltischen Hammelbezeichnung (**multo* > fr. *mouton*) begünstigt: fr. *brebis*

*vinea* „Weinberg" bedeutet vereinzelt seit dem 1. Jh. n. auch „Weinstock, Rebe", kann aber speziell in Gallien (+ kat.), unter Verallgemeinerung dieser Ausweitung und Verzicht auf die lexikalische Opposition, die klassische Rebenbezeichnung *vitis* fast ganz verdrängen: fr. *vigne*

*tonsio* „Schur" (*Vulgata*) lebt speziell galloromanisch in der konkretisierten Bedeutung „Vließ" fort: fr. *toison.*

[26] Die geographische Verbreitung dieses Ersatzes ist wahrscheinlich von den klimatischen Gegebenheiten, eventuell auch von der Homophonie mit *solus* mitbestimmt (cf. Rohlfs, *Sprachgeographie*, § 47; H. Kuen, *Romanistische Aufsätze*, 207 ff., Karte S. 229).
Vergleiche als weitere verallgemeinerte Diminutivform:
*somniculus*, das speziell in Gallien, mit zunächst wohl euphemistischem Gehalt, zum Konkurrenten von klt. *somnus* „Schlaf" (> rom., fr. *somme*) wird: fr. *sommeil.*

[27] Vergleiche auch die Diminutivformen *novellus* (S. 47), **soliculus* (S. 99); ferner **leviarius* (S. 98, 109); *inde usque* (S. 102).
Auf das Gallolatein konzentriert ist ferner das feminine Genus der Abstrakta auf *-or* (z. B. *dolor, color, calor*).

[28] Vereinzelt auch it.; cf. *subitaneus* (1. Jh.) > sp. (cf. *Serta Romanica, Festschrift G. Rohlfs*, 1968, 137 f.).

**altanus* „hoch" neben *altus*: fr. *hautain,* afr.mfr. „haut" (seit *Roland*)

**veracus* (*veragus* 8. Jh.) „wahr" neben *verus* (cf. etwa *merus/meracus*): afr. *verai* (seit *Alexius* Var.; *Roland*), fr. *vrai* (12. Jh.; afr.mfr. neben zunächst geläufigerem *voir* < *verus*)

**prandiaria* „Mittagsmahlzeit" neben *prandium* (> ostrom.): afr. *prangiere* „Mittagsmahlzeit" (13. Jh.)[29].

### 2.2.2. Ableitungen

**montare* „(hinauf)steigen" zu *mons* „Berg" und **podiare* „id." zu *podium* „Anhöhe" (> u. a. afr. *pui*), als durchsichtige und besonders anschauliche gallolateinische (+ obit., kat.) Ersatzformen für klt. *ascendĕre*[30] (cf. *RGl* 372 „Excederet : *supermontaret*"): fr. *monter* (seit *Passion*) bzw. afr.mfr. *puier* „(hinauf)steigen" (seit 12. Jh., Wace)

*repatriare* „(ins Vaterland) zurückkehren" (3. Jh.), als speziell galloromanisch (+ obit.) weitergeführte parasynthetische Ableitung zu *patria* „Vaterland": afr.mfr. *repairier* „zurückkehren" (seit *Passion*, zunächst vorherrschende Bezeichnung)

**estopet* „es ist nötig" (Inf. **estopēre*), als vorwiegend protogalloromanische (+ obit., rätorom.) Verbalprägung aus klt. *est opus* „es ist nötig" (> u. a. afr. *est ues*), in Anlehnung an *oportet, decet* etc. (cf. J. Jud, in *VR 9*, 29 ff.): afr. *estuet* (Inf. *estovoir*) „il faut" (seit *Alexius*)

**explicitare* „(rasch) handeln, ausführen" (+ obit., kat.) zu *explicitus* „leicht auszuführen", **explicitum* „(rasche, erfolgreiche) Ausführung": afr.mfr. *esploitier* „(rasch) handeln, ausführen", „Erfolg haben" (seit *Roland*; cf. fr. *exploiter*)

**nitidiare (nitidare)* „reinigen" (+ obit., kat.) zu *nitidus* „glänzend", vlt. „sauber" (Marcellus Empiricus): afr. *neier*; remotivierend (nach *net*) umgebildet fr. *nettoyer* (seit Chrétien)

[29] Vergleiche außerhalb des Kernwortschatzes etwa:

*deliberare* „befreien" (seit *Itala*), das als präfigale Erweiterung speziell in Gallien (+ kat.) an die Seite des klassischen Simplex *liberare* (seit 5. Jh. auch „liefern"; > v.a. fr. *livrer*) tritt: fr. *délivrer*

*messio* „Ernte" (als „Mähen" seit Varro), das als lautvollere Variante speziell gallolateinisch (+ obit.) neben klt. *messis* steht: fr. *moisson*

**mento* „Kinn" (+ obit., rätorom.) für klt. *mentum* (cf. die Homophonie mit *mentem*): fr. *menton.*

[30] Vereinzeltes afr.mfr. *ascendre* ist wohl gelehrt. Vergleiche als weiteres Ersatzverbum *subire* „(hinauf)steigen" (vereinzelt seit klass. Zeit, *Itin. Egeriae*; > rum., sp., pg.).

**domnicellus* „junger Mann", **domnicella* „Mädchen" (nach Corominas weiter verbreitet) zu *dom(i)nus, dom(i)na*: afr.mfr. *damoisel, damoisele* „junger Edelmann", „vornehmes Mädchen" (seit 12. Jh. bzw. *Eulalia*)

*nutritura* „Ernährung" (6. Jh.), übertragen auch „Aufziehen, Erziehung", zu *nutrire*: (halbgelehrt) afr. *norreture*, remotivierend fr. *nourriture* (12. Jh.), bis 18. Jh. auch „Erziehung"; „Nahrung" seit 14. (hapax 12.) Jh.

**pertusium* „Loch" zu **pertusiare* „durchstoßen" (> u. a. fr. *percer*), das im Gallolateinischen gemeinsam mit dem seiner Herkunft nach ungeklärten *traucum* (7. Jh.) an die Stelle von klt. *foramen* (> it., sp., pg.) tritt (cf. *RGl* 658 „In foramina : in *pertusio*"): afr.mfr. *pertuis* bzw. fr. *trou* (seit 12. Jh.)

*foranus* „fremd, Fremder" (*Scholia Horatiana*) zu *foris*: afr.mfr. (bis 18. Jh.) *forain* „auswärtig, fremd, Fremder" (seit 12. Jh.); cf. im Norden auch das vermutlich zu *alibi* gebildete **alibanus* „id.": afr.mfr. *aubain*

*subtelaris* „Schuh" (ev. bezeugt bei Isidor) aus *subtelaris calceus,* zu *subtel* „Fußhöhle" (ca. 500): afr. *soler* (12. Jh.), fr. *soulier* (seit 14. Jh.)

*scalarium* „Treppe" (Inschriften; *scalaria* pl. Vitruv) aus adj. *scalaris* „zur Treppe gehörig" kann v. a. im Gallolatein (ev. auch sp.), gemeinsam mit *gradus,* **degradus* „Treppenstufe" (afr.mfr. *degré, degrés*), die klassische Treppenbezeichnung *scalae* fast ganz ersetzen[31]: mfr. *eschalier* (vereinzelt); cf. fr. *escalier* (seit 16. Jh.) < okz., S. 200

*serviens* „Diener" aus *serviens* „dienend", das als Bezeichnung auch für „Fußsoldat", gemeinsam mit wohl schon vorliterarisch von **sol(i)data* „Sold" abgeleiteten Bezeichnungen für „Söldner" (> u. a. afr.mfr. *soudoier* „Söldner, Soldat" seit *Roland*), an die Stelle von klt. *miles* tritt (cf. *RGl* 2074 „Milites : *servientes*")[32]: afr.mfr. *serjant, sergent* „Diener", „Soldat" (seit *Alexius* bzw. *Roland*)[33].

[31] Die damit als innerromanisches Spezifikum geschaffene lexikalische Differenzierung zwischen „Leiter" (*scala* > fr. *échelle*) und „Treppe",

lat. (rom.) [ *scala(e)* ] → gallolt. [ *scala* / *scalarium* ] ,

wurde eventuell vom germanisch-fränkischen Einfluß mitbestimmt (cf. K. Jaberg, in *RLiR 6*, 91 ff.; v. Wartburg, *Einführung*, 167).

[32] Vergleiche auch afr. *chevalier* (< *caballarius*), s. Gougenheim, *Etudes*, 356 ff., sowie fr. *homme* „soldat" (seit *Roland*).

[33] Vergleiche außerhalb des Kernwortschatzes etwa:

**disieiunare* „das Fasten brechen, frühstücken" (11. Jh., cf. *Rom. Phil. 10,* 145) zu *ieiuneum* „Fasten", als vorwiegend gallolateinische (+ obit., kat.) Bildung: fr. *déjeuner, dîner*, afr. „frühstücken" (seit 12. Jh.)

**precaria* „Bitte" aus *(charta) precaria* „Bittschrift" (um 700), als spezifisch gallolateinischer (+ kat.) Ersatz für klt. *preces*: fr. *prière*

**formaticus (-um)* „(in einer Form erzeugter, geformter) Käse" aus *caseus formaticus*, das als anschauliche Bildung speziell in Gallien (+ kat.) den sonst meist bewahr-

### 2.2.3. Zusammensetzungen und Verbindungen[34]

**al-tantum* „ebensoviel", „ebensosehr" (vlt. **ale* „aliud" + *tantum*), als vermutlich schon vorliterarisch-gallolateinische Grundlage von fr. *autant* (seit 12. Jh., Wace)

cf. **alteru-tantum* „ebensoviel": zentralrom., afr.mfr. *autretant* „autant" (seit *Roland*)

**hinc ha hora* „von hier an in dieser Stunde; noch", als wahrscheinliche Grundlage von fr. *encore* (seit *Alexius*) und zunächst wohl spezifisch gallolateinische (+ kat.) Ersatzbildung für klt. *etiam* (+) und *adhuc* (> sp.)

**de manu ipsum* „direkt von der Hand weg; sofort" (cf. fr. *maintenant* S. 147): afr. *(de)manois* „sofort" (seit *Roland*)

*inde usque* „von da bis", als wahrscheinliche Grundlage von afr. *enjusque,* fr. *jusque* (seit *Passion*) und spezifisch gallolateinische Verdeutlichung des nur vereinzelt fortgeführten *usque* (afr. *usque* vereinzelt; asard.);

cf. auch afr. *entro* (*Passion*), *trosque (tresque)* „bis" aus gallolateinisch (+ obit., kat.) *inter hoc* „zwischen dem, solange als"

*de latus, latus* „daneben; neben" (6. Jh.; cf. Löfstedt 67; id., *Late Latin,* 125; *ThLL*), als aus *latus* „Seite" geprägte und speziell galloromanisch (+ kat.) weitergeführte Adverbien bzw. Präpositionen: afr. mfr. *lez* „neben", *delez* „neben; daneben" seit *Alexius* bzw. *Passion* (neben afr.mfr. *joste, dejoste* < *iuxta*)

*mihi est visum* „es scheint mir" (cf. klt. *mihi videtur*), das speziell galloromanisch neben *similare* (S. 74) fortgesetzt wird: afr.mfr. *(ce) m'est vis* „es scheint mir" (seit *Alexius*)

*hoc (feci, fecit)* bzw. *hoc ego, ille (feci, fecit)* „ja", das neben *sic* (S. 32; afr.mfr. *si* „ja" nur in Verbindung mit Verbalform, fr. *si* „doch" seit 15. Jh.) zur spezifisch gallolateinischen (+ akat.) Bejahungspartikel wird; die Verbindung mit dem Personalpronomen kennzeichnet den Norden (cf. Rohlfs, *Sprachgeographie,* § 32): afr. *oje (oie), oïl* (seit *Roland*), fr. *oui* (15. Jh.)[35].

ten klassischen Typus *caseus* ganz verdrängen kann (cf. *RGl* 285 a „Caseum : *formaticum*"): fr. *fromage*

*genitus* „geboren" (zu *gignĕre*), das gallolateinisch zu einem Adjektiv für „wohlgeboren, adelig" wird und altfranzösisch auf die körperliche Schönheit sowie auf die sozial-höfischen Tugenden übertragen wird: afr.mfr. *gent* „hübsch, schön" (seit *Roland*), „gefällig, artig, fein" (seit 12. Jh.).

[34] Vergleiche auch *malifatius* (S. 77), **male astrucus* (S. 33), *aboculis* (S. 60), *(in) casa* (S. 98 Fn. 22).

[35] Vergleiche auch afr. *naje* (*naie*), afr.mfr. *nenil* (fr. *nenni*) „nein", Rheinfelder, *Altfranzösische Grammatik II,* § 251.

## 3. Konservative Gegenströmungen

Die aufgeführten Spezifika charakterisieren die Latinität des Protogalloromanischen als häufig besonders neuerungsfreudig und teilweise spezifisch volkstümlich. Diese Kennzeichnung läßt sich aber selbstverständlich nicht verabsolutieren und auf den Gesamtwortschatz verallgemeinern. Sie wird fallweise selbst im Rahmen der genannten Beispiele durch andersartige Neuerungen der übrigen romanischen Gebiete relativiert[36] und bleibt innerhalb der gesamtlexikalischen Mannigfaltigkeit auch mit mehreren Gegenbeispielen für eine bisweilen besonders konservative Haltung Galliens zu konfrontieren. In einem gewissen (wenn auch gegenüber den Neuerungen begrenztem) Maße konnten offensichtlich gerade in Gallien auch spezifisch traditionelle Strömungen wirksam werden und zur ausschließlich galloromanischen Weiterführung einiger klassisch-traditioneller Worttypen führen.

Klassische Lexeme, die den zentralen Begriffsbereichen des „français fondamental" entsprechen und innerhalb der Romania nur in Gallien fortleben, sind vor allem[37]:

*reverti* „zurückkehren": afr.mfr. *revertir* (neben mehreren Synonymen)
*suspicari* „argwöhnen, vermuten": afr. *soschier*
*docēre (docĕre)* „lehren": afr.mfr. *duire* (verschmolzen mit *duire* < *ducĕre*)
*dimidius (demedius)* „halb"[38]: fr. *demi*
*iuxta* „neben": afr.mfr. *joste* (neben *lez, delez*)

[36] So zeigt Gallien etwa mit *infans* „Kind" (S. 37) gegenüber den ursprünglichen Lallwörtern it. *bambino* und sp. *niño* einen relativ traditionelleren Bezeichnungstypus.
Eine relativ traditionelle Sprachform Galliens als Folge von anderwärts wirksamen fremdsprachlichen Einflüssen ergibt sich etwa bei der Bezeichnung für „Onkel" und „Tante" (cf. Rohlfs, *Sprachgeographie*, § 64; K. Neubert, *Die Bezeichnungen von Onkel und Tante in den romanischen Sprachen*, 1967; P. Aebischer, *Etudes de stratigraphie linguistique*, 1978, 25—77): Italien und die Iberoromania (bei „Onkel" ohne kat.) übernehmen die griechischen Modewörter *thius, thia,* während die Galloromania (und Rumänien) an den vulgärlateinisch verallgemeinerten Bezeichnungen *avunculus* und *amita* (S. 51) festhält (*thia* vereinzelt auch okz.; kaum pik., s. *ZrP 95*, 1979, 66—70).
[37] Vergleiche ferner:
*viridiarium* „Lustgarten, Park" (+ kat.): fr. *verger* „Obstgarten", afr.mfr. auch „Garten"
*tamdiu* „solange" (+ ladin.), als wahrscheinliche Grundlage von fr. *tandis*, afr.mfr. auch „solange als"
*decipĕre* „täuschen" (+ kat., asp.): fr. *decevoir*, afr.mfr. „täuschen"
*res* „Sache" (+ kat., asp.): afr.mfr. *rien* „Sache" (neben *chose*).
[38] Gegenüber vlt. *medius* S. 65 (cf. dessen lautliche Reduzierung).

Bei systematischer Durchsicht des gesamten romanischen bzw. galloromanischen Wortbestandes erhöht sich die Zahl der offenbar[39] nur in Gallien erbwörtlich fortgesetzten klassischen Formen aber immerhin auf einige Dutzend, und zwar vor allem die Verben *instruĕre, inspirare, indignari, irasci* (+ kat.), *assequi* (+ rätorom.), die Substantive *cupiditas, solacium* (S. 97), *refugium, venditio, medicamentum, margarita* „Perle", *sutor, desiderium* (+ kat.), *exilium* (+ kat.), die Adjektive *tenuis, debilis, adversus, pluvialis, blaesus, pessimus, sordidus* (+ sard.), sowie an Worttypen, die nicht nur die älteren Sprachphasen (afr. + aokz.), sondern auch noch den neufranzösischen Wortschatz kennzeichnen, *sollicitare* (> *soucier*), *farcire* (> *farcir*), *infantia* (> *enfance*), *clamor* (> *clameur*), *gubernaculum* (> *gouvernail*), *redemptio* (> *rançon*), *invidiosus* (> *envieux*).

Diese traditionell-konservativen Elemente des spezifisch galloromanischen Wortschatzes mögen teils einzelwortgeschichtlich begründet sein, legen insgesamt aber doch nahe, daß wir innerhalb der im allgemeinen eher neuerungsfreudigen Latinität Galliens grundsätzlich auch mit gewissen konservativen Gegenströmungen zu rechnen haben[40]. Solche etwa von bestimmten Soziolekten oder von der Schule (cf. S. 111) ausgehende Strömungen wurden in Gallien zwar nur in relativ begrenztem Maße gemeinsprachlich wirksam (zu regionalen Divergenzen s. S. 105 ff.), lassen sich aber fallweise auch außerhalb des Wortschatzes, in einigen lautlichen und morphologischen Besonderheiten fassen. So zeigt beispielsweise auslautendes *-t* speziell in (Nord-)Gallien eine vergleichsweise starke und lange Stabilität[41], wird das klassische *ero*-Futurum nur im Altgalloromanischen (+ aobit.) fortgesetzt, werden mehrere synthetische Komparativformen (*grandior, altior, fortior, iunior, sordidior, *nugalior* „schlechter", **gentior, *bellatior* „schöner") ausschließlich galloromanisch weitergeführt oder vorausgesetzt (wobei gerade die späten Neuerungen die lange bewahrte Produktivität des Bildungstypus bezeugen). Schließlich sehen wir in der fallweise besonders konservativen Haltung aber auch eine wesentliche Teilerklärung für die bislang nicht befriedigend gedeutete speziell galloromanische Bewahrung einer Zweikasusflexion[42].

[39] Als Vorbehalte zu berücksichtigen bleiben die teils lückenhaftere Dokumentation und die weniger vollständige lexikographische Erfassung des außergalloromanischen Wortschatzes.

[40] Vergleiche auch die auf Teile Galliens beschränkten Formen S. 110 f.

[41] Cf. B. Löfstedt, *Studien über die Sprache der langobardischen Gesetze*, 136: „Die Reaktion gegen die vlat. Tendenz zu Schwächung und Schwund des *-t* war offenbar in Gallien bedeutend stärker als in Italien und auch Spanien".

[42] Vergleiche hierzu zuletzt G. Hilty, in *Festschrift W. v. Wartburg*, 1968, *I*,

## 4. Süden und Norden — Protofranzösische Besonderheiten

Die aus den romanischen Einzelidiomen erschließbaren Differenzierungen des Protoromanischen lassen neben den gallolateinischen Spezifika schlechthin auch relativ umfangreiche innergallische Divergenzen und Besonderheiten speziell des Nordgallolateinischen bzw. Protofranzösischen hervortreten.

Eine Gesamtbetrachtung dieser Divergenzen aus rein galloromanischer Sicht, wie sie Chr. Schmitt in seiner Analyse der *FEW*-Materialien vornimmt, zeigt sehr ausgeprägte und über alle Begriffsbereiche verteilte Unterschiede zwischen dem okzitanischen Süden und dem französischen Norden sowie eine bereits deutliche Eigenständigkeit auch des frankoprovenzalischen Raumes. Bei Zugrundelegung der Loire-Vogesen-Linie als der ursprünglichen Sprachgrenze belaufen sich die jeweils spezifischen lateinischen Worttypen im Okzitanischen auf 531, im Französischen auf 376[43] und im Frankoprovenzalischen auf 136 Einheiten.

Eine Klassifizierung all dieser Worttypen vor allem nach „alter", „junger" und „christlicher" Latinität führt Schmitt zu dem Ergebnis, daß sich der Süden (entsprechend der frühen und intensiven Romanisierung, cf. Fn. 2) durch ein Vorherrschen älterer Latinität, der Südosten (entsprechend der politisch-kulturellen Bedeutung Lyons) durch älteres und teilweise poetisches Vokabular, das Protofranzösische hingegen durch ein wesentlich jüngeres und häufig spezifisch christliches Latein kennzeichne, so daß „der frz. Wortschatz genetisch nur teilweise und dem Niveau nach nur wenig mit dem frpr. oder okz. Wortschatz zusammenhängt" (S. 249)[44]. Wir halten diese Cha-

502 ff., id. in *RF 87*, 1975, 421 ff. Schon v. Wartburg, *L'articulation linguistique de la Romania* (in *Actes du VII^ème Congrès de Linguist. Romane*), 26, sieht im diesbezüglichen Gegensatz zwischen Galloromania und Iberoromania die regional unterschiedliche Wirksamkeit von innerlateinischen Entwicklungstendenzen. In der Latinität Hispaniens bahnt sich der Zerfall des Zweikasussystems schon in westgotischer Zeit an (s. J. Gil — B. Löfstedt, in *Cuadernos de Filología Clásica 10*, 1976, 286 f.).

43 Hiervon kennzeichnen 84 speziell den normannisch-pikardisch-wallonischen Raum des äußersten Nordens (cf. Fn. 44).

44 „Das Zentrum [= fr.] erscheint durch seinen charakteristischen Wortschatz als spät romanisiertes Gebiet. Seine Romanisierung dürfte in die Zeit der Ausdehnung des Christentums fallen, also ins 4. und 5. Jh." (S. 250; cf. S. 347: 3.—6. Jh.). Eine Ausnahme bildet der äußerste Norden, dessen teils ältere Latinität (aufgrund früher Romanisierung durch Grenzsoldaten und aufgrund der geographischen Randlage) stärkere Affinitäten zum Südosten und Süden zeigt (cf. auch B. Müller, in *TLL 12*, 1974, 7—30; andrerseits J. Wüest, in *VR 35*, 1976, 211 ff.).

rakterisierung im Kern für zutreffend, sehen die Gegensätze aber insgesamt — besonders bei Berücksichtigung auch der besprochenen gesamtgalloromanischen Verhältnisse — als weniger absolut[45]. Grundsätzlich koexistieren sowohl im Süden als auch im Norden gemeinsame oder spezifische Züge einer älteren (bzw. konservativen) und einer jüngeren (bzw. neuerungsfreudigen) Latinität. Divergent ist lediglich das Verhältnis beider Komponenten bei den Spezifika, wo die traditionell-konservativen Züge im Süden und Südosten wesentlich stärker ausgeprägt sind[46], andrerseits aber doch auch im Protofranzösischen deutlicher vorliegen, als dies bei Schmitt zum Ausdruck kommt.

Dementsprechend umfaßt der folgende Überblick über die spezifisch protofranzösischen Besonderheiten[47], parallel zu den gesamtgallischen Spezifika, einerseits eine auch im Kernwortschatz relativ große Zahl von Neuerungen, andrerseits aber auch mehrere traditionelle bzw. klassische Elemente, die zwar die zentralen Begriffsbereiche nur vereinzelt tangieren, insgesamt jedoch eine deutliche Gegenkomponente darstellen. Die Neuerungen bzw. Bezeichnungsveränderungen zeugen wiederum vorwiegend von den (in Nordgallien offenbar besonders wirksamen) allgemein spontansprachlichen und teils primär volkstümlichen Entwicklungstendenzen, müssen wiederholt aber auch in Verbindung mit den spezifisch urfranzösischen Lautreduktionen gesehen werden.

[45] Zu berücksichtigen bleibt vor allem auch, daß die klassifizierende Zuweisung zu den verschiedenen Latinitätsschichten angesichts unserer begrenzten diesbezüglichen Kenntnisse bei einem guten Teil der Lexeme höchstens Wahrscheinlichkeitswert haben kann.

[46] Vergleiche das bereits bei der Betrachtung des Vulgärlateins angesprochene ausschließlich okzitanische Fortleben von klassisch *inchoare, urĕre, cubare* „liegen", *appropinquare, tergum, hirudo, parvus, confestim, plane, quare* „warum, wodurch", *infra*; ferner mehrere spezifische Gemeinsamkeiten vor allem zwischen dem Okzitanischen und dem Iberoromanischen oder Sardischen. Zu sämtlichen älteren Worttypen im innergallischen Vergleich mit dem Französischen s. Schmitt, S. 124 ff., 180 ff., 279 ff.

[47] Wir beschränken uns, im Gegensatz zu Schmitt, auf Besonderheiten, die sich nicht nur bei einem innergalloromanischen, sondern auch beim gesamtromanischen Vergleich ergeben, also auf Bedeutungen und Formen, die das Protofranzösische offenbar in (völligen oder weitestgehenden) Gegensatz zu allen anderen romanischen Idiomen stellen.
Gerade diese ausschließlich protofranzösischen Entwicklungen präzisieren, daß wir die Sonderstellung des Nordens nicht nur von der relativ späten Romanisierung, sondern auch von der eher neuerungsfreudigen Haltung in der Zeit nach der Romanisierung her zu verstehen haben.

## 4.1. Protofranzösische Neuerungen

### 4.1.1. Bedeutungsveränderungen

*donare* „schenken" begegnet vereinzelt seit dem 1. Jh. n. auch in der Bedeutung „geben", tritt aber ausschließlich in Nordgallien (gemeinsam mit *baiulare*, S. 96) als lautvollerer und zunächst anschaulicher Ersatz ganz an die Stelle von klt. *dare*[48]: fr. *donner* (seit *Straßb. Eide*)

**accaptare* als Grundlage von fr. *acheter* „kaufen" (seit *Jonasfr.*) gehört vermutlich zu *captare* „ergreifen" (ev. *acceptare* × *captare*) und bildet dementsprechend zunächst wohl eine besonders expressive Bezeichnung des Erwerbens; als solche kann es vorwiegend im nördlichen Gallolatein bzw. Protofranzösischen (+ obit.) zum Normalverbum avancieren und protoromanisches *comparare* (S. 35) weitestgehend verdrängen[49]

*attendĕre* „seine Aufmerksamkeit auf etwas richten" (> rom.) übernimmt in erster Linie in Nordgallien (cf. *Bloch-Wartburg*) auch die Bedeutung „(er)warten" und wird so zum spezifisch französischen Ersatztypus für klt. *exspectare* bzw. vlt. *aspectare* (S. 29): fr. *attendre* (seit *Alexius, Sponsus*)

*firmare* „befestigen" kann im speziellen Bezug auf den Türriegel (seit 4. Jh.; s. Bambeck, *Wortstudien*, 19 f.) zur Bedeutung „zuschließen" kommen und wird in dieser Verwendung vorwiegend vom Nordgalloromanischen fortgesetzt (in ähnlichen Bedeutungen auch anderswo): fr. *fermer*, anfänglich „(mit einem Riegel oder Schlüssel) zuschließen" (cf. afr.mfr. *serrer* < *serare* S. 73; afr.mfr. *clore* „schließen" < klt. *claudĕre*)

**invitiare* „gewöhnen" (> v. a. rum.), zu *vitium* (vlt.) „Gewohnheit", erhält speziell protofranzösisch die Bedeutung „belustigen" (ev. über „verhätscheln"): afr. *(soi) envoisier* „lustig sein, sich vergnügen" (seit *Roland*)

*mansio* „Aufenthalt", „Aufenthaltsort" (S. 56) wird in erster Linie protofranzösisch zur Normalbezeichnung für „Haus" (im Süden neben *casa* und *hospitale*; + obit., apg.) und kann hier als anschaulichere Form vlt. *casa* (S. 37) ganz verdrängen (cf. *in casa* „bei" S. 98 Fn. 22): fr. *maison* (seit *Passion*)

cf. als gallolateinische Ableitung **mansionata* „Hausgenossenschaft, Familie, Gesinde": afr.mfr. *maisniee, mesnie* seit *Alexius* (cf. gelehrtes fr. *famille* seit 13. Jh.)

[48] Dementsprechend können die Erläuterungen „Dem : *donem*" (238) und „Da : *dona*" (3013) der *Reichenauer Glossen* als Indiz für den speziell nordgallischen Ursprung der Sammlung gelten. Bereits die *Fredegar*-Chronik illustriert den Ersatz speziell der einsilbigen Formen von *dare*.
Zum altfranzösischen Verhältnis zwischen *doner* und *baillier* cf. A. Wehrli, *Semantische Untersuchung der Verben für Begehren, Gewähren, Versprechen, Übergeben und Verweigern bei Chrétien de Troyes*, 1967, S. 93 ff.

[49] Zu den vermutlich entlehnten süditalienischen Entsprechungen s. Rohlfs, *Sprachgeographie*, § 104 (anders *FEW*).

*ruga* „Runzel" kommt zunächst vermutlich speziell in Nordgallien[50] als bildhaft-expressive Übertragung auch zur Bedeutung „Straße, Gasse" („Furche im Gesicht" ⟶ „Furche als Fahrspur"; bezeugt seit 8. Jh.): fr. *rue* (seit *Alexius*)

*rupta* (sc. *via*) wird vorwiegend protofranzösisch zu einer zunächst anschaulichen Bezeichnung für „(durch Hindernisse wie Wald oder Felsen gebrochener) Weg, Straße" (ähnlich auch obit., rätorom.): fr. *route*, seit 12. Jh. (Wace) „Straße" (afr. neben *estree* < *strata* S. 77)

**butticula* als Diminutivableitung zu *buttis* „Faß" (6. Jh.; < ?) wird speziell im Protofranzösischen zur Normalbezeichnung für „Flasche" (cf. *flasco* S. 85; *RGl* 633 a „Flasconem : *buticulam*"; okz., sp. „Krug"): fr. *bouteille* (seit 13. Jh.)

*monticellus* „kleiner Berg" (um 500) kommt v. a. protofranzösisch (+ frpr.; aokz. vereinzelt) auch zur Bedeutung „Haufen" und tritt so (gemeinsam mit *tas* S. 115) an die Stelle von klt. *acervus* +, *cumulus* (+), *congeries* (nur in spez. Bed.): fr. *monceau* (seit Anf. 12. Jh., afr. auch „kleiner Berg")[51]

*trans* „jenseits" (> rätorom.; okz. hapax) erhält neben der weiter verbreiteten Verlagerung zu „hinter" (> iberorom., okz.; afr. *tres*) in erster Linie protofranzösisch auch die Funktion eines steigernden Adverbs „durch und durch, vollständig; sehr" (über „durch ... hindurch" bzw. verstärkende Komposita)[52]: fr. *très* (mod. Bed. seit *Alexius*)[53].

[50] Cf. *FEW*; W. Bahner, *Die lexikalischen Besonderheiten des Frühromanischen in Südosteuropa*, 1970, 49 ff.; zu einem eventuellen Einfluß von frk. **leisa* „Ackerfurche, Spur; Runzel" s. H. Stimm, in *Verba et Vocabula, Festschrift Gamillscheg*, 603 f.

[51] Daneben finden sich auch unter den protofranzösischen Spezifika wiederum mehrere Ableitungen auf *-ulus, -iculus, -ellus*, die ihren zunächst meist diminutiven Gehalt zur Normalbedeutung der Grundformen verallgemeinern (cf. auch Schmitt, 236 ff., 301):

*vulpiculus* (5. Jh., Marcellus Empiricus; klt. *vulpecula*), das im Gallolatein neben und speziell im Norden ganz an die Stelle von klt. *vulpes* „Fuchs" tritt (zunächst vielleicht mit euphemistischer Funktion): afr.mfr. *goupil* „Fuchs"

*corbicula* (5. Jh., Palladius) für klt. *corbis* „Korb": fr. *corbeille*

**sitellus* (+ obit.) neben klt. *situla* „Eimer": fr. *seau*

**fusellus* (neben anderen Abl.) für klt. *fusus* „Spindel": fr. *fuseau*.

[52] Z. B. *transpungĕre, transvorare*; cf. afr. *trespasser, tresoblier* etc.; in adjektivischen Komposita auch altitalienisch.

[53] Vergleiche ferner außerhalb des Kernwortschatzes etwa:

*iumentum* „Lasttier", das sich speziell im nördlichen Gallolatein zur Bedeutung „Stute" spezialisiert (seit *Lex Salica*) und hier die Fortsetzer von klt. *equa* (afr.-mfr. *ive*; cf. *Bull. Jeunes Romanistes 7*, 14 ff.) konkurriert: fr. *jument* (seit 12. Jh.), anfänglich auch „Lasttier"

*tibia* „Schienbein", das protofranzösisch als zunächst expressive Übertragung zur Bezeichnung für „Stamm; Stengel" wird: fr. *tige* (seit *Roland*)

### 4.1.2. Neubildungen (Erweiterungen, Ableitungen, Zusammensetzungen)

*_leviarius_ als formale Erweiterung von _levis_ „leicht" (S. 98) ist gemeingallolateinisch (+ kat.), kann aber speziell im Norden die einfache klassische Form ganz verdrängen: fr. _léger_ (seit _Roland_)

*_piscio_ als erweiternde (ev. zunächst diminutive) Umbildung von klt. _piscis_ „Fisch" wird in erster Linie protofranzösisch (+ nordokz.) vorausgesetzt und kann speziell hier die homophoniegefährdete traditionelle Form (cf. _pois, poids_) fast zur Gänze verdrängen: fr. _poisson_ (seit _Passion, Jonasfr._)

_iterare_ „reisen, wandern" (6. Jh., Venantius Fortunatus, cf. Löfstedt, _Late Latin_, 161; älter _itinerari_), als durchsichtig-anschauliche Neuableitung zu _iter_ „Weg; Reise" (> afr.mfr. _oirre, erre_), wird speziell nordgalloromanisch fortgeführt: afr.mfr. _errer_ „reisen, fahren, (ziellos) gehen, wandern", „handeln" (seit _Leodegar_)

_sororius_ „Schwestermann, Schwager" (Inschriften), aus adj. _sororius_ „schwesterlich", ersetzt als durchsichtige Form speziell in Nordgallien vlt. _cognatus_ (S. 65): afr.mfr. _serorge, sororge_ „Schwager" (seit 12. Jh.), afr. auch fem. „Schwägerin" (cf. mlt. _sororia_, 11. Jh.)

_forestis_ „der Nutzung des Königs vorbehaltenes Gebiet; Königswald" (seit Mitte 7. Jh.) als offenbar nordgallolateinische Prägung zu _foris_ „außerhalb (der freien Nutzung)" (cf. L. Söll, _Die Bezeichnungen für den Wald_, 53 ff.): fr. _forêt_ (seit Anf. 12. Jh.)

*_tappare_ „tappen, schlagen", zu einem Schallstamm *_tapp_, als mutmaßliche Grundlage von fr. _taper_ (seit 12. Jh.; eventuelle Entsprechungen mit ähnl. Bed. auch anderswo)

*_sequita_ (Part. perf. zu _sequi_) „Gefolge; Folge": fr. _suite_ (seit 12. Jh.)

*_ab hoc_ „damit", „mit", als wahrscheinliche Grundlage von afr. _avuec_, fr. _avec_ (als Präp. seit _Alexius_, V. 53, 208; als Adv. seit _Roland_, V. 3626), die speziell im Norden neben gallolateinisch _apud_ „mit" (S. 98) tritt[54]

*_al-sic_ „ebenso, auch" (*_ale_ „aliud" + _sic_), als wahrscheinliche Grundlage von fr. _aussi_ (seit 12. Jh.; + rätorom.)
cf. *_alteru-sic_ „id." > rom., afr. _autresi_ „ebenso" (seit _Straßb. Eide_)

_luminar, -ia_ „Lichtöffnung", das seit dem 4. Jh. auch als „Lichtquelle, Lampe" begegnet (> rom., afr.mfr.) und speziell in Nordgallien (+ frpr.) auch zu einem lautvolleren Konkurrenten für klt. _lumen_ „Licht" (> afr. _lum_ vereinzelt) wird: fr. _lumière_.

[54] Afr. _avuec_ bleibt speziell im Westen weit seltener als _o(d)_ (cf. S. 134) und übernimmt erst sekundär (bis 1500 vereinzelt) auch die instrumentale Funktion.

*bona hora* „zur guten Stunde, glücklicherweise": afr. *bor, buer* (seit *Alexius*)
*mala hora* „zur bösen Stunde, unglücklicherweise": afr.mfr. *mar* (seit *Alexius*)[55].

## 4.2 Spezifisch französische klassisch-traditionelle Worttypen

Parallel zu den gesamtgallolateinischen Verhältnissen finden wir auch unter den spezifisch nordgallolateinisch-protofranzösischen Besonderheiten mehrere klassische Lexeme, die offenbar nur in diesem Teil der Romania fortleben. Diese ausschließlich vom Französischen bewahrten traditionellen Worttypen tangieren die zentralen Begriffsbereiche des „français fondamental" nur vereinzelt und meist nur als eines von mehreren Synonymen:

*vocare* „rufen": afr. *voer*
*iter* „Weg, Marsch, Reise": afr.mfr. *oirre, erre*
*ductor* „Führer": afr. *duitor*
*fremor* „Lärm": afr.mfr. *fremor, fremeur*
*satis* „genug": afr. *sez* (+ piem.)
*ecce* „siehe da" (gegenüber vlt. *eccum*): afr. *es, ez*

Bei einer auf den Gesamtwortschatz ausgeweiteten Betrachtung treten hinzu aber etwa auch[56] die Verben *significare, despicĕre, canescĕre, instaurare, de-*

[55] Vergleiche außerhalb des Kernwortschatzes ferner (s. auch Schmitt, 236 ff.):
**miratorium* „Spiegel" zu *mirare* (S. 35), als anschaulicher spezifisch protofranzösischer Ersatz für klt. *speculum* (> rom.): fr. *miroir*
**domniarium* „Herrschaft, Gewalt", als spezifisch protofranzösische Ableitung zu *dom(i)nus* „Herr": fr. *danger*, afr. „Herrschaft, Gewalt" (mod. Bed. seit 13., 14. Jh.)
*malus fatus* „böser Schicksalsgott, Dämon" (Petron, cf. Verf. *Petron* 72 f.), das als Tabuwort speziell in Nordgallien zur geläufigsten volkssprachlichen Bezeichnung des „Teufels" wird: afr.mfr. *maufé* „Teufel" (cf. S. 132)
**calva sorex* „Fledermaus" (*calvus* wohl in bezug auf die ungefiederten Flügel), als spezifisch nordgallolateinischer Ersatz für klt. *vespertilio* (> it.); cf. *RGl* 1640 a „Vespertiliones : *calves sorices*": fr. *chauve-souris* (seit 12. Jh.)
*coccus* „Hahn" (*Lex Salica*), als onomatopoetische Bildung nach dem Hahnenschrei (cf. *cocococo* bei Petron), welche vorwiegend in Nordgallien als Normalbezeichnung neben klt. *gallus* (> rom., afr.mfr. *jau*) und vlt. *pullus* (S. 65) tritt (zu romanischen und außerromanischen Parallelen cf. Rohlfs, *Sprachgeographie*, § 115): fr. *coq* (seit 12. Jh.).

[56] Vergleiche ferner *inhortari* (S. 68 Fn. 117), als einzigen romanischen Reflex von klt. *hortari* (als hapax auch okz.); *vel* („wenigstens"); *subicĕre* (+ sard.); *invenire* (+ sard., kors.); *laetitia* (+ apg.); *magisterium* „Amt eines Vorgesetzten; Unterricht, Lehre" (+ it.); *habilis* (+ kat.); *miser* (+ rum.); *rapidus* (+ rum.); *intellegĕre* (+ rätorom., rum.); sowie im innergalloromanischen Vergleich Schmitts die nördliche Bewahrung von klt. *apis, acer, aestas, iudex* gegenüber südlichem *apicula, acidus, aestivum, iudicator.*

*corare, deficĕre, affligĕre,* die Substantive *origo, iuventa, pugna, requies, carmen, suavitas, suavitudo, incitamentum*, die Adjektive *obliquus, tenebricus, pedester, supplex* „demütig", *ŭter* „welcher von beiden" sowie an Worttypen, die auch noch das Neufranzösische kennzeichnen, *infodĕre* (> *enfouir*; *fodĕre* v. a. gallolt.), *mores* (> *moeurs*), *ius* „Brühe" (> *jus*), *otiosus* (> *oiseux*)[57].

Das spezifisch französische (teils + frpr.) Fortleben dieser traditionellen Worttypen kann fallweise von besonderen Einzelfaktoren mitbestimmt sein, spricht aber insgesamt sicher dafür, daß wir auch im Rahmen der speziell nordgallisch-protofranzösischen Latinität von gewissen konservativen Strömungen innerhalb einer im allgemeinen relativ neuerungsfreudigen Grundhaltung auszugehen haben[58]. Die Bewahrung mancher Formen mag eventuell durch bestimmte Sonder- oder Fachsprachen gestützt worden sein[59]; daß wir jedoch in protofranzösischen Lexemen wie *despicĕre, mores, laetitia, requies* oder wie *vocare, subicĕre, iter, amentia* ausschließlich Elemente einer christlichen bzw. fachsprachlichen Latinität zu sehen hätten, wie Schmitt annimmt, ist wenig plausibel und läßt sich von der Überlieferung her kaum stützen. Das Fortleben der klassischen Form *ecce* oder des vorwiegend poetischen *iuventa* sowie die Bedeutungen von *mores, magisterium, inhortari, significare, intellegĕre, otiosus, ŭter* und gesamtgallischem *docēre, instruĕre* „unterweisen, unterrichten" sprechen eher dafür, daß wir auch in Nordgallien mit einzelnen konservierenden Auswirkungen des Schulunterrichtes zu rechnen haben. Das teils bis zum 5. Jh. besonders blühende gallische Schulwesen war zwar weitgehend auf die Zentren des Südens und Südostens konzentriert und zeigt hier auch noch deutlichere Auswirkungen (cf. Schmitt), in begrenztem Maße konnte es aber offenbar (über die Ausstrahlung etwa von Lyon, Autun, Besançon, Trier, Reims, Poitiers) auch den gesamten Norden erfassen[60].

[57] Es stimmt demnach selbst für die moderne Sprache nicht, wenn B. E. Vidos (*Handbuch*, 403) feststellt: „Alle romanischen Sprachen zeigen mehr oder weniger konservative Wesenszüge, ausgenommen das Französische".

[58] Auch die S. 104 erwähnte Bewahrung des auslautenden *-t* kennzeichnet speziell den Norden Galliens (gemeinsam mit den archaischen Sprachformen Sardiniens und Süditaliens).

[59] Als weiterer Teilfaktor in Betracht kommt auch die geographische Randlage Nordgalliens. Man vergleiche manche spezifische Gemeinsamkeiten mit dem Portugiesischen und dem Rumänischen (cf. Fn. 56).

[60] Cf. v. a. H. J. Marrou, *Histoire de l'éducation dans l'antiquité*, ²1950; M. Roger, *L'enseignement des lettres classiques d'Ausone à Alcuin*, 1905; T. Haarhoff, *Schools of Gaul in the last century of the Western Empire*, 1920; P. Riché, *La survivance des écoles publiques en Gaule au Vᵉ siècle*, in *Le Moyen âge 63*, 421 ff.

## 5. Fremdsprachliche Einflüsse

### 5.1. Das gallische Substrat

Der sprachliche Einfluß des gallischen Substrats auf die Latinität Galliens steht im lexikalischen Bereich grundsätzlich außer Zweifel. Er bleibt jedoch in mehreren Einzelfällen umstritten und in seinem absehbaren Gesamtumfang sowohl zahlenmäßig als auch begrifflich relativ begrenzt. W. v. Wartburg (*Evolution*, 25, *L'articulation*, 29) beziffert die Zahl der (in literarisch-altfranzösischer Zeit noch faßbaren) Übernahmen — bei extensiver Interpretation — auf insgesamt 180. Ein Großteil dieser Worttypen bleibt jedoch regional-mundartlich beschränkt, nur etwa ein Drittel zeigt eine gesamtgalloromanische Verbreitung, und innerhalb der neufranzösischen Gemeinsprache reduziert sich die Zahl auf maximal 50 (vorwiegend substantivische) Formen.

In den zentralen Begriffsbereichen des „français fondamental" finden sich an Lexemen keltischen Ursprungs lediglich die auf S. 83 genannten vulgärlateinisch-protoromanischen Übernahmen *cambiare, *pettia, *camminus*[61]. Das Gros der gesicherten oder wahrscheinlichen Substratwörter konzentriert sich dagegen (cf. auch v. Wartburg, *Entstehung*, 48—50)

auf die isolierten Lebensbereiche der häuslichen und der ländlich-bäuerlichen Sachkultur:

*berceau* (afr.mfr.; *berz*; **bertiu*); *suie* „Ruß" (**sudia*); *charrue* (*carruca* „Wagen"); *soc* „Pflugschar" (**soccus*); *raie* „Furche" (**rica*; ev. auch *sillon*); *arpent* „Ackermaß, Morgen" (**arependis*); *borne* „Grenzstein" (**botina*); *glaner* „Ähren lesen" (*glenare, Lex Salica*); *ruche* „Bienenstock" (*rusca* „Baumrinde"); *brasser* „brauen" (**braciare*); *tonne, tonneau* (*tunna* „Faß" 8. Jh.); *lie* „Bodenhefe" (**liga*),

die speziellen Bezeichnungen der Bodenkonfiguration:

*talus* „Böschung" (*talutium*); *lande* „Heide" (**landa*); *caillou* (afr. *chaillo*); *galet* „Kiesel"; *glaise* „Lehm" (cf. *glisomarga*, Plinius); *marne* „Mergel" (*margila*); ev. *boue, bourbe,*

Bei Schmitt wird der Schuleinfluß lediglich bei *ecce* (S. 163 Fn. 1, „aber auch Vermittlung durch das Christentum scheint möglich") sowie bei *magisterium* (S. 227, eher ablehnend) erwogen. Vergleiche auch *FEW* zu *sanguilentus* (*XI*, 155). Zum poetischen Charakter von *iuventa* cf. E. Heck, in *Silvae, Festschrift E. Zinn,* 1970, 65—74.

[61] Mit Wahrscheinlichkeit auf das gallische Substrat zurückzuführen sind ferner fr. *briser* (cf. *brisare* „Trauben zerdrücken" um 700) sowie die gallolateinische Umbildung und semantische Verschiebung von *tremĕre* „zittern" zu **cremĕre* „fürchten" (cf. gall. **crito, *crem*): afr. *criembre* (seit *Passion*), *creindre*, fr. *craindre.*

sowie auf die Pflanzen- und Tierwelt:

*chêne* „Eiche" (**cassanus*), *if* „Eibe" (*ivos*); afr., okz. *verne* „Erle" (*verna*); *bruyère* „Heidekraut" (afr. *brui*; *brucus*); *mouton* „Hammel, Schaf" (**multo*).

Entsprechend der geographischen Konzentrierung des gallischen Einflusses kennzeichnet die Mehrzahl dieser Worttypen speziell oder vorwiegend den galloromanischen Raum (bzw. galloromanische Teilräume)[62] und bringt damit mehr oder weniger ausgeprägte Differenzierungen zu den anderen romanischen Großräumen. Relativ deutliche Gegensätze ergeben sich etwa bei der Bezeichnung für „Wiege", „Ruß", „Furche", „Eiche", wo den galloromanischen Substratformen die lateinischen Bezeichnungstypen der Nachbarsprachen Italienisch und Spanisch gegenüberstehen (cf. auch Rohlfs, *Sprachgeographie*, § 70—74):

| It. | Galloromania (teils + kat.) | Sp. |
|---|---|---|
| *cuna, cunula (culla)* | **bertiu (berceau)* | *cuna* (neben **bertiu*) |
| *fuligo (fuliggine)* | **sudia (suie)* | *fuligo (hollín)* |
| *sulcus (solco)* | **rica (raie)*[63] | *sulcus (surco)* |
| *quercus, quercea (quercia)* | **cassanus (chêne)*[64] | *robur (roble)* |

## 5.2. Das fränkische Superstrat

Wesentlich bedeutender als das gallische Substrat werden, speziell für das nördliche Gallolatein, die lexikalischen Einflüsse des (altwest)fränkischen Superstrats. Die seit 486 (mit dem Sieg über Syagrius) einsetzende fränkische Herrschaft wird zwar im 6. Jh. auf ganz Gallien ausgeweitet, die eigentliche fränkische Landnahme und Besiedelung bleibt aber auf die nördlichen Teile des Landes bis zur Loire (vor allem das Gebiet bis zur Seine) konzentriert. Dementsprechend erstreckt sich auch der sprachliche Einfluß des Fränkischen zunächst und in erster Linie auf das Protofranzösische (teils speziell die nordöstlichen Mundarten), wenngleich sekundär bei vielen Formen (vor allem der öffentlichen Terminologien) eine Ausstrahlung auf ganz Gallien oder noch weitere Gebiete erfolgte.

[62] Die innergalloromanische Verbreitung der zahlreichen regional begrenzten Worttypen zeigt eine sehr vielfältige, in den jeweiligen Gesamtanteilen aber weitgehend gleichmäßige Verteilung auf den ganzen okzitanischen und französischen Raum (cf. v. Wartburg, *L'articulation linguistique de la Romania*, in *Actes du VII^ème Congrès de Linguist. Romane*, S. 28—32).

[63] Im Norden neben *sillon*, im Süden neben Fortsetzern von *sulcus.*

[64] Im Süden neben anderen Bezeichnungstypen.

Der sprachliche Einfluß der Franken erweist sich auch im Vergleich mit den übrigen germanischen Völkern, die im Zeitalter der Völkerwanderung weite Teile der Romania erobern, als der tiefgreifendste und dauerhafteste. Die Zahl der dem Protofranzösischen, als Folge einer jahrhundertelangen weitgehenden Zweisprachigkeit (bis ins 8., vereinzelt 9. Jh.), vermittelten Superstratwörter beläuft sich insgesamt (inklusive Mundarten) auf 600—700, im Rahmen der modernen Gemeinsprache auf etwa 200—300 Lexeme[65]. Diese Entlehnungen übertreffen das gallische Substrat nicht nur zahlenmäßig und durch den Einschluß vieler Adjektive und Verben, sondern auch in der Breite ihrer begrifflichen Streuung, welche fast sämtliche Lebensbereiche einschließlich des Kernwortschatzes umfaßt. Eine besonders starke fränkische Durchdringung erfahren die Bereiche des Kriegswesens und der Staatsverwaltung, daneben sind aber auch außerhalb des offiziellen Lebens etwa die Sphäre des Siedlungswesens oder (als Ausdruck der engen Kontakte mit der galloromanischen Bevölkerung) die Gefühlssphäre betroffen. Die Bezeichnungsgeschichte des „français fondamental" wird durch die übernommenen Superstratformen in den folgenden gut 20 Fällen tangiert[66]:

*gagner*, afr. *gaaignier* „Land bebauen", seit 12. Jh. auch „verdienen", „gewinnen" (*une bataille, au jeu* 13. Jh.; cf. *DEAF*), < frk. **waidanjan* (zu **waiđa* „Weide")

*gaitier, guetter* (afr.mfr.) „bewachen, überwachen (v. a. im Versteckten)", seit *Roland*, < **wahtôn* „Wache halten"

cf. *garder* < **wardôn* (S. 85)

[65] Cf. *FEW* „Germanische Elemente", *XV, XVI, XVII*; E. Gamillscheg, *Romania Germanica I*, ²1970; v. Wartburg, *Entstehung*, 118 ff., sowie den Überblick über die germanischen Elemente im altfranzösischen *Rolandslied* bei Chaurand, *Introduction*, 26—36. In den Bereichen Verwaltung, Justiz und Kriegswesen zählt M. Pfister (*RLiR 37*, 147 f.) 51 eindeutig gesicherte Entlehnungen, von denen im Neufranzösischen 24 fortleben; die relativ hohe innerfranzösische Schwundrate gerade in diesen Sektoren ist sachgeschichtlich mitbestimmt.
In mehreren Fällen läßt sich nicht eindeutig entscheiden, ob eine bereits vulgärlateinisch-protoromanische Übernahme aus dem Westgermanischen oder ein fränkisches Superstratwort vorliegt (cf. S. 84 f.).
In Verbindung mit den Superstratformen werden auch mehrere Präfixe (*for-* < frk. *fir-*; *mes-* < frk. *miss-*) und Suffixe (*-ard* < frk. *-hart*; *-aud* < frk. *-walt*) ins Französische übernommen.

[66] Vergleiche auch die als eventuell bereits vulgärlateinische Übernahmen S. 85 aufgeführten Formen **wardôn*, **warjan*, *ḳausjan*, **werra*, **sin*.
Mehrere weitere fränkische Stämme können sekundär, im Zuge jüngerer Bedeutungsverschiebungen oder in Ableitungen, in den lexikalischen Kernbereich einrücken (*marcher, marri, arranger, soigner, loger, gauche, gêner*).

_guerpir_ (afr.mfr.) „aufgeben, verlassen (zunächst etwas, worauf man ein Recht hat)“, seit _Passion,_ < *_werpjan_ „(einen Halm) werfen“ (als Symbol der Abtretung eines Eigentumsrechts) (cf. _laxare_ S. 54)

_espelir_ (afr.) „bedeuten“, „erklären“ (fr. _épeler_), seit _Roland,_ < *_spellôn_ „erklären“ (neben afr.mfr. _espondre_ „darlegen, erklären“ < _exponĕre_)

_jehir, gehir_ (afr.mfr.) „aussagen, gestehen, bekennen“, 12.—15. Jh., < *_jehhjan_ „sagen, gestehen“ (lt. _fatēri_ +, _confitēri_ +; kirchenlt. _recognoscĕre_ „eingestehen“ > _reconnaître_, seit _Roland_)

_bruïr_ (afr.mfr.) „verbrennen“, Anf. 12. Jh. (cf. _brûler_ S. 126), < *_brôjan_ „sengen, brühen“ (neben afr.mfr. _ardoir_ < _ardĕre_)

_bo(u)ter_ (afr.mfr.) „stoßen“ (mfr. auch „mettre“), seit _Roland,_ < *_bôtan_ „stoßen“ (neben afr.mfr. _empeindre_ < _impingĕre_; _pousser_ < _pulsare,_ afr. vereinzelt)

_guier_ (afr.) „geleiten, führen“, seit _Roland,_ < vermutlich *_wîtan_ „nach einer Richtung zeigen“ (neben afr.mfr. _duire_ < _ducĕre_; _conduire_; _mener_)

cf. _guis, guion_ (afr.) „Führer“ < *_wîto_ „Führer“

_danser,_ afr. _dancier,_ 12. Jh., ev. < *_dintjan_ „sich hin und her bewegen“ (neben afr.mfr. _baler_; _dancier_ anfänglich speziell vom höfischen Tanz)

_gaut_ (afr.) „Wald“, seit _Roland,_ < *_wald,_ (neben afr. _selve_ < _silva_; _forest_);
cf. _bois_ „Wald“ (seit _Roland_), „Holz“ (seit Wace), vermutlich < *_busk,_ *_bosk_ (zu *_bus_ „schwellen“)

_tas,_ 12. Jh., < *_tas_ „Haufe“ (cf. _monticellus_ S. 108)

_jardin_ (afr. auch _jart_), 12. Jh., < *_gard(o)_ „Garten“ (neben seltenem afr. _ort_ < _hortus_ und zunächst vorherrschendem afr.mfr. _vergier_ < _viridiarium_ S. 103 Fn. 37)

_salle,_ seit _Roland,_ < *_sal_ (_salla_ nach _halla_); _salle_ „Zimmer“ seit 17. Jh.

_bord_ „Schiffsrand“, „Rand“, 12. Jh., < *_bord_ „Schiffsrand“ (neben afr. _ore_ < _ora_; _or, eur_ < _orum_; cf. _orée_)

_besoin,_ seit _Alexius,_ < *_bisunni_ (wohl zu *_sunni_ „Sorge“, > _soin_) (neben afr.mfr. _mestier_)

_isnel_ (afr.mfr.) „behende, schnell, geschickt“, seit _Roland,_ < *_snel_ „behende“ (neben adj. _viste_ S. 155, bis 16. Jh. selten; _isnel_ adv. 12.—14. Jh.)

_bleu_ (afr. _blef, blo_), 12. Jh., < *_blao,_ ohne exakte Entsprechung im lateinischen Wortschatz[67]; cf. _azur_ (< mlt. < arab.) seit _Roland_

[67] Als Bezeichnungen für speziellere blau-Nuancen koexistieren v. a. _caeruleus, lividus, glaucus, caesius_ (cf. J. André, _Etude sur les termes de couleur dans la langue latine,_ 162 ff.; cf. auch Rohlfs, _Sprachgeographie,_ § 81; A. M. Kristol, _Color,_ 1978, S. 220 ff.).
Vergleiche auch fr. _gris_ < frk. *_grîs_ „grau“ gegenüber den spezielleren lateinischen Entsprechungen _canus, ravus, pullus_ (cf. André, _op. cit._, 64 ff.) sowie die eher bereits vulgärlateinischen Übernahmen _blanc_ und _brun_ (S. 85).

_riche_ (afr. „mächtig", aber seit _Alexius_ auch „reich") < *_rîḳi_ (neben afr. _manant_ „reich an Grundbesitz; reich"; lt. _dives_, S. 33, +)

_franc_ „frei", seit _Alexius_, < _francus_ „freier Mann" (6. Jh., wohl Verallgemeinerung des Stammesnamens der freien fränkischen Oberschicht) (kann lt. _liber_ weitestgehend verdrängen; neben afr.mfr. _delivre_)[68]

_graim_ (afr.) „betrübt", seit _Alexius_, < *_gram_ „betrübt" (neben afr.mfr. _dolent_; _marri_; _triste_)

_trop_ (afr.mfr. auch „viel, sehr"), seit _Alexius_, _Sponsus_, (lt. _nimis_ nur > rätorom., okz.) < *_þrop_ „Dorf", „Anhäufung";

cf. hierzu auch _tropel_, _troupeau_ (afr.mfr. „groupe"; „Herde" seit 13. Jh.) und als Rückbildung _tro(u)pe_ „groupe" (seit 12. Jh.).

An weiteren fränkischen Superstratformen, außerhalb des lexikalischen Kernbestandes, finden wir etwa in den Bereichen

Krieg und Kampf (cf. _gaitier_, _bouter_):

_blesser_ (*_blettjan_ „quetschen"; afr. _blecier_ zunächst speziell von unblutigen Verletzungen); afr.mfr. _mordrir_ „ermorden" (*_murdrjan_; cf. fr. _meurtrir_); afr.mfr. _escremir_ „verteidigen, fechten" (*_sḳirmjan_ „schützen"); _épier_ (*_spehôn_); afr. _herbergier_ (refl. „lagern"), _héberger_ (*_heribergôn_ „beherbergen"; cf. afr. _herberge_ „Kriegslager"); afr.-mfr. _esto(u)r_ „Kampf" (*_sturm_); afr.mfr. _estrif_ „Streit, Kampf" (*_strid_) und die Bezeichnungen mehrerer Waffen und Rüstungsteile, wie afr.mfr. _brant_ „Schwertklinge, Schwert" (*_brand_ „Feuerbrand, Schwertklinge"), afr.mfr. _targe_ „Schild" (*_targa_), afr. _espiet_ (fr. _épieu_) „Spieß, Speer" (*_speut_), _flèche_ (*_fliugica_ „das Fliegende"; afr. zunächst „Pfeilschaft"), _heaume_ (*_helm_, cf. _RGl_ 705 a „Galea : _helmus_"), afr. _hauberc_, _haubert_ „Halsberg, Panzerhemd" (*_halsberg_ „Halsschutz"), afr. _broigne_ „Brünne, Brustharnisch" (*_brunnja_, mlt. 7. Jh.; cf. _RGl_ 1329 „Torax : _brunia_"), _éperon_ „Sporen" (in der Antike nur vereinzelt verwendet; *_sporo_ „Sporn"), afr. _estrieu_, _étrier_ „Steigbügel" (erst seit 7. Jh. bekannt; cf. Rohlfs, _Sprachgeographie_, § 90)

Staats- und Rechtswesen (cf. _guerpir_, _jehir_, _riche_, _franc_):

_saisir_ (zunächst juristisch „Besitz ergreifen, übertragen"; wohl *_saḳjan_ „streiten"); _bannir_ (afr.mfr. auch „öffentlich ausrufen, aufbieten"; *_bannjan_); _ban_ „öffentliche Bekanntmachung, Aufgebot, Bann" (*_ban_ „Gebot unter Strafandrohung"); afr. _fieu_, fr. _fief_ „Lehen" (zu *_fehu_ „Vieh, Besitz"); afr. _alué_, fr. _alleu_ „Freigut" (*_alôd_ „Vollbesitz, freies Vermögen"); _gage_ (*_waddi_ „Pfand", cf. _RGl_ 570 „Pignus : _wadius_"); afr.mfr. _pleige_ „Bürgschaft" (wohl *_pligî_ „Haftung, Verpflichtung"); afr. _renc_, fr. _rang_ „Reihe" (*_hring_ „Ring, kreisförmig aufgestellte Heeres- oder Gerichtsversammlung"); afr.mfr. _guer(re)don_ „Belohnung" (*_widarlôn_, beeinflußt von _donum_); _trêve_ (*_treuwa_ „Vertrag"), sowie die Bezeichnungen mehrerer Ämter, wie

[68] Cf. H. Stimm, _Die romanischen Wörter für „frei"_, 1967, 26 ff.; Chaurand, _Introduction_, 53 ff.

*baron* (**baro*), *sénéchal* (**siniskalk* „Haushofmeister"), *maréchal* (afr. „Pferdeknecht, Stallaufseher"; **marhskalk* „Pferdeknecht"), *échanson* (**skankjo* „Mundschenk", cf. *RGl* 1208 a „Pincerna : *scantio*"), afr. *chamberlenc,* fr. *chambellan* (**kamerling* „Kämmerer"), *échevin* (**skapin* „Ordner, Schöffe")

Siedlung und Landwirtschaft (cf. *salle, gagner, tas, jardin*):

*maçon* (**makjo* „Erbauer, Steinmetz", cf. *RGl* 319 a „Cementarii : *mationes*"); *halle* (**halla*); *loge* (afr. zunächst „Laubhütte"; **laubja* „Laube"); *faîte* (**first*; auch sachlich neu); *clenche* (**klinka* „Klinke"); afr. *jarbe,* fr. *gerbe* (**garba* „Garbe", cf. *RGl* 3103 „Manipulos : segetes, *garbas*"); *hache* (**happja* „gekrümmtes Messer"); *houe* (**hauwa* „Hacke"); *haie* (**haga, *hagja* „Hecke"); *crèche* (**krippja*); afr. *herde* „Herde" (**herda*)

Pflanzen und Tiere (cf. *gaut, bois*):

*hêtre* (**haistr* „Buche"; afr.mfr. neben *fou* < *fagus*); *saule* (**salha* „Weide"); *houx* (**hulis* „Stechpalme"); *troène* (**trugil* „Hartriegel"); *mousse* (**mossa* „Moos"); *mésange* (**maisinga* „Meise"); *épervier* (**sparwari* „Sperber"); *frelon* (**hurslo* „Hornisse"); *hareng* (**haring*)

Körperteile und Kleidung:

*hanche* (**hanka* „Hüfte"); *flanc* (**hlanka* „Hüfte"); *échine* (**skina* „Schienbein"); *gant* (**want* „Fäustling"); *froc* (**hrok* „Rock"); *poche* (**pokka* „Sack, Tasche")

Gefühlsleben (cf. *graim*):

*haïr* (**hatjan* „hassen", cf. *RGl* 1118 a „Odisti : *hadisti*"); *honnir* (**haunjan* „höhnen, beschimpfen"); afr.mfr. *marrir* „betrüben, erzürnen" (**marrjan* „hindern, ärgern"; cf. afr.mfr. *marri* „bekümmert, betrübt"); *honte* (**hauniþa* „Hohn", cf. *RGl* 825 a „Ignominia : *haut tes*"); *orgueil* (**urgôli* „Vortrefflichkeit, Stolz"); afr.-mfr. *hait* „Heiterkeit, Freude" (**haid* „klarer Himmel; Heiterkeit"); afr.mfr. *baut* „kühn, heiter" (**bald* „kühn"); *laid* (afr. v. a. „widerwärtig"; **laid* „widerwärtig, verhaßt").

Neben den zahlreich übernommenen direkten Entlehnungen vermittelt das fränkische Superstrat dem Protofranzösischen vermutlich auch einige Lehnprägungen bzw. Lehnbedeutungen[69]:

*iocare* „spielen" (S. 35) wird speziell protofranzösisch auch auf das Spielen von Instrumenten ausgeweitet (fr. *jouer d'un instrument*), während die übrige Romania an der lateinischen lexikalischen Differenzierung zwischen „(Spiele) spielen"

[69] Cf. v. a. H. Stimm, *Fränkische Lehnprägungen im französischen Wortschatz,* in *Verba et Vocabula, Festschrift Gamillscheg,* 593 ff.; Rohlfs, *Sprachgeographie,* § 94 f.; ferner *ruga* (S. 108), *scalarium* (S. 101).

und „(ein Instrument) spielen" festhält[70]; diese geographische Beschränkung und der entsprechende Bedeutungsumfang der germanischen Verben (*spielen*; *to play*) machen plausibel, daß die semantische Ausweitung von *iocare* in Nordgallien in Anlehnung an das koexistierende fränkische Verbum erfolgte

*vitrum* „Glas (als Stoff)" wird vermutlich nach fränkischem Vorbild (cf. *Glas*; *glass*) speziell protofranzösisch auch zur Bezeichnung des gläsernen „Trinkgefäßes": fr. *verre*

*clamare* „rufen, nennen" (S. 35) bezeichnet protofranzösisch wohl als Lehnbedeutung (germ. *klagôn* ursprünglich „schreien, rufen") auch „(sich) beklagen": afr.-mfr. *soi clamer* „se plaindre"

*homo* als formale Grundlage des französischen Indefinitpronomens *on* „man" entspricht zwar einem fallweisen unpersönlichen Gebrauch bereits im Lateinischen[71] sowie ansatzweisen Parallelen auch in anderen romanischen Idiomen; die starke Ausweitung, die diese Verwendung gerade im Protofranzösischen findet, wurde aber offenbar durch den Einfluß von fränkisch *man* mitbestimmt (cf. die Entsprechung in den beiden Fassungen der *Straßburger Eide*)

Verbindungen mit *quomodo* „wie" (fr. *combien*, seit 12. Jh.) treten vermutlich unter fränkischem Einfluß (cf. *wieviel*; *how much*) speziell protofranzösisch in Konkurrenz zu *quantus, quanti* (S. 52; afr.mfr. *quanz* „wieviele")[72]

Die genannten Beispiele illustrieren, daß das fränkische Superstrat in weiten und auch zentralen Bereichen des Wortschatzes einen nachhaltigen Einfluß ausüben konnte. Die Übernahmen und Beeinflussungen bringen insgesamt eine beträchtliche lexikalische Umschichtung und einen deutlichen Schritt in der Wegentwicklung des Protofranzösischen vom Latein. Die innerromanische Differenzierung wird allerdings in geringerem Maße betroffen, weil die germanische Beeinflussung in mehreren Fällen weitgehend gemeinromanischen Charakter hat bzw. annimmt; abgesehen von den wahrscheinlich oder eventuell bereits vulgärlateinischen Entlehnungen (S. 84 f.), bestehen nämlich auch zu mehreren der genannten fränkischen Übernahmen außerfranzösische Parallelen (teils durch Entlehnung auch aus anderen germanischen

70

| | | | | | |
|---|---|---|---|---|---|
| klt. | *ludĕre* | > vlt.-rom. | *iocare* | → fr. | *iocare (jouer)* |
| | *canĕre* | | *cantare (sonare, tangĕre, *toccare)* | | |

Cf. auch A. C. Keys, *Jouer d'un instrument*, in *The French Language, Festschrift Harmer*, 1970, S. 53—64.

71 Cf. R. Hakamies, in *Neuphil. Mitteilungen 49*, 1948, 194 ff.; andrerseits Holmes-Vaughn, in *Language 9*, 1933, 168; B. H. J. Weerenbeck, *Le pronom on en français et en provençal*, 1943.

72 Cf. Rohlfs, *Sprachgeographie*, § 94, id., in *Festschrift K. Baldinger*, 1979, 811.

Mundarten, teils durch sekundär aus dem fränkischen Einflußbereich ausgestrahlte Wanderwörter)[73]. Ein guter Teil der fränkischen Superstratwörter bleibt jedoch weitestgehend auf Gallien oder speziell Nordgallien beschränkt und führt damit zu Differenzierungen gegenüber dem Italo- und Iberoromanischen sowie auch zu einer Akzentuierung des innergallischen Gegensatzes zwischen Französisch und Okzitanisch[74]:

| | It. | Fr. | Sp. |
|---|---|---|---|
| „verwunden“ | *ferire*<br>(it. *ferire*) | **blettjan* (+ okz.)<br>*(blesser)*<br>cf. afr.mfr. *navrer*[75] | *ferire*<br>*(herir)* |
| „Scham, Schande“ | *verecundia*<br>*(vergogna)* | **hauniþa* (+ okz.)<br>*(honte)*<br>cf. *vergogne* < *verecundia* | *verecundia*<br>*(vergüenza)* |
| „Pfand“ | *pignus*<br>*(pegno)*<br>cf. *gaggio* < fr. | **waddi* (+ nordokz.)<br>*(gage)* | *pignus, -ora*<br>*(prenda)* |
| „Zaun, Hecke“ | *saepes*<br>*(siepe)* | **hagja*<br>*(haie)*<br>cf. afr. *soif* < *saepes* | *saepes, saeptum*<br>*(seto)* |

73 So wurde beispielsweise die germanische Grundform von *héberge(r)* dem Französischen durch die Franken, dem Okzitanischen, Italienischen und Spanischen dagegen offenbar durch die Goten vermittelt, diejenige von *riche* dem Französischen durch die Franken, dem Italienischen durch die Langobarden und dem Spanischen durch die Goten.
Zu den im Zuge des starken fränkischen Kultureinflusses oder später auch auf die Nachbarsprachen ausgestrahlten Gallizismen zählen etwa *jardin* (> okz.; it. *giardino*; sp. *jardín*); *franc* (> okz.; it., sp. *franco*); *gant* (> okz.; it. *guanto*; sp. *guante*).

74 Cf. u. a. M. Pfister, in *RLiR 37*, 1973, 126 ff.; Rohlfs, *Sprachgeographie*, § 77; v. Wartburg, *Einführung*, 115.

75 Afr.mfr. *nafrer, navrer* „(schwer) verwunden“ wurde über die normannischen Wikinger aus dem Altnordischen entlehnt (wohl < **nafra* „durchbohren“). Die altnordischen (über das Normannische vermittelten) Lehnwörter des Französischen bleiben überwiegend auf den maritim-nautischen Bereich beschränkt (z. B. *vague*; *équiper*, afr.mfr. „ein Schiff ausrüsten“; *cingler* „segeln“; *guinder* „aufwinden, hissen“; *hune* „Mastkorb“; *tillac* „Oberdeck“). An allgemeineren Übernahmen vergleiche v. a. noch *joli* (afr. *jolif* „heiter, fröhlich, lustig“; zu *jôl* „Julfest, Festesfreude“); *marquer, remarquer* (afr. *merchier, merquier* zu awestfr. *merc* „Grenzstein, Kennzeichen“; < *merki* „Grenzzeichen, Zeichen“); afr.mfr. *gab* „Spott, Scherz“ (seit *Roland*, neben mehreren Suffixvarianten wie *gaberie*; < *gabb* „Verspottung“, cf. E. v. Kraemer, in *Mélanges T. Nurmela*, 1967, 73 ff.). Cf. R. de Gorog, *The Scandinavian Element in French and Norman*, 1958.

| | | | |
|---|---|---|---|
| „Buche“ | *fagus, fageus* (*faggio*) | **haistr* (*hêtre*) cf. afr.mfr. *fou* < *fagus* | *fagus, fagea* (*haya*) |
| „Weide“ | *salix* (*salcio, salice*) | **salha* (*saule*) cf. afr. *sauz* < *salix* | *salix* (*sauce*) |
| „Stechpalme“ | *acrifolium* (*agrifoglio*) | **hulis* (*houx*) | *aquifolium* (*acebo*) |

## 6. Zusammenfassung

Die diatopische Differenzierung des Vulgärlateins mit der Herausbildung einer teilweise spezifisch gallischen oder nordgallischen Latinität kann grundsätzlich bereits mit der Romanisierung einsetzen, nimmt aber wohl erst mit der zunehmenden Dezentralisierung seit dem 2./3. Jh. n. Chr. größere Ausmaße an. Der Wortschatz der lateinischen Quellen zeigt zwar auch vom 4. bis 6. Jh. noch eine weitgehende Einheitlichkeit. Die frühromanischen Divergenzen erschließen uns jedoch eine schon ausgeprägte Eigenständigkeit sowohl des Protogalloromanischen als auch des Protofranzösischen und sprechen für eine zunehmende spontansprachliche Ausgliederung seit der ausgehenden Kaiserzeit. Ein guter Teil der Differenzierungen dürfte sich zunächst allerdings nur im divergierenden Stellenwert innerhalb der vielschichtigen Gesamtsysteme anbahnen und erst sekundär (als Ergebnis vor allem der unterschiedlichen sozio-kulturellen Kräfteverhältnisse) in absolute lexikalische Gegensätze münden.

Die Besonderheiten der gallischen und, in verstärktem Maße, der protofranzösischen Latinität zeugen von einer im allgemeinen relativ neuerungsfreudigen Grundhaltung und tangieren bei Zugrundelegung der rund 560 vergleichbaren Begriffe des „français fondamental“ insgesamt gut ein Zehntel des Kernwortschatzes (rund 40 gallische und 20 nordgallische Neuerungen). Ein Großteil dieser regional begrenzten oder konzentrierten Neuerungen entspricht den allgemein vulgärlateinischen Entwicklungstendenzen, die offenbar bei der Bezeichnung vieler Begriffe[76] in Gallien bzw. Nordgallien in höherem Maße gemeinsprachlich wirksam wurden als in der übrigen Romania. Dieser progressiven Grundkomponente stehen jedoch (im Süden

[76] Wieweit sich diese Kennzeichnung auf das Gesamtverhältnis gegenüber den Latinitäten der anderen Sprachräume verallgemeinern läßt, muß, solange systematische Gegenproben ausstehen, offen bleiben.

deutlicher als im Norden) auch Züge einer spezifisch klassisch-traditionellen Latinität und damit offensichtlich Auswirkungen von gewissen konservativen Gegenströmungen gegenüber.

In der innergalloromanischen Differenzierung kennzeichnen sich die protofranzösischen Spezifika gegenüber dem Okzitanischen, entsprechend der späteren und zunächst weniger intensiven Romanisierung, durch eine teils jüngere Latinität sowie, entsprechend einem gewissen kulturellen Gefälle, durch ein stärkeres Vorherrschen der neuerungsfreudigen gegenüber der konservativen Komponente[77]. Die hierbei bereits deutlichen Gegensätze zwischen südlichem und nördlichem Latein werden (gleichzeitig oder sekundär) durch die auf den Norden konzentrierten Einflüsse des fränkischen Superstrats verstärkt und bilden gemeinsam die Grundlage für die bereits ausgeprägte innerromanische Eigenständigkeit des altfranzösischen Wortschatzes.

[77] Ein Teil der spezifisch protofranzösischen Neuerungen wird vermutlich von den besonders weitgehenden Lautreduktionen sowie den damit verbundenen neuen Homophonien mitbestimmt.

## IV. Der altfranzösische Wortschatz

Die Sprachperiode des Altfranzösischen fassen wir zeitlich vom Auftreten der ersten in der romanischen Volkssprache redigierten Texte im 9. Jh. bis zum Ende des 13. Jhs.; den Kern der Darstellung bildet der erstmals in breiterem Umfang faßbare Wortschatz der Literatursprache des 11. und 12. Jhs. Hinter der Sammelbezeichnung des Sprachtypus „Altfranzösisch" verbergen sich, trotz einer relativen Stabilität speziell der literatursprachlichen Tradition, eine kontinuierliche diachronische Entwicklung sowie eine code- und registermäßige Vielschichtigkeit, die im Vergleich zur modernen Sprache speziell in diatopischer Hinsicht besonders ausgeprägt ist. Der Darstellung dieser Vielschichtigkeit und Dynamik, soweit sie uns faßbar sind, schikken wir eine (von solchen Divergenzen abstrahierende) Gesamtcharakterisierung der Eigenständigkeit des altfranzösischen Kernwortschatzes, im retrospektiven Vergleich mit dem Latein und im prospektiven Vergleich mit dem Neufranzösischen, voraus.

Eine spezielle und umfassende Darstellung des altfranzösischen Wortschatzes existiert nicht. Einen Überblick oder die Behandlung von Teilaspekten bieten vor allem:

R.-L. Wagner, *L'ancien français*, 1974, 205 ff.

P. Guiraud, *L'ancien français*, [5]1975, 13 ff.

D. Messner, *Einführung in die Geschichte des französischen Wortschatzes*, 1977, 28 ff.

A. Stefenelli, *Der Synonymenreichtum der altfranzösischen Dichtersprache*, 1967 [= Verf.*Syn.*]

Die wichtigsten lexikographischen Quellen bilden, neben dem *FEW*[1]:

F. Godefroy, *Dictionnaire de l'ancienne langue française et de tous ses dialectes*, 10 vol., 1881—1902, einbändige Kurzfassung 1901[2]

A. Tobler/E. Lommatzsch, *Altfranzösisches Wörterbuch*, 1925 ff. [= *To-Lo*]

K. Baldinger, *Dictionnaire étymologique de l'ancien français*, 1974 ff. [= *DEAF*]

[1] Eine Zusammenstellung der teils exhaustiven Glossare zu einzelnen Texten enthält J. Picoche, *Le vocabulaire psychologique dans les Chroniques de Froissart*, 1976, 213 f.; cf. jetzt auch H. P. Schwake, *op.cit.* Fn. 17.

[2] Vergleiche darauf basierend R. de Gorog, *Lexique français moderne — ancien français*, 1973; zu den Präpositionen id., in *Philological Quarterly 51*, 1972, 345—364.

## 1. Eigenständigkeit gegenüber dem (klassischen) Latein

Als Ergebnis der in den vorigen Abschnitten dargestellten Divergenzen und Veränderungen entspricht der altfranzösische Kernwortschatz nur bei rund 40 % der angesprochenen Begriffe den klassisch-lateinischen Bezeichnungstypen[3]; bei Zugrundelegung der etwa 560 Zentralbegriffe, deren Bezeichnungsgeschichte sich kontinuierlich verfolgen läßt, beträgt das Verhältnis zwischen Bezeichnungskontinuität und Bezeichnungsdivergenz annäherungsweise 220 : 340[4]; das vergleichsweise höchste Maß an Übereinstimmung mit dem klassischen Latein zeigen die substantivischen Begriffe mit knapp 50 % und die Verbalbegriffe mit knapp 40 %, während der Kontinuitätsanteil bei den übrigen Wortklassen höchstens ein Drittel beträgt. Ein absoluter Gegensatz im Sinne eines völligen oder weitestgehenden Zurücktretens der klassischen Normalbezeichnung(en) ergibt sich bei insgesamt fast 200 Begriffen und damit 60 % der Divergenzen; in den übrigen Fällen lebt der bzw. ein klassischer Worttypus fort, nimmt jedoch in der altfranzösischen Bezeichnung des Begriffs einen gegenüber dem klassischen Latein divergierenden Stellenwert ein[5].

## 2. Besonderheiten aus der Sicht des Neufranzösischen

### 2.1. Relative Lateinnähe und relativ gemeinromanischer Charakter

Die französische Wortschatzgeschichte zeigt, wie wir sahen, schon in ihrer vorliterarischen Entwicklung ein auch in den Kernbereichen sehr hohes Maß an Veränderungen und damit eine deutliche retrospektive Eigenständigkeit des Altfranzösischen gegenüber dem lateinischen Ausgangspunkt. In der Gesamtentwicklung bis zum heutigen Wortbestand bilden diese Differenzierungen gegenüber dem klassischen Latein und teils auch den anderen romanischen Sprachen aber selbstverständlich erst eine bzw. zwei von mehreren Etappen. Die lexikalische Entwicklung geht seit Beginn der literarischen alt-

[3] Zur innerromanischen Eigenständigkeit des Protofranzösischen bzw. Altfranzösischen s. Kap. III.

[4] Dieses Verhältnis bleibt über die ganze Frequenzliste des „français fondamental" weitgehend konstant, der Prozentsatz der Veränderungen liegt unter den allerhäufigsten Begriffen des ersten Teils sogar leicht höher als im zweiten Teil.

[5] Besonders häufig ist hierbei einerseits die Beschränkung auf eine von mehreren klassischen Bezeichnungen (cf. Kap. II, 3.1.1., 3.1.3.), andrerseits das Nebeneinander von klassischen und vulgärlateinisch-gallolateinischen Bezeichnungstypen (cf. S. 167 Fn. 92).

französischen Periode kontinuierlich weiter und führt vor allem in der mittelfranzösischen Zeit vom ausgehenden 13. bis 16. Jh. weiterhin zu so umfangreichen und tiefgreifenden Veränderungen, daß dem altfranzösischen Wortschatz auch im prospektiven Vergleich mit dem Neufranzösischen eine ausgeprägte Eigenständigkeit zukommt.

Das wesentliche sprachgenetische Kennzeichen des Altfranzösischen aus der Sicht der modernen Sprache[6] bildet die relative Nähe zum Latein und teilweise auch zu den romanischen Nachbarsprachen. Trotz der bisher dargestellten Veränderungen und geographischen Differenzierungen steht der altfranzösische Wortschatz in der Bezeichnung zahlreicher auch zentraler Begriffe dem Lateinischen und dem Protoromanischen noch wesentlich näher als das Neufranzösische.

Eine anschauliche Illustration dieser relativen Lateinnähe und der diesbezüglichen Gegensätze zwischen Alt- und Neufranzösisch vermittelt etwa der Text des ältesten französischen Literaturdenkmals, der sog. *Eulaliasequenz* aus den 80er Jahren des 9. Jhs.:

Buona *pulcella* fut Eulalia:
Bel auret corps, bellezour anima.
Uoldrent la ueintre li Deo inimi,
Uoldrent la faire diaule seruir.
Elle no'nt eskoltet les *mals* conselliers
Qu'elle Deo raneiet chi *maent sus* en ciel,
Ne por or ned argent ne paramenz,
Por manatce regiel ne preiement;
Niule cose non la pouret *omque* pleier
La polle *sempre* non amast lo Deo *menestier*.
E *poro* fut presentede Maximiien,
Chi rex eret a cels *dis* soure pagiens.
Il li *enortet* — dont lei *nonque chielt* —
Qued elle fuiet lo nom christiien.
Ell' ent aduret lo suon element:
Melz sostendreiet les empedementz
Qu'elle perdesse sa uirginitet.
*Poro*'s furet morte a grand honestet.
*Enz* enl fou la getterent com *arde* tost:
Elle *colpes* non auret, *poro* no's coist.
A czo no's uoldret concreidre li rex pagiens;
Ad une spede li *roueret tolir* lo *chief*.

[6] Zum Gesamtvergleich s. Kap. V.

La domnizelle celle kose non contredist:
24 Uolt lo seule lazsier si *ruouet* Krist.
In figure de colomb uolat a ciel.
Tuit *oram* que por nos degnet preier
27 Qued auuisset de nos Christus *mercit*
*Post* la mort et a lui nos laist uenir
Par souue clementia.

Dieser kurze Text von 29 Versen (bzw. 108 Worttypen) enthält etwa ein Dutzend klassisch-lateinische und ein halbes Dutzend vulgärlateinische Worttypen, die die moderne Sprache nicht mehr kennt[7], und zwar (in der Reihenfolge des Textes):

*pulcella, pucele* „Mädchen, Jungfrau" (Vers 1; < vlt. **pullicella* S. 75), als geläufigste mittelalterliche Normalbezeichnung für „Mädchen", die seit dem 15. Jh. gegenüber *jeune fille* zurücktritt und heute nur noch archaisierend-ironisch und in der Verbindung *La pucelle d'Orléans* fortbesteht;

cf. V. 23 *domnizelle, damoisele* „vornehmes Mädchen" (< **domnicella* S. 101), als hier gegenüber *pucele* offenbar gehobenere und respektvollere Bezeichnung (cf. Verf.*Syn.* 61 ff.), und V. 10 *polle* (< *pulla*; als „Mädchen" hapax)

*mal* „schlecht, böse" (V. 5; < *malus*), das am Ende des Mittelfranzösischen ganz gegenüber *mauvais* (< vlt. *malifatius* S. 77) und *méchant* (12., mod. Bed. 14. Jh.) schwindet und nur in erstarrten Resten (*malheur*; *malaise*; *bon gré mal gré*) fortlebt

*manoir, maindre* „wohnen", „bleiben" (V. 6; < *manēre*, vlt. auch „wohnen" S. 57), das in der Bedeutung „wohnen" bis ins 16. Jh. neben gelehrtem *habiter* (12. Jh.) und *demeurer* (< *demorari* S. 57 Fn. 87) sowie in der Bedeutung „bleiben" bis ins 14. Jh. (im Kompositum *remanoir* bis 17.) neben *rester* und *demeurer* lebt

*sus* „oben" (V. 6; < vlt. *sursum* S. 41), das sich bis ins 16. Jh. neben erweitertem *dessus* (< *desursum* S. 70) hält

*omque, onque(s), onc* „jemals", (mit Negation) „niemals" (V. 9; < *umquam*), das mit zunächst speziellem Bezug auf die Vergangenheit bis zum 17. Jh. neben *ja, jamais* (mit zunächst speziellem Bezug auf die Zukunft) besteht;

cf. V. 13 (bereits altfranzösisch vereinzeltes) *nonque* „niemals" (< *numquam*)

*sempre(s)* „immer" (V. 10; < *semper*), das in der klassischen Bedeutung auf die ältesten Texte beschränkt bleibt und seit dem *Rolandslied* v. a. gegenüber *toz dis,*

[7] An bis heute lebendigen Reflexen der besprochenen vulgärlateinischen Besonderheiten und Neuerungen finden sich: *bel, beau (bellus); manatce, menace (minatia); cose, chose (causa); pagiens, païen (paganus); grand, grant (grandis); getter, jeter (iactare); tost, tôt (tostus); lazsier, laissier (laxare).*

*toz jorz (toujours)* zurücktritt, in der verschobenen gallolateinischen Bedeutung „sofort“ (S. 98) hingegen bis zum ausgehenden 13. Jh. gebräuchlich bleibt

*menestier, mestier* „Dienst; Gottesdienst“ (V. 10; < *ministerium* S. 64), das im Mittelfranzösischen vor (halb)gelehrtem *servise, service* (seit *Alexius*) weicht

*poro, poruec* „deshalb“ (V. 11, 18, 20; < vlt. *pro hoc* S. 78), bis 13. Jh.

*di* „Tag“ (V. 12; < *dies*), das schon im Altfranzösischen nur vereinzelt (v. a. in festen Verbindungen) neben geläufigem *jorn, jour* (< *diurnum* S. 42) begegnet und nur in erstarrten Resten (*midi*; *jadis*; Wochentagsnamen) fortlebt

*enorter* „auffordern, ermuntern“ (V. 13; < vlt. *inhortari* S. 68 Fn. 117), das im Mittelfranzösischen gegenüber gelehrtem *exhorter* (vereinzelt seit 12. Jh.) zurücktritt

*chielt, chaut (chaloir)* „es ist wichtig, es liegt (mir) daran“ (meist verneint), ferner (nur verneint, meist mit Dativ der 2. Ps.) „nötig sein“ (V. 13; < vlt. *calet* S. 55), bis ins 16. Jh.

*enz, ens* „hinein“ (V. 19; < *intus*), das als adv. „drinnen; hinein“ bis ins 17. Jh. neben den erweiterten Formen afr.mfr. *denz, dans* (< *deintus* S. 70) und geläufigerem *dedenz, dedans* (seit *Alexius*) lebt

*ardoir, ardre* „brennen“ (V. 19; < *ardēre*, vlt. auch trans., S. 47 Fn. 67), als im Altfranzösischen intransitiv und transitiv vorherrschendes und bis zum 17. Jh. geläufiges Verbum; der moderne Typus *brusler*, als mutmaßliche Kreuzung von afr. *usler* (< *ustulare* S. 47) und *bruïr* (< frk. **brôjan* S. 115), begegnet vereinzelt seit Anf. 12. Jh. (cf. Verf.*Syn.* 42 ff.)

*colpe, coupe* „Schuld“ (V. 20; < *culpa*; wohl halbgelehrt), das sich bis ins 16. Jh. neben *faute* (**fallita* S. 77) hält (cf. als erstarrten Rest *battre sa coulpe*)

*rover* „bitten, verlangen“ (V. 22, 24; < *rogare*), das bis ins 14. Jh. mit *preier, prier* (V. 26; < *precari*) und *demander* (< *demandare* S. 63) koexistiert

*tolir, toudre* „wegnehmen“ (V. 22; < *tollĕre*), (als zunächst vorherrschende Bezeichnung) bis ins 17. Jh. neben *oster, ôter* (< *obstare* S. 96; zum Verhältnis *tolir* — *oster* s. *ZrP 81*, 281), *lever* (< *levare* S. 36), *enlever* (vereinzelt seit 12. Jh.), afr.-mfr. *retraire* (12. Jh.), *retirer* (13. Jh.)

*chief* „Kopf“ (V. 22; < *caput*), das altfranzösisch noch geläufig neben *teste* (< *testa* S. 59) Verwendung findet (zum Verhältnis s. S. 132), im ausgehenden Mittelfranzösischen aber zunehmend auf die sekundäre Bedeutung „Oberhaupt, Anführer“ eingeschränkt wird

*orer* „beten“ (V. 26; < *orare*, kirchenlt. „beten“), das sich vereinzelt bis ins 17. Jh. neben dem hier im selben Vers koexistierenden *preier, prier* (< *precari*) hält

*mercit, merci* „Gnade, Mitleid, Erbarmen“ (V. 27; < *merces* „Lohn, Belohnung“, vlt. „Gunst, Gnade, Mitleid“), seit 17. Jh. veraltet (*merci* „Dank“ seit 12. Jh., cf. aber *mercier* „danken“ seit *Roland*; als Höflichkeitsformel „danke“ seit 14. Jh.)

*post* „nach" (V. 28), als vereinzelter Rest von klt. *post* oder latinisierende Graphie für *puis* (< vlt. *postius*), das bis ins 17. Jh. auch als Präposition „nach" neben *après* (< *ad pressum* S. 98) und afr. *apruef* (< *ad prope* S. 98) Verwendung findet

Mit der Bewahrung dieser Worttypen, die mit wenigen Ausnahmen (*enorter, orer, merci*) durchwegs den lexikalischen Kernbereich des „français fondamental" tangieren, steht das Altfranzösische nicht nur dem Latein, sondern häufig auch den anderen romanischen Idiomen[8] noch wesentlich näher als die moderne Sprache. Das Festhalten an der traditionellen Bezeichnung kennzeichnet vereinzelt nur die älteste literarische Phase (*nonque*; *sempre* „immer"; *di*), zum überwiegenden Teil jedoch die gesamte altfranzösische und meist auch mittelfranzösische Periode.

Insgesamt beläuft sich im Rahmen der Bezeichnungsgeschichte des Kernwortschatzes die Zahl der altfranzösisch noch fortgeführten, in der Entwicklung zum Neufranzösischen aber ersetzten[9] traditionellen Worttypen auf etwa hundert klassische und mindestens dreißig vulgärlateinische Formen. Rund die Hälfte dieser traditionellen Lexeme bilden (gleich *pucele* und *ardoir*) noch die alleinige oder vorherrschende Bezeichnungsmöglichkeit des Altfranzösischen, nämlich v. a.:

*avenir* „ankommen", „geschehen" (*advenire*); *eissir, issir* „hinausgehen" (*exire*); *ovrer* „arbeiten" (*operari*); *oïr* „hören" (*audire*); *querre* „suchen" (*quaerĕre*); *cheoir* „fallen" (*cadĕre*); *paroir* „(er)scheinen" (*parēre*); *gesir* „liegen" (*iacēre*); *soloir* „gewohnt sein, pflegen" (*solēre*); *ocire* „töten" (*occidĕre*); *encontrer* „begegnen" (**incontrare*); *clore* „schließen" (*claudĕre*); *saillir* „springen" (*salire*); *curer* „pflegen" (*curare*); *porveoir* „vorhersehen" (*providēre*); *despendre* „ausgeben" (*dispendĕre*); *eslire* „(aus)wählen" (*eligĕre*); *doloir* „leiden", „schmerzen" (*dolēre*); *respondre* „entsprechen" (*respondēre*); *esmer* „schätzen" (*aestimare*); *ferir* „schlagen" (*ferire*); *envier* (*convier*) „einladen" (*invitare, *convitare*); *noer* „schwimmen" (*natare, *notare*); *decevoir* „täuschen, betrügen" (*decipĕre*);

[8] Der relativ gemeinromanische Charakter des altfranzösischen Wortschatzes entspricht teilweise auch noch den modernen Formen der romanischen Nachbaridiome, da mehrere der innerfranzösisch aufgegebenen Worttypen in den anderen Gebieten bis heute fortleben. Ein Vergleich mit dem Italienischen, das etwa an den Fortsetzern von *mălus, remanēre, sursum, semper, ardēre, culpa, tollĕre, caput* festhält, führt sogar zum erstaunlichen Resultat, daß das älteste Denkmal der französischen Literatur lexikalisch dem Neuitalienischen näher steht als dem Neufranzösischen.

[9] Der überwiegende Teil dieser Lexeme wird gänzlich aufgegeben, einzelne überleben in spezielleren bzw. verschobenen Bedeutungen (z. B. *élire, saillir, décevoir, poudre, or*), als Defektiva (z. B. *ouïr, choir, gésir, clore*) oder mundartlich (cf. *FEW*; *ALF*); cf. auch H. Brüll, *Untergegangene und veraltete Worte des Französischen im heutigen Englisch*, 1913.

*estree* „Straße" (*strata*); *mire* „Arzt" (*medicus*); *noif* „Schnee" (*nix*); *erre* „Weg, Reise" (*iter*); *ost* „Heer" (*hostis*); *poudre* „Staub" (*pulvis*); *geline* „Huhn" (*gallina*); *ane* „Ente" (*anas*);

*voir* „wahr" (*verus*); *soef* „angenehm" (*suavis*); *lié* „froh" (*laetus*); *coi* „ruhig" (*quietus*); *senestre* „links" (*sinister*); *destre* „rechts" (*dexter*);

*mout* „viel" (*multum*); *auques* „etwas" (*aliquid*); *nient* „nichts" (**ne gentem*); *lors* „damals; dann" (*illa hora*); *or(e)* „jetzt" (*hac hora*); *ja* „schon" (*iam*); *(h)ui* „heute" (*hodie*).

Ein insgesamt etwa ebensogroßer Teil der traditionellen lateinischen Worttypen hat hingegen (gleich *mal* adj., *rover, chief*) bereits in altfranzösischer Zeit den modernen Bezeichnungstypus als geläufigen Konkurrenten neben sich[10]. Dieses Nebeneinander kennzeichnet sich in den meisten Fällen durch mehr oder weniger weitgehende synonyme Überschneidungen (cf. S. 132 ff., 166 f.; Verf.*Syn.*). Fallweise bestehen aber auch eine weithin konsequente Abgrenzung und damit teilweise (wie bei *onques* vs. *jamais*) eine auch inhaltsstrukturelle Eigenständigkeit gegenüber der modernen Sprache. Besonders deutliche traditionelle Oppositionen, die in der Folge aufgegeben werden, bilden vor allem die lexikalische Differenzierung zwischen:

*(h)uis* „Tür" (< *ostium* S. 31) vs. *porte* „Tor" (< *porta*)[11]

| | | | | |
|---|---|---|---|---|
| afr. | *(h)uis* | → | nfr. | *porte* |
| | *porte* | | | |

*viez* „alt (von Sachen)" (< *vetus*) vs. *vieil* „alt (von Personen)" (< *vetulus* S. 46 f.)

| | | | | |
|---|---|---|---|---|
| afr. | *viez* | → | nfr. | *vieux* |
| | *vieil* | | | |

[10] Schon altfranzösisch vereinzelt (gleich *numquam, semper, dies*) sind etwa die traditionellen Bezeichnungstypen *vocare (voer); volvĕre (voudre); tangĕre (taindre); uxor (oissor); silva (selve); hortus (ort); avia (aive); modus (muef); venatio (venoison); mercator (merchere); planus (plain); ipse (es); ecce (es, ez); satis (sez); usque (usque); retro (riere).*

[11] Vergleiche zum genauen Verhältnis Verf.*Syn.* 102 f.; Gougenheim, *Etudes*, 325 f.

*penser* „denken" (< *pensare* S. 53) vs. *cuidier* „(ver)meinen" (< *cogitare*) vs. *croire* „glauben" (< *credĕre*)[12]

| afr. | | → | nfr. | |
|---|---|---|---|---|
| | *penser* | | | *penser* |
| | *cuidier* | | | |
| | *croire* | | | *croire* |

## 2.2. Kulturgeschichtlich bedingte Besonderheiten

Eine vergleichende Charakterisierung des altfranzösischen Wortschatzes aus der Sicht der modernen Sprache muß neben den relativ umfangreichen Bezeichnungsdivergenzen grundsätzlich auch den Terminologien der vielfältigen kulturgeschichtlichen Besonderheiten etwa der Sozialstrukturen, der Denk- und Lebensformen sowie der Sachwelt Rechnung tragen[13]. In einer auf die Geschichte des modernen Kernwortschatzes konzentrierten Darstellung sind diese durch divergierende Bezeichnungsnotwendigkeiten begründeten Spezifika zwar nur von geringer Relevanz und können weitgehend ausgeklammert bleiben. Dennoch bleibt zu berücksichtigen, daß manche dieser Termini im Rahmen des altfranzösischen Wortschatzes zumindest einzelner Soziolekte oder literarischer Gattungen durchaus eine zentrale Rolle spielen.

In Betracht kommt beispielsweise, im Bereich der feudalen Gesellschaftsstruktur[14], die zentrale Figur des *chevalier* mit ihrer kämpferischen und höfischen Komponente, dem *vasselage* und der *cortoisie* (als den „mots-témoins" von Heldenepos bzw. Roman). Innerhalb der viertausend Verse des *Rolandsliedes* etwa begegnen: *chevalier* (neben mehreren Teilsynonymen) rund 50 mal, *vasselage* „Tapferkeit, Heldentat" rund 20 mal (cf. *vassal* 30 mal) sowie *proz* und *vaillant* als häufigste Adjektiva für „tapfer" rund 30 mal. Die geläufigsten sachlichen Spezifika dieser Welt des „Kampfes" (*ba-*

[12] Cf. G. Lavis, in *Marche romane, Festschrift Delbouille*, 1973, 147—168.

[13] Vergleiche etwa E. Lippold, *Die Gründe des Wortuntergangs,* wo S. 11—21 die „mit der Sache" geschwundenen Lexeme des *Yvain*-Wortschatzes zusammengestellt sind; ferner P. Guiraud, *L'ancien français*, 18—25.

[14] Cf. K.-J. Hollyman, *Le développement du vocabulaire féodal en France pendant le haut moyen âge*, 1957; G. S. Burgess, *Contribution à l'étude du vocabulaire pré-courtois,* 1970 (zu *courtois, vilain, aventure, franc, franchise, honneur, proz, proece, bon, beau, beauté, gent, amour*); zu *chevalier* s. Gougenheim, *Etudes*, 356 ff.; zu *cortois, cortoisie* F. Collins, in *VR 36*, 1977, 84—92.

*taille* „Kampf, Schlacht“ 81 mal; *estor* 6; *chaple* 4, *meslee* 1; cf. *ferir* „schlagen, treffen“ 130 mal)[15] bilden die vielfältigen Terminologien der Rüstung und Bewaffnung: neben *heaume* (42 mal) und *espee* (53; cf. *brant* „Schwertklinge, Schwert“) insbesondere die Bezeichnungen des „Panzerhemds“ (*osberc, hauberc* 42 mal; *bronie, broigne* 18), des „Schildes“ (*escu* 51 mal; *targe* 2) und der „Lanze“ (*espié* eigtl. „leichter Kampfspeer“ 45 mal; *lance* eigtl. „schwerer Reiterspeer“ 11)[16]; vergleiche etwa aus der Schilderung des Kampfes zwischen Charlemagne und Baligant (*Roland*, V. 3567 ff.):

Enmi le camp amdui s'entrencuntrerent,
Si s(e) vunt *ferir*, granz colps s'entredunerent
De lor *espiez* en lor *targes* roëes,
Fraites les unt desuz ces bucles lees,
De lor *osbercs* les pans en desevrerent,

. . .

3581 Cez lor *espees* tutes nuës i mustrent,
Sur cez *escuz* mult granz colps s'entredunent,
Trenchent les quirs et cez fuz ki sunt dubles.
Cheent li clou, si peceient les bucles,
Puis *fierent* il nud a nud sur lur *bronies*;
Des *helmes* clers li fous en escarbunet.

Eine entsprechend den differenzierteren außersprachlich-kulturgeschichtlichen Bezeichnungsnotwendigkeiten stärkere lexikalische Differenzierung zeigt auch die altfranzösische Bezeichnung des Zentralbegriffs „Pferd“, nämlich neben dem Normalwort *cheval* (in *Roland* 67 mal) vor allem *destrier* „Schlachtroß“ (17 mal), *palefroi* „Reit- und Reisepferd“, *roncin* „Lastpferd“, *somier* „Saumpferd“ (ferner *chaceor* „Jagdpferd“); vergleiche *Roland*, 755 ff.:

N'i perdrat Carles, li reis ki France tient,
Men esciëntre *palefreid* ne *destrer*,
Ne mul ne mule que deiet chevalcher;
Nen i perdrat ne *runcin* ne *sumer*

[15] In den dreißigtausend Versen des *Trojaromans* erweitert sich die Vielfalt der Bezeichnungs- bzw. Nuancierungsmöglichkeiten für „Kampf“ auf nicht weniger als 26 (bei Einschluß der übertragenen Ausdrucksformen 36) Synonyme (cf. v. Wartburg, *Einführung*, 193; Verf.*Syn.* 154 ff.).

[16] Cf. Verf.*Syn.* 154 ff., 193 ff. und die dort zitierte Speziallitertur. Ein hoher Anteil der Bezeichnungen dieses Begriffsbereichs ist fränkischen Ursprungs; cf. S. 116; Chaurand, *Introduction*, 27 f.

Der altfranzösische Wortschatz des höfischen Lebens, wie er etwa in den Romanen Chrétiens de Troyes zutage tritt, kennzeichnet sich neben der relativen Bezeichnungsvielfalt für Begriffe wie

| | |
|---|---|
| „schön, hübsch": | neben *bel* v. a. *avenant, cointe, gent, gentil* |
| „gefallen": | neben *plaire* v. a. *atalenter, (en)haitier, agreer, seoir, abelir, embelir, estre bel, estre buen* (cf. Verf.*Syn.* 233 ff.) |
| „sich vergnügen": | *(soi) esbanoier, envoisier, deduire, deporter, delitier, esbatre, solacier* (cf. Verf.*Syn.* 230 ff.) |

vor allem durch die Schlüsselwörter:

| | | | | |
|---|---|---|---|---|
| *chevalier:* | *Cligès* | 74 mal | *Perceval* | 292 mal[17] |
| *aventure:* | | 9 | | 25 |
| *amor, amer, ami(e):* | | 101/47(68)/53(76) | | 29/32/119 |
| *dame:* | | 49 | | 95 |
| *cort, cortois, cortoisie:* | | 28/6/4 | | 45/23/4 |
| *enor (honneur):* | | 25 | | 26[18] |

## 3. Vielschichtigkeit

### 3.1. Diaphasisch-diastratische Divergenzen

Die bis ins 13. Jh. fast ausschließlich literarische und vorwiegend poetische Dokumentation des Altfranzösischen vermag uns schwerlich ein exaktes Bild über Umfang und Art der diastratischen Divergenzen innerhalb des Gesamtlexikons zu vermitteln. Dennoch lassen der gegenüber dem Latein zunächst kennzeichnende Charakter einer volkssprachlichen „lingua rustica" sowie auch die weitgehende lexikalische Übereinstimmung zwischen den öffentlich rezitierten Volksepen und der jüngeren Kunstdichtung darauf schließen, daß wir nur in begrenztem Maße mit absoluten diastratischen Gegensätzen und einem exklusiv hochsprachlich-literarischen Wortschatz zu rechnen haben.

Grundsätzlich lassen sich allerdings auch im Wortschatz der literarischen Texte einzelne registermäßige Divergenzen fassen, und zwar vor allem die diastratisch-diaphasische Differenzierung zwischen einigen gelehrt-gehobe-

[17] Siehe H. P. Schwake, *Der Wortschatz des ‚Cliges' von Chrétien de Troyes*, 1979; G. Andrieu — J. Piolle, *Perceval ou le Conte du Graal, Concordancier complet*, 1976.

[18] „Dans le roman la prouesse s'allie à l'amour et à la beauté pour façonner une nouvelle éthique, la courtoisie. Le principe directeur constant est l'honneur" (Burgess, *op. cit.*, 159).

nen Bezeichnungen und deren offensichtlich volkssprachlichen Entsprechungen sowie das diaphasische Nebeneinander zwischen einigen gehobenen oder neutralen Formen mit ihren offenbar mehr affektiv-expressiven Synonymen.

Besonders augenscheinliche lexikalische Gegensätze zwischen „langue populaire" und „langue savante"[19] spiegeln etwa die Bezeichnung für:

„Teufel", mit dem Nebeneinander des gelehrten *diable* und den inhaltlich indifferenteren erbwörtlich-volkssprachlichen Formen *malfé*, *maufé* (S. 110 Fn. 55), *aversier, enemi* (cf. Verf.*Syn.* 286 ff.)

„Papst", mit dem Nebeneinander des meist seltenen Latinismus *pape* und der offenkundig mehr volkssprachlichen Entsprechung *apostoile* (halbgelehrt < *apostolicus*; cf. Verf.*Syn.* 281 ff.)

sowie im Rahmen des Kernwortschatzes die Bezeichnungsmöglichkeiten für:

„danken", wo dem generellen, volkssprachlichen Normalverbum *mercier* (S. 139) das gelehrt-gehobene und speziell auf den Dank an Gott bezogene *gracïer* (auch *rendre graces*) gegenübersteht (cf. Verf.*Syn.* 270 ff.).

Relativ deutliche d i a p h a s i s c h e Divergenzen bestimmen etwa das altfranzösische synonyme Nebeneinander zwischen den traditionellen und den modernen Bezeichnungen für[20]:

„Stadt", wo traditionelles *cité* als offizieller Terminus (z. B. bei Angabe des Namens, des Herrschers) fungiert, während (seit *Roland* koexistierendes) *vile* zunächst meist die familiärere und anschaulichere Alltagsbezeichnung bildet (cf. Verf.*Syn.* 94 ff.)

„Kopf", wo *chief* meist einen abstrakten oder gehobenen Charakter zeigt, während sich *teste* vorwiegend mit affektiv-expressivem Gehaltswert verbindet (cf. Verf.*Syn.* 104 ff.)

„töten", wo *ocire* das objektiv-neutrale Verbum bildet, während *tuer* entsprechend der ursprünglichen Nuance „totschlagen" (S. 79) zunächst oft noch expressiven Gehaltswert besitzt (cf. Verf.*Syn.* 187 ff.)

„sehr", wo gegenüber traditionellem *mout* dem modernen Typus *tres*, in der häufigen Verwendung in Anreden, eine „schmeichelnde oder respektvolle Nuance" zukommt (*FEW XIII* 199 a).

[19] Cf. Gougenheim, *Langue populaire et langue savante en ancien français*, in *Etudes*, 281 ff. („Il y a une langue des clercs et une langue du vulgaire, indépendantes de l'échelon social").

[20] Vergleiche auch das Nebeneinander von *pucele* und *damoisele*, etwa im Text der *Eulaliasequenz* (S. 125), ferner unten sub 4.2.3.4.

## 3.2. Diatopische Divergenzen

Der nordgalloromanische Sprachraum der „langue d'oïl" zeigt seit Beginn der altfranzösischen Überlieferung eine auch in lexikalischer Hinsicht deutliche diatopische Differenzierung. Besonders ausgeprägt erscheinen die Gegensätze zwischen dem eigentlichen Zentrum und der normannisch-pikardisch-wallonischen Region des äußersten Nordens, für deren protoromanische Latinität die Arbeit von Chr. Schmitt 84 spezifische Worttypen (plus 193 spezifische Gemeinsamkeiten mit dem Frankoprovenzalischen und/oder Okzitanischen) erschließt[21].

Die anfangs fast allein faßbare Sprache der literarischen Texte[22] hat zwar in gewissem Maße überregionalen Koinécharakter und bringt dementsprechend in ihrem Wortschatz die diatopischen Divergenzen nur teilweise bzw. meist nicht in absoluten Gegensätzen des Lexembestandes zum Ausdruck. Bei vergleichender Berücksichtigung auch der relativen Frequenzen in Texten verschiedener geographischer Herkunft treten aber doch mehrfach quantitative Unterschiede und damit regional divergierende Schwerpunkte zutage. Mit anderen Worten, die offenbar regionalen Bezeichnungsvarianten können meist grundsätzlich in Texten jedwelchen Ursprungs koexistieren, zeigen jedoch, in Widerspiegelung der diatopisch divergierenden spontansprachlichen Grundlagen, je nach Textherkunft divergierende Aktualisierungsfrequenz.

Im Rahmen der zentralen Begriffsbereiche kennen die meisten Texte, als grundsätzlich koexistierende synonyme Bezeichnungsmöglichkeiten, etwa für

| | | | | |
|---|---|---|---|---|
| „schicken": | sowohl | *envoier* | als auch | *trametre* |
| „Mädchen": | | *pucele, damoisele* | | *meschine*[23] |
| „verrückt": | | *forsené* | | *desvé* |
| „lange": | | *longement, lonc tens* | | *longes* |
| „neben": | | *(de)lez* | | *(de)joste* |

[21] Cf. S. 105. Mehrere Einschränkungen zeigt J. Wüest, in *VR 35*, 1976, 211 ff.

[22] Als Beispiel altfranzösischer Wortgeographie auf der Basis der Urkundensprache vergleiche etwa die Analyse der regionalen Bezeichnungen des freien Bauern (*roturier*) durch K. Baldinger, in *RLiR 26*, 1962, 309—330 und in *Frühmittelalterliche Studien 13*, 1979, 125—149.

[23] Zu *meschine* (seit Wace; zu *meschin* „jung" < arab., S. 163 Fn. 85) cf. Gougenheim, *Etudes*, 340 ff.; A. Grisay, G. Lavis, M. Dubois-Stasse, *Les dénominations de la femme*, 178 ff.

Die jeweiligen relativen Aktualisierungsfrequenzen zeigen jedoch je nach Herkunft des Textes mehr oder weniger deutliche Divergenzen und sprechen für eine weitgehende geographische Konzentrierung von *trametre, meschine, desvé, longes, (de)joste* auf die westlichen Randgebiete[24]. Als Bezeichnung für „schicken" beispielsweise überwiegt in den im Südwesten entstandenen Texten des *Theben-* und *Trojaroman trametre* (24 : 17 bzw. 53 : 44), während in etwa gleichzeitigen normannischen Texten wie dem *Brut* Waces und dem *Eneasroman* der moderne Typus *envoier* bereits vorherrscht (61 : 19 bzw. 36 : 16) und in den Romanen Chrétiens de Troyes fast ausschließlich *envoier* Verwendung findet (111 : 4).

Diatopische Divergenzen nicht nur der relativen Frequenz, sondern auch der Anwendungsbereiche zeigen die altfranzösischen Belege von *od, o* „mit", welche (im Vergleich zu *avuec*) im Westen nicht nur weit häufiger sind, sondern auch wesentlich weitere semantische und syntaktische Funktionen erfüllen als im Zentrum[25].

—

Eine dauerhafte Beeinflussung der zentralfranzösischen Gemein- und Schriftsprache durch lexikalische Übernahmen aus den verschiedenen Mundarten der langue d'oïl erfolgt fast nur in speziellen Bereichen, und zwar (gemessen am Corpus des *Grand Robert*) im 12. Jh. in 20 und im 13. Jh. in 16 Fällen[26]. Den Hauptanteil dieser Dialektismen liefern das Normannisch-Pikardische (z. B. *quai, caillou, écaille, galet, falaise*)[27] sowie (mit Abstand) die Mundarten des Südwestens.

[24] Siehe Verf.*Syn.*; ferner Verf., in *Moderne Sprachen 9*, 1965, 165—171, zu *aprochier* vs. *aproismier* (v. a. Westen) und *repondre* „verstecken" vs. *mucier* (v. a. Nordwesten und Norden). Die Konzentrierung der Negationsverstärkung *mie* auf die nördlichen und östlichen Randgebiete (s. *FEW VI, 2*, 76 a; G. Price, in *Archivum Linguisticum 14*, 16 ff.) gilt offenbar noch nicht für die frühe Periode (cf. im *Rolandslied* 34 mal *mie* vs. 4 mal *pas*).

[25] Siehe G. A. Beckmann, *Die Nachfolgekonstruktionen des instrumentalen Ablativs*, 1963, § 157 und 207. Das Gesamtverhältnis zu *avuec* beträgt im Westen 25:1, im übrigen Gebiet 1,5:1.

[26] Die Gesamtzahl aller Übernahmen nach *FEW* beträgt 31 bzw. 44 Formen. Die Werte entstammen der Arbeit von K. Gebhardt, *Das okzitanische Lehngut im Französischen*, 273 ff. Cf. ferner K. Baldinger, *Contribution à une histoire des provincialismes dans la langue française*, in *RLiR 21*, 62—92; P. Guiraud, *Inventaire des mots français d'origine dialectale*, in *Cah. Lex. 12*, 103—123.

[27] Vergleiche auch die S. 119 Fn. 75 angeführten Lexeme altnordischen Ursprungs.

## 4. Diachronische Dynamik

### 4.1. Frühaltfranzösische Neuerungen

Der altfranzösische Wortschatz ist uns bis zum 12. Jh. nur in wenigen Texten und damit nur in begrenztem Umfang überliefert[28]. Die Bezeichnungsgeschichte gerade des Kernwortschatzes wird aber auch in dieser Frühphase relativ gut faßbar und spiegelt bereits in den ältesten Dokumenten mehrere semantische Neuerungen sowie eine Vielzahl von (anschaulichen und ausdruckskräftigen) Neubildungen, die in der Regel offenkundig von der Spontansprache ausgehen. Da diese frühen Entwicklungen das Altfranzösische mehr oder weniger von Beginn an kennzeichnen und teilweise in die vorliterarisch-protofranzösische Periode zurückführen können[29], fassen wir sie getrennt von den erst im 12. und 13. Jh. belegten eigentlich inneraltfranzösischen Veränderungen (siehe 4.2.)[30]. Der folgende Überblick über die frühaltfranzösische Dynamik umfaßt die rund 90 den Kernwortschatz des „français fondamental" tangierenden Entwicklungen, die in den ältesten Texten bis einschließlich des um 1100 entstandenen *Rolandsliedes* bezeugt sind (vergleiche ferner die schon in dieser Frühphase belegten Latinismen und Relatinisierungen, S. 158, 162).

#### 4.1.1. Bedeutungsveränderungen

Es handelt sich überwiegend um semantische Erweiterungen, mit Weiterführung auch der älteren Bedeutung(en) durch das ganze Mittelalter oder bis heute.

*departir* „(ver)teilen" (seit *Alexius*) erhält seit *Roland* auch die Bedeutung „trennen" sowie reflexiv (als zunächst besonders anschauliche Bezeichnung) „sich trennen,

[28] Die Zahl der Worttypen der wichtigsten Texte beträgt (nach D. R. Brodin, *op.cit.* Fn. 69): *Straßburger Eide* (aus dem Jahre 842) 65; *Eulaliasequenz* (881—882) 108; *Leodegarlied* (10. Jh.) 319; *Passion Christi* (10. Jh.) 592; *Alexiuslied* (Mitte 11. Jh.) 767; *Rolandslied* (um 1100) 1738.
Eine begriffliche Aufgliederung des Wortschatzes dieser ältesten Texte (semantisch teils zu wenig präzisiert) gibt Messner, *Einführung*, 32—54.

[29] Bei einigen Formen, wie dem seit *Passion* und *Roland* bezeugten Verbum *rev(e)oir*, läßt sich überhaupt kaum entscheiden, ob es sich um den Fortsetzer einer lateinischen Entsprechung oder um eine frühaltfranzösische Neubildung handelt.

[30] Selbstverständlich können auch einzelne der erst nach 1100 bezeugten Entwicklungen in Wirklichkeit in die frühaltfranzösische Periode zurückreichen, so daß der Trennung kein absoluter Charakter zukommt.

aufbrechen, weggehen" (*Roland*, V. 1900; afr.mfr.); das Simplex *partir* „teilen" (afr.mfr.) findet sich in der modernen Bedeutung (als *soi partir*, afr.mfr., und als *partir*) seit der 1. Hälfte des 12. Jhs. (Gaimar)[31]; cf. *s'en aler* „weggehen" seit *Alexius*

*retraire* „zurückziehen" (< *retrahĕre*) zeigt seit *Roland* auch die übertragene Bedeutung „erzählen" (bis 15. Jh., cf. asp.) sowie, seit dem 12. Jh., die Erweiterungen auch auf (u. a.) „wegnehmen" (afr.mfr.), „vorwerfen" (afr.mfr.), „gleichen" (afr.mfr.; cf. it.)

*mourir* „sterben" übernimmt (in den zusammengesetzten Zeiten und im Infinitiv) seit *Roland* auch die faktitive Bedeutung „töten" (bis 15. Jh.; cf. S. 145)

*apeler* „nennen, ansprechen, anrufen" (S. 35) seit *Alexius* auch „rufen" (cf. Forcellini, *Totius Latinitatis Lexicon*)

*feme* „Frau" (S. 97) kann seit den frühen Belegen (*Roland*, V. 637, 1402; cf. *Alexius*, Hs. A zu V. 39) auch speziell die „Ehefrau" bezeichnen (mlt. geläufig seit 9. Jh.; neben afr.mfr. *moillier* < *mulier*, cf. G. Straka, in *Festschrift K. Baldinger*, 1979, 535—551)

*sire, seignor* „Herr, Gebieter" (S. 61) wird seit *Alexius* auch zu einer (vorwiegend hochsprachlich-höfischen) Bezeichnung für „Ehemann, Gatte" (bis 14. Jh.)

*vile* „Dorf" (S. 63) entspricht in ausgeweiteter Verwendung (parallel zum Wiederaufschwung der städtischen Kultur mit der Herausbildung neuer Städte aus Dörfern) seit *Roland* (V. 3661, 3678) auch der modernen Bedeutung „Stadt" (cf. S. 132, 145)[32]

*mo(u)stier* „Kloster" (< *monasterium*) bezeichnet in semantischer Erweiterung seit *Alexius* auch die „Klosterkirche" bzw. die „Kirche" schlechthin (afr.mfr.; cf. Verf.*Syn.* 283 ff.)

*ire* „Zorn" (< *ira*) erweitert seinen Gehalt seit *Roland* auch auf „Schmerz, Kummer" (afr.mfr.; cf. G. Kleiber, *Le mot „ire" en ancien français*, 1978)

*brief* (< *brevis*) tritt in der konkretisierten Bedeutung „kurzes Schreiben, Brief" (afr.mfr.) seit *Roland* (cf.mlt.) neben *letres* (< *litterae* S. 31; cf. *ZrP 93*, 117 f.)

*petit* „klein" (S. 80) fungiert seit *Roland* auch als adverbiales „wenig" (afr.mfr.; cf. okz.); cf. *un petit* „ein wenig" (afr.mfr.) 12. Jh. (*un peu* 13. Jh.; cf. afr. *auques de* „un peu de" *Roland* — 13. Jh.)

*puis que, puisque* „nachdem" (S. 79) verbindet die traditionelle temporale Bedeutung („nachdem" bis 14. Jh.; afr.mfr. auch „seitdem") seit *Roland* (V. 318) mit der modernen kausalen Funktion „da, da ja" (neben afr.mfr. *quant*, S. 41)

[31] Vergleiche als neue eindeutige Bezeichnung für „teilen" *partager* (seit Ende 14. Jh.).

[32] Vergleiche für „Dorf" die Ableitungen *vilel, viloi* (13., 14. Jh.) und *village* (S. 183).

*pas* „Schritt" (< *passus*) und *mie* „Krume" (< *mica*) begegnen seit *Roland* als von ihren Grundbedeutungen weitgehend losgelöste (fakultative) Negationsverstärkungen (cf. S. 72; 134 Fn. 24)[33]: fr. *ne ... pas* bzw. afr.mfr. *ne ... mie* (cf. okz., it.); zum Frequenzverhältnis cf. v. a. G. Price, in *Archivum Linguisticum 14*, 1962, 14—34

### 4.1.2. Neubildungen

Die altfranzösische Wortbildung zeigt von Beginn an eine starke Produktivität sowohl der Derivation als auch der Komposition (v. a. Adverbialausdrücke und Verbalverbindungen). Von der besonderen Vielfalt und Produktivität der Suffixableitung (cf. Fn. 58) zeugt auch das häufige weitgehend gleichwertige Nebeneinander von mehreren Suffixvarianten (z. B. neben *folie* seit *Roland folage* sowie im 12. Jh. *folor, foleté, foleiement, folison*)[34].

#### 4.1.2.1. Erweiterungen

Parallel zur vulgärlateinisch-gallolateinischen Entwicklung (S. 66 ff., 99 f.) treten auch im Altfranzösischen seit den ersten Texten eine Reihe von erweiterten Affixformen mit weitestgehend gleicher Bedeutung, wenn auch teils zunächst expressiver Nuance, an die Seite der traditionellen Grundformen. So finden wir bereits im Frühaltfranzösischen als

[(zunächst wohl verdeutlichende und intensivierende) Präfixverben[35]]

*revestir* „(be)kleiden" (bis 18. Jh.) seit *Leodegar* neben *vestir*

*redo(u)ter* „fürchten" seit *Alexius* neben *do(u)ter* (afr.mfr. auch „fürchten")

[33] Die einfache Negation mit bloßem *ne(n)* dominiert im *Rolandslied* noch im Verhältnis von etwa 14:1.
Vergleiche als weitere Negationsverstärkungen seit *Sponsus* bzw. 12. Jh. *(ne) ... point* (< *punctum*), afr.mfr. *(ne) ... go(u)te* (< *gutta*; cf. obit., rätorom.); ferner Foulet, *Petite syntaxe de l'ancien français*, § 376 ff.; H. Yvon, in *R 80*, 1959, 63 ff., *81*, 1960, 99 ff., 296 ff.; F. Möhren, *Le renforcement affectif de la négation par l'expression d'une valeur minimale en ancien français*, 1980.

[34] Cf. Verf.*Syn.* 213 ff. et passim; v. Wartburg, *Einführung*, 194; G. Merk, in *RLiR 34*, 212 ff. Bereits der Verfasser der *Passion* gebraucht etwa *baisol* neben *baisair (baiser)* und der Dichter des *Alexiusliedes* u. a. *ajutoire* neben *ajude*; *liçon* neben *lit*; *pechable* neben *pechethor*; *poverin* neben *povre.*

[35] Vergleiche auch *esgarder, regarder* S. 67 (seit *Passion*; cf. seit 12. Jh. *remirer* neben afr.mfr. *mirer* „bewundernd, aufmerksam betrachten").
Bei manchen Erweiterungen wie *redoter, retorner, aconter* mag angesichts der jeweiligen polysemen Grundformen auch das Streben nach Eindeutigkeit mitspielen, die neu geschaffenen Differenzierungsmöglichkeiten werden aber durch Jahrhunderte hindurch meist nicht konsequent ausgeschöpft (s. S. 168, 204).

*reto(u)rner* „zurückkehren" seit *Passion* (refl.) bzw. *Roland* neben *torner* (afr.mfr. auch „zurückkehren"; cf. auch *reto(u)r* seit 12. Jh.)

*remuer* „ändern, wechseln" (afr.mfr.) seit *Roland* neben afr.mfr. *muer*

*aconter* „erzählen" (afr.) seit *Roland* neben *conter* (cf. *reconter, raconter* S. 147)

*alasser* „ermüden" (afr.) seit *Alexius* neben *lasser*

*defaillir* „fehlen, mangeln" (afr.mfr.) seit *Roland* neben afr.mfr. *faillir*

*debatre* „schlagen" (afr.) seit *Alexius* neben *batre*

*derompre* „zerbrechen, zerreißen" (afr.mfr.) seit *Alexius* neben *rompre* (cf. seit 12. Jh. *debrisier*; *decasser*; *defraindre*)

*detraire* „(fest) ziehen" (afr.mfr.) seit *Alexius* neben afr.mfr. *traire* (cf. seit 12. Jh. *detirer*)

### [Suffixerweiterungen (mit ursprünglich wohl kollektivem *-age* < *aticum*)[36]]

*eage, aage* „Alter" seit *Roland* neben afr. *eé, aé* (< *aetas*)

*co(u)rage* (afr.mfr. auch) „Herz", „Sinn, Gemüt", „Vorhaben" seit *Alexius* neben *cor, cuer*[37]

*lengage, langage* „Sprache" seit *Passion* (cf. okz.), als im Mittelalter vorherrschende Bezeichnung, neben *lengue, langue* (< *lingua*; cf. H.-G. Koll, *Die französischen Wörter ‚langue' und ‚langage' im Mittelalter*, 1958)

### [zusammengesetzte Adverbien und Präpositionen[38]]

*dedenz (dedans)* seit *Alexius* (präp. *Roland*) neben (vereinzeltem) *denz* (auch adv.); cf. afr. *dedenzain, dedentriien*, mfr. *dedentrain* „innerlich" seit 12. Jh.

*dedesoz* „unter" seit *Roland* neben *desoz* (*dessous*)

*dejoste* „neben" (afr.) seit *Roland* neben afr.mfr. *joste* (< *iuxta*)

*envers, devers* „gegen, in Richtung auf" (afr.mfr.) seit *Passion* bzw. *Roland* neben *vers* (< *versus*)

[36] Vergleiche außerhalb des Kernbestandes etwa:
*visage* „Gesicht" (zunächst ev. „Gesichtszüge") seit *Roland* neben afr.mfr. *vis* (< *visus* S. 56 Fn. 83)
*message* „Botschaft", „Bote" (afr.mfr.) und *messagier* „Bote" seit *Roland* neben *mes* (< *missus*)
*li(g)nage* „Geschlecht, Abstammung" seit *Alexius* neben *lin, ligne* (< *linea*)
*damage (dommage)* „Schaden" seit *Roland* neben *dam* (< *damnum*).

[37] Simplex und Erweiterung kommen teils synonym, teils v. a. im Verhältnis von *cor* vs. *anima* zur Verwendung (zum Verhältnis bei Froissart s. J. Picoche, *Le vocabulaire psychologique*, 53 ff.).

[38] Cf. auch Rheinfelder, *Altfranzösische Grammatik II*, 325 ff.

Vergleiche auch als Verstärkungen zu einfachem *to(u)t*:

*trestot* „jeder, alles" (afr.) seit *Passion*; *trestuit, tresto(u)z* „alle" (afr.mfr.) seit *Passion, Leodegar*; *tresto(u)t* „ganz" (afr.mfr.) seit *Alexius*

### 4.1.2.2. Ableitungen

Die Neubildungen entspringen neben dem Bedürfnis nach Auffüllung von Bezeichnungslücken vor allem der Tendenz nach durchsichtigen Wortfamilienbezügen (Remotivation) und dem Streben nach anschaulich-ausdruckskräftigen Bezeichnungen.

[(verbale) Präfixableitungen]

*amener* „herbeiführen", („herbringen", von Sachen, seit 14. Jh.), *en mener, emmener* „wegführen" seit *Passion* bzw. *Roland* zu *mener*, als Restitution eines durchsichtigen Wortfamilienbezuges (cf. lt. *ducĕre, adducĕre, abducĕre*); cf. *ramener* „zurückführen" seit Anf. 12. Jh.

*recomencier* „wiederanfangen", seit *Roland* zu *comencier* (cf. *reprendre* „id." seit 12. Jh., Wace)

[denominale Verben]

*mercier* „danken" (afr.mfr.) seit *Roland*, als durchsichtig-anschauliche Verbalentsprechung zu *merci* „Dank" (belegt seit 12. Jh.; cf. S. 126) [39]; cf. *remercier* S. 148

*finer* „enden, beenden", „sterben" (afr.mfr.; seit 12. Jh. auch „bezahlen") seit *Roland* zu *fin* „Ende" (neben *fenir, finir* < *finire*, vlt. *fenire*)

*engignier* „überlisten, täuschen, betrügen" (afr.mfr.) seit *Roland* zu afr.mfr. *engin* „List, Betrug" (S. 56; cf. J. D. Schleyer, *Der Wortschatz von List und Betrug im Altfranzösischen und Altprovenzalischen*, 1961, 30 ff.)

*soi merveillier* „sich wundern, staunen" (afr.mfr.) seit *Roland* zu *merveille* (< *mirabilia*); cf. *soi esmerveillier* „id." 12. Jh.

*(soi) esbanoier* „sich vergnügen", „lustwandeln" (afr.mfr.) seit *Roland*, mit der Grundbedeutung „frei sein von einem *ban* ‚Aufgebot'" (cf. S. 116)[40]

*avaler* „herabsteigen, herablassen" (afr.mfr.) seit *Roland* zu *val* bzw. *a val* „abwärts", als anschaulicheres, aber semantisch weniger eindeutiges Synonym zu *descendre*; cf. afr.mfr. *devaler* „id." seit Anf. 12. Jh.

[39] Neben afr.mfr. *gracïer* „danken" (seit *Alexius*; cf. S. 132), zu *grace* „Dank" oder entlehnt aus mlt. *gratiare*; ferner afr. *rendre merciz* (12. Jh.), afr.mfr. *rendre graces* (seit *Passion*), afr.mfr. *rendre grez* (12. Jh.).

[40] Vergleiche auch *abandon(n)er* „überlassen, preisgeben" (seit *Roland*, mod. Bed. 12. Jh.), als Verschmelzung von *a ban doner* „zur freien Verfügung überlassen".

### [denominale Substantive und Adjektive]

*françois, François* „französisch, Franzose" seit *Roland*, als Volksname wohl von *France* (im engeren Sinn etwa „Ile-de-France"; < *Francia*) abgeleitet, als Nationalitätsadjektiv wohl aus spätlt. *franciscus* (Isidor)[41]

*penos, peneus* „mühselig, beschwerlich" (afr.mfr.) seit *Roland* zu *peine* (neben afr.mfr. *grief, grevain*); *penible* afr.mfr. v. a. „Mühen ertragend, ausdauernd", mod. Bed. vereinzelt seit 12. Jh. (*Brendan*)

### [deverbale Substantive und Adjektive]

*conoissance* „Kenntnis" seit *Roland* zu *conoistre* („Bekanntschaft" vereinzelt seit Chrétien)

*remembrance* „Erinnerung" (afr.mfr.) seit *Roland* zu afr.mfr. *remembrer* „sich erinnern"; cf. afr.mfr. *so(u)venance* „id." 12. Jh. zu *so(u)venir* (substantiviertes *souvenir* seit 13. Jh.)

*fiance* „Vertrauen" (afr.mfr.) seit *Roland* zu *fier* „vertrauen" (neben *creance* „Glaube, Vertrauen", <**credentia* „Glaube")[42]; cf. *confiance* seit 15. (hapax 13.) Jh. (nach lt. *confidentia*)

*bruior* „Lärm" seit *Roland, bruit* 12. Jh. (Gaimar), als durchsichtige (ev. lautmalende) Substantiventsprechung zu *bruire* „lärmen, brausen" (neben zunächst meist geläufigerem afr.mfr. *noise*, S. 97)

*passage* „Übergang, Durchgang" seit *Roland* („Stelle" Chrétien) zu *passer* (neben afr.mfr. *pas* < *passus*)

*parlement* „Rede, Gespräch, Unterredung" (afr.mfr.) seit *Roland* zu *parler* (neben afr.mfr. *parole* 12. Jh.)

*do(u)tance* (afr.mfr.), *do(u)te* „Zweifel" seit *Alexius* bzw. Chrétien zu *do(u)ter* „zweifeln"; cf. afr.mfr. *do(u)te, do(u)tance* „Furcht" seit *Alexius* bzw. *Roland* zu afr.mfr. *do(u)ter* „fürchten" (*crieme, creinte* „Furcht" seit 12. Jh. zu *criembre, creindre*)

*esforz (effort)* „Anstrengung" seit *Roland* zu *soi esforcier* „sich anstrengen"

*delivre* „frei, befreit" (afr.mfr.) seit *Alexius* zu *delivrer* „befreien"

### [Substantivierungen und Adjektivierungen]

*mang(i)er* „das Essen, Mahl" seit *Passion*

*so(u)per* „Abendessen" seit *Passion*, zu *so(u)per* „zu Abend essen" (< *sope* „eingetunkte Brotschnitte; Suppe", S. 84 Fn. 158)

[41] Cf. H. Bader, *Von der „Francia" zur „Ile-de-France". Ein Beitrag zur Geschichte von altfranzösisch France, Franceis, franceis,* 1969.

[42] Vergleiche gallolt. **credentare* „glauben machen" > afr.mfr. *creanter* „versichern, geloben", „billigen, erlauben".

*plaisir* „Gefallen, Belieben, Wunsch" (afr.mfr.) seit *Roland* aus afr. *plaisir* „plaire"

*chaut (chaud)* „Wärme, Hitze" (afr.mfr.) seit *Jonasfr.* und *Roland* (neben *chalour, chaleur* < *calor*)

*veüe (vue)* „das Sehen, Sicht, Anblick" seit *Roland* („Gesichtssinn") bzw. 12. Jh. (cf. *regard* seit *Passion*)

*(es)marri* „betrübt" (afr.mfr.) seit *Alexius* als Partizip von *marrir* „betrüben" (S. 117)

*forsené* „von Sinnen, verrückt" (afr.mfr.) seit *Alexius* zu *forsener* „von Sinnen sein", oder direkt aus afr. *for-* „hinaus" und *sené* (zu *sen* „Sinn, Verstand" S. 85); neben afr.mfr. *desvé* (< ?) seit *Alexius*[43]

[Adverbialableitungen][44]

*for(t)ment* „stark, fest, sehr" seit *Passion* (neben adv. *fort*)

*droitement* „direkt" (afr.mfr.) seit *Alexius* (cf. *directement* S. 185)

*voirement* „wahrlich, fürwahr" (afr.mfr.) seit *Roland* zu afr.mfr. *voir* „wahr" < *verus* (cf. *veraiement* S. 153); neben adv. *voir* (*Roland* — 15. Jh.), *voire* (12.—17. Jh.)

*isnelement* „schnell, rasch" (afr.mfr.) seit *Roland* zu afr.mfr. *isnel* (S. 115; 12.—14. Jh. auch adv.)

*seürement* „sicherlich, sicher" seit *Roland*; cf. auch afr. *de fi*

*autrement* „anders, sonst" seit *Roland* („sonst") bzw. 12. Jh. (neben afr. *el* < **ale, por el*)

*coment* „wie" (bis 17. Jh. weitgehend synonym mit *come*) seit *Roland*

### 4.1.2.3. Zusammensetzungen und Verbindungen

[Adverbien, Präpositionen, Konjunktionen, Indefinitpronomina]

*toz jorz (toujours)* „alle Tage, immer", *toz dis* (afr.mfr.), *toz tens* (afr.), alle seit *Roland* (cf. *sempres* S. 125 f.)

*lonc tens (longtemps)* „lange" seit *Passion, Leodegar* (cf. S. 42), neben den Adverbialableitungen *longes* (afr.), *longement* (beide seit *Alexius*); cf. *grant tens, grant piece* (afr.) 12. Jh.

*soventes foiz, souventesfois* „oft" (afr.mfr.) seit *Alexius* (neben *souvent*)

*ne ... mais* „nicht mehr" (afr.mfr.), *ne ... plus*, seit *Alexius* bzw. *Roland*

*ne ... ja mais* „nie mehr" (afr.mfr.) seit *Alexius* (*ne ... ja* seit *Leodegar*; cf. S. 125)

[43] Zum Verhältnis cf. *ZrP 81*, 263 f. *Fol, fou* (S. 59) bedeutet afr. vorwiegend „töricht, leichtfertig" (cf. afr.mfr. *musart* „töricht" zu *muser*).
[44] Cf. S. 78 Fn. 139.

*(h)ui cest jorn* „heute" seit *Alexius*, als anschauliche Verdeutlichung neben einfachem afr.mfr. *(h)ui* (< *hodie*)[45]; cf. *aujourd'hui* seit 14. (ev. 12.) Jh.

*a tant, atant* „dann" (afr.) seit *Roland*, aus temporalem *a* (< *ad*) und *tant* (cf. okz., it.)

*del tot, du tout* „ganz und gar" (afr.mfr.) seit *Roland* (*de tot en tot Alexius, du tout en tout* 13.—16. Jh.; cf. S. 79); cf. *tout à fait* seit 15. Jh.

*ensoretot, ensorquetot* „surtout" (afr.) seit *Passion* bzw. *Alexius* (S. 79; cf. *surtout* seit 15. Jh.); cf. *sor tote rien* 12. Jh.

*neporuec, nonporuec* „nichtsdestoweniger, dennoch, trotzdem" (afr.) seit *Passion* bzw. *Alexius* (aus *ne* bzw. *non+ poruec*, S. 126); *neporquant, nonpourcant* (afr.mfr.) seit *Roland* (*quant* < *quantus*); cf. seit 12. Jh. *nequedent* (afr.; < *deinde* oder *inde*); *neportant, nonpourtant* (afr.mfr.; *tant* < *tantus*)[46]; *nient moins, neantmoins* (cf. lt. *nihilo minus*); *totes voies* (*toutefois* seit 15. Jh.)

*la sus, lassus* „dort oben" (afr.mfr.) seit *Roland*; cf. *là-haut* seit 16. Jh.

*environ* „ringsum", „um ... herum" (afr.mfr.) seit *Passion* bzw. *Roland* (übertragen „ungefähr" vereinzelt seit 13. Jh.), aus *en* + *viron* „Runde, Kreis" (zu *virer* „drehen")

*ento(u)r* „ringsum", „um ... herum" (afr.mfr.) seit *Passion* bzw. *Roland*, aus *en* + *to(u)r* „Wendung, Drehung" (seit Anf. 12. Jh., als „Ansturm" seit *Roland*; zu *torner*); cf. als Umbildung *autour* seit 14. Jh.

*a tot, ato(u)t* „mitsamt, mit (komitativ)" (afr.mfr.) seit *Roland*

*tant com(e)* „so viel wie", „so lange wie" (afr.mfr.) seit *Alexius*; *tant que* „autant que" seit *Roland*, „so lange wie" seit 12. Jh.

*por o que, por ço que, pour ce que* „weil" (afr.mfr.) seit *Leodegar* (*por que Jonasfragment*; cf. S. 78; neben einfachem *que* (afr.mfr.); *parce que* vereinzelt seit Ende 13. Jh. (bis 17. Jh. seltener als *pour ce que*)

*po(u)r ce que* „damit" (afr.mfr.) seit *Roland*; cf. *po(u)r que* (S. 78 Fn. 142) seit Ende 12. Jh. (bis 17. Jh. vereinzelt)

*li (le) plus* „die meisten, die Mehrzahl" (afr.mfr.), *li pluisor* (afr.), beide seit *Alexius*

*nule chose* „nichts" (afr.mfr.) seit *Eulalia* (V. 9), neben afr.mfr. *nient* (S. 78); cf. *nule rien* (afr.mfr.) 12. Jh.; cf. auch *nul (h)ome (né)* „niemand" seit *Passion*

## [Verbalverbindungen]

*avoir nom* „heißen" (afr.mfr.) seit *Leodegar*[47]; cf. *soi nom(m)er* seit 12. Jh.; *s'appeler* seit 14. Jh. (S. 180)

[45] Vergleiche auch afr. *encui* „noch heute" (seit *Alexius*); afr. *(h)uimès* „von heute an" (12. Jh.).
[46] Vergleiche *pourtant*, afr.mfr. „deshalb", mod. Bed. vereinzelt seit 14. Jh. (S. 181).
[47] Vergleiche spätlt. *nomen habēre* sowie romanische Entsprechungen.

*avoir besoin* „nötig haben, brauchen" seit *Roland* (*est besoin, Alexius*); cf. seit 12. Jh. *avoir mestier* (afr.mfr.)[48], *est mestier* (afr.mfr.), *avoir af(f)aire*

*avoir raison* „recht haben" seit ca. 1000 (*B-W*; bis 16. Jh. selten); afr.mfr. *avoir droit* seit *Roland*

*avoir chier* „lieben" (afr.mfr.) seit *Alexius*; cf. *tenir chier* (afr.) seit 12. Jh. und die Ableitung *cherir* (12. Jh.)

*avoir mal* „Schmerz haben" seit *Roland* (V. 2101), „krank sein" (afr.mfr.) seit 12. Jh. (Chrétien)[49]

## 4.2. Überblick über die Entwicklung von etwa 1100 bis 1300

Das Verhältnis zwischen Kontinuität und Neuerung in der altfranzösischen Wortschatzgeschichte des 12. und 13. Jhs. muß sehr differenziert gesehen werden. Die (literarische) Bezeichnungsgeschichte der seit der vorliterarischen bzw. frühaltfranzösischen Periode durchgehend aktualisierten (rund 630) Zentralbegriffe kennzeichnet sich durch eine relative Stabilität. Das heißt, der Bezeichnungsbestand als solcher zeigt von den frühen Texten bis zum 14. Jh. weitgehende Übereinstimmung, und ein absoluter Bezeichnungswechsel, mit dem völligen Zurücktreten des traditionellen und der Verallgemeinerung eines neuen Typus, bleibt während der ganzen altfranzösischen Periode selten[50]. Die lexikalische Dynamik konzentriert sich hier vielmehr auf die (auch bei an sich gleichbleibendem Wortbestand) des öfteren feststellbaren Frequenzverschiebungen (siehe 4.2.1.) sowie auf das auch bei gleichbleibender Normalbezeichnung mehrfach gegebene Hinzutreten eines jüngeren (meist des modernen) Bezeichnungstypus[51].

Dieser relativen Stabilität der von Beginn an verfolgbaren Begriffe stehen jedoch auch an die 130 „neue Begriffe" gegenüber, das heißt Begriffe, de-

[48] Cf. S. 64; *avoir mestier* „nützen" bereits *Roland.*

[49] Vergleiche *faire mal* „Böses zufügen", „wehtun" seit 12. Jh.

[50] Eine Ausnahme bildet etwa die Bezeichnung für „sofort", wo der anfänglich vorherrschende Typus *sempres* (S. 125 f.) seit der Mitte des 12. Jhs. fast gänzlich schwindet und das zunächst als geläufigste Normalbezeichnung nachrückende *maintenant* (S. 147) schon ab dem 13. Jh. seinerseits progressiv gegenüber *tantost* (S. 154) zurücktritt (cf. Verf.*Syn.* 304 ff., L. Lindvall, *Sempres, lues, tost, viste et leurs synonymes,* 1971).
Aus dem Gesamtwortschatz des *Rolandsliedes* sind nach Messner (*Einführung,* 55) im 12. und 13. Jh. zehn Prozent untergegangen.

[51] Vergleiche etwa S. 126 *brusler* neben *ardoir* und *enlever* neben *tolir.*

ren Aktualisierung bzw. bezeichnungsgeschichtliche Überlieferung offenbar erst seit dem 12. oder 13. Jh. faßbar wird[52]. Berücksichtigen wir auch diese Corpusausweitung und damit sämtliche fast 760 seit altfranzösischer Zeit erfaßbaren Zentralbegriffe, dann sind an die 220 (30 %) von den zwischen 1100 und 1300 bezeugten Neuerungen (inklusive der sub 4.3. bzw. 4.4. behandelten gelehrt-lateinischen und fremdsprachlichen Einflüsse) betroffen. Auch wenn wir, unabhängig von den onomasiologischen Verhältnissen und den Gebrauchsfrequenzen, das Alter der heutigen Worttypen des „français fondamental" (in ihrer modernen Bedeutung oder zumindest einer ihrer heutigen Bedeutungen) betrachten, erscheint der Neuerungsanteil speziell des 12. Jhs. — im Gegensatz zur erwähnten bezeichnungsgeschichtlichen Stabilität — besonders hoch (12. Jh. 124 Erstbelege; 13. Jh. 60)[53].

### 4.2.1. Frequenzverschiebungen

Besonders deutliche Frequenzverschiebungen, mit dem mehr oder weniger linearen Vordringen des modernen Bezeichnungstypus etwa zwischen dem um 1100 entstandenen *Rolandslied* und den um 1160—1180 verfaßten Romanen Chrétiens oder dem um 1277 geschriebenen zweiten Teil des *Rosenromans* zeigt die altfranzösische Bezeichnungsgeschichte etwa der Zentralbegriffe[54]:

[52] Bei etwa 40, also fast einem Drittel dieser „neuen" Begriffe beginnt die Bezeichnungsgeschichte mit der Übernahme eines Latinismus, der mit seiner anfänglichen Gebrauchsfrequenz in der Regel sicher noch nicht dem Kernwortschatz angehörte (cf. S. 221 f.).

[53] Es liegt nahe, daß dieser Anteil bei einer über den Kernwortschatz hinausgehenden Betrachtung, allein wegen der außerhalb der Zentralbereiche bis zum 12. Jh. noch lückenhafteren Überlieferung, weit höher erscheinen kann. Dementsprechend erweckt die von B. Müller (*Das Französische der Gegenwart*, 42 ff.) angeführte chronologische Analyse des gesamten modernen Gebrauchsvokabulars (die im übrigen auch wegen der nur formalen Betrachtungsweise kaum ein adäquates Bild vermittelt) den Eindruck einer „einzigartigen Bedeutung des 12. Jh.s für die Konstituierung der Gegenwartsgebrauchssprache".

[54] Vergleiche im einzelnen Verf.*Syn*. Wir abstrahieren von eventuell mitspielenden diatopischen Divergenzen (v. a. bei *remembrer* vs. *sovenir*). Zu „sich erinnern" cf. jetzt auch K. Brademann, *Die Bezeichnungen für den Begriff des ‚Erinnerns' im Alt- und Mittelfranzösischen*, 1979.
Der Wortgebrauch Chrétiens erweist sich mehrfach als besonders fortschrittlich bzw. „modern" und steht damit vor allem im Gegensatz zu den späteren Volksepen, deren teils traditionsgebundener Wortschatz auch noch im 13. Jh. die älteren Verhältnisse (z. B. Vorherrschen von *cité* oder *remembrer*) widerspiegeln kann.

| | | | | |
|---|---|---|---|---|
| „Stadt“ | *Roland* | | *cité* (17) | *vile* (2)[55] |
| | Gaimar (1135—40) | | *cité* (37) | *vile* (8) |
| | Wace, *Brut* (1155) | | *cité* (113) | *vile* (54) |
| | Chrétien | | *cité* (27) | *vile* (42) |
| | *Rose II* | | *cité* (10) | *vile* (13) |
| „Garten“ | *Roland* | | *vergier* (5) | |
| | Chrétien | | *vergier* (34) | *jardin* (2) |
| | *Rose I* (ca. 1237) | | *vergier* (32) | *jardin* (3) |
| | *Rose II* | | *vergier* (2) | *jardin* (12) |
| „töten“ | *Roland* | *ocire* (41) | | *morir* (13) |
| | Gaimar | *ocire* (140) | *tuer* (5)[55] | *morir* (15) |
| | Wace, *Brut* | *ocire* (176) | *tuer* (15) | *morir* (32) |
| | Chrétien | *ocire* (165) | *tuer* (15) | *morir* (63) |
| | *Rose II* | *ocire* (21) | *tuer* (20) | *morir* (3) |
| „sich erinnern“ | *Roland* | | *remembre* (6) | *sovient* (1) |
| | *Eneas* (ca. 1160) | | *(re)membre* (11) | *sovient* (5) |
| | Chrétien | | *(re)membre* (18) | *(re)sovient* (50) |
| | *Rose II* | | *(re)membre* (9) | *(re)sovient* (36) |

### 4.2.2. Bedeutungsveränderungen

Parallel zur frühaltfranzösischen Entwicklung handelt es sich größtenteils um semantische Erweiterungen, die neue, durch das ganze Mittelalter oder bis heute fortgeführte Polysemien bringen.

*deduire* „hinführen“, „verbringen“ (seit *Alexius*) kommt reflexiv über „sein Leben, seine Zeit verbringen“ seit 12. Jh. (*Couronnement*) zur Bedeutung „sich vergnügen“ (afr.mfr.); cf. *soi deporter*, das vermutlich über „sich ablenken“ (cf. *se divertir*) seit dem 12. Jh. (*Karlsreise*; Wace) zu einer Bezeichnung für „sich vergnügen“ wird (afr.mfr.)

*aprendre* „(er)lernen“ (S. 54) übernimmt seit 12. Jh. (Wace; *Eneas*) auch die Bedeutung „lehren“

*esgarder* „schauen, betrachten“ (S. 67) seit 12. Jh. (Gaimar) auch „urteilen, entscheiden, beschließen“ (afr.)

*lo(u)er* „vermieten“ (< *locare*) seit 12. Jh. auch „mieten“ („besolden, entlöhnen“ *Roland*)

*veill(i)er* „wach sein“ (< *vigilare*) seit 12. Jh. auch „bewachen, überwachen“ (bis 19. Jh.); cf. *surveiller* seit 16. Jh. (S. 181)

[55] Das progressive Vordringen des modernen Bezeichnungstypus wird zweifellos von seinem zunächst affektiv-expressiven Gehaltswert (s. S. 132) mitbestimmt.

*so(u)frir* „ertragen, erdulden" seit 12. Jh. (*Couronnement*) auch „dulden, zulassen, erlauben" (neben *consentir* „zustimmen, erlauben"; afr.mfr. *creanter* „billigen, erlauben", S. 140 Fn. 42); *souffrir* „leiden" seit 16. Jh.

*remuer* „ändern, wechseln" (S. 138) seit Chrétien auch „(sich) rühren, (sich) bewegen" (über „sich örtlich verschieben"; cf. *se remuer* „sich rühren" seit *Eneas*)

*sortir* (ev. aus *sortir* „auslosen", *sorti* „durch Los hervorgegangen") tritt vereinzelt seit 12. Jh. (Chrétien; Benoit, *Chronique*) in der modernen Bedeutung „hervorkommen, herausgehen" neben traditionelles *eissir, issir* (*resortir* „id." seit *Brendan*; *sortir* „(einen Ort) verlassen" 16., „ausgehen" 17., *sortir* trans. 16. Jh.); cf. auch afr.mfr. *saillir* „sortir"

*bo(u)ter* „stoßen" (S. 115; afr.mfr.) zeigt vereinzelt seit 13. Jh. auch die abgeschwächte Bedeutung „setzen, legen, stellen" (mfr.)

*(il) faut* „es fehlt, mangelt" (von *faillir* „fehlen") tritt vereinzelt seit Ende 13. Jh. als (zunächst besonders anschauliche) Bezeichnung für „es ist nötig, man muß" in Konkurrenz zu afr. *estuet* und polysemem afr.mfr. *co(n)vient*; hierzu als neuer Infinitiv *falloir* (15. Jh.)[56]

*garçon* „Diener, Dienstbursche" (seit *Roland*; < ev. frk. **wrakjo* „landesflüchtiger Verbannter") erhält seit 12. Jh. (*Eneas*), vermutlich über pejoratives „Bube", auch die moderne Bedeutung „Knabe, Junge" (cf. *DEAF*; neben afr.mfr. *vaslet, vallet* <**vassellittus*; afr. *meschin* S. 133 Fn. 23);
der ursprüngliche Rektus *gars* lebt als volkssprachliches bzw. umgangssprachliches Synonym zu *garçon* (seit 18. Jh. auch zu *homme*) fort (cf. S. 250)

*estage (étage)* „Aufenthaltsort, Wohnort" (seit *Roland*, ev. schon gallolt. **staticum*) seit 12. Jh. (Wace) auch in moderner Bedeutung „Stockwerk"

*gens* (Pl. zu afr.mfr. *gent* „Volk" < lt. *gens*) seit 12. Jh. auch in moderner Bedeutung „Leute"

*mors* „Bissen" (< *morsus*), *morsel (morceau)* seit 12. Jh. über „abgebissenes Stück" auch allgemein „Stück, Teil" (zunächst speziell einer eßbaren Sache)

*ch(e)ance* „Fall der Würfel, Wurf" (afr.mfr.; < **cadentia*) zeigt seit Chrétien auch die übertragene Verwendung als „Zufall" (Spezifizierung auf die positive Bedeutung „Glücksfall, Glück" seit 17. Jh.); cf. *hasard* S. 180

*endroit*, als verstärkendes Adverbium „gerade, genau (dort, jetzt etc.)" bzw. Präposition „gerade um, gegen, was betrifft" (afr.mfr.), wird seit 12. Jh. (Philippe de Thaon) auch zu einer (zunächst seltenen) substantivischen Bezeichnung für „(bestimmter) Ort, Stelle" (afr. u. a. auch „Richtung", „Beziehung", „Art und Weise")

*co(u)rs* „Lauf" (< *cursus*) seit Ende 13. Jh. auch „Unterrichtskurs, Vorlesung" (wohl über „kontinuierlicher Ablauf")

[56] Cf. P. Rickard, in *The French Language, Festschrift Harmer*, 1970, S. 65—92.

*gorge* „Kehle" (S. 59) wird seit 13. Jh. als Deckbezeichnung auch auf die „weibliche Brust" übertragen

*ferme* „Pacht" (zu *fermer* „festsetzen" < *firmare*) kann seit 13. Jh., über Verbindungen wie *doner a ferme*, auch den „Pachthof" bezeichnen (neben *vile*, S. 30)

*prochain* „nahe" (S. 75) seit 12. Jh. (*Eneas*) auch „unmittelbar folgend, nächst"

*nuef, neuf* „neu" (< *novus*) seit 12. Jh. auch „ungebraucht"

*gentil* „adelig, edel" (< *gentilis*; seit *Alexius, Sponsus*) bedeutet in Übertragung auf die körperliche Schönheit und die sozialen Tugenden seit Chrétien auch „anmutig, hübsch" bzw. „freundlich, liebenswürdig" (cf. *To-Lo*); cf. *gent* (S. 102 Fn. 33); afr.mfr. *cointe* (< *cognitus*) „anmutig, fein"

*gros* „dick" (S. 39) seit 13. Jh., als meist affektivere Bezeichnungsvariante, auch „(ge)wichtig, bedeutend, groß" (cf. zum 17. Jh. Brunot, *HLF IV*, 222 f.)

*reondement* „rund" übernimmt seit 12. Jh. (Wace) auch die übertragene Bedeutung „in runder Zahl, ungefähr" (afr.mfr.); daneben vereinzelt seit 13. Jh. der moderne Bezeichnungstypus *environ*, als Übertragung aus *environ* „ringsum, um ... herum" (S. 146)

*maintenant* (*manu tenendo*) „in der Hand haltend", als erstarrtes Gerundium, kann die unmittelbar bevorstehende Handlung ausdrücken und begegnet seit 12. Jh. (*Gormont*) als adverbiales „sofort"[57]; sekundär seit 13. (vorherrschend seit 14.) Jh. in der modernen Bedeutung „jetzt" (neben afr.mfr. *ore, or*)

*durant*, als Entsprechung des absolut verwendeten mlt. Partizips *durante*, begegnet seit 13. Jh. als Präposition „während" (zunächst in der Regel nachgestellt); cf. *pendant* (S. 178)

## 4.2.3. Neubildungen[58]

### 4.2.3.1. Erweiterungen

[(zunächst wohl verdeutlichende und intensivierende) Präfixverben[59]]

*reconter* (afr.), *raconter* „erzählen" seit 12. Jh. (Philippe de Thaon bzw. Wace) neben *conter, aconter* (S. 138)

[57] Vgl. afr.mfr. *demanois* < *de manu ipsum* (S. 102); afr. *luès* < *loco* (S. 66); afr. *sempres* < *semper* (S. 98); afr.mfr. *tantost* (S. 154); ferner L. Lindvall, *Sempres, lues, tost, viste et leurs synonymes*, 1971.

[58] Vergleiche zur altfranzösischen Wortbildung v. a. D. Sammet, *Die Substantivbildung mit Suffixen bei Chrestien de Troyes*, 1968; E. Diekmann, *Die Substantivbildung mit Suffixen in den Fabliaux*, 1967; K. Baldinger, *Kollektivsuffixe und Kollektivbegriff*, 1950; S. Heinimann, *Das Abstraktum in der französischen Literatursprache des Mittelalters*, 1963; A. François, *La désinence -ance dans le vocabulaire français*, 1950; H. Lewicka, *Réflexions théoriques sur la composition des mots en ancien et en moyen français*, in *Kwartalnik Neofilologiczny 10*, 1963, 131—142.

[59] Vergleiche auch *repast* (*repas*) „Nahrung" („Mahlzeit" seit 16. Jh.) seit 12. Jh. (*Brendan*) neben *past* (< *pastus*; cf. *repaistre*).

*remercier* „danken" vereinzelt seit 12. Jh. neben *mercier* (S. 139)

*rencontrer* „begegnen" vereinzelt seit 12. Jh. (Benoit, *Chronique*) neben afr.mfr. *encontrer*

*delaiss(i)er* „verlassen" (afr.mfr.), *deguerpir* seit 12. Jh. neben polysemem *laiss(i)er* bzw. afr.mfr. *guerpir* (S. 115)

[Suffixerweiterungen]

*usage* „Gebrauch, Gewohnheit" seit 12. Jh. (Wace) neben *us* (dieses v. a. in Verbindung mit *costume*; < *usus*); cf. *ac(c)ostumance* (afr.mfr.) seit 12. Jh. neben *costume*

*an(n)ee* „Jahr" (v. a. vom Inhalt her) seit Chrétien (ev. schon vorliterarisch **annata*) neben *an*

*jo(u)rnee* „Tagewerk; Tagesreise" seit *Eneas* (ev. schon vorliterarisch **diurnata*), „Tag" seit 13. Jh., neben *jorn, jour*

*seree* „Abend(zeit)" (afr.mfr.) vereinzelt seit 12. Jh. neben *seir, soir*; remotivierend *soirée* seit 16. Jh.; cf. *vespree* (afr.mfr.) seit *Roland* neben *vespre*; cf. *matinee* seit 12. Jh. neben *matin*

*derrenier* „letzt" seit 12. Jh., als von *premier* beeinflußte erweiternde Umbildung von afr.mfr. *derrain* (S. 75); kontrahiertes *dernier* seit 15. Jh.

[zusammengesetzte Adverbien und Präpositionen[38]]

*depuis* „seit, seitdem" 12. Jh. (*Couronnement*; cf. S. 70) neben afr.mfr. *puis* (< *postius*)

*adonc* „damals; dann" (afr.mfr.) seit 12. Jh. neben afr.mfr. *donc* (S. 71)

*alors* „damals; dann" seit 13. Jh. neben afr.mfr. *lors* (S. 42)

*des ja, deja* „schon, bereits" seit 13. Jh. (*Rose II*) neben afr.mfr. *ja* „jetzt", „sofort", „schon, bereits" (< *iam*)

*pres que* „beinahe, fast" eventuell seit Chrétien (*presque* seit 14. Jh.), aus satzeinleitendem *pres (ce) que,* neben afr.mfr. *pres* (S. 66)

#### 4.2.3.2. Ableitungen

Die wesentlichen Triebkräfte für die Neuableitungen entsprechen den sub 4.1.2.2. genannten, teils Hand in Hand gehenden Entwicklungstendenzen:

Auffüllung von Bezeichnungslücken, die sich durch das Zurücktreten älterer Bezeichnungen oder durch neue Bezeichnungsnotwendigkeiten ergeben;

Neuschaffung oder (aufgrund diachronischer Verdunkelungen notwendig gewordene) Restitution durchsichtiger Wortfamilienbezüge (Remotivation);

Schaffung von bildhaft-anschaulichen und ausdruckskräftigen Bezeichnungen

## [Präfixableitungen]

*refaire* „wieder machen; seinerseits machen", „wiederherstellen" 12. Jh. zu *faire* (ev. vlt. **refacěre*)

*retro(u)ver* „wiederfinden" 12. Jh. zu *tro(u)ver*

*rentrer* „wieder eintreten; zurückkehren" 12. Jh. (*Karlsreise*, Var.; Chrétien) zu *entrer*

*remonter* „wieder hochsteigen, aufsteigen" 12. Jh. (*Karlsreise*) zu *monter*

*repasser* „wieder überqueren (Meer)" 12. Jh. (Benoit, *Chronique*) zu *passer* („wieder vorbeikommen" 16.; „bügeln" 17. Jh.)

*retirer* „zurückziehen", „wegnehmen" 13. Jh. („Zügel straffen" Wace) zu *tirer* (seit *Roland*; < ?); neben afr.mfr. *retraire* (< *retrahěre*)

*eslever (élever)* „emporheben" 12. Jh. zu *lever* (ev. vlt. **exlevare*); „aufziehen" vereinzelt seit 13. Jh. (Tiere Ende 15.; „erziehen" Anf. 17.)

*enlever* „wegnehmen" vereinzelt seit 12. Jh. (cf. S. 126)

*despareil* „ungleich, verschieden" (afr.mfr.) 12. Jh. (Chrétien) zu *pareil*; cf. afr. *dessemblant*

## [denominale und deadjektivische Verben]

*sommeill(i)er* „schlafen" (afr. synonym zu *dormir*) seit 12. Jh. als gegenüber traditionellem *dormir* motivierte Verbalentsprechung zu *sommeil* („leicht schlafen, schlummern" seit 14. Jh.)[60]

*couper* „abschlagen, abschneiden" seit 12. Jh. (*Karlsreise*), wohl zu *coup* „Schlag" mit der ursprünglichen konkret-anschaulichen Nuance „mit einem Schlag trennen"; kann als anschauliche und regelmäßige Form *taill(i)er* (S. 73) progressiv in spezielle Aspekte des Schneidens verdrängen

*ro(u)eler (rouler)* „rollen" 12. Jh. (*Eneas*) zu *ro(u)ele* „Rädchen, Rad" (< *rotella*) bzw. *role* „Rolle" (< *rotulus*)

*log(i)er* „Laubhütten errichten, lagern" 12. Jh. (Gaimar) zu *loge* „Laubhütte" (allg. „wohnen" seit 16. Jh.); „beherbergen, unterbringen" seit Chrétien

*porfitier, profiter* „Erfolg haben", „Vorteil bringen, nützen" 12. Jh. zu *porfit, profit* „Nutzen, Vorteil" (< *profectus*); „Nutzen ziehen" seit Ende 13. Jh.

*glüer* „leimen, (an)kleben" (afr.mfr.) 12. Jh. (ev. schon lateinisch, s. *ThLL*) zu *glu* „(Vogel-)Leim" (< *gluten*)

*atraper (attraper)* „(ein Tier, jdn.) mit der Schlinge fangen; fangen" seit 12. Jh. (Chrétien) als bildhaft-ausdruckskräftige Ableitung zu *trap(p)e* „Schlinge, Falle" („auffangen, erwischen" seit 17. Jh.)

[60] Die von H. Stimm (*Verba et Vocabula, Festschrift Gamillscheg*, 611) angenommene Übertragung der germanischen Familienentsprechung zwischen „Schlaf" und „schlafen" ist möglich, aber angesichts der auch sonst wirksamen innerfranzösischen Remotivationstendenzen nicht zwingend.

*engag(i)er* „verpfänden" 12. Jh. (Wace) zu *gage* „Pfand" („verpflichten" seit 16. Jh.)

*netoiier (nettoyer)* „reinigen, säubern" 12. Jh. (Chrétien, Var.), als remotivierende Umbildung von afr. *neier* (S. 100) nach adj. *net*

*abaubir* „verblüffen, erstaunen" 13. (— 14.) Jh. zu *baube* „stammelnd, stotternd"; cf. *esbaïr (ébahir)* „erschrecken, erstaunen" 12. Jh.

[denominale Substantive und Adjektive]

*païsenc, païsant (paysan)* „Landmann, Bauer" seit 12. Jh. zu *païs* (*pays*; *-enc* < frk. *-ing*); neben afr.mfr. *vilain* als zunächst vorherrschender Bezeichnung, die aber (in Anlehnung an *vil* „gemein, niedrig") progressiv pejorativen Gehalt annimmt (in Ansätzen seit 12. Jh.) und ab ca. 1500 nur noch als Schimpfwort begegnet[61]

*fisicien* „Arzt" (afr.mfr.) seit 12. Jh. (Wace) zu afr.mfr. *fisique* „Medizin", als zunächst wohl gehobenerer Terminus neben afr.mfr. *mire* (< *medicus*; cf. *ZrP 81*, 283)

*juignet* „Juli" (afr.mfr.) seit 12. Jh. (Philippe de Thaon) zu *juin* (eigentlich „kleiner Juni, Nachkomme des Juni"), für eventuell zu wenig eindeutig gegenüber *juin* differenziertes *juil* (< *iulius*)[62]; fr. *juillet*, als Umbildung nach *juil* bzw. relatinisierend, seit 13. Jh.

*tablet(t)e* „Schreibtafel, Tafel; Gemälde" (afr.mfr.) 13. Jh.; cf. *tablel, tableau* „Holzplatte" (13.), „Schreibtafel" (13. hapax), „Gemälde" (14.)

*eüros (heureux)* „glücklich" 13. Jh. zu afr.mfr. *eür, heur* „Geschick, Glück" (S. 97); *maleüros (malheureux)* „unglücklich" 12. Jh. (Wace; *maleüré* seit *Sponsus*; *Alexius*, Var. V. 441); *bieneüros (bienheureux)* „glücklich" 12. Jh. (*bieneüré* Wace; *boneüré Alexius*, Prol.)

*droiturier* „gerecht" (afr.mfr.) 12. Jh. (Wace) zu afr.mfr. *droiture* „Gerechtigkeit; Recht" (seit *Roland*, Konjektur); cf. auch afr. *droit* „gerecht"; halbgelehrtes *juste* seit 12. Jh. (*Oxf. Ps.*)

*aagé (âgé)* „großjährig" 13. Jh. („bejahrt" 14.) zu *aage (âge)*

*cha(s)que* „jeder", das als Regressivbildung vereinzelt seit 12. Jh. (Chrétien) neben *cha(s)cun* (afr.mfr. auch adj.) tritt, aber erst Anfang 17. Jh. als spezifisch adjektivische Form verallgemeinert wird

[61] Seit dem 15. Jh. dominiert *paysan* als Normalbezeichnung, neben gehobenerem *laboureur* („Bauer" seit ca. 1400, bis 19. Jh.); cf. E. Weiss, *Die Bezeichnungen des Bauern im Französischen*, 1963.
[62] Cf. Rohlfs, *Sprachgeographie*, § 131.

[deadjektivische Substantive]

*isnelece* „Schnelligkeit“ (afr.), *isneleté* (afr.mfr.) 12. Jh. zu afr.mfr. *isnel* „schnell“; daneben vereinzelt seit 12. (geläufig 16.) Jh. *vistece (vitesse)* zu *viste, vite* (afr.mfr. adj.; S. 155)

*enfermier* „Krankenwärter“ (afr.mfr.) Ende 13. Jh. zu afr.mfr. *enferm* „krank“ (*infirmier* nach relatinisiertem *infirme* seit 14. Jh.)

[deverbale Substantive und Adjektive]

*com(m)encement* „Anfang“ 12. Jh. zu *comencier*; neben afr. *començail(le)*

*mo(u)vement* „Bewegung“ 12. Jh. zu *mo(u)voir*; neben vereinzeltem *muete* (< **movita* S. 77)

*mariage* „Heirat, Ehe“ 12. Jh. (Wace) zu *marier*; neben afr.mfr. *mariement*

*manage, menage* „Aufenthalt; Wohnung“ 12. Jh. zu *manoir* „bleiben; wohnen“; sekundär seit 13. Jh. „Familie, Gesinde“ (afr.mfr.) und „Haushalt“

*chauf(f)age* „Heizen; Heizung“ 13. Jh. („installation de chauffage“ Anf. 20.) zu *chauf(f)er*

*chauceüre (chaussure)* „Schuhwerk“ 12. Jh. (Chrétien) zu *chaucier (chausser)*; neben afr.mfr. *chaucement, chaussement* (< *calceamentum* S. 69)

*conduiseor* „Führer“ (afr.), *guieor* (afr.), *meneor (meneur)* seit 12. Jh. zu *conduire*, afr. *guier* (S. 115), *mener*; neben afr. *duitor* (< *ductor*), *guis, guion* (cf. *guide* seit 14. Jh.)

*demande* „Bitte“ 12., „Frage“ 13. Jh. zu *demander*

*delit* „Vergnügen“ (afr.mfr.), *deduit* (afr.mfr.), *deport* (afr.mfr.) seit 12. Jh. (*Cambr. Ps.* bzw. Wace) zu afr.mfr. *soi delitier* „sich vergnügen“ (< *delectari*), *(soi) deduire* (S. 145), *soi deporter* (S. 145)[63]

*demore, demeure* „Verweilen, Aufenthalt“, „Zögern, Verzug“ (afr.mfr.) 12. Jh. zu *demorer, demeurer* „bleiben, verweilen“, „zögern, säumen“; neben afr.mfr. *demoree* (seit *Alexius*), *demorance* (12. Jh.) und weiteren Suffixvarianten (cf. Heinimann, *op.cit.* Fn. 58, 138 f.)

*bo(u)t* „Stoß, Schlag“ (afr.mfr.) 12. Jh. (*Brendan*) zu afr.mfr. *bo(u)ter* „stoßen“; sekundär seit 12. Jh. auch „Ende“ (auch als Erweiterung afr.mfr. *debout*)

*pardon* „Verzeihung“ 12. Jh. zu *pardoner*; als Interjektion seit 16. Jh. (1540)

*depart* „Teilung“, „Trennung, Weggehen, Abreise“ 13. Jh. zu *(soi) departir* (S. 135 f.); neben afr. *departement*, mfr. *(de)partement*, afr. *departie*, mfr. *(de)partie*, afr.mfr. *partir* sb., mfr. *(de)partence*

*rap(p)ort* (u. a.) „Bericht“ 13. Jh. zu *rap(p)orter* (u. a.) „berichten“ („Beziehung“ seit 17. Jh., cf. *relation*)

[63] Vergleiche auch afr. *deportable* „vergnüglich, unterhaltsam“ (seit Wace).

*pesche (pêche)* „Fischfang, Fischen" 13. Jh. zu *peschier (pêcher)*; neben afr.mfr. *pescherie* „Ort wo gefischt wird" (Wace), „Fischen" (13. Jh.)

*reste* „Rest" 13. Jh. zu *rester* „bleiben" (< *restare*); neben afr.mfr. *remanant* (12. Jh., Philippe de Thaon) zu *remanoir*; *sor(e)plus (surplus)* 12. Jh.

*agreable* „angenehm" 12. Jh. (*Troie*) zu *agreer* „willkommen sein, gefallen"; neben afr.mfr. *so(u)ef* (< *suavis*); *plaisant* „gefällig, angenehm" (mod. Bed. „drollig, spaßig, lustig" 16. Jh.); *dolz, doux* (< *dulcis*)

*entendable* „verständig, intelligent" (afr.mfr.) 12. Jh. (Philippe de Thaon) zu *entendre* „verstehen"; neben afr.mfr. *entendant*; *(a)percevant*

## [Substantivierungen]

*devoir* „Pflicht" seit 12. Jh.

*disner (dîner)* „Frühstück, Morgenmahlzeit" seit 12. Jh. (*Karlsreise*; Wace) aus *disner* „frühstücken" (cf. *desjeuner* „id.", S. 101 Fn. 33); vereinzelt seit 13. (allgemein seit 16. Jh.) „Mittagsmahlzeit" (bis 19.)

*so(u)venir* „Erinnerung" 13. Jh.; neben afr.mfr. *so(u)venance* (S. 140)

*af(f)aire* „Angelegenheit" (afr.mfr. auch mask.) 12. Jh. (Wace; cf. okz.) aus *a faire*

*courant* „Strömung" Anf. 13. Jh. (*courant d'air* Mitte 18.); *courant électrique* seit Anf. 19. Jh.

*entree* „Eintreten; Eingang" 12. Jh. (Philippe de Thaon)

*partie* „Teil, Anteil" 12. Jh. (Philippe de Thaon; cf. A. Greive, *Französisch part, partie, parti,* 1961, 45 ff.), Abgrenzung zu *part* seit 17. Jh.

*retraite* „Zurückweichen, Rückzug" 12. Jh.

*tissu* „Gewebe" (von afr.mfr. *tistre* „weben") ca. 1200

*curé* „Seelsorger, Pfarrer" 13. Jh., nach mlt. *curatus* „id." (eigentlich „mit Seelsorge, mit einer Pfarrei beauftragt")

*avis* „Meinung" 12. Jh. (ev. *Alexius,* V. 575; *à son avis* Chrétien; „Rat", „Bekanntmachung" 14. Jh.) aus der Wendung *m'est a vis* „es scheint mir"; cf. gelehrtes *opinion* seit 12. Jh.

*voir* „Wahrheit" (afr.mfr.) 12. Jh. aus afr.mfr. *voir* „wahr" (< *verus*)

## [Adverbialableitungen]

### [seit 12. Jahrhundert:]

*certement* „sicher(lich)" (afr.), *certainement* (seit Ende 12. Jh. auch als Modalisator „gewiß", cf. *ZfSL 87,* 17); neben *certes* (< vlt. *certas*)

*naturel(le)ment* „von Natur aus, natürlich" zu gelehrtem *naturel* (S. 160), cf. S. 225

*generalment* „allgemein, im allgemeinen" zu gelehrtem *general* (S. 160); cf. *en general* seit 13. Jh.

*nul(l)ement* „in keiner Weise, ganz und gar nicht"

*ivel(e)ment* „in gleicher Weise" (afr.), *egalement* zu *ivel* (< *aequalis*) bzw. relatinisiertem *egal* („gleichfalls" seit 19. Jh.)

*premierement* „erstens; zunächst" (bis 18. Jh.); neben *primes* (*Leodegar* — 15. Jh.; < *prima*), *premiers* (12.—17. Jh.)

*so(u)dainement* „plötzlich" zu adj. *soudain* (S. 99; adv. seit 16. Jh.); neben afr.mfr. *sodement* zu vereinzeltem afr. *sode* (< *subitus*)

*vistement* „schnell, rasch" (afr.mfr.) zu adj. *viste* (*vite*, S. 155; adv. seit 16. Jh.)

*simplement* „einfach, nur" zu halbgelehrtem *simple* (S. 157); neben afr.mfr. *senglement* „bloß, einfach" zu afr.mfr. *sengle* (<*singulus*)

*legierement* (auch) „leicht, ohne Schwierigkeit" (afr.mfr.) zu *leg(i)er* „facile" (S. 98)

*v(e)raiement (vraiment)* zu *v(e)rai* (S. 100); neben afr.mfr. *voirement* (S. 141)

[seit 13. Jahrhundert:]

*tel(le)ment* „so" (s. *To-Lo*)

*absolument* „unumschränkt, völlig" zu gelehrtem *absolu*

*completement* „vollständig" zu gelehrtem *complet* (S. 161); neben *entierement* 12. Jh.

*final(e)ment* „schließlich" zu gelehrtem *final* (12. Jh.)

*parfaitement* „vollkommen, vollständig", neben afr. *parfitement* (seit *Alexius*) zu *parfit* (< *perfectus*)

*justement* „in richtiger, rechter Weise" („gerade, eben" seit 14. Jh.) zu halbgelehrtem *juste* (S. 157)

### 4.2.3.3. Zusammensetzungen und Verbindungen

[Substantive]

*boneür (bonheur)* „Glück", *maleür (malheur)* „Unglück" seit 12. Jh. zu afr.mfr. *eür, heur* „Geschick, Glück" (cf. *maleüros, bieneüros* S. 150)

*milieu* „Mitte" 12. Jh. (*Karlsreise*) aus *mi* (< *medius*) + *lieu* (cf. lt. *medius locus*; *milieu* „Milieu" seit 18. Jh.)

*endemain* „der folgende Tag" 12. (—15.) Jh. aus *en* + *demain*; *lendemain* (mit agglutiniertem Artikel) seit 14. Jh.

*ma dame* (12. Jh.), *madame* (13.) „Herrin, Anrede für adelige Frauen";
*monsieur* (13.; Kurzform von *monseigneur*, 12.) „Herr, Ehrentitel";
*ma damoisele* (12.), *mademoisele* (14.) „Anrede an adelige Mädchen und Frauen des Kleinadels"[64]
verallgemeinerte moderne Verwendungen seit 17. (vereinzelt Ende 13.) Jh.

[64] Cf. W. A. Stowell, *Old-French Titles of Respect in Direct Address*, 1908, 123 ff.; J. Svennung, *Anredeformen*, 1958, 363 ff.; W. Stolz, *Zum Gebrauch der Anrede bei Chrestien de Troyes*, Diss. Berlin, 1970, S. 55 ff.

[Adverbien, Präpositionen, Konjunktionen, Indefinitpronomina]

*autre foiz, autrefois* „schon einmal, früher, ehemals" 12. Jh. (cf. S. 78 Fn. 140); cf. *jadis* „ehemals" 12. Jh. (Wace) aus *ja a dis* „es ist schon Tage her"[65]

*mainte foiz* „manchmal" (afr.) 12. Jh., *aucune(s) foiz (fois)* 12. Jh., *a la foiz (fois)* 13. Jh. (bis 17. bzw. 16.)

*en fin, enfin* „zuletzt, endlich" 12. Jh. (Philippe de Thaon); cf. *finalement*; *enfin* „kurz(um)" 17.; *en somme* vereinzelt seit 12. Jh.

*tantost* „sofort" (afr.mfr.) 12. Jh. (Wace; *Charroi*) aus verstärkendem *tant* + *tost* „schnell, bald" (cf. *aussi tost, aussitôt* vereinzelt seit 12. Jh.); neben einer Vielzahl von Synonymen (cf. *maintenant* S. 147), darunter mehreren zunächst anschaulich-expressiven Zusammensetzungen wie *isnelepas, eneslepas, eneslore, eneslejor, orendroit, en erre* (cf. Verf.*Syn.* 304 ff.)

*plus tost (plutôt)* „(schneller), eher, vielmehr" 13. (geläufig seit 15.) Jh.; neben afr. *mielz* „plutôt" (seit *Eulalia*, V. 16); afr.mfr. *ainz* (seit *Alexius*; < **antius*); *ainçois*; *mais*

*puet (cel) estre (peut-être)* „vielleicht" seit 12. bzw. 13. Jh. (cf. lt. *potest* + Inf.); neben afr.mfr. *se devient, par aventure* und zunächst meist vorherrschendem adv. *espoir*

*a peine* „mit Mühe, kaum" 12. Jh. (cf. it., sp.)

*bel coup (beaucoup)* „ein schöner (= großer) Schlag; ein großes Stück; viel" seit Ende 13. Jh. (cf. *grant coup* 13. Jh.) als zunächst besonders ausdruckskräftiges Synonym zu (u. a.) afr.mfr. *mout* (< *multum* S. 32)

*laïs* „dort unten; dort" (afr.) 12. Jh. (*Troie*) aus *la jus* (cf. *là-bas* seit 15.; *en bas* 12. Jh.)

*la(i)enz, léans* (bis 18. Jh.) „dort drinnen, da hinein" 12. Jh. (Wace) aus *la* + *enz* (< *intus*); *la dedenz (là-dedans)* 12. Jh.

*autre part* „anderswo(hin)" 12. Jh. (*Eneas*; Chrétien); cf. *d'autre part* „andrerseits" 12. Jh.

*en (de, a) travers* „quer, quer durch" 12. Jh. (Wace; *en travers* adv. *Roland*)

*maugré* (*malgré* seit 15. Jh.) „trotz" 12. Jh. (Chrétien) aus *mal* + *gré* „Gefallen" (eigentlich erstarrter Ablativ „unter Mißfallen")

*vez (vois) ci (voici)* „siehe da" 12. Jh.; *vez (vois) la (voilà)* „siehe dort" 13. Jh.

*c'est a savoir* „nämlich" seit ca. 1100; *a savoir* 12. Jh.

*des que (dès que)* „von da ab daß, sobald als" 12. Jh. (Wace; „seitdem" seit *Passion*; vereinzelt auch kausal „puisque", v. a. 17., 18. Jh.) aus *des* (S. 70) + *que*; neben (u. a.) *maintenant que, tantost que (come), aussi tost que* (13. Jh.)

*lors que* (*lorsque* 15. Jh.) „damals als, dann wann" vereinzelt seit 12. Jh. (Chrétien, Var.)

[65] Vergleiche auch afr.mfr. *pieça* „vor langer Zeit, seit langem" aus *piece a*.

*tandis que* „solange als, während (temporal)" 13. Jh. (ev. schon Chrétien); neben afr.mfr. *que que*; *endementiers que* (S. 71); *entrues que*; *entre que*; adversatives *tandis que* seit 17. Jh.

*tout le monde* „jedermann" 12. Jh. (*Couronnement*; cf. lt. *totus mundus, Vulgata*; bis 18. Jh. auch „le monde entier")

*aucune chose* „etwas" (afr.mfr.) 12. Jh.; *quelque chose* 13., 14. Jh. (cf. *To-Lo*; *Studia Neophilologica 44,* 1972, 335)

[Verbalverbindungen]

*avoir envie* „Lust haben" 12. Jh.; neben afr. *avoir talent* (seit *Roland*)

*avoir chaut (chaud)* „erhitzt sein, warm sein" 12. Jh.; cf. *faire chaut* 12. Jh.

*avoir a costume* „zur Gewohnheit haben, pflegen" 13. Jh. (*avoir coutume* 17.)

*rendre conte (compte)* „Rechenschaft ablegen", *rendre raison* „id." 12. Jh. (Wace bzw. *Eneas*); cf. *se rendre compte de* seit Anf. 18. Jh.

*aler v(e)oir* „besuchen" Ende 12. Jh. (cf. *visiter* S. 162)

*voloir mielz* „lieber haben, vorziehen" (afr.) 12. Jh.; *amer mielz (aimer mieux)* Ende 12. Jh.

*(il) vaut mielz* (+ Inf.) seit 12. Jh.

*estre d'acort* „einverstanden sein" 12. Jh. (Wace; *être d'accord* 14.)

### 4.2.3.4. Onomatopoetische Bildungen und Lallwörter[66]

*frap(p)er* „dreinschlagen, schlagen, treffen" vereinzelt seit Ende 12. Jh. (übertragen „Eindruck machen, erstaunen" seit 16. Jh.); neben afr.mfr. *ferir* (< *ferire*);

*taper* „(mit der flachen Hand) schlagen" vereinzelt seit 12. Jh. (Chrétien, Var.; ev. < **tappare* S. 109)

*tomber, tumber* „springen, purzeln, umfallen, hinfallen" 12. Jh. (Wace; „herunterfallen" seit 15.); neben afr.mfr. *ch(e)oir* (< *cadere*)

*quanart, canard* „Ente" 13. Jh. (als Beiname 12.), als Ableitung zu lautmalendem *caner* „schnattern" bzw. zu *cane* „Ente" (belegt seit 1. H. 14. Jh.; lautmalende Umbildung von afr. *ane* < *anas*)

*viste (vite)* „behende, schnell; geschickt, klug" (bis 16. Jh. selten und nur adj.) seit 12. Jh., als vermutlich onomatopoetische Bildung (cf. L. Lindvall, *Sempres, lues, tost, viste et leurs synonymes,* 1971)

[66] Die Formen sind entsprechend ihrem volkssprachlich-expressiven bzw. kindersprachlichen Ursprung in den schriftlichen Quellen zunächst meist nur vereinzelt belegt.
Zu *frapper* cf. W. Hupka, *Das Wortfeld ‚schlagen' im Altfranzösischen*, 1980, der eher zu fränkischem Ursprung neigt, aber auch den zunächst sprechsprachlichen und expressiven Charakter hervorhebt (die frühen Belege konzentrieren sich auf die der Sprechsprache nahestehenden Theatertexte, S. 38).

*maman* „Mama, Mutter" 13. Jh., als kindersprachliche reduplizierende Umbildung von **mamme* (belegt 16. Jh.; cf. lt. *mamma* seit Varro)

*papa* „Papa, Vater" 13. Jh., als wohl neugebildetes kindersprachliches Lallwort (cf. vlt. *pappa*)

*tante* „Tante" vereinzelt seit 12. Jh. (*Troie*, V. 18 624 Var.), als kindersprachliche reduplizierende Umbildung von afr.mfr. *ante* (< *amita*)[67].

## 4.3. Gelehrter lateinischer Einfluß

Die Geschichte des vulgärlateinisch-romanischen Wortschatzes kann während aller ihrer Entwicklungsphasen in verschiedenen Begriffsbereichen eine Beeinflussung durch das Schriftlatein bzw. die (schrift)lateinischen Fachsprachen erfahren. Dieser „gelehrte" lateinische Einfluß bildet eine wesentliche, kontinuierliche Komponente der gesamten französischen Wortschatzgeschichte und bringt, über die gemeinsprachliche Ausweitung von zunächst meist gelehrt-fachsprachlichen oder spezielleren Bezeichnungsvarianten, auch nachhaltige Auswirkungen auf den von uns ins Auge gefaßten Kernwortschatz.

Als Hauptformen einer Beeinflussung unterscheiden wir (ohne daß sich jeweils strenge Grenzen ziehen lassen):

a) Die sogenannte „halbgelehrte" Entwicklung von Lexemen, die zwar offenbar auch dem spontansprachlich-protoromanischen Wortschatz angehörten, in ihrer Lautentwicklung aber durch die Form und Schreibung ihrer jeweiligen gelehrt-schriftlateinischen Entsprechung der Kirchen- und Bildungssprache beeinflußt (das heißt gehemmt) wurden und so gegenüber den Erbwörtern nur einen Teil der Lautveränderungen mitmachen.

Aus dem altfranzösischen Bezeichnungsbestand der dem „français fondamental" entsprechenden Zentralbegriffe zeigen gut zwei Dutzend Formen einen solchen halbgelehrten Charakter, wobei die gelehrte Beeinflussung offensichtlich in den meisten Fällen durch das Kirchenlatein und/oder Schullatein erfolgte:

*eglise* (*ecclesia*) seit *Alexius*; cf. *mostier* S. 136

*esperit, esprit* (*spiritus*), seit 11., 12. Jh. (zur Semantik cf. Ch. Bruneau, in *Etudes romanes dédiées à M. Roques*, 1946, 169—180)

*servise* (*servitium*), anfänglich (seit *Alexius*) als Schlüsselwort der hagiographischen Literatur speziell auf Gott bezogen, allgemein seit *Roland* (relatinisierend *service* seit 12. Jh.)

[67] Cf. K. Neubert, *Die Bezeichnungen von Onkel und Tante in den romanischen Sprachen*, 1967, 239 ff.

*image(ne)* (*imago*), anfänglich (seit *Alexius*) speziell in religiösem Sinn
*essemple* (*exemplum*), relatinisierend *exemple* seit 12. Jh. (*par exemple* „zum Beispiel" 17. Jh.)
*estoire* (*historia*), relatinisierend *histoire* seit 14. Jh.
*escole* (*schola*); cf. *escol(i)er* „Scholar, Student" (—18.), „Schüler" 13. Jh. (*scholaris*)
*estuide* „Bemühen, Eifer, Studium" (*studium*; cf. *estudier* „sich bemühen, studieren", 12. Jh.)
*esper(i)ment* „Probe, Beispiel; Erfahrung" (afr.; mfr. *experiment*; *experimentum*)
*leçon* (*lectio*) seit 12. Jh.
*livre* (*liber*) seit *Roland* („gedrucktes Buch" 15. Jh.; cf. L. Febvre — H.-J. Martin, *L'apparition du livre*, 1958)
*norreture* „Ernährung, Erziehung" (*nutritura* S. 101); remotivierend *nourriture* seit 12. Jh. („Erziehung" bis 18. Jh.; „Nahrung" seit 14. Jh., hapax 12.)
*memorie, memoire* (*memoria*) seit *Alexius* bzw. 12. Jh.
*espece* (*species*); cf. *especial* (*specialis*), relatinisierend *special* seit 12. Jh.
*mire* „Arzt" (afr.mfr.) (*medicus*) seit 12. Jh.; cf. *fisicien* S. 150; *médecin* S. 183
*olie, oile, uile* (*oleum*) seit 11. Jh. (*Sponsus*)
*decembre* (*december*); cf. *octobre* S. 162
*labo(u)r* „Arbeit, Mühe" (*labor*), *labo(u)rer* „arbeiten" (afr.mfr.) (*laborare*)
*penser* (*pensare* S. 53) seit *Passion*
*empëechier* (*impedicare* S. 74; ev. über Rechtssprache) seit *Oxf. Ps.*
*juste* „gerecht" („richtig" 13. Jh.) (*iustus*; vereinzelt erbwörtlich *just*)
*simple* „einfach, bescheiden, einfältig" („leicht; nicht zusammengesetzt; schlicht" seit 13., geläufig 16. Jh.) (*simplex*)
*segont* „zweiter", „gemäß" (*secundus*), relatinisierend *second* seit 12. Jh.
*aoine* „geeignet, fähig" (afr.) (*idoneus*), relatinisierend afr.mfr. *idoine* seit 12. Jh. (neben afr.mfr. *able* < *habilis*)
*ancien* „alt" (**anteanus* S. 75) seit *Alexius*

b) Gelehrte „Latinismen", die seit Beginn der literarischen Periode (9. Jh.) offenbar neu aus dem Latein bzw. den verschiedenen spät- und mittellateinischen Fachsprachen übernommen wurden. Die gelehrten Neuübernahmen dienen zum überwiegenden Teil der Auffüllung von Bezeichnungslükken und der im Zuge der stufenweisen Funktionsausweitung der französischen Schriftsprache erforderlichen Ausweitung oder Differenzierung des französischen Wortschatzes (vor allem der abstrakten Begriffsbereiche)[68].

[68] Ein beträchtlicher Teil der gelehrten Worttypen gelangte durch parallele Übernahme aus dem Latein oder durch sekundäre Ausstrahlung auch in die anderen modernen Sprachen und hat heute weitgehend europäisch-internationalen Charakter.

Daneben stehen allerdings auch mehrere Latinismen, die als gehobenere Bezeichnungsvarianten und teils auch eindeutigere Formen an die Seite bereits vorhandener Bezeichnungen treten. Wortklassenmäßig überwiegen die Substantive (ca. 50 Prozent), wenngleich auch die Übernahme von Adjektiven und Verben durchaus geläufig ist.

Von den insgesamt 157 (bei Einschluß der Ableitungen rund 185) Lexemen gelehrten Ursprungs im heutigen Bestand des „français fondamental" beruhen etwa 70 auf Übernahmen oder Relatinisierungen (S. 161 f.) bereits der altfranzösischen Periode (9. — Ende 13. Jh.), wobei die überwiegende Zahl der frühen Latinismen speziell dem Kirchenlatein entstammt[69].

Bereits im S. 124 f. wiedergegebenen Text der *Eulaliasequenz* finden wir[70]:

*presenter* „vorstellen, vorführen; darbieten" (V. 11; praesentare), ebenso *Alexius*, V. 392, sechsmal in *Roland*; cf. *representer* „vorstellen, darstellen" 12. Jh. („constituer" seit 19.)

*figure* „Gestalt, Form" (V. 25; figura), ebenso *Alexius* V. 482; bis ins Neufranzösische neben *fourme* bzw. relatinisiertem *forme* (12. Jh.) und afr.mfr. *faiture* (< *factura*)

seit *Alexiuslied*:

*precïos* „wertvoll, kostbar" (pretiosus), anfänglich speziell in religiösem Kontext

seit *Rolandslied*:

*sens* „Sinn, Verstand" (sensus); neben afr. *sen* (S. 85)[71]

*contraire* „Widerwärtigkeit, Verdruß" (contrarius), „Gegenteil" 13. Jh.; adj. *contraire* „entgegengesetzt" seit 12. Jh. (Wace; cf. *différent* S. 191, 212)[72]

[69] Cf. H. Berger, *Die Lehnwörter in der französischen Sprache ältester Zeit*, 1899; J. Trénel, *L'ancien Testament et la langue française du moyen âge (VIII$^e$—XV$^e$ siècles)*, 1904; M. v. Orelli, *Der altfranzösische Bibelwortschatz des Neuen Testamentes im Berner Cod. 28 (13. Jh.)*, 1975; F. Brunot, *HLF, I*, 292—295; D. R. Brodin, *Learned Words in the earliest French Documents*, in *Festschrift M. Pei*, 1972, 49—61 (wo der Anteil aller gelehrten Formen an den Worttypen der jeweiligen Texte für *Eulalia* und *Leodegar* auf 17 %, *Alexius* 8 % und *Roland* 7 % berechnet wird).

[70] Vergleiche ferner (u. a.) halbgelehrtes *diaule, diable* (V. 4; diabolus; cf. S. 132) und *seule, siècle* „irdische Welt" (V. 24; saeculum) sowie gelehrtes *element* (V. 15), *virginitet* (V. 17; neben volkssprachlichem *pucelage*), *clementia, clemence* (V. 29), *honestet* (V. 18). Cf. auch O. Deutschmann, *Lateinisch und Romanisch*, 69 f.
Als hapax bereits in *Passion*, aber dann erst wieder seit 15. Jh. begegnet *permetre* „erlauben" (permittĕre).

[71] Cf. D. Koenig, *Sen/sens et savoir et leurs synonymes dans quelques romans courtois du 12$^e$ et du début du 13$^e$ siècle*, 1973.

[72] Ferner, als Latinismen, die nicht bis heute fortleben bzw. nicht dem heutigen Kernbestand angehören, seit *Alexius alien* „fremd" (afr.mfr.; alienus) und seit *Roland vigor (vigueur)* „Kraft" (vigor).

Die Zahl der im 12. und 13. Jh. übernommenen Latinismen beläuft sich im Rahmen der dem „français fondamental" entsprechenden Begriffe insgesamt auf mindestens 60 sowie bei Beschränkung auf die noch dem heutigen Kernbestand angehörenden Formen auf knapp 50 (12. Jh.: 30; 13. Jh.: 18; die Integrierung in die Gemeinsprache erfolgt allerdings wohl mehrfach erst in den folgenden Jahrhunderten, cf. S. 221 f.)[73]. Als Ursprungsmilieus kommen vor allem die Kirchensprache, die Rechtssprache und die scholastische Philosophie in Betracht, wobei jedoch eine systematische Abgrenzung weder möglich noch angemessen erscheint und wir wohl mehrfach vom Gelehrten- bzw. Bildungslatein schlechthin auszugehen haben[74].

[12. Jahrhundert:]

*moment* „Augenblick, Moment" (momentum), bis 14. Jh. vereinzelt (cf. *instant* 14. Jh.)

*question* „Frage", „Fragepunkt, Problem", „ce dont il s'agit" (quaestio)

*idee* „Vorstellung, Gedanke" (idea), allgemeinere Verwendung seit 17. Jh.

*doctor (docteur)* „Lehrmeister, Doktor (Grad)" (doctor); „médecin" seit 17. (vereinzelt 15. Jh.)

*gen(d)re* „Gattung, Art" (genus); cf. *sorte* S. 191

*region* „Landstrich, Gegend, Land, Reich" (regio; eventuell über Kirchenlatein, cf. *regiones caeli* etc., Blaise); neben vorwiegend nordfr. erbwörtlichem *roion* „Land, Gegend, Königreich"

*patron* „Schutzherr" (patronus); „Chef, Arbeitgeber" seit 19. Jh.

*texte* „(kirchliches) Textbuch" („Wortlaut, Text" 13. Jh.; textus)

*musique* „Musik (als eine der 7 artes liberales)" („Musikstück" 16. Jh.; musica)

*note* „Melodie" („Musiknote", „Anmerkung, Aufzeichnung", „Rechnung" 13. Jh.; nota)

*t(h)eatre* „Theater" (theatrum), zunächst in bezug auf Antike; „Theaterspiel" 14., „Theatergebäude" 15., „Theaterliteratur" 17. Jh.

*au(c)tor (auteur)* „Urheber, Schriftsteller, Gewährsmann" (auctor)

[73] Hinzu kommt ein halbes Dutzend Adverbialableitungen zu gelehrten Adjektiven (s. S. 152 f.).
Zur chronologischen Aufgliederung sämtlicher Latinismen der heutigen Sprache cf. die Skizze bei P. Guiraud, *Le moyen français*, 53, derzufolge von den erfaßten 2800 lateinischen und griechischen Stämmen rund 13 % im 12. und rund 10 % im 13. Jh. übernommen wurden.

[74] Vergleiche etwa die erstmals in den naturwissenschaftlichen Lehrgedichten des Philippe de Thaon (Anfang 12. Jh., nach lateinischen Vorbildern) belegten Latinismen *moment, région, idée, question, qualité, général, naturel* (ib. *nature*), *nécessaire.*

*estat (état)* „Zustand, Lage" (status; *Etat* „Staat" 15. Jh.)

*condicion, condition* „Bedingung" (conditio)

*dif(f)erence* „Verschiedenheit, Unterschied" (differentia); cf. *different* 14. Jh.

*qualité* „Eigenschaft, Art" (qualitas); „gute Eigenschaft" seit 17. Jh.

*entencion, intention* „Aufmerksamkeit", „Absicht, Wille", „Verständnis" (intentio); neben afr.mfr. *entente, entendement* (*avoir l'intention* 19. Jh.)

*general* „allgemein" (generalis); cf. *commun* (< *communis*)

*terrible* „schrecklich, furchtbar" (terribilis); abgeschwächte Verwendung seit 16. Jh.

*excellent* „hervorragend, ausgezeichnet" (excellens), bis 16. Jh. v. a. relativ

*naturel* „natürlich" (naturalis); cf. *nature* (natura) „Naturgesetz; Wesen" 12. Jh. („Natur" seit 17., 18.)

*superior (supérieur)* „höher (gelegen)" (superior); „höherstehend" 15.; „qualitativ überlegen" 17. Jh.

*religios (religieux)* „fromm; einem Orden angehörend" (religiosus); cf. *religion* (religio) 12. Jh.

*necessaire* „notwendig" (necessarius); cf. *necessité* (necessitas) 12. Jh.

*oc(c)uper* „in Anspruch nehmen, beschäftigen" („besetzen" 14. Jh.; occupare); *s'occuper de* 17. Jh.

*(h)abiter* „wohnen, sich aufhalten" (habitare; wohl über Bibelsprache); neben polysemem afr.mfr. *manoir* und *demorer (demeurer)*

*continuer* „fortsetzen" (continuare); neben *poursuivre* (S. 30)

*dependre* „abhängen" (unpers. seit 17. Jh.; dependēre); neben vereinzeltem *pendre* (< **pendĕre, pendēre*)

*reparer* „wiederherstellen" (reparare); neben (u. a.) *refaire* (S. 149)

*prononc(i)er* „verkünden, mitteilen" („aussprechen" 13. Jh.; pronuntiare)

### [13. Jahrhundert:]

*famille* „Gesinde (—16. Jh.); Familie" (familia), wohl v. a. über Rechtssprache, als engerer bzw. präziserer Ausdruck neben afr.mfr. *maisniee, mesnie* („Hausgenossenschaft", S. 107) und *menage* (S. 151)

*cas* „Rechtsfall, Fall; Zufall" (casus); Verbindungen wie *au cas que, en tout cas* seit 14., 15. Jh.

*article* „Punkt einer Aufzählung", „grammatikal. Artikel" (articulus); „Ware" seit 16., 17. Jh.

*proprietaire* „Eigentümer" (proprietarius); cf. *proprieté* 12. Jh.

*esperience, experience* „Probe, Erfahrung" (experientia); neben afr.mfr. *esper(i)ment, experiment* (halbgelehrt < *experimentum*) *centre* „Mittelpunkt" (centrum), übertragen seit 17. Jh.

*politique* „Politik" (politice); adj. *politique* (politicus) 14. Jh.

*possible* „möglich" (possibilis); *impossible* „unmöglich" (impossibilis)[75]

*publique (public)* „öffentlich" (publicus); *public* „Öffentlichkeit, Leute" 14. Jh. („Publikum" 18.)

*particulier* „eigen, eigentümlich" (particularis)

*complet* „vollständig" (completus); neben *entier* „ganz, vollständig" (< *integer* spätlt. „ganz"), das schriftsprachlich bis heute häufiger bleibt

*content* „zufrieden" („froh, erfreut" seit 17. Jh.; contentus)[76]

*oblig(i)er* „verpflichten" (obligare), „zwingen" seit 16. Jh., mod. Differenzierung gegenüber *forcer* (S. 73) und *contraindre* seit 17. Jh. (S. 213)

*discuter* „erörtern, diskutieren" (discutĕre); neben *desputer, disputer* „disputieren, diskutieren" (disputare) 12. Jh.; cf. *discussion* (discussio) 12. Jh.

*imaginer* „sich vorstellen" (imaginari; cf. *imagination* 12. Jh.)[77]; *s'imaginer* seit 15. Jh. (cf. *se figurer* 15. Jh.)

*terminer* „beenden" („festsetzen, bestimmen" 12. Jh.; terminare); neben *finir* (die jüngere schriftsprachliche Frequenz von *terminer* ist rückläufig)

*supposer* „vermuten, annehmen" (supponĕre, angeglichen an *poser*); neben afr. *soschier* (< *suspicari*)[78]

c) „Relatinisierung", das heißt Umbildung bzw. Ersatz von erbwörtlichen oder halbgelehrten Lexemen durch eine dem jeweiligen lateinischen Grundwort näherstehende gelehrte Form[79]. So wie die erwähnten halb-

[75] Die abstrakte Ausdrucksform für „möglich" und „Möglichkeit" fehlt noch bei Froissart gänzlich (s. J. Picoche, *Le vocabulaire psychologique*, 36 f., 45). Cf. vereinzeltes *nonpoant* „impossible" (13. Jh.). *Possible* „peut-être" 16., 17. Jh.

[76] Der gelehrte Charakter von *content* ist zwar lautlich nicht nachweisbar, aufgrund der späten Belege (seit Ende 13. Jh.) aber wahrscheinlich.

[77] Cf. auch R.-L. Wagner, in *R 63*, 241—247.

[78] Als Übernahmen, die nicht bis ins heutige Französische fortleben oder nicht dem heutigen Kernbestand des „français fondamental" angehören, vergleiche vor allem:
12. Jh.: *fortune* „Zufall, Geschick" (fortuna; spätestens seit Froissart auch „Glück", cf. *fortuné, infortuné*); *pecun(i)e* „Geld" (pecunia); *epistle, epistre* „Brief" (afr.mfr.; epistula); *septentrion* „Norden" (afr.mfr. als gehobener Ausdruck; septentriones); *fisique, phisique* „Heilkunde, Medizin" (afr.mfr.; physica); *edifice* „Gebäude" (aedificium); *odorer* „riechen" (afr.mfr. trans. u. intrans.; odorari); *relinquir, relenquir* „verlassen" (afr.mfr.; relinquĕre);
13. Jh.: *narrer* „erzählen" (narrare); *ultime* „letzt" (ultimus)

[79] Cf. v. a. G. Gougenheim, *La relatinisation du vocabulaire français*, in *Etudes*, 413—423; zu *vérité* cf. *ZrP 95*, 1979, 140.

gelehrten Formen *servise, essemple, especial, segont, aoine* unter dem kontinuierlichen gelehrten Einfluß des Lateinischen ab dem 12. Jh. durch relatinisiertes *service, exemple, special, second, idoine* konkurriert und ersetzt werden (S. 156 f.), treten in Anlehnung an die entsprechenden lateinischen Formen:

| | neben erbwörtliches | (nach) | relatinisiertes |
|---|---|---|---|
| seit 10. Jh. | *verté* | (veritas) | *verité* (*Passion, Leodegar*) |
| | *mostrer* | (monstrare) | *monstrer* (*Passion*; *montrer* 16. Jh.) |
| | *(re)visder* | (visitare) | *visiter* (*Leodegar*[80]) |
| seit *Roland* | *o(u)rne* (v. a. „Reihe, Reihenfolge") | (ordo) | *ordre* („Ordnung" 12. Jh.) |
| seit 12. Jh. | *mont* | (mundus) | *monde* (cf. *siècle* Fn. 70) |
| | *fourme* | (forma) | *forme* |
| | *enveie* | (invidia) | *envie* |
| | *ochaison* („Gelegenheit; Anlaß, Grund") | (occasio) | *oc(c)asion* („Gelegenheit" 13. Jh.) |
| | *trist* | (tristis) | *triste*[81] |
| | *crier* | (creare) | *creer* |
| seit 13. Jh. | *oitovre* | (october) | *octobre* (cf. afr.mfr. *oitembre*) |
| | *esmer* | (aestimare) | *estimer* (auch „der Ansicht sein") |
| | *porveoir* | (praevidēre) | *prev(e)oir* |
| | *afermer* | (affirmare) | *affirmer* |

Die neuen relatinisierten Formen können teilweise auch formal-inhaltliche Nachteile der Erbwörter (v. a. mangelnde Eindeutigkeit) beseitigen, so etwa die Homophonie von *mont* „Welt" mit *mont* „Berg" (< *mons*), *crier* „(er)-schaffen" mit *crier* „schreien" (< *quiritare*), *esmer* „schätzen" mit *amer, aimer* „lieben" (< *amare*)[82] oder die Polysemie und Homophonie von *afermer* „befestigen; versichern", „verpachten" (← *ferme*).

Neben den von Beginn an geläufigen formalen Relatinisierungen lassen sich fallweise auch s e m a n t i s c h e Angleichungen ans Lateinische („innere" Relatinisierungen) annehmen, so wenn *peine* „Mühe, Qual" (10. Jh.) seit dem 12. Jh. (ev. *Brendan*) auch die klassischlateinische Bedeutung „Strafe" zeigt, *somme* (v. a.) „Abschluß, Ende; Hauptsache" (12. Jh.) seit dem 13. Jh. auch

[80] Zunächst in religiösem Kontext („heimsuchen"), „besuchen" Anf. 12.—18., „besichtigen" seit 13. Jh. (hierzu *visite* 16. Jh.); cf. *aler v(e)oir* S. 155.

[81] *Triste* als eher gelehrte Bezeichnung (seit *Oxf. Ps.*) zeigt in den meisten altfranzösischen Texten noch eine begrenzte Vitalität. Als geläufigstes Adjektivum für „traurig" fungiert während der ganzen altfranzösischen Periode *dolent* (< **dolentus*).

[82] Cf. hierzu zuletzt D. McMillan, in *TLL 9, 1*, 1971, 209—228.

die Bedeutung „Summe" („Geldbetrag" vereinzelt seit Ende 12. Jh., s. *To-Lo*) oder *cler, clair* (< *clarus*) vom 13. bis 16. Jh. auch die klassische Bedeutung „berühmt"[83].

## 4.4. Fremdsprachliche Einflüsse

Der französische Wortschatz erfährt von Beginn an auch einzelne Beeinflussungen durch die zeitgenössischen Adstratsprachen[84], wobei für die altfranzösische Periode als wichtigste Quellen vor allem das Okzitanische, Italienische, Niederländische, Deutsche, Englische und (meist indirekt) Arabische in Betracht kommen. Diese bereits altfranzösischen Entlehnungen bleiben aber, wie die folgende nach K. Gebhardt erstellte Tabelle zeigt[85], im Vergleich zu den Übernahmen der mittelfranzösischen und neufranzösischen Jahrhunderte

[83] Vergleiche außerhalb des lexikalischen Kernbestandes etwa Gougenheim, *Etudes*, 415 ff., zu *gloire* und *loi* (chronologisch zu präzisieren nach *To-Lo*).
Wesentlich geläufiger und gegenüber den Lehnwörtern vorherrschend sind die Lehnbedeutungen und Lehnbildungen beim Einfluß des Lateinischen auf nichtromanische Sprachen wie das Althochdeutsche. Cf. W. Betz, *Der Einfluß des Lateinischen auf den althochdeutschen Sprachschatz, I: Der Abrogans*, 1936; id., *Deutsch und Lateinisch. Die Lehnbildungen der althochdeutschen Benediktinerregel*, 1949.

[84] Vergleiche auch die Entlehnungen aus den Mundarten der „langue d'oïl" (S. 134).

[85] K. Gebhardt, *Das okzitanische Lehngut im Französischen*, 1974, 274, 293; id., in *ZrP 91*, 307. Die Werte erfassen die bis ins Neufranzösische fortlebenden Lehnwörter auf der Basis des *Grand Robert* (d. h. eines Corpus von ca. 58 000 Einheiten).
Als Gesamtzahl der Okzitanismen im umfassenderen Corpus des *FEW* errechnet Gebhardt (extensiv) 1612 noch heute gemeinsprachliche (und 873 untergegangene) Einheiten, wovon auf das 12. Jh. 45 (19) und auf das 13. Jh. 52 (21) entfallen (*op.cit.*, 285).
Die bei T. E. Hope, *Lexical Borrowing in the Romance Languages*, 1971, behandelten Italianismen umfassen für das 12. Jh. 7 und für das 13. Jh. 28 Entlehnungen.
Die Zahl der bei Gebhardt nicht berücksichtigten Arabismen beziffert P. Guiraud, *Les mots étrangers*, 6 (nach *Dauzat* und *Bloch-Wartburg*) für das 12. Jh. auf 20 und für das 13. Jh. auf 22 (bei Einschluß der indirekten, über andere Sprachen vermittelten Entlehnungen). Die Gesamtzahl der vom Französischen bis 1300 übernommenen arabischen Elemente (inklusive der neufranzösisch nicht fortlebenden Formen) liegt bei etwa 120 (cf. *FEW XIX* und den begrifflich gegliederten Überblick von K. Baldinger in *Festschrift W. Giese*, 13—45); die Geschichte des Kernwortschatzes tangieren hiervon v. a. afr.mfr. *meschin, meschine* „junger Mann", „Mädchen" (< *meskîn* „arm, elend") und *hasart, hasard* „Würfel", „Würfelspiel" (< *az-zahr* „id."; „Zufall" seit 16. Jh.).
Zu den altnordischen Lehnwörtern s. S. 119 Fn. 75.

insgesamt sehr begrenzt und tangieren den von uns ins Auge gefaßten Kernwortschatz nur vereinzelt:

| | Engl. | It. | Okz. | Sp. | Deutsch | Niederl. | insgesamt |
|---|---|---|---|---|---|---|---|
| **12. Jh.** | **12** | **10** | **29** | **2** | **8** | **13** | **74** |
| **13. Jh.** | **5** | **29** | **30** | **2** | **13** | **19** | **98** |
| 14. Jh. | 9 | 60 | 62 | 14 | 12 | 31 | 188 |
| 15. Jh. | 5 | 97 | 52 | 14 | 7 | 22 | 197 |
| 16. Jh. | 16 | 369 | 154 | 96 | 20 | 26 | 681 |
| 17. Jh. | 62 | 194 | 90 | 97 | 28 | 38 | 509 |
| 18. Jh. | 123 | 122 | 87 | 57 | 48 | 24 | 461 |
| 19. Jh. | 444 | 151 | 125 | 88 | 84 | 14 | 906 |
| 20. Jh. | 578 | 45 | 46 | 52 | 89 | 3 | 813 |
| | 1254 | 1077 | 675 | 422 | 309 | 190 | |

Der okzitanische Einfluß konzentriert sich während der altfranzösischen Periode auf die maritimen Terminologien, auf einzelne Tier- und Früchtebezeichnungen (z. B. *abeille*[86], *cigogne, tortue*; *concombre, datte, figue*) sowie auf die literatursprachliche Ausstrahlung der Troubadourlyrik.

Letztere bringt, neben der Übernahme mehrerer Gattungsbezeichnungen (z. B. *ballade*, für afr. *balete* „Tanzlied"), vor allem im Rahmen der höfischen Dichtung eine (vorübergehende) Synonymenbereicherung auch für zentrale Begriffe wie:

„gefallen": afr. *abelir, estre bel, estre buen*[87]
„Mädchen": *donzele (danzele), tose*[87]

[86] Zu *abeille*, das vereinzelt seit dem 13. Jh. begegnet und sich im 16. Jh. als schriftsprachliche Bienenbezeichnung durchsetzt, cf. zuletzt Gebhardt, *op.cit.*, 194 ff.

[87] Die Gebrauchsfrequenz gegenüber den einheimischen Bezeichnungen bleibt meist begrenzt, s. Verf.*Syn.* 234 bzw. 63. Cf. zum altokzitanischen höfischen Vokabular G. M. Cropp, *Le vocabulaire courtois des troubadours de l'époque classique*, 1975.
Die Annahme okzitanischen Einflusses als Erklärung von /u/ statt /œ, ø/ in französisch *amour, époux, jaloux* ist nach jüngeren Untersuchungen kaum erforderlich bzw. wenig wahrscheinlich; cf. G. Hilty (*Festschrift A. Kuhn*, 237—254; *Festschrift H. Meier*, 227—252), der für *jaloux* westfranzösischen Einfluß annimmt, L. Söll (*ZfSL 76*, 75—83), der für *époux* analogische Beeinflussung durch die endungsbetonten Formen der Wortfamilie vorschlägt, Chr. Schmitt (*R 94*, 433—462; *Neuphil. Mitteilungen 75*, 279—304), der für alle drei Lexeme kirchenlateinischen Einfluß plausibel macht.
Bei *païer (payer)* in der modernen Bedeutung „bezahlen" ist angesichts des relativ späten Auftretens (Wace; Chrétien) okzitanischer Einfluß möglich, aber nicht zwingend (die Bezeichnungsgeschichte von „bezahlen" wird überhaupt erst im 12. Jh. faßbar).

Der Einfluß des Italienischen bleibt in altfranzösischer Zeit, im Vergleich zu den massiven mittelfranzösischen Übernahmen, quantitativ sehr begrenzt und auch begrifflich weitgehend auf die Bereiche Handel und Seefahrt (z. B. *avarie, golfe*) beschränkt. Im Zuge der Handelsbeziehungen mit der Levante und über Sizilien vermittelt Italien mehrere Produktbezeichnungen arabischen bzw. orientalischen Ursprungs, so im 12. Jh. *sucre, coton, perle* und im 13. Jh. *riz, porcelaine, materas (matelas).* Eventuell aus Oberitalien (oder kat. > okz.) übernommen wurde das moderne Zentrallexem *papier* (13. Jh.).

Den Fachsprachen des Schiffswesens und des Handels entstammt auch der Hauptanteil der niederländischen Lehnwörter, wobei neben mehreren speziellen Termini (z. B. *fret* < *vrecht, vracht*; *amarrer* < *aanmaren*; *estaple, étape* „Handelsplatz, Warenlager" < *stapel*) mit

*esc(h)ope, échoppe* „Verkaufsbude" (12. Jh.; < *schoppe*)

auch die altfranzösische Entsprechung des heutigen Kernlexems *magasin* („Geschäft, Laden" seit Ende 17. Jh.) Eingang findet[88].

Der Beitrag des Englischen schließlich bleibt durch das ganze Mittelalter minimal und ist in unserem Zusammenhang nur insofern erwähnenswert, als zwei zunächst maritim-fachsprachliche Übernahmen sekundär in den modernen Kernwortschatz vordringen:

*bat, batel (bateau)* 12. Jh. (Gaimar)
*nort (nord)* 12. Jh. (Gaimar; cf. *sud, est, ouest*)

Das über die normannische Mundart vermittelte *bateau* kann sich allerdings erst allmählich zur Normalbezeichnung ausweiten (cf. Gougenheim, *Etudes,* 312), und auch *nord, sud, est, ouest* bleiben bis ins Neufranzösische vorwiegend maritime und wissenschaftliche Fachausdrücke[89].

Die fremdsprachlichen Einflüsse haben somit grundsätzlich auch eine gewisse Relevanz für die Bezeichnungsgeschichte des „français fondamental". Diese Auswirkungen auf die zentralen Begriffsbereiche beschränken sich aber auf maximal zehn Übernahmen, die zudem nur als Randbezeichnungen fungieren (*abelir, danzele, tose, meschine*) oder anfänglich noch einen engeren

[88] Daneben *boutique* „Kramladen" (< okz. < gr.) seit 13., 14. Jh.

[89] Als geläufige Bezeichnung der Himmelsrichtungen finden sich zunächst v. a. die Ortsangabe nach der Lage der Ländereien bestimmter Personen oder ein Dreiersystem *soleil levant / soleil couchant / midi* sowie für „Norden" v. a. *bise* (cf. W. Rothwell, in *Archivum Linguisticum 7*, 29—56; E. Preissig, *Verschiebungsdynamik im französischen Wortschatz*, 1938, S. 7 ff.); vergleiche auch *septentrion* (S. 161 Fn. 78), *orient* bzw. *levant, occident* bzw. *ponant.*

Stellenwert einnehmen (*échoppe, bateau, nord*; ev. *papier, payer*). Im Vergleich zu den dargestellten inneraltfranzösischen Neuerungen und auch dem gelehrten lateinischen Einfluß spielen die fremdsprachlichen Entlehnungen in diesem lexikalischen Kernbereich nur eine untergeordnete Rolle.

## 5. Zusammenfassung

Der an der Bezeichnungsgeschichte des „français fondamental" gemessene Kernbestand des altfranzösischen Wortschatzes zeigt im diachronischen Vergleich sowohl mit dem Latein als auch mit dem Neufranzösischen eine deutlich ausgeprägte Eigenständigkeit. Von den jeweils vergleichbaren Begriffen zeigen nur rund 40 % eine Entsprechung mit den klassisch-lateinischen und rund zwei Drittel (ca. 500 von 760) eine (weitgehende) Übereinstimmung mit den neufranzösischen Bezeichnungstypen. Die Lexeme der heutigen Frequenzliste lassen sich zwar grundsätzlich zu einem weit höheren Prozentsatz (in 639 Fällen) bis in die altfranzösische Periode zurückverfolgen[90]; ein guter Teil hiervon fungiert im Altfranzösischen aber noch nicht als alleinige oder vorherrschende Normalbezeichnung, sondern lediglich als eine (meist neue und zunächst seltene) von mehreren Bezeichnungsvarianten.

Die relative Bezeichnungsvielfalt, mit dem teils nuancierenden, teils weitgehend gleichwertigen Nebeneinander mehrerer Synonyme, kennzeichnet zahlreiche Begriffe gerade der zentralen Sphären und bildet ein wesentliches Charakteristikum des altfranzösischen (insbesondere literatursprachlichen) Wortschatzes[91]. Als wichtigste Voraussetzungen dieser relativen Vielfalt konvergieren das bereits vorliterarische Aufeinandertreffen von klas-

[90] In ihrer modernen Funktion oder zumindest einer ihrer heutigen Bedeutungen.

[91] Cf. v. a. Verf. *Syn.* Für die Ebene der „Langue" lassen sich zwischen den koexistierenden Synonymen in der Regel gewisse Abgrenzungen erschließen, die literarische „Parole" zeigt jedoch neben der nuancierenden Verwertung auch zahlreiche Gleichsetzungen im Dienste mehr formaler Kriterien wie der stilistischen Variatio und den metrischen Erfordernissen.
Die lexikalische Vielfalt äußert sich auch in der für den mittelalterlichen Stil weithin kennzeichnenden Synonymendoppelung (cf. zuletzt C. Diekamp, *Formelhafte Synonymenhäufungen in der altpoitevinischen Urkundensprache*, 1972). So finden wir als Verbindungen mit teils nuancierendem, teils präzisierendem, teils intensivierendem, teils formelhaftem Charakter etwa:
*ocire et tuer, ocire et morir, plaire et seoir, (re)membre et sovient, navrer et blecier, selve et bois, bois et forest, noise et bruit, duel et ire, dolour et ire, joie et leece, maniere et guise, bataille et estor, riche et manant, dolent et triste, lié et joios, menu et sovent.*

sischen, spontansprachlichen und fremdsprachlichen Elementen[92], die starke altfranzösische Produktivität der Wortbildung sowie die (literatursprachliche) Koexistenz von diastratisch-diaphasischen und diatopischen Varianten. Eine zugleich konservative und neuerungsfreudige Haltung sowie ein relativ geringes Ökonomisierungs- bzw. Differenzierungsstreben führen wiederholt zur Koexistenz von Überkommenem mit Neuem und lassen die neuen Bezeichnungen weniger an die Stelle als (in einem meist jahrhundertelangen Nebeneinander) an die Seite der älteren treten. In diesem Sinne bildet die dargestellte altfranzösische Dynamik (auch soweit keine neuen Bezeichnungsnotwendigkeiten vorliegen) weniger eine Umschichtung als eine Ausweitung und können wir trotz zahlreicher Neuerungen von einer relativen Stabilität sprechen.

Überwiegend Erweiterungen bilden auch die semantischen Neuerungen, was zu einem beträchtlichen Zuwachs an neuen Polysemien führt. Die Dehnbarkeit und teilweise Unbestimmtheit des Wortsinns sind in vielen Fällen ein spezifisches Kennzeichen der altfranzösischen (bzw. mittelalterlichen) Sprache und lassen dem Kontext eine vergleichsweise große Differenzierungsfunktion zukommen[93].

Besonders auffallende Polysemien im Vergleich zum modernen Französischen zeigen etwa:

| | |
|---|---|
| *partir:* | „teilen", „trennen", „aufbrechen, weggehen" |
| *retraire:* | „zurückziehen", „wegnehmen", „erzählen", „vorwerfen", „gleichen" |
| *esgarder:* | „(an)schauen", „urteilen", „entscheiden, beschließen" |
| *cuidier:* | „denken, glauben, (ver)meinen, vermuten", „gedenken, vorhaben", „nahe daran sein" |

92 Vergleiche etwa für

| | |
|---|---|
| „zurückkehren": | *revertir* (klt.), *torner* (vlt.), *repairier* (gallolt.), *retorner* (frühafr.), *rentrer* (afr.) |
| „wegnehmen": | *tolir* (klt.), *lever* (vlt.), *oster* (gallolt.), *enlever, retraire, retirer* (afr.) |
| „sich erinnern": | *recorder* (klt.), *(re)membrer, sovient* (vlt.), *resovient* (afr.) |
| „ändern, wechseln": | *muer* (klt.), *changier* (vlt. < kelt.), *remuer* (frühafr.) |
| „führen": | *duire* (klt.), *conduire, mener* (vlt.), *guier* (frk.) |
| „töten": | *ocire* (klt.), *tuer* (vlt., afr.), *morir* (frühafr.) |
| „Wald": | *selve* (klt.), *bois, gaut* (frk.), *forest* (gallolt.) |
| „Schmerz": | *dolour* (klt.), *duel* (vlt.), *ire* (frühafr.) |
| „Abend": | *vespre* (klt.), *soir* (vlt.), *vespree* (frühafr.), *seree* (afr.) |
| „Mädchen": | *pucele* (vlt.), *damoisele, fille* (gallolt.), *meschine* (afr., < arab.), *danzele, tose* (afr. < okz.) |
| „traurig": | *dolent, trist(e)* (lt.), *graim* (frk.), *marri* (frühafr.) |

93 Vergleiche andrerseits aber die gegenüber dem modernen Wortschatz geringere Rolle der Homophonie (cf. S. 203 Fn. 63).

| | |
|---|---|
| *seoir:* | „sitzen", „sich setzen", „gelegen sein (von Örtlichkeiten)", „(an)-stehen", „passen, belieben, gefallen" |
| *ire:* | „Zorn", „Schmerz, Kummer, Gram" |
| *noise:* | „Lärm", „Zank, Streit", „Aufruhr" |
| *cuer, corage:* | „Herz", „Sinn, Gemüt", „Mut", „Vorhaben" |
| *norriture:* | „Ernährung", „Aufziehen", „Erziehung" |
| *mostier:* | „Kloster", „Klosterkirche", „Kirche" |
| *riche:* | „reich", „mächtig", „vornehm", „prächtig, kostbar" |
| *chaitif:* | „gefangen", „elend", „unglücklich" |
| *estrange:* | „fremd", „fremdartig, außergewöhnlich", „seltsam" |
| *trop:* | „viel", „sehr", „zu viel", „zu sehr" |
| *assez:* | „viel", „sehr", „genug" |
| *ainz:* | „vor", „vorher", „vielmehr, eher", „sondern" |
| *que:* | „daß", „weil, denn", „sodaß", „damit" |

Symptomatisch für ein offenbar geringes Bedürfnis nach lexikalischer Differenzierung und semantischer Eindeutigkeit ist die Tatsache, daß mehrfach auch vorhandene Differenzierungsmöglichkeiten nicht oder nicht konsequent ausgeschöpft werden. So finden wir beispielsweise neben polysemem

*do(u)ter* „zweifeln" + (häufiger) „fürchten",
*to(u)rner* „drehen, wenden" + „zurückkehren"

seit dem Frühaltfranzösischen die eindeutigen Präfixerweiterungen

*redo(u)ter* „fürchten" und *reto(u)rner* „zurückkehren" (S. 137 f.);

ungeachtet dessen werden aber auch einfaches *douter* „fürchten" und *tourner* „zurückkehren" durch die ganze altfranzösische bzw. mittelalterliche Periode weitergeführt und erst im Übergang zum Neufranzösischen zugunsten einer konsequenten Differenzierung aufgegeben[94].

[94] Entsprechend wird etwa auch die semantische Polyvalenz von
*sembler* „scheinen" + „gleichen"
*message* „Botschaft" + „Bote"
*prison* „Gefangenschaft" + „Gefangener" + „Gefängnis"
bis in die mittelfranzösische Periode fortgeführt, obwohl die eindeutig differenzierten modernen Bezeichnungstypen
*re(s)sembler* „gleichen" (seit *Roland*), *messag(i)er* „Bote" (seit *Roland*), *prisonnier* „Gefangener" (seit 12. Jh.) als Möglichkeit bereits zur Verfügung standen.
Ähnlich übernimmt das Altfranzösische mit dem formalen Nebeneinander von *dolour* (< *dolor*) vs. *duel* (< *dolus*) und *joie* (< *gaudium, -a*) vs. *leece* (< *laetitia*) die mögliche Differenzierung zwischen „körperlichem" vs. „seelischem Schmerz" und zwischen „innerer" vs. „äußerer Freude", entzieht dieser Trennung aber jede Konsequenz, indem *dolour* neben dem körperlichen auch den seelischen Schmerz bezeichnet und *joie* (seit spätestens 12. Jh.) auch auf die äußere Freude bzw. zur generellen Bezeichnung ausgeweitet wird.

# V. Vom Altfranzösischen zum Neufranzösischen

## 1. Das Mittelfranzösische als Übergangsperiode

Die sogenannte „mittelfranzösische" Periode vom 14. bis ausgehenden 16. Jh. kennzeichnet sich durch einen relativ raschen Entwicklungsrhythmus mit tiefgreifenden Veränderungen auch im lexikalischen Kernbereich. Der Anteil der Bezeichnungsveränderungen im Rahmen der rund 825 in Betracht kommenden Zentralbegriffe[1] liegt zwar mit etwa 40 % kaum wesentlich über dem Gesamtwert der altfranzösischen Neuerungen (S. 144). Im Gegensatz zur vorwiegend ausweitenden und ansonsten relativ stabilen Geschichte des Altfranzösischen bringt jedoch die mittelfranzösische Entwicklung zum überwiegenden Teil eine eigentliche Umschichtung mit dem häufigen völligen Zurücktreten der altfranzösischen Normalbezeichnung und absoluten lexikalischen Gegensätzen zwischen Alt- und Neufranzösisch.

Die zahlreichen Veränderungen und der meist zwischen den altfranzösischen und den modernen Verhältnissen schwankende Sprachgebrauch lassen das Mittelfranzösische weniger als Sprachzustand und eigenständige Periode, sondern in erster Linie als kontinuierlichen Wandel und als Übergang erscheinen: „la langue n'atteint jamais un de ces états d'équilibre où les langues se tiennent, en apparence fixées pour un temps. Le français moderne, le vieux français aussi ont eu de ces moments, le moyen français non" (Brunot, *HLF I*, 421). Dementsprechend konzentrieren wir unsere Darstellung des mittelfranzösischen (Kern-)Wortschatzes auf die Beschreibung der diachronischen Veränderungen zwischen Altfranzösisch und Neufranzösisch sowie auf die Herausarbeitung der wesentlichen inner- und außersprachlichen Faktoren, die dieser Entwicklung zugrunde liegen.

Wesentliche Voraussetzungen einer relativ labilen Sprachtradition und damit geringen Sprachstabilität bilden vor allem die meist durch Krieg und Unru-

[1] Zu den rund 760 seit altfranzösischer Zeit faßbaren Begriffen treten etwa 65 „neue", das heißt offenbar erst seit dem 14., 15., 16. Jh. bezeichnungsgeschichtlich verfolgbare Begriffe. Fast die Hälfte dieser neuen Begriffe entspricht einem neu übernommenen (und in der Regel sicher erst sekundär in den Kernwortschatz einrückenden) Latinismus (cf. S. 221 f.).

hen gekennzeichneten äußeren Zeitverhältnisse[2] sowie das weitgehende Fehlen verbindlicher literarisch-sprachlicher Autoritäten. Beides ermöglicht, ähnlich wie im nachklassischen Vulgärlatein, die erhöhte Wirksamkeit und gemeinsprachliche Ausweitung speziell der spontansprachlich-volkstümlichen Entwicklungstendenzen mit dem Hauptstreben nach Expressivität. Gleichzeitig schafft der seit dem 13. Jh. besonders rasche lautliche Entwicklungsrhythmus mit starker Kürzung des Wortkörpers und zahlreichen neuen Homophonien auch besondere innersprachliche Voraussetzungen für häufigen Wortersatz, so daß das Streben nach inhaltlich expressiven Bezeichnungen vielfach mit dem Bemühen um Lautfülle und formale Eindeutigkeit konvergiert.

Daneben bringt die progressive Funktionsausweitung der französischen Schriftsprache (als Urkunden-, Amts-, Gerichts-, Wissenschaftssprache) beträchtliche lexikalische Erweiterungen (neue Bezeichnungsnotwendigkeiten; Streben nach gelehrt-gehobenen Bezeichnungsvarianten) sowie ein gegenüber dem Altfranzösischen zunehmendes Bemühen um Präzision und Differenzierung. Auf der anderen Seite treten mit dem Schwinden mehrerer sachlich-kulturgeschichtlicher Spezifika der altfranzösischen Periode auch die entsprechenden Bezeichnungen zurück.

Einen Überblick über die mittelfranzösische Entwicklung geben v. a.:

F. Brunot, *Histoire de la langue française,* v. a. *I,* 553—585, *II,* 161—241, 492—498

A. Stefenelli, *Les transformations lexicales de l'ancien français au français moderne,* in *Mélanges Gossen,* 1976, 875—896

eine kulturgeschichtlich verarbeitete Darstellung von neu belegten Formen:

D. Messner, *Einführung in die Geschichte des französischen Wortschatzes,* 1977, 74—89

eine nach den Gründen klassifizierende Zusammenstellung zurückgetretener mittelalterlicher Lexeme:

E. Lippold, *Die Gründe des Wortuntergangs, untersucht am Schicksal des Crestiien-Wortschatzes in der französischen Schriftsprache,* 1946

E. Huguet, *Mots disparus ou vieillis depuis le XVI^e siècle,* 1935 (1967)

die wichtigste lexikographische Quelle, neben *FEW* und *Godefroy*, bildet:

E. Huguet, *Dictionnaire de la langue française du XVI^e siècle,* 7 Bde., 1925—1967

[2] Dies gilt insbesondere für die Periode des Hundertjährigen Krieges (ca. 1340—1450), die neben den existenzbedrohenden Auseinandersetzungen mit England auch im Inneren wiederholt durch die Wirren von Bürgerkrieg und Anarchie sowie das Elend von Verwüstungen, Hungersnot und Seuchen gekennzeichnet war.

## 2. Überblick über die Entwicklung von etwa 1300 bis 1600

### 2.1. Ausbreitung und Verallgemeinerung von bereits altfranzösischen Bezeichnungsvarianten

Ein guter Teil der neufranzösischen Bezeichnungstypen des „français fondamental" findet sich grundsätzlich bereits in altfranzösischer Zeit, wird aber erst im Laufe der mittelfranzösischen Entwicklung zur vorherrschenden bzw. alleinigen Normalbezeichnung ausgeweitet. Die folgende klassifizierende Aufgliederung läßt die wichtigsten Vorteile bzw. Gründe für das Vordringen der modernen Formen hervortreten, darf aber nicht darüber hinwegtäuschen, daß im Einzelfall des öfteren mehrere dieser Faktoren zusammenwirken[3].

#### 2.1.1. Synonyme mit zunächst affektivem Gehaltswert[4]

*tuer* bildet, entsprechend der ursprünglichen Bedeutung „totschlagen", eine gegenüber *ocire* zunächst affektiv-expressive Bezeichnung für „töten" und kann sich als zugleich regelmäßige Form im Laufe des Mittelfranzösischen ganz durchsetzen

*tirer* (seit *Roland*) begegnet zuerst als Bezeichnung für „sich die Haare raufen" bzw. „herauszerren", also in Verwendungen, „die einen starken affektiven Unterton haben" (*FEW*; anders A. Burger, in *Linguistica 12*, 1972, 17—21) und wird nicht zuletzt wegen dieses expressiven Charakters gegenüber dem auch polysemen und unregelmäßigen *traire* progressiv ausgeweitet (entsprechend *retirer* gegenüber *retraire*; *traire* „melken" seit 13., 14. Jh.)

*vil(l)e* kann sich als zunächst familiärere und anschaulichere Alltagsbezeichnung gegenüber offiziellem *cité* zunehmend zur Normalbezeichnung ausweiten

*teste* wird wohl in erster Linie aufgrund seines anfänglich affektiv-expressiven Gehaltswertes ausgeweitet und gegenüber dem auch polysemen *chief* zur Normalbezeichnung für „Kopf" verallgemeinert

[3] Ferner sind neben den sprachlichen Faktoren fallweise auch die sachlich-kulturgeschichtlichen Voraussetzungen zu berücksichtigen. So wird etwa das allmähliche Zurücktreten von *estree* (als Bezeichnung der breiten Römerstraße) gegenüber *route* (ursprünglich „durch Hindernisse gebrochener Weg") sicherlich vom vorübergehenden Zurücktreten von Straßenpflege und Straßenbau mitbestimmt (cf. *FEW*; K. Baldinger, in *Serta Romanica, Festschrift Rohlfs,* 89—106), oder das Zurücktreten etwa von *errer, ferir* und *soudoyer* vom Untergang des Ritterwesens.
Zum gelehrten latinisierenden Einfluß s. S. 194.

[4] Cf. S. 132, 145.

### 2.1.2. Anschaulich-bildhafte Bezeichnungsvarianten

Eine Reihe von (zunächst) anschaulich-bildhaften und insofern besonders ausdruckskräftigen Neuerungen begegnet vereinzelt seit der altfranzösischen Zeit, kann sich aber erst im 14., 15. Jh. gemeinsprachlich ausweiten und als Normalbezeichnungen gegenüber den traditionellen Bezeichnungstypen durchsetzen[5]:

*enlever* „wegnehmen" (12. Jh.) gegenüber dem auch unregelmäßigen *toudre, tol(l)ir*

*couper* „(ab)schneiden" (12. Jh.; eigentlich „mit einem Schlag trennen") gegenüber *taill(i)er*

*(il) faut* „es ist nötig, man muß" (13. Jh.; eigentlich „es fehlt, mangelt") gegenüber *estuet* und polysemem *co(n)vient*

*beaucoup* „viel" (13. Jh.; eigentlich „ein schöner Schlag, ein großes Stück") gegenüber der auch durch Lautkürze und Homophonie beeinträchtigten altfranzösischen Hauptbezeichnung *mout* (cf. auch *tres* S. 132)

*plus tost (plutôt)* „eher, vielmehr" (13. Jh.; eigentlich „schneller") gegenüber *mielz* und polysemem *ainz* (die moderne Bezeichnung dominiert seit dem 15. Jh.)[6]

*puet (cel) estre (peut-être)* „vielleicht" (12. bzw. 13. Jh.) gegenüber den zunächst meist geläufigeren, auch polysemen Synonymen *espoir, par aventure, se devient*

### 2.1.3. Onomatopoetische und kindersprachliche Formen

Die S. 155 f. angeführten lautmalenden und kindersprachlichen Neuerungen sind im Rahmen der altfranzösischen (Schrift-)Sprache noch ganz vereinzelt, werden aber im Laufe des Mittelfranzösischen wohl vor allem aufgrund ihrer ursprünglichen Expressivität progressiv ausgeweitet. Als neue Normalbezeichnungen ganz an die Stelle der traditionellen Formen rücken so:[7]

*frap(p)er* „(drein)schlagen, treffen" (12. Jh.) gegenüber dem auch unregelmäßigen *ferir* (im 16. Jh. bereits defektiv; cf. auch *taper*); zu den Frequenzen und den weiteren am Ersatz beteiligten Faktoren s. W. Hupka, *op. cit.* S. 155 Fn. 66, v.a. 35 ff., 290 f., 299 ff.

*tomber* „umfallen, hinfallen" (12. Jh., „herunterfallen" 15. Jh.) gegenüber dem auch unregelmäßigen und in einigen Formen lautschwachen *ch(e)oir* (die einzelnen Zeitformen schwinden stufenweise im Laufe des 16. Jhs.)

[5] Vergleiche auch die teilweise bereits altfranzösischen Verbalperiphrasen S. 188.
[6] Cf. L. Lindvall, *Sempres, lues, tost, viste et leurs synonymes*, 1971, v. a. 172 ff.
[7] Vergleiche außerhalb des Kernwortschatzes etwa auch
*piquer* „stechen" (S. 80 Fn. 145), das ab dem 14. (vereinzelt 12.) Jh. das auch unregelmäßige traditionelle Normalverbum *poindre* (< *pungĕre*) verdrängt.

*canard* „Ente" (13. Jh.) gegenüber dem auch lautschwachen und homophonen *ane*

*tante* „Tante" (12. Jh.) gegenüber *ante* (im 14. Jh. sind beide Formen etwa gleich häufig, im 15. Jh. tritt *ante* weitestgehend zurück)

*vi(s)te* (adj.) „behende, schnell" (12. Jh.) gegenüber der geläufigsten mittelalterlichen Bezeichnung *isnel* (seit 16. Jh. archaisch, cf. L. Lindvall, *op.cit.*); cf. *vite* adv. seit 16. Jh., für afr.mfr. *tost (tôt)*

## 2.1.4. Intensivverben

Mehrere Verben des modernen Kernwortschatzes beruhen auf ursprünglichen Intensivbezeichnungen, die sich im Mittelfranzösischen in erster Linie aufgrund ihrer expressiven Ausdruckskraft (teils auch Regelmäßigkeit und Eindeutigkeit) ausbreiten und zu Normalbezeichnungen verallgemeinern bzw. abschwächen:

*fermer* „fest (mit einem Riegel oder Schlüssel) zuschließen" (S. 107) gegenüber dem auch unregelmäßigen sowie in manchen Formen lautschwachen und homophonen altfranzösischen Normalverbum *clore* (< *claudĕre*; cf. auch *serrer*)

*cerchier, chercher* „suchend durchstreifen, (ringsum) durchsuchen" (S. 74; cf. *ZrP 81*, 257 f.) gegenüber dem auch unregelmäßigen und polysemen *querre* (<*quaerĕre*; schwindet seit 15. Jh., cf. Hupka, *op. cit.*, 50 ff.)

*travaill(i)er* „sich quälen, (ab)plagen, (ab)mühen" (S. 77 Fn. 137) gegenüber dem auch teilhomophonen *ouvrer* (< *operari*); die moderne Bedeutung von *travailler* begegnet vereinzelt seit dem 13. Jh. (cf. auch *To-Lo*) und geläufig seit Ende des 14. Jhs.[8]; cf. hierzu *travail* „Arbeit" seit 15. Jh.

*march(i)er* „(mit den Füßen) treten, auftreten", das in der ausgeweitet-abgeschwächten modernen Bedeutung „marschieren, gehen" seit dem 14. Jh. (fallweise seit 12. Jh., s. *To-Lo*) an die Stelle von homophonem *errer* und an die Seite von *aller* tritt (*marcher* „rouler, fonctionner" 17. Jh.); cf. hierzu *marche*, mod. Bed. seit 15., 16. Jh.[9]

## 2.1.5. Lautvollere, eindeutige und regelmäßige Synonyme

Die durch die starken Lautveränderungen gehäuften formalen Nachteile der Lautkürze, Homophonie und Unregelmäßigkeit sind am Zurücktreten vieler

[8] Cf. B. v. Gemmingen-Obstfelder, *Semantische Studien zum Wortfeld „Arbeit" im Französischen*, 1973, S. 112 ff.

[9] Ein gewisser Intensivgehalt, teilweise gekoppelt mit dem Vorteil semantischer Eindeutigkeit, bestimmt auch das allmähliche Vordringen einer Reihe von Präfixerweiterungen (S. 137 f., 147 f.) gegenüber ihren Simplices: *reto(u)rner, redo(u)ter, raconter, rencontrer, remercier* (ferner außerhalb des Kernwortschatzes etwa *ressembler, repentir, remplir, renforcer, renverser*); zu *re-* cf. L. Sletsjøe, in *Studia Neophilologica 51*, 1979, 94—98.

traditioneller Bezeichnungen beteiligt, aber wohl nur selten der alleinige Grund eines Wortersatzes (cf. auch W. Rothwell, *Homonymics and Medieval French,* in *Archivum linguisticum 14,* 1962, 35—48). In erster Linie maßgebend erscheinen der vollere und eindeutigere (weil nicht homophone) Lautkörper (teils gekoppelt mit eindeutigerer Semantik) vor allem beim Vordringen von[10]:

*chang(i)er* „ändern, wechseln" gegenüber *muer* (< *mutare*)

*sortir* „herausgehen" (12. Jh.) gegenüber *eissir, issir* (< *exire*; cf. R. Barz, *Die Geschichte des französischen Verbums ‚issir'*, Diss. Münster, 1953)

*costé, côté* „Seite" gegenüber *lez* (< *latus*)

*matin* „Morgen" gegenüber *main* (< *mane*; schon afr. v. a. in festen Wendungen)

*usage* „Gebrauch, Gewohnheit" (12. Jh.) gegenüber *us* (< *usus*)

*batel, bateau* „Boot, Schiff" (12. Jh.) gegenüber *nef* (< *navis*; cf. *navire*)

*tente* „Zelt" gegenüber *tref* (< ?; cf. afr.mfr. *paveillon*)

*passage* „Übergang", „Stelle" (*Roland* bzw. 12. Jh.) gegenüber *pas* (< *passus*)

*repas(t)* „Nahrung", „Mahlzeit" (12. bzw. 16. Jh.) gegenüber *past* (< *pastus*)

*bord* „Rand" gegenüber *ore, or, eur* (< *ora* bzw. *orum*; cf. *orée* 14.—18. Jh.)

*large* „breit" gegenüber *lé* (< *latus*)

*mauvais* „böse, schlecht" gegenüber *mal* (< *malus*; cf. *méchant*)

*certain* „sicher", „gewiß" gegenüber *cert* (< *certus*)

*pareil* „gleich" gegenüber *per, pair* (< *par*); cf. auch *semblable* seit 12. Jh.

*v(e)rai* „wahr" gegenüber *voir* (< *verus*)

*alors* „damals, dann" (13. Jh.) gegenüber *lors* (< *illa hora*)

*maintenant* „jetzt" (13. Jh.) gegenüber *ore, or* (< *hac hora*; cf. *à cette heure,* 16. Jh.)

*deja* „schon, bereits" (13. Jh.) gegenüber *ja* (< *iam*)

*pres que, presque* „beinahe, fast" (ev. 12. Jh.) gegenüber *pres* (< *presse*)

*avuec, avec* „mit" (cf. S. 109, 134) gegenüber *od, o* (< *apud*)

*denz, dans* „in" (geläufig erst seit 16. Jh.)[11] gegenüber *en* (< *in*) bzw. mit dem Artikel amalgamiertem *ou, es* (< *en le, en les*)

*combien* „wieviel" (12. Jh.) gegenüber *quanz* (< *quantus, quanti*)

*puisque* „da, da ja" (*Roland*) gegenüber *quant* (< *quando*)

[10] Vergleiche außerhalb des Kernwortschatzes etwa auch das Zurücktreten von *vis* gegenüber *visage*; *piz, pis* gegenüber *poitrine*; *ive* gegenüber *jument*; *raiz* gegenüber *racine*; ferner Huguet, *Mots disparus ou vieillis*, Kap. I—III.

[11] Mittelalterliches *denz* (< *deintus*) bleibt (im Gegensatz zu *dedenz, dedans*) vereinzelt, so daß *dans* auch Rückbildung des 16. Jhs. aus *dedans* sein kann (cf. Gougenheim, *Etudes*, 66 ff.).

sowie die regelmäßige (und teils eindeutigere) Form beim Vordringen von:

*rester* „bleiben" bzw. *habiter* „wohnen" (12. Jh.) gegenüber *(re)manoir, (re)maindre* (< *manēre, remanēre*); cf. auch *demeurer*

*sauter* „springen" (afr. vereinzelt) gegenüber *saillir* (< *salire*)

*brusler, brûler* „(ver)brennen" (12. Jh.) gegenüber *ardoir, ardre* (< *ardēre*)

*païer, payer* „(be)zahlen" (12. Jh.) gegenüber *soudre* (< *solvĕre*)

*to(u)rner* „drehen, wenden" gegenüber *vertir* (< *vertĕre*; ebenso *retourner* „zurückkehren" vs. *revertir*)

### 2.1.6. Diminutivformen

Das den Kernwortschatz nur vereinzelt (bei *morsel, morceau* für *mors* S. 146) tangierende Zurücktreten vieler altfranzösischer Grundformen gegenüber ihrer eigenen Diminutivableitung erklärt sich — mit je nach Fall unterschiedlicher Gewichtung — sowohl von den formalen Kriterien der Lautfülle (vs. Einsilbigkeit) und Eindeutigkeit (vs. Homophonie) als auch von den zunächst meist affektiven Gefühlswerten der Ableitungen. Die Entwicklung kennzeichnet vor allem zahlreiche Tierbezeichnungen[12]:

*aloe / alouette*; *aronde / arondelle (hirondelle)*; *corp / corbeau*; *raine / renouille (grenouille)*; *tor / taureau*; *mul / mulet*

aber auch mehrere Baum- bzw. Pflanzennamen:

*til / tilleul*; *boul / bouleau*; *ros / roseau* (cf. *raim / rameau*);

ein anfänglich hypokoristischer oder euphemistisch-anteilvoller Gehalt der Diminutivform läßt sich vor allem annehmen bei:

*bers* „Wiege" / *berçuel (berceau)*; *mu* „stumm" / *muet*; *orfe(ne)* „Waise" / *orfenin (orphelin)*.

### 2.1.7. Geographisch auf das Zentrum konzentrierte Varianten

Die seit dem ausgehenden Altfranzösischen erfolgende syntopische Vereinheitlichung der französischen Schriftsprache auf der Basis der zentralen Sprachform der Ile-de-France ist bezeichnungsgeschichtlich mit der Ausweitung bzw. Verallgemeinerung mehrerer vorwiegend zentralfranzösischer

[12] Vergleiche auch das Zurücktreten von *geline* „Huhn" (< *gallina*) gegenüber *poule*, das anfänglich (seit Ende 12. Jh.) vielleicht speziell das „junge Huhn" bezeichnet (cf. S. 65).

Worttypen gegenüber ihren auf die Randgebiete konzentrierten Synonymen verbunden. In diesem Sinne führen die S. 133 f. erwähnten diatopischen Divergenzen im Mittelfranzösischen zum Zurücktreten der auf den Westen konzentrierten Bezeichnungen und zum völligen Sieg etwa von *envoier (envoyer)* „schicken" gegenüber *trametre* (bis 15. Jh.) (zu *pas* vs. *mie* cf. Price, *op.cit.*, 23 ff.).

## 2.2. Bedeutungsveränderungen[13]

Die semantischen Neuerungen der mittelfranzösischen Periode bringen neben den bis heute bewahrten Erweiterungen bzw. Polysemien in höherem Maße als in altfranzösischer Zeit auch eigentliche Verschiebungen mit dem völligen oder weitgehenden Schwinden der älteren Verwendungsweisen.

Als semantische Erweiterungen, mit Weiterführung auch der älteren Bedeutungen, finden wir im lexikalischen Kernbestand vor allem:

*toucher* „berühren" (S. 80), seit 16. Jh. auch „(Geld) erhalten, beziehen"

*sentir* (trans.) „riechen" (12. Jh.; cf. S. 54 Fn. 80), seit 14. Jh. auch intransitiv „riechen (nach)"

*engager* „verpfänden" (S. 150), seit 16. Jh. (Ronsard) auch „verpflichten, binden" (*s'engager* seit 16. Jh.)

*prévoir* „voraussehen" (S. 162), seit 16. Jh. auch „vorsehen"

*pousser* „stoßen" (< *pulsare*), seit 16. Jh. auch übertragen „treiben, wachsen"

*prendre* „nehmen" (S. 29), seit 16. Jh. auch „zu sich nehmen, einnehmen"

*coste, côte* „Rippe", „Abhang" (< *costa,* S. 64), seit 16. Jh. auch „Küste", 17. Jh. „Küstenstrich" (für afr.mfr. *marine*)

*gost, goût* „Geschmack" (< *gustus*), seit 16. Jh. auch übertragen „Gefallen, Neigung"

*ordre* „Ordnung" (12. Jh.), seit 16. Jh. auch „Anordnung, Befehl"

*retraite* „Zurückweichen, Rückzug" (12. Jh.), seit 16. Jh. auch übertragen „Rückzug aus dem aktiven Leben" („Ruhestand, Pension" 18. Jh.)

*article* „Punkt einer Aufzählung" (13. Jh.), seit 16. Jh. auch konkretisiert „Ware"

*quartier* „Viertel" (*Roland*, 12. Jh.), seit 16. Jh. auch „Stadtviertel"

*povre, pauvre* „arm" (< *pauper*), seit 14. Jh. auch „bedauernswert" (cf. *Lexique Aalma* „miser : povres")

*terrible* „schrecklich" (12. Jh.), seit 16. Jh. auch abgeschwächt „très grave, très fort"

[13] Vergleiche auch die mit den sub 2.1. genannten Verallgemeinerungen verbundenen Bedeutungsveränderungen, im speziellen die parallel zur Ausweitung erfolgte Abschwächung eines ursprünglichen Affektiv-, Intensiv- oder Diminutivgehalts. Siehe ferner sub 2.3. *gauche*; *droit*; *plat* sb.; *là-dessus.*

Daneben stehen jedoch eine größere Zahl von neuen Bedeutungen, die in der Entwicklung zum Neufranzösischen bzw. heutigen Französischen ganz oder weitgehend an die Stelle der älteren Verwendungen treten. Als besonders geläufig unter den vielfältigen Arten und Gründen der Veränderungen erweisen sich:

die ausweitende Verallgemeinerung von zunächst spezielleren (teils fachsprachlichen) Lexemen:

*arengier, arranger* (12. Jh. zu *renc, rang* „Reihe") mit der zunächst vorwiegend militärischen Bedeutung „in Reih und Glied aufstellen" wird im Laufe des Mittelfranzösischen zu einer allgemeinen Bezeichnung für „ordnen, herrichten" ausgeweitet (16., vereinzelt seit 12. Jh.); cf. übertragen *s'arranger avec qn.* seit 18. Jh.

*abillier, habiller* „zurechtmachen, herrichten" (13. Jh.; zu *bille* „Baumstrunk") erhält, neben mehreren anderen fachsprachlichen Spezialisierungen[14], vermutlich zunächst im militärischen Wortgebrauch die Bedeutung „seine Uniform anlegen, sich anziehen" und wird in dieser Funktion (in volksetymologischer Anlehnung an *habit*) seit etwa 1400 gemeinsprachlich zu einem anschaulicheren und regelmäßigen Synonym von *vestir, vêtir* (< *vestire*) ausgeweitet (cf. S. 220)

*nagier, nager* „mit dem Schiff fahren" (< *navigare*) zeigt seit dem 14. Jh. (als hapax bereits 12.), über allgemeines „sich auf dem (im) Wasser (fort)bewegen", die Bedeutung „schwimmen" und ersetzt in dieser Funktion das homophoniegefährdete traditionelle Verbum *no(u)er* (< *natare, *notare*; cf. *nouer* „knüpfen" < *nodare*)[15]

*magnifique* „hochherzig" (13. Jh., gelehrt < *magnificus*) begegnet seit Ende 15. Jh. in der allgemeineren Verwendung als „großartig, herrlich, wunderbar, prächtig"; cf. S. 218

*quelque* wird über Wendungen wie *a quel que peine* (12. Jh.) seit dem 13., 14. Jh. zum Indefinitpronomen „irgendein; einige" verallgemeinert (cf. *quelqu'un, quelque chose* 14., *quelquefois* 15. Jh.)

*merci* „Gunst, Gnade; Dank" (S. 126) wird seit 14. Jh., über Verbindungen wie *vostre merci* „durch Eure Gnade, dank Eurer Gnade", zur Höflichkeitsformel „danke" (häufig erst seit 19. Jh.; cf. H. Kremos, *Höflichkeitsformeln in der französischen Sprache*, 1955, v.a. 78 ff.); cf. *s'il vous plaît* 12. (mod. Bed. 17.) Jh.

[14] Cf. v. Wartburg, *Einführung*, 113.

[15] Cf. v. Wartburg, *Einführung*, 151 ff.; Gougenheim, *Etudes*, 238; W. Rothwell, in *ZrP 92*, 1976, 386—393. Eine Art Zwischenstufe zur neuen Bedeutung von *nagier* bildet der Bezug auf Fische im *Rosenroman*, V. 17 949.
Als neue eindeutige Bezeichnung für „mit dem Schiff fahren" rückt (u. a.) gelehrtes *naviguer* (seit 14., 15. Jh.) ein.

*pendant* „strittig, hängig (vom Prozeß)" (seit Ende 13. Jh.; cf. mlt. *pendente*) verschiebt sich seit 14. Jh. von „noch nicht abgelaufen" zur modernen Funktion als Präposition „während" (cf. *durant* S. 147); cf. *pendant que* (mfr. auch *cependant que*) seit 15. Jh.

*suivant* „folgend" entwickelt sich über absolute Nominalverbindungen seit dem 15. Jh. zu präpositionellem „gemäß"

eine teils mit neuen lexikalischen Differenzierungen verbundene Einengung:

*adrecier, adresser* (u. a.) „richten, lenken" (12. Jh.) übernimmt seit dem ausgehenden 14. bzw. 16. Jh. die spezielleren modernen Funktionen „(das Wort) an jdn. richten", „zusenden, schicken"; *s'adresser à qn.* seit 16., 17. Jh.

*avouer* „als Herrn anerkennen", „anerkennen, gutheißen" (12. Jh.), seit 16. Jh. „gestehen, zugeben, einräumen" (v. a. für afr.mfr. *jehir, gehir* S. 115; *connaître* bzw. neben *reconnaître*, seit *Roland*)

*amasser, ramasser* „sammeln", „versammeln" seit 15. Jh. „zusammentragen, auflesen, aufheben" (die Verallgemeinerung der zunächst intensivierenden Erweiterung *ramasser* in dieser Bedeutung erfolgt im 17. Jh.)[16]

*soignier, soigner* „sich sorgen, sich kümmern" (12. Jh.; < frk.) seit 14. Jh. „sorgen für, pflegen" (zunächst als *soigner de*; *soigner* 16.; *soigner un malade* 17. Jh.)

*plaisir* „Gefallen, Belieben, Wunsch" (seit *Roland*) seit 14. Jh. „Vergnügen, Freude"; *faire plaisir* seit 15., 16. Jh.

*plaisant* „gefällig, angenehm" (12. Jh.) seit 16. Jh. „drollig, spaßig, lustig"; hierzu *plaisanter* 16. Jh., *plaisanterie* 16. (hapax 13. Jh.)

*repast, repas* „Nahrung" (12. Jh., S. 147 Fn. 59) seit 16. Jh. „Mahlzeit"

*mueble, meuble* „bewegliches Gut" (12. Jh.) seit 16., 17. Jh. „Möbel"

*place* „Platz, Ort, Stelle" (< *platea* S. 64) übernimmt im Laufe des Mittelfranzösischen immer deutlicher die spezielle (fallweise wohl schon altfranzösische) Bedeutung „Platz, der für eine Person oder Sache bestimmt ist", während es als allgemeine Bezeichnung für „Ort" gegenüber *endroit* zurücktritt

*accident* (12. Jh.; entlehnt aus *accidens*), zunächst als vox media „Geschehnis, Ereignis" (bis 17. Jh.), seit 15. Jh. (hapax 12.) auch speziell „unglückliches Ereignis" (verallgemeinert seit 17.; „Unfall" 18. Jh.)

*duel, deuil* „(seelischer) Schmerz" (< *dolus* S. 76) seit 15. Jh. eingeengt auf „Schmerz über jds. Tod, Trauer"

*curios, curieux* „besorgt, bekümmert, bedacht auf" (12. Jh.; entlehnt aus *curiosus*; cf. *cure* „Sorge") seit 16. Jh. „neugierig" (ev. nach Latein) und „sonderbar"

[16] Cf. G. Ernst, *Der Wortschatz der französischen Übersetzungen von Plutarchs ‚Vies parallèles'*, 78 f.

*fol, fou* (< *follis* S. 59), das im Altfranzösischen vorwiegend die unbestimmtere und schwächere Nuance „töricht, leichtfertig" ausdrückt, konzentriert sich zunehmend auf die moderne Bedeutung „verrückt, wahnsinnig" und kann in dieser Funktion die traditionellen Bezeichnungen *desvé* und *forsené* (S. 141) ganz bzw. weitestgehend verdrängen

*si* „ja, doch" (< *sic*), zunächst nur in Verbindung mit *avoir, estre, faire,* begegnet seit dem 15. Jh. auch ohne Verbum und zwar speziell als Antwort auf eine negative Frage; die konsequente Abgrenzung zwischen *oui* „ja" und *si* „doch" erfolgt im Laufe des 16. Jhs. (cf. Brunot, *HLF II,* 378 f.; M. Wilmet, in *FM 44*, 1976, 229—253; P. Wunderli, in *ZfSL 86*, 1976, 193—220)

*justement* „in richtiger, rechter Weise" (13. Jh.) seit 14. Jh. „gerade, eben"

Übertragungen (mit teils besonderer bildhafter Expressivität):

*pormener, promener* „verfolgen, treiben, herumführen" (13. Jh.) seit 15. Jh. „spazierenführen" bzw. reflexiv „spazierengehen"; hierzu *pourmenade, promenade* „Spazieren, Spaziergang" seit 16. Jh.

*entretenir* „aufhalten, anhalten" (12. Jh.) seit 15. Jh. übertragen „erhalten", „unterhalten" („instand halten", „ernähren", „mit jdm. sprechen"); hierzu *entretien* seit 16. Jh.

*sofrir, souffrir* „ertragen, erdulden" (< *sufferre, *sufferire*) seit 16. Jh. als synonymer Konkurrent zu *do(u)loir* „leiden" (< *dolēre*)

*quitter* „jdn. freigeben, aus einer Verbindlichkeit entlassen", „etwas aufgeben, überlassen; verzichten" seit 16. Jh. „verlassen", „sich trennen" (für afr.mfr. *guerpir, delaisser* S. 115, 148; cf. *abandonner* S. 139 Fn. 40)

*causer* „vor Gericht einen Grund vorbringen, plädieren" (13. Jh.; entlehnt aus *causari*) kommt in scherzhafter Übertragung seit dem 15. Jh. zur Bedeutung „plaudern"[17]

*tromper* „mit der Trompete blasen" (13. Jh.) wird als scherzhafte Metapher („jdm. eins blasen = sich über ihn lustig machen") seit dem 14. Jh. (in Ableitungen 13.) zu einer neuen Bezeichnung für „täuschen, betrügen", die vorwiegend aufgrund ihrer starken Expressivität eine rasche Ausbreitung erfährt und die vielfältigen altfranzösischen Bezeichnungsmöglichkeiten[18] weitestgehend verdrängt (*se tromper* „sich täuschen, sich irren" seit 16. Jh., für *errer* < *errare*)

[17] Vergleiche als altfranzösische Bezeichnungen für „schwatzen" u. a. *faveler* (< *fabellare*); afr.mfr. *jangler*; afr.mfr. *baver* (*bavarder* seit 16. Jh.).

[18] V. a. afr.mfr. *deçoivre, decevoir* „täuschen" (< *decipĕre*); afr.mfr. *engignier* (S. 139); *enganer* (S. 64 Fn. 105); *trichier*; *barater*; *boisier*; *guiler*; mfr. *abuser*; cf. J. D. Schleyer, *Der Wortschatz von List und Betrug im Altfranzösischen und Altprovenzalischen,* 1961.

*s'appeler* tritt seit 14. Jh. als Bezeichnung für „heißen" neben afr.mfr. *avoir nom, se nom(m)er* (S. 142)

*se servir de* „sich bedienen", „benützen, gebrauchen" seit 16. Jh. neben afr.mfr. *user* (< **usare* S. 68) bzw. *user de* (12. Jh.)

*se passer* „sich ereignen, passieren" seit 14. Jh.

*se sauver* seit 16. Jh. übertragen „davonlaufen, flüchten"

*moiien, moyen* „Mitte", „Vermittlung" (zu *moyen* „mittlerer" < *medianus*) seit 14. Jh. „Mittel (für einen Zweck)", seit 15. Jh. auch konkretisiert „Geldmittel"

*hasart, hasard* „Würfelspiel", „(guter oder schlechter) Wurf" (12. Jh., S. 163 Fn. 85) seit 16. Jh. übertragen „Zufall" (neben afr.mfr. *aventure* < **adventura* und gelehrtem *fortune*)

*burel, bureau* „grober Wollstoff" (12. Jh.) wird auf mit Stoff belegte Möbelstücke übertragen und bezeichnet so seit dem 14. Jh. den (mit einer Decke belegten) „Zahltisch" und „Schreibtisch" sowie ausgeweitet seit dem 15. (ev. 14.) Jh. auch den „Raum, in dem dieser Tisch steht", „Zahlstelle", „Schreibstube"[19]

*rolle, rôle* „Schriftrolle" (12. Jh.) seit 16. Jh. „Theatertext" bzw. übertragen „Theaterrolle" und seit 16., 17. Jh. (hapax 12.) auch „Rolle" schlechthin

*avenue* „Herankommen, Ankunft" (12. Jh.) seit 15. Jh. als Konkretisierung auf den Ort „Anfahrt, Zugangsweg" und seit 16. Jh. „(mit Bäumen bestandene) Allee" („städtische Prachtstraße" 19. Jh.)

*bâtiment* „Bauen" (12. Jh.) seit 16. (vereinzelt 12.) Jh. „Gebäude" („Schiff" 17. Jh.); cf. *édifice* S. 161 Fn. 78

*tablel, tableau* „Holzplatte" (13. Jh.) seit 14. Jh. auch speziell „Gemälde", „Tabelle" vereinzelt seit 16. Jh.

*chalant, chaland* „Freund, Schützer" (12. Jh.; zu *chaloir* S. 126) seit 16. (ev. 13.) Jh. „Geschäftsfreund, Kunde" (bis Anf. 20. Jh.); cf. *client* S. 192, 224

*véritable* „wahr, wahrhaft" („conforme à la vérité", „qui dit toujours la vérité"), 12. Jh., zeigt vereinzelt seit dem 15. (verallgemeinert seit 19.) Jh. die heutige Bedeutung „echt, wirklich" (vom Wesen, der Person 17. Jh.)

*jolif, joli* „heiter, fröhlich, lustig" (12. Jh., S. 119 Fn. 75) seit 14. Jh. „hübsch" (neben afr.mfr. *gent, gentil*)

*mescheant, méchant* „unglücklich, elend" (12. Jh., zu *mescheoir* „vom Mißgeschick betroffen sein") tritt seit dem 14. Jh. in der übertragenen Bedeutung „schlecht, böse" in Konkurrenz zu adj. *mal* (< *malus*, S. 125) bzw. neben *mauvais* (das seine Kernbedeutung vom moralischen auf den qualitativen Aspekt verlagert)

*d'ailleurs* „anderswoher" (12. Jh.) seit 16., 17. Jh. auch übertragen „übrigens, außerdem" (cf. *d'autre part* S. 154)

[19] Cf. W. Rothwell, *Mediaeval French bureau*, in *Medium Aevum 29*, 1960, 102—114; *bureau* „établissement ouvert au public où s'exécute un service d'intérêt collectif" seit 16., 17. Jh.; „Büropersonal", „Vorstand" 18. Jh.

die Verschiebung von positiver zu negativer Bedeutung (über die geläufige Verwendung in negativen Verbindungen oder Kontexten):

*rien* „Sache, Ding", „irgend etwas" (< *res*), das von Beginn an auch in der Verbindung *ne . . . rien* begegnet (seit *Passion*; „nichts" seit Chrétien) und ab dem 14. Jh. (vereinzelt 12., cf. *To-Lo*) auch ohne Negation zunehmend an die Stelle von afr.mfr. *nient* „nichts" (S. 78) tritt[20]

*aucun* „irgendein(er)" (< **alicunus* S. 71), das im 16. Jh. als „kein(er)" v. a. afr.mfr. *nuli, nului* ersetzt (für die ursprüngliche Funktion von *aucun* rücken *quelque*, S. 177, bzw. *quelqu'un*, 14. Jh., ein)

*personne*, das seit dem 16. (mit *ne* seit 13., 14.) Jh. als Indefinitpronomen „niemand" fungiert

*po(u)rtant* „darum, deshalb" (12. Jh.), das im 16. (vereinzelt seit 14.) Jh. die Funktion von *nepourtant, nonpourtant* „dennoch, trotzdem" (S. 142) übernimmt

Bedeutungsveränderung als Folge von sachlich-kulturgeschichtlichen Veränderungen:

*disner, dîner* „Frühstück, Morgenmahlzeit" (12. Jh., S. 152), das im Zuge der Verschiebung der ersten Hauptmahlzeit des Tages im Laufe der mittelfranzösischen Periode zur Bezeichnung der „Mittagsmahlzeit" wird (teilweise seit 13., allgemein seit 16. Jh.; bis 19. Jh.); cf. *desjeuner, déjeuner*, das wohl wegen des deutlicheren Bezugs zu *jeûn(e)* zunächst (bis 18., 19. Jh.) Bezeichnung der „Morgenmahlzeit" bleibt

*chastel, château* „Burg" (seit *Passion*; < *castellum*), das entsprechend den baugeschichtlichen Veränderungen seit dem 14., 15. Jh. die moderne Bedeutung „Schloß" erhält

*voiage, voyage* (seit *Roland*; < *viaticum*), das im Mittelalter vor allem Pilger- und Kreuzfahrten bezeichnet und erst seit dem 15. Jh. die allgemeine moderne Bedeutung „Reise" annimmt

## 2.3. Neubildungen

### 2.3.1. Erweiterungen und Umbildungen

*surveiller* tritt ab dem 16. Jh. (bis 19. selten) als zunächst intensivierendes Präfixsynonym neben *veill(i)er* (bis 19. Jh.) „bewachen, überwachen" (S. 145)

*estrangier, étranger* „fremd, Fremder" tritt ab dem 14. Jh. als Suffixerweiterung neben polysemes *estrange, étrange* „fremd", „seltsam" (S. 69) und kann die Grundform in ersterer Bedeutung als eindeutige Bezeichnung bis zur Mitte des 17. Jhs. ganz verdrängen.

[20] Cf. R. Martin, *Le mot «rien» et ses concurrents en français*, 1966, v. a. 265 ff.; L. Löfstedt, *Rien et chose*, in *Studia Neophilologica 44*, 1972, 326 ff.

*orée* „Rand" seit 14.(—18.) Jh. als Erweiterung von lautschwachem und homophonem afr. *ore, or, eur* (< *ora* bzw. vlt. *orum*)

*soudard* „Söldner, Soldat" seit 14. (—17.) Jh., als Umbildung von *soudoyer* (S. 101) und spezifische Bezeichnung für den Soldat der neuen Söldnerheere; cf. *soldat* S. 198

*parisien* „pariserisch" seit 14. Jh. als verdeutlichende Umbildung von afr. *paresi(s), parisi(s)* (< *parisiensis*) bzw. mfr. *parisin* (analog nach *angevin* etc.)

*soirée* „Abend(zeit)" seit 16. Jh. als remotivierende Umbildung von afr.mfr. *seree* (S. 148)

*malgré* „trotz" seit 15. Jh. als remotivierende Restitution von afr.mfr. *maugré* (S. 154)

*autour* „ringsum, um ... herum" seit Ende 14. Jh. als analoge Umbildung von afr.-mfr. *ento(u)r* (S. 142)

*marquer* „bezeichnen, markieren", *remarquer* „bemerken, beobachten" seit 16. Jh. als Umbildung von afr.mfr. *merquier, remerquier* (cf. S. 119 Fn. 75), nach *marcher* (S. 173) und/oder it. *marcare* „marquer"; *remarquer* ersetzt afr.mfr. *choisir* „erblicken, bemerken" (S. 85)

*billet* „kurzer Brief, Billet" seit 15. Jh. als Maskulinbildung zu mfr. *billete* (14. Jh.; in Anlehnung an *bille* aus afr. *bullete* ⟵ *bulla*); *billet* „Eintrittskarte" 17., „Banknote" 18., „Fahrkarte" 19. Jh.

### 2.3.2. Ableitungen (zu den Haupttriebkräften cf. S. 148)

[(verbale) Präfixableitungen]

*repartir* „schnell erwidern" 16. Jh., „wieder weggehen, wieder abreisen" Anf. 17. Jh. zu *partir* (S. 136)

*débrouiller* „entwirren", „(auf)klären" 16. Jh. zu *brouiller* „durcheinandermengen" (13. Jh.); übertragen *se débrouiller* „se tirer d'affaire" seit 1. Hälfte 19. Jh.

[denominale Verben]

*placer* „auf einen Platz stellen", „(hin)stellen, (hin)legen" 16. Jh. als durchsichtig-anschauliche Verbalentsprechung zu *place* (S. 178), cf. *emplacer* „id." 14.—16. Jh. (v. a. für afr.mfr. *alouer*, S. 57 Fn. 88, afr.mfr. *asseoir* „placer, poser")[21]

*dépenser* „ausgeben" 14. Jh. zu *dépense* „Ausgabe" (< *dispensa*), als eindeutiger und regelmäßiger Ersatz für homophones *despendre, dépendre* (< *dispendĕre* S. 67 Fn. 116)[22]

[21] Hierzu *remplacer* „wieder hinstellen", „an den Platz einer anderen Person oder Sache stellen, ersetzen" seit 16. Jh. (cf. *tenir le lieu de* 14., *tenir lieu de* 16. Jh.).
[22] Vergleiche die notwendige Präzisierung in *Lexique Aalma*: „expendere : despendre. c'est faire despens".

*coller* „leimen, (an)kleben" 14. Jh. zu *colle* „Leim" (13. Jh.), neben afr.mfr. *glüer* (S. 149)

*taschier, tâcher* „versuchen" 14., 15. Jh. zu *tasche, tâche* „übernommene Arbeit"

*intéresser* „interessieren" 16. Jh. („schaden" 14.—18. Jh.) zu gelehrtem *interest, intérêt* „Schaden" (13. Jh.), „Nutzen, Belang" (15.), „Interesse" (*interest*; cf. lt. *interesse*); cf. *intéressant* „interessant" seit Anf. 18. Jh.

[denominale Substantive und Adjektive]

*village* „Dorf" 14. Jh. (mlt. 13.), als kollektive Ableitung zu *vile* „Landgut" (cf. S. 136)

*personnage* „Würdenträger", „hochstehende Persönlichkeit", „Theaterfigur", 15. Jh. („kirchlicher Würdenträger" 13.; cf. mlt. *personaticum* „Pfründe" 11. Jh.) zu *person(n)e* (< *persona*)

*nombreux* „zahlreich" 14. Jh. zu *nombre* „Zahl" (nach lt. *numerosus*); cf. *mout*

*national* „zur Nation gehörig" 16. Jh. (bis 18. selten) zu gelehrtem *nation* (12.)

[deverbale Substantive und Adjektive]

*retardement* „Verzögerung, Verspätung" 14. (—19.) Jh. zu *retarder* „verzögern, aufhalten" (< *retardare*); cf. *retard* seit 17. Jh.

*situation* „Stellung, Lage (konkret)" 14. („Stellung" der Sterne), 15. Jh. zu *situer* (Anf. 14. Jh.; entlehnt aus mlt. *situare*); übertragene abstrakte Verwendungen seit 17. Jh.[23]

*initiative* „Anregung, Initiative" 16. Jh. (bis 18. selten) zu *initier* „einweihen" 14., „anfangen" 16., 17. Jh. (gelehrt aus *initiare*)

*neige* „Schnee" 14. Jh. zu *negier, neiger* „schneien" (<**nivicare*), als Remotivation, das heißt Wiederherstellung eines durch die divergierende Lautentwicklung von *nix* (> afr.mfr. *noif*) und **nivicare* (S. 73 Fn. 128) verlorengegangenen durchsichtigen Familienbezugs[24]

*médecin* „Arzt" 14. Jh. zu gelehrtem *medecine* (S. 191) oder zu *medeciner* „heilen" (12. Jh.), das gegenüber *mire* (< *medicus*; cf. S. 157) speziell den akademisch ausgebildeten Arzt bezeichnet und sich als fachlich bzw. sozial gehobenere Be-

[23] Zu den mittelfranzösischen Entsprechungen *estat, cas, point, parti* u. a. cf. J. Picoche, *Le vocabulaire psychologique dans les Chroniques de Froissart*, 24—30.

[24] Vergleiche die altfranzösische Verbindung *noif negiee* (cf. *To-Lo*) und als zusätzlichen Teilgrund für den Ersatz von *noif* die mittelfranzösische Homophonie mit *noiz, noix „Nuß"* (< *nux*).
Vergleiche als deutlich remotivierende Neubildung außerhalb der Zentralbereiche etwa auch *forgeron* (16. Jh.; *forgeur* 13.) zu *forger* (< *fabricare*; cf. *forge* < *fabrica*), das verdunkeltes *fevre* (< *faber*) ersetzt.

zeichnungsvariante („Prestigewort") sowie als familienbezogene Form bis zum Neufranzösischen ganz durchsetzt; cf. *docteur* S. 223

*gauche* „schräg, schief", übertragen „ungeschickt, linkisch" sowie, als zunächst wohl volkstümlich übertragene Bezeichnungsvariante, „links", seit 15. Jh. zu *gauchir* „(von der Geraden) abweichen, ausweichen" (13., 14. Jh.; cf. afr.mfr. *guenchir*); *gauche* „links" ersetzt im Laufe des 16. Jhs. als zunächst vermutlich expressive Bezeichnung traditionelles *senestre* (< *sinister*) und zieht den entsprechenden antonymen Ersatz auch von *destre, dextre* „rechts" (< *dexter*) durch *droit* „gerade" nach sich (*droit* „gerade" im Gegensatz zu „schief" ⟶ *droit* „rechts" im Gegensatz zu „links"; seit 16., vereinzelt 15. Jh.)[25]

## [Substantivierungen]

*estudiant, étudiant* „Student" 14. Jh. zu *estudier, étudier* (12. Jh.); cf. afr.mfr. *escolier* „Scholar, Student" (S. 157)

*servante* „Dienerin, Dienstmagd" 14. Jh. (*servant* „Diener" 12.), neben afr.mfr. *ancele* (< *ancilla*) und *chambrière* („servante" seit 14. Jh., cf. *Lexique Aalma* „ancilla : chamberiere")

*armée* „bewaffnete Schar, Heer" 14. Jh., als anschaulicher und lautvoll-eindeutigerer Ersatz für traditionelles *ost* (< *hostis* S. 58)[26]

*montée* „Treppe" 14. (—19.) Jh., als anschaulicher und eindeutigerer Konkurrent zu afr.mfr. *degré(s)* „Treppe", „Stufe" (cf. S. 101); cf. *escalier* S. 200

*co(u)rse* „Lauf" seit 14. Jh. (hapax 13.; „Wettlauf" 16.) neben *cours* (< *cursus*); ev. nach it. *corsa*

*tenue* „Haltung" („action ou manière de se tenir") 16. Jh. („possession" 12.)

*frontière* „Grenzbefestigung", „(Landes-)Grenze" 14. (vereinzelt 13.) Jh., aus adj. *frontier* „an der Spitze, an der Front liegend" (zu *front* „Stirn"); neben polysemem afr.mfr. *fin(s)* und afr.mfr. *marche* (S. 84)

*plat* „flache Platte, Schüssel" seit 14. Jh. sowie übertragen „Speise, Gericht" seit 15., 16. Jh.

*public* „Öffentlichkeit, Leute" 14. Jh. („Publikum" 18.) aus adj. *publique, public* (S. 161)

*derrière* „Hinterteil, Hintern" 14., „Hinterseite, Rückseite" 16. Jh.; cf. subst. *arrière* seit 13. Jh.

[25] Zur Reihenfolge der Verschiebungen cf. Gougenheim, *Les mots français, II,* 12; *Etudes*, 370 ff.

[26] Im 16. Jh. ist *ost* bereits ein auf die Bezeichnung der antiken Heere beschränkter Archaismus, cf. Gougenheim, *Etudes*, 368 ff., ferner G. Ernst, *op. cit.* Fn. 16, S. 100 ff.

[Adverbialableitungen][27]

*malheureusement* „unglücklicherweise" 14. Jh. (neben afr.mfr. *mar* S. 110)

*heureusement* „glücklicherweise" 16. Jh. (für afr. *buer* S. 110)

*directement* „direkt" 14. Jh. zu gelehrtem *direct* (13. Jh.); neben afr.mfr. *droitement* (S. 141)

*énormement* „enorm" 14. Jh. (*énormément* 16.) zu gelehrtem *énorme* (14. Jh.)

*actuellement* v. a. „tatsächlich" (mod. Bed. zunächst vereinzelt) 14. Jh. zu gelehrtem *actuel* (13. Jh., mod. Bed. 18.)

*facilement* „leicht" 15. Jh. zu gelehrtem *facile* (S. 192); neben afr.mfr. *leg(i)erement* (S. 153); cf. *difficilement* „schwierig, schwer" (16. Jh.)

*uniquement* „einzig und allein, bloß" 15. Jh. zu gelehrtem *unique* (15. Jh.)

*extrêmement* „äußerst" 16. Jh. zu gelehrtem *estreme, extrême* (13. Jh.)

*exactement* „genau" 16. Jh. zu gelehrtem *exact* (S. 193)

[Ordinalzahlen]

*deusi(e)me, deuxième* „zweiter", *troisi(e)me* „dritter" etc. treten seit 14. (vereinzelt 12.) Jh. als durchsichtige und nach einem einheitlichen Ableitungstypus gebildete Ordinalzahlen neben traditionelles *second* (S. 157), afr.mfr. *tiers* (< *tertius*) etc.[28]

### 2.3.3. Zusammensetzungen und Verbindungen

[Substantive]

*jeune fille* „Mädchen" 15. Jh. (cf. *fille* „Mädchen", bis 14. Jh. vereinzelt), das sich als anschauliche und eindeutige Bezeichnung gegenüber dem mittelalterlichen Normalwort *pucel(l)e* (S. 125) ganz durchsetzt

*grand-mère* „Großmutter" vermutlich seit 14. Jh. (cf. *To-Lo*; auch *mere grand* 15.—17. Jh.), das als zunächst wohl kindersprachliche Bildung neben afr.mfr. *aïeule* (S. 45) tritt; cf. *grand-père* „Großvater" (ev. seit 12. Jh.)

*beau-frère* „Schwager" (*bel, beau* „lieb, teuer")[29] seit 14. Jh., als gegenüber afr.mfr. *sororge* „Schwager, Schwägerin" (S. 109) genusmäßig eindeutige und durchsichtigere Bildung, die sich in einem durchgreifenden analogen Vereinheitlichungsprozeß progressiv auf sämtliche Bezeichnungen der indirekten Ver-

[27] Vergleiche auch die adverbiale Verwendung, seit dem 16. Jh., der ursprünglichen Adjektive *soudain* (S. 99, 153) und *vite* (S. 155, 153).
[28] Cf. Rheinfelder, *Altfranzösische Grammatik II*, § 172; Brunot, *HLF I*, 436 f., *II*, 311; Wartburg, *Evolution*, 128.
[29] Cf. Rohlfs, *Sprachgeographie*, S. 146.

wandtschaft ausweitet: *belle-soeur, belle-mère, beau-père* (gegenüber afr.mfr. *suire* „Schwiegermutter + Schwiegervater"), *belle-fille* (neben *bru*), *beau-fils* (neben *gendre*), alle seit 15. Jh.; als Bezeichnungen auch der „Stiefverwandtschaft" seit 16., 17. Jh. (bereits um 1400 mlt. *bella mater* „Stiefmutter")

*après-dîner* „Nachmittag" seit 14.(—19.) Jh. (cf. *dîner* S. 181), *après-midi* seit 16. Jh.

*bon jour* (13. Jh.) entwickelt sich im 15., 16. Jh. zur Grußformel *bonjour*, als elliptische Verkürzung der Vollform *Dieu vous doint bon jour* (seit Ende 12. Jh.; afr. v.a. *Dieus vos salt*, *Dieus vos gart*; cf. M. Senge, *Französische Grußformeln*, 1935, v.a. 5 ff., 48 ff.; H. Lewicka, in *Mélanges Gossen*, 1976, 498 ff.); cf. *au revoir* seit Ende 18. Jh. als Verkürzung aus *adieu jusqu'au revoir* (14. Jh.), *jusqu'au revoir* (17. Jh.), sowie *adieu* (Ende 12. Jh.) aus *a Dieu vos comant* (Anf. 12. Jh.)

### [Adverbien, Präpositionen, Konjunktionen]

*aujourd'hui* „heute" 14. (ev. 12.) Jh., als anschauliche Verdeutlichung von afr.mfr. *(h)ui*; cf. die bereits frühaltfranzösische Verbindung *(h)ui cest jorn* (S. 142; ferner Meillet, *Linguist. hist. II*, 131—134; Corbett, in *RLiR* 33, 353—355)

*parfois, quelquefois* „manchmal" 14. bzw. 15. Jh.; neben afr.mfr. *aucunes fois, a la fois* (S. 154)

*ensuite* „dann" 16. Jh.; neben *puis* (< *postius*)

*tout à coup* „plötzlich" 16. Jh. (*à coup* 13.—17. Jh.), *tout d'un coup* „auf einmal", „plötzlich" 16. bzw. Anf. 17. Jh. (seit 18. v. a. „auf einmal"); neben (v. a.) *soudainement, soudain* (S. 153, 185 Fn. 27), cf. G. Ernst, *op.cit.*, 224 f.

*tout à fait* „ganz und gar" 15. Jh.; neben afr.mfr. *du tout, du tout en tout* (S. 142), *trestout*

*sur tout, surtout* „vor allem, besonders" 15. Jh. (cf. it. *soprattutto*); für afr. *ensoretot, ensorquetot, sor tote rien* (S. 142)

*en particulier* „einzeln" 16. Jh. („par clause expresse" 14.), „im besonderen, besonders" seit 17. Jh. (zu *particulier* S. 161; cf. *particulièrement* 14.; *notamment* 15. Jh.)

*non plus* „auch nicht" 15. Jh.; neben afr.mfr. *ne (non) aussi* (auch *ne, non*, cf. *To-Lo*)

*là-bas* „dort unten" 15. Jh. („dort" 19.); für afr. *laïs* (S. 154)

*là-haut* „dort oben" 16. Jh.; für afr.mfr. *lassus* (S. 142)

*là-dessus* „darauf, darüber" 16. (hapax 12.) Jh.; seit 16. Jh. auch übertragen „darüber, über dieses Thema" sowie zeitlich „darauf, daraufhin"

*en face de* „angesichts, vor, gegenüber" 15. (vereinzelt seit 13.[30]) Jh.; cf. *vis-à-vis de* 15. Jh.

[30] Cf. J. Renson, *Les dénominations du visage*, 251; *To-Lo*.

*de côté, de côté de* „neben" 15. bzw. 16. Jh., *à côté de* 17. Jh.; für afr.mfr. *lez* (S. 102); cf. auch afr. *en coste (de)*, afr.mfr. *decoste*

*à cause de* „wegen" 14. Jh. (*pour cause de* 13.—15. Jh.); zu gelehrtem *cause* (12. Jh.); neben *pour* (S. 33)

*c'est-à-dire* „das heißt, nämlich" 16. Jh.; neben *c'est à savoir* (S. 154)

Eine besondere Ausweitung erfährt in mittelfranzösischer Zeit, in Verbindung mit der Funktionsausweitung der Schriftsprache und den dabei wirksam werdenden (vom lateinischen Vorbild mitbestimmten) Stil- und Differenzierungsbedürfnissen, das System der unterordnenden Konjunktionen. Die Zunahme hypotaktischer Satzgefüge und die (gegenüber der im Altfranzösischen häufigen konjunktionslosen Juxtaposition oder Unterordnung mit polyvalentem *que*, S. 168) notwendige Präzisierung der Relationen lassen eine Vielzahl von durchsichtigen und eindeutigen Verbindungen entstehen. An Neuerungen, die die zentralen Funktionsbereiche des „français fondamental" tangieren, finden sich vor allem[31]:

*a fin que, afin que* „zu dem Zwecke daß, damit", das seit 14. (vereinzelt 13.) Jh. neben das im Mittelfranzösischen weitestgehend zurücktretende *pour que* (S. 78 Fn. 142, S. 142) einrückt und bis ins 18. Jh. gemeinsprachlich vorherrscht; cf. *afin de* seit 14. Jh.

*pendant que* „während" 15. Jh. (cf. S. 178; *cependant que* 15.—17. Jh.); *durant que* „id." 15.—17. Jh. (cf. S. 147); cf. *tandis que*; afr. *que que*; afr.mfr. *endementiers que* (S. 155)

*au lieu que* „statt daß, während (doch)" 15. Jh.; für afr. *quant* (< *quando*); cf. adversatives *tandis que* seit 17. Jh.

*vu que* „in Anbetracht daß, weil" 14. Jh., als vorwiegend amtssprachliches Synonym zu *pour ce que, parce que* (S. 142); cf. *attendu que* 14. Jh.; *à cause que* 15. Jh.

[31] Cf. u. a. K. Vossler, *Frankreichs Kultur und Sprache*, ²1929, S. 49 f.; Wartburg, *Evolution*, 132 f.; A. de Waard, *Causalité, conséquence et finalité, les moyens d'expression de ces relations dans les Chroniques de Villehardouin, de Joinville, de Froissart et de Commynes*, 1933. Die Gesamtzahl der kausalen und finalen Ausdrucksmöglichkeiten steigt von Villehardouin bis Froissart etwa auf das Doppelte (von 24 auf 52 bzw. von 12 auf 22) an.
Durchgehend auf Neuerungen der mittelfranzösischen Periode beruhen die modernen konzessiven Konjunktionen *quoique* „obwohl" (14. Jh., in Ansätzen schon früher), *bien que* (14. Jh.; cf. *combien que* 14.—17. Jh.), *encore que* (14., 15. Jh.); cf. J. Klare, *Entstehung und Entwicklung der konzessiven Konjunktionen im Französischen*, 1958; zum altfranzösischen Konzessivausdruck auch Stempel, *Satzverknüpfung*, 100—106.

[Indefinitpronomina]

*quelqu'un* „irgendeiner, jemand" 14. Jh. (cf. *quelque* S. 177); für afr.mfr. *aucun* (S. 181), *auquant* „quelques-uns" (*Passion* — 14. Jh.; < *aliquanti*)

*quelque chose* „etwas Beliebiges; etwas" vereinzelt seit 13., 14. Jh.; für afr. *auques*, afr.mfr. *aucune chose* (S. 155)

*la plupart* „die meisten" 15. Jh.; neben afr.mfr. *le plus* (S. 142)

[Verbalumschreibungen]

*être couché* „liegen" (12., feste Verbindung 15. Jh.) kann als anschaulich-analytische Ausdrucksform seit dem 16. Jh. das auch unregelmäßige und teils lautschwache traditionelle Verbum *gésir* (< *iacēre*) weitestgehend verdrängen (die einzelnen Tempora treten stufenweise bis zum Ende des 17. Jhs. zurück)[32]

Vergleiche als Parallelen hierzu und Zeugnisse eines breiteren Umbildungsprozesses v. a. im 16., 17. Jh., die Verallgemeinerung von:

*être debout* „stehen" (15., 16. Jh.) gegenüber teilhomophonem *ester* (< *stare*)[33]

*être assis* „sitzen" (12., feste Verbindung 15. Jh.) gegenüber polysemem und teils lautschwachem *seoir* (< *sedēre*)[34]

*être permis* „erlaubt sein" gegenüber *loisir* unpers. (< *licēre*; bereits im 16. Jh. defektiv)[35]

*avoir (à) coutume* (13. Jh.), *avoir l'habitude* (17. Jh.) „pflegen, gewohnt sein" gegenüber *so(u)loir* (< *solēre*; bereits im 16. Jh. defektiv; cf. den ev. störenden Anklang an *soûl* „betrunken")

*avoir mal* „Schmerz haben, leiden" (S. 143; cf. auch *souffrir* S. 179) bzw. *faire mal* „schmerzen, wehtun" (12. Jh.) gegenüber *do(u)loir* (< *dolēre*; bereits im 16. Jh. defektiv)

32 Cf. E. Spalinger, *Das Absterben von „iacēre" im Galloromanischen*, 1955; E. Schweizer, *Die Ausbildung der Ersatzformen für ‚sedēre', ‚stare' und ‚iacēre' im Französischen*, Diss. München 1969.

33 Cf. M. Wandruszka, *Stare in den romanischen Sprachen*, in *ZrP 81*, 1965, 423—440; id., *Sprachen vergleichbar und unvergleichlich*, 317 ff. Zu *debout* cf. J. Rychner — A. Henry, *Le Lais Villon et les poèmes variés*, 1977, *II*, 131.

34 Vergleiche auch das Zurücktreten von afr.mfr. *se seoir* „sich setzen" gegenüber *s'asseoir* (seit *Passion*; < *assidĕre*, **assedēre*).

35 Mehrere andere unpersönliche Verben treten im ausgehenden Mittelfranzösischen gegenüber persönlich-subjektiven Ausdrucksformen zurück, so *(il) me souvient* (S. 54) gegenüber *je me souviens* (seit 13., 14. Jh.); *(il) ne me chaut* (S. 126) gegenüber (u. a.) *je ne me soucie*; *(il) me poise*, *(il) me grieve* gegenüber (u. a.) *je me fâche* (cf. H. H. Christmann, *Lateinisch „calēre" in den romanischen Sprachen*, 1958, S. 109 ff.).

## 2.4. Gelehrter lateinischer Einfluß

Der schon in altfranzösischer Zeit nachhaltige Einfluß des Lateins nimmt im 14. Jh. weiter zu und erreicht im Wortschatz der mittelfranzösischen Jahrhunderte seinen absoluten Höhepunkt. Die bei der progressiven Funktionsausweitung des Französischen (v. a. als Urkunden-, Amts-, Gerichtssprache und Sprache der verschiedenen Wissenschaftsbereiche) zutage tretenden Bezeichnungslücken, eine seit dem 14. Jh. sehr umfangreiche Übersetzungstätigkeit[36] sowie eine teils ausgeprägte Latinisierungsmode bilden die Hauptvoraussetzungen für eine reiche Fülle von lexikalischen Übernahmen, die den französischen Wortschatz zu einem beträchtlichen Teil bis heute kennzeichnen. Nach dem von P. Guiraud (*Le moyen français*, 53) erstellten chronologischen Schema wurden von den 2800 erfaßten lateinischen und griechischen Wortstämmen der heutigen Sprache rund 24 % in altfranzösischer und rund 55 % in mittelfranzösischer Zeit übernommen (14. Jh.: 22,5 %; 15. Jh.: 8,5 %; 16. Jh.: 24 %)[37].

Dieses starke Ansteigen des gelehrten Einflusses in der mittelfranzösischen Periode betrifft allerdings vorwiegend die spezielleren oder fachsprachlichen Bereiche des Lexikons und kommt in der von uns ins Auge gefaßten Geschichte des Kernwortschatzes in weit geringerem Maße zum Ausdruck. Der Anteil mittelfranzösischer Übernahmen oder Relatinisierungen an den heutigen Zentrallexemen des „français fondamental" erscheint mit rund 60 Formen sogar niedriger als der Anteil der altfranzösischen Jahrhunderte (rund 70 Formen; zur häufig erst neufranzösischen Ausbreitung in der Gemeinsprache s. S. 221 f.). Hierbei bleiben allerdings mehrere Ableitungen von ge-

[36] Vergleiche als Bezeichnung des Übersetzens selbst gelehrtes *translater* (12. Jh.), das seit Anfang 16. Jh. gegenüber *traduire* aus *traducĕre* zurücktritt (*traducĕre* „übersetzen" zuerst im Humanistenlatein Italiens, cf. L. Wolf, in *ZrP 87*, 99—105).

[37] Cf. v. a. auch Brunot, *HLF I*, 566—585 („le nombre des mots latins introduits à cette époque ne saurait être déterminé, même par approximation"), *II*, 215—241, 485—491. Allein in den Übersetzungen des Nicole Oresme (1325—1382) ermittelt die Untersuchung von G. Kluge, *Der neue Wortschatz in Oresmes ‚Traité de la Monnaie' (ca. 1361)* (in *Wiss. Zeitschrift der Humboldt-Universität Berlin, gesellschafts- und sprachwiss. Reihe, VI, 2*, 103—113) 109 neue Latinismen und die v. a. auf sechs Texte gestützte Analyse von R. Taylor, *Les néologismes chez Nicole Oresme* (in *Actes du X^e Congrès intern. de linguistique et de philologie romanes, II*, 727—736) unter rund 450 heute noch lebenden Neologismen 291 direkte Latinismen und 80 gelehrte Ableitungen. Cf. auch Chaurand, *Introduction*, 40—49; St. Ullmann, *Sprache und Stil*, S. 274—294.

lehrten Formen[38] sowie über ein Dutzend Übernahmen, die erst im Neufranzösischen in die moderne Zentralbedeutung einrücken (Fn. 39), ausgeklammert. Vor allem jedoch bleibt zu berücksichtigen, daß sicher viele der schon im Altfranzösischen faßbaren Latinismen sich erst in mittelfranzösischer Zeit gemeinsprachlich ausweiten und durchsetzen können, daß ferner in diesen zentralen Begriffsbereichen gerade im Mittelfranzösischen auch zahlreiche Latinismen übernommen werden, die nicht bis heute fortleben bzw. nicht dem heutigen Kernbestand angehören[39], und schließlich daß der lateinische Einfluß auch an mehreren scheinbar innerfranzösischen Veränderungen beteiligt gewesen sein kann (s. unten, sub c).

### a) Latinismen

Die neu übernommenen Latinismen umfassen bei Beschränkung auf die dem heutigen Bestand des „français fondamental" angehörenden Lexeme insge-

[38] *Situation, initiative, médecin* sowie 7 Adverbialableitungen zu gelehrten Adjektiven (S. 185), ferner die Bedeutungsveränderung von *magnifique, causer, accident, curieux* (S. 177 ff.). Vgl. auch *à cause de* und die von lateinischen Entsprechungen mitbestimmten Ableitungen *intéresser, nombreux.*

[39] Vor allem:
14. Jh.: *notice* „Kenntnis" (bis 18. Jh.; notitia); *exercite* „Heer" (hapax *Leodegar*; bis Mitte 17. Jh.; exercitus); *climat* „Gegend" (bis 17. Jh.; clima); *sodal* „Kamerad" (bis 16. Jh.; sodalis); *matrimoine* „Ehe" (bis 15. Jh.; matrimonium); *confidence* „Vertrauen" (bis 16. Jh.; Relatinisierung von *confiance* nach confidentia); *pristin* „alt, vormalig" (bis 17., 18. Jh.; pristinus); *fortuné* „glücklich" (bis 17. Jh.; nach fortunatus), *infortuné* „unglücklich" (infortunatus); *habile* „geeignet, fähig" (bis 17. Jh.; Relatinisierung von afr.mfr. *able* nach habilis; cf. *capable*); *succéder* „nachfolgen" (succedĕre); *substituer* „ersetzen" (substituĕre); *reduire* „zurückführen" (bis 18. Jh.; nach reducĕre);
15. Jh.: *mode* „Art und Weise" (modus); *république* „Staat" (bis 17. Jh.; res publica; cf. die Lehnübersetzung *chose publique* 14., 15.—17. Jh.); *principe* „Anfang" (bis 17. Jh.; principium); *incommoder* „stören" (incommodare); *préposer* „vorziehen" (bis 18. Jh.; nach praeponĕre);
16. Jh.: *fragment* „Stück" (fragmentum); *college* „höhere Schule" („Amtsgemeinschaft, Kollegium" 14. Jh.; collegium); *stupide* „dumm" (stupidus); *rapide* „reißend, schnell" (Relatinisierung von afr.mfr. *rade* nach rapidus); *célèbre* „berühmt" (celeber); *s'admirer* (*s'ammirer* 15.) „staunen" (bis 17. Jh.; admirari).
Vergleiche andrerseits an gelehrten Formen, die bis ins Mittelfranzösische zurückführen, aber erst im Laufe des Neufranzösischen die heutigen Zentralbedeutungen erhalten: *émission, conversation, concours, artiste, instituteur, disque, colonie, moteur, police, hôpital, formidable, actuel, prévenir, opérer* (auch bei den schon mittelfranzösisch in der modernen Bedeutung faßbaren Formen gilt der Vorbehalt, daß sie in bezug auf ihre gemeinsprachliche Gebrauchsfrequenz sicher vielfach erst im Laufe des Neufranzösischen in den Kernwortschatz einrücken).

samt 54 Formen, wobei als spezifische Milieus für die Übernahme und anfängliche Verbreitung vor allem die Philosophie und die verschiedenen Einzelwissenschaften, das Rechtswesen, Unterrichtswesen und die Kirchensprache in Betracht kommen. Über die Hälfte dieser gelehrten Formen (29) begegnet bereits seit dem

[14. Jahrhundert:]

*classe* „Volksklasse" (im mod. Sinn Ende 18. Jh.; „Schulklasse" 16.; classis)

*sorte* „Kategorie" („Schar" 13., „Art und Weise" 16. Jh.; sors)

*sujet* „Gegenstand" („untertan" 12., weitere mod. Bed. 16. Jh.; mlt. subjectum); cf. *objet* 14. Jh.

*minute* „Minute" (ev. 13., cf. Littré; mlt. minuta), „moment bref" 16. Jh.

*période* „Zeitabschnitt, Periode" (periodus); cf. *époque* S. 234

*principe* „Grundsatz, Prinzip" („Ursprung" 13., „Anfang" 15.—17. Jh.; principium); *en principe* 19. Jh.

*problème* „schwierige Frage, Problem" („Schwierigkeit" 18. Jh.; problema)

*professeur* „Professor, Lehrer" (professor), geläufig seit 17., 18. Jh.

*carte* „(Spiel-)Karte" (charta; ev. < it. *carta*)

*type* „Urbild, Typ" (typus); *type* „homme" seit 2. Hälfte 19. Jh.

*habitude* „äußere Gestalt" (sekundär „Gewohnheit" 15., 16. Jh.; habitudo); *avoir l'habitude* 17. Jh.

*médecine* „Arzneikunde, Medizin" („Arznei, Heilmittel" 12. Jh., neben volkssprachlicherem *mecine*; medicina)

*difficile* „schwierig" (difficilis; cf. *difficulté* 13. Jh.) für (u. a.) afr.mfr. *grief* (S. 98); cf. *facile* 15. Jh.[40]

*différent* „verschieden" (differens; cf. *différence* 12., *différer* 14. Jh.)

*moderne* „modern" (bis 17. Jh. speziell in bezug auf Kunst und Wissenschaft; modernus)

*militaire* „den Krieg betreffend, militärisch" („Soldat" 17. Jh.; militaris)

*politique* „politisch" (politicus; cf. sb. *politique* „Politik" 13. Jh.); cf. *Cah. Lex. 13*, 1968, 33—48

*pratique* „eine Tätigkeit ausübend, praktisch" (practicus; cf. sb. *pratique* ← practice, 13. Jh.); *pratique* „zweckmäßig" seit Anf. 20. Jh.

*sérieux* „sorgfältig, ernsthaft" („ernst" 16.; seriosus); „zuverlässig" 19., „gefährlich" 18. Jh.

*ordinaire* „der Ordnung gemäß, gewöhnlich" (ordinarius); „mittelmäßig" 17. Jh.

*capable* „fähig" (capabilis); für (u. a.) afr.mfr. *idoine, able* (S. 157, 40)

[40] Die chronologische Divergenz bestätigt *Lexique Aalma* „difficilis : difficile ou grief" gegenüber „facilis : legier".

*mécanique* „mechanisch" (*art, mestier mécanique* seit 13.; sb. 16. Jh.; mechanicus); „maschinell" seit 18., 19. Jh.

*fatiguer* „ermüden" (fatigare; adj. *fatigué* 14., *se fatiguer* 17. Jh.); neben *lasser* (S. 36), das von der physischen Bedeutung immer mehr zu „fatiguer en ennuyant" (vereinzelt seit 13. Jh.) übergeht

*exister* „bestehen, existieren" (bis 17. Jh. selten; existĕre; cf. *existence* 14. Jh.); „vivre" bzw. „compter, avoir de l'importance" seit 18. Jh.

*préparer* „vorbereiten, zubereiten" (praeparare); für afr.mfr. *parer* (< *parare*)

*préférer* „vorziehen" (praeferre; cf. *préposer* „id." 15.—18. Jh.); cf. afr. *voloir mielz*, fr. *aimer mieux* (S. 155)

*correspondre* „entsprechen" (mlt. correspondĕre); neben *répondre* „id." (< *respondere*)

*installer* „feierlich in ein Amt einsetzen" (allgemein „einsetzen, an einen bestimmten Platz bringen" 16. Jh.; mlt. installare; cf. *installation* vereinzelt seit 14. Jh.); *s'installer* 17. Jh.

*produire* „hervorbringen, erzeugen" (kommerziell „produzieren" 15.; nach *conduire* adaptiertes producĕre); hierzu *produit* 16.; *se produire* 17. Jh.

[15. Jahrhundert:]

*client* „Klient (eines Anwalts)" (cliens); allgemein „Kunde" seit 19. Jh. (cf. S. 224); cf. mfr. *chaland* S. 180, *pratique* 16., 17. Jh.

*directeur* „Leiter, Direktor" (director)

*inventeur* „Erfinder" (inventor); cf. hierzu *inventer* 15. Jh.

*éducation* „Erziehung" (educatio); neben *nourriture* (S. 101), mfr. *duisson*

*facile* „leicht" (facilis; cf. *facilité* 15. Jh.); für afr.mfr. *leg(i)er* (S. 98); cf. *difficile* 14. Jh.

*tranquille* „ruhig" (tranquillus); für afr.mfr. *coi* (S. 31); cf. *tranquillité* 12. Jh.

*intelligent* „intelligent" (intelligens; cf. *intelligence* 12. Jh.); für afr.mfr. *entendable, entendant, (a)percevant* (S. 152)

*fameux* „berühmt" („ausgezeichnet" 18. Jh.; famosus); cf. *célèbre* (celeber) 16. Jh., mfr. *clair* (S. 163)

*intérieur* „inner(er), innerlich" (interior); für afr.mfr. *dedentrain* (S. 138); cf. *extérieur* 15. Jh.

*permettre* „erlauben" (hapax *Passion*; permittĕre); neben (u. a.) *consentir, souffrir* (S. 146; cf. auch afr.mfr. *loisir* „être permis" S. 188)

*décider* „beschließen" (decidĕre); für (u. a.) afr. *esgarder* (S. 145), *establir*; cf. *décision* 14. Jh.

*construire* „erbauen" (hapax 13. Jh.; construĕre, cf. *construction* 12. Jh.)

*expliquer* „erklären" („entfalten" 14. Jh.; explicare; cf. *explication* 14. Jh.); für (u. a.) afr.mfr. *espondre* (cf. gelehrtes *exposer* 12. Jh.), *esclaircir*, afr. *espelir* (S. 115)

*agir* „(strafrechtlich) belangen" („handeln" 16. Jh.; agĕre); als „handeln" für (u. a.) afr.mfr. *ouvrer, errer, esploitier* (S. 100), *le faire*; *il s'agit de* seit 16. Jh. (nach agitur de); cf. *action* (actio) 13. (*action de grâce* 12.) Jh.

[16. Jahrhundert (mit einem gegenüber Guirauds Werten zum Gesamtwortschatz auffallend geringen Anteil):]

*animal* „Tier, Lebewesen" (hapax 12. Jh.; animal); neben *beste, bête* (S. 31)

*impression* „Eindruck (auf den Geist)" (hapax 13. Jh., „Einwirkung" 13., „Abdruck, Eindruck" 14., „Empfindung" 17. Jh.; impressio)

*attention* „Aufmerksamkeit" (hapax 14. Jh., *Aalma*; attentio); für afr.mfr. *entente, entencion, intention* (S. 160); *faire attention* 17. Jh. (für afr.mfr. *entendre*)

*contact* „Berührung" („Verbindung, Kontakt" 18. Jh.; contactus)

*culture* „geistige Ausbildung, Bildung, Kultur" („Landbebauung" 14., *colture* „terre cultivée" 12. Jh.; cultura)

*scène* „Bühne" („antike Theateraufführung" 14.; scaena); weitere Bed. seit 17. Jh.

*résultat* „Ergebnis" (selten bis 19. Jh.; mlt. resultatum; cf. *résulter* 15. Jh.)

*machine* „Maschine" („Weltgebäude" 14. Jh.; machina); für bzw. neben *engin* „Vorrichtung, Instrument, Maschine, Kriegsmaschine" (S. 56)

*libre* „frei" (vor Anf. 16. Jh. nur vereinzeltes *liberement*, 14. Jh.; liber; cf. *liberté* 13. Jh.); für afr.mfr. *franc* (S. 116), *delivre* (S. 140); cf. H. Stimm, *Die romanischen Wörter für „frei"*, 1967, 8.

*social* „zur Gesellschaft gehörig" („verbündet" 14. Jh.; bis 18. Jh. selten; socialis; cf. *société* 12. Jh.)

*exact* „genau, exakt" („wahr, richtig" 17. Jh.; exactus); cf. *précis* „bestimmt, festgesetzt, genau" 14. Jh.

## b) Relatinisierungen

Neben den eigentlichen Neuübernahmen führt der gelehrte lateinische Einfluß, wie schon in altfranzösischer Zeit, auch zu einer Wiederangleichung von bereits vorhandenen französischen Formen an die jeweiligen lateinischen Entsprechungen. Als relatinisierende formale Umbildungen oder Neuübernahmen für entsprechende erbwörtliche bzw. halbgelehrte Formen finden wir[41]:

[41] Vergleiche auch die Fn. 39 angeführten Relatinisierungen sowie außerhalb der zentralen Begriffsbereiche etwa: *origine* (für *orine*), *avare* (für *aver*), *interroger* (für *enterver*), *exhorter* (vereinzelt seit 12. Jh., für *enorter* S. 110 Fn. 56), *interrompre* (für *entrerompre*), *profond* (vereinzelt seit 13. Jh., für *parfont*), *délicat* (für *delgié*), *volonté* (für *volenté*). Auf einer genusmäßigen Relatinisierung beruhen offensichtlich das maskuline Geschlecht etwa von *amour, honneur, exemple, ordre, espace* und das feminine Geschlecht von *image, personne* (cf. Gougenheim, *Etudes*, 415).

| | neben | nach | relatinisiertes |
|---|---|---|---|
| seit 14. Jh. | *estoire* (S. 157) | (historia) | *histoire* |
| | *rer* (vereinzelt) | (rarus) | *rare* |
| | *enferm, enfermier* | (infirmus) | *infirme* (13.), *infirmier* |
| | *envier* | (invitare) | *inviter* |
| seit 15. Jh. | *soufire* | (sufficĕre) | *suffire* |
| | *grief* | (gravis) | *grave*[42] |

Eine semantische („innere") Relatinisierung läßt sich vermuten, wenn etwa *curieux* „besorgt, bedacht auf" (S. 178; curiosus) seit dem 16. Jh. auch die Bedeutung „neugierig" übernimmt oder wenn ursprünglich polysemes *douter* „zweifeln", „fürchten" (< *dubitare* S. 63) im ausgehenden Mittelfranzösischen wieder progressiv auf die klassische Bedeutung „zweifeln" eingeengt wird (gegenüber *redouter* „fürchten"; vergleiche auch ein zunehmendes Differenzierungsbedürfnis).

### c) Ausbreitung und Verallgemeinerung (klassisch-)lateinischer Bezeichnungstypen

Abgesehen von den formalen und inhaltlichen Relatinisierungen konnte der gelehrte lateinische Einfluß wahrscheinlich auch die Vitalität mehrerer französischer Lexeme mitbestimmen und in Fällen einer synonymen Konkurrenz zur Ausbreitung und Verallgemeinerung gerade der dem (klassischen) Latein entsprechenden Bezeichnungsvariante beitragen (vgl. auch oben *douter*). In diesem Sinne dürfte vor allem das Vordringen von *triste* (vs. *dolent*), *pousser* (vs. *bouter, empeindre*), *comprendre* (vs. *entendre*), *parents* „Eltern" (vs. *père et mère*), von im Altfranzösischen seltenen Bezeichnungsvarianten zu modernen Normalbezeichnungen, durch ihren (klassisch-)lateinischen Charakter zumindest begünstigt worden sein. Eine eventuell vom gelehrten Einfluß mitbestimmte Rückkehr zum ursprünglichen lateinischen Bezeichnungstypus bilden aber ferner auch die mittelfranzösischen Verallgemeinerungen (als Normalbezeichnungen) von *dormir* (vs. *sommeiller* S. 149), *donner* (vs. *bailler*), *douleur* (vs. *duel, deuil*), *chaleur* (vs. sb. *chaud*), *coeur* „Herz" (vs. *courage*), *langue* „Sprache" (vs. *langage*), *contre* (vs. *encontre*).

Als Hauptfunktionen der gelehrten Formen und wesentliche Übernahmemotive ergeben sich:

[42] Zunächst „würdevoll" bzw. „tief (vom Ton)", seit 16. Jh. „gewichtig, bedeutsam" bzw. „schwerwiegend, ernst" (von Krankheit seit 18. Jh.).

die in Verbindung mit der Funktionsausweitung der Schriftsprache notwendige Auffüllung von Bezeichnungslücken (v. a. im abstrakten Bereich);

die für diese Schriftsprache erstrebte Schaffung von speziellen und gehobenen (der Würde der Wissenschaften angemessenen) Bezeichnungsvarianten[42a];

(oft Hand in Hand hiermit) der Abbau von formal-inhaltlichen Nachteilen der traditionellen Bezeichnungen (Homophonie, Polysemie, Lautkürze).

Entsprechend dem letzteren Gesichtspunkt ergibt sich die Beseitigung einer eventuell störenden Homophonie (teils auch Lautkürze) etwa durch die Übernahme bzw. Relatinisierung von

| | | |
|---|---|---|
| *inviter* | vs. | *envier* (cf. *envier* „beneiden" ⟵ *envie*) |
| *tranquille* | vs. | *coi* (cf. *quoi* < *quid*) |

sowie eine inhaltlich eindeutigere weil nicht polyseme Bezeichnung vor allem durch

| | | |
|---|---|---|
| *éducation* | vs. | *nourriture* (auch „Ernährung", „Nahrung"), cf. S. 219 |
| *attention* | vs. | *entente, intention* (auch „Absicht, Wille", „Verständnis") |
| *facile* | vs. | *léger* (auch „leicht von Gewicht") |
| *difficile* | vs. | *grief*[43] (auch „schwer von Gewicht") |
| *préparer* | vs. | *parer* (auch „schmücken, ausstatten") |
| *correspondre* | vs. | *re(s)pondre* (auch „antworten", „gutstehen, bürgen") |
| *famille* (S. 160) | vvs. | *mesnie* (auch „Hausgenossenschaft", „Gesinde")[44] |

Die im mittelfranzösischen Wortschatz besonders umfangreiche Übernahme von gelehrten Latinismen führt andrerseits — in Verbindung mit der (durch die einschneidenden Lautveränderungen) starken formalen Diskrepanz zwischen Latinismus und Erbwort — wiederholt zu einer „Zersplitterung" französischer Wortfamilien und damit zu Verlusten an morphologischer Motivation. So zerbricht etwa gelehrtes ***maturité*** (15. Jh.) den eindeutigen derivationellen Bezug zwischen den traditionellen Ableitungen ***mûreté, mûrison*** und der adjektivischen Grundform ***mûr*** oder gelehrtes ***cécité*** (13. Jh.) den Fa-

[42a] Cf. N. Oresme (bei Brunot, *HLF I*, 568): „une science qui est forte, quant est de soy, ne peut pas estre bailliee en termes legiers à entendre, mès y convient souvent user de termes ou de mots propres en la science qui ne sont pas communellement entendus ne cogneus de chascun, [. . .]".

[43] Und eine Vielzahl weiterer, meist polysemer Bezeichnungsvarianten des Altfranzösischen (cf. S. 98 Fn. 21).

[44] Vgl. auch *naviguer* vs. *nager* („mit dem Schiff fahren" + „schwimmen"), S. 177.

milienbezug zwischen traditionellem ***aveugleté, aveuglerie, aveuglece*** und dem zugrunde liegenden Adjektiv ***aveugle***. Diese vor allem von W. v. Wartburg[45] hervorgehobene Wortfamilienzersplitterung, als Teilaspekt des Latinisierungsprozesses, darf allerdings nicht verabsolutiert werden. Denn zum einen wird von vielen gelehrten Stämmen eine ganze, auch im Französischen zusammengehörige Wortfamilie übernommen[46], zum anderen schafft sich das Französische des öfteren auf der Basis einzelner Latinismen neue motivierte Ableitungen bzw. Wortfamilien[47].

## 2.5. Fremdsprachliche und dialektale Einflüsse

Die Beeinflussung des mittelfranzösischen Wortschatzes durch fremdsprachliche Lehnwörter zeigt gegenüber der altfranzösischen Periode sowohl im Gesamtlexikon als auch in den Kernbereichen einen starken Anstieg und erreicht während des für äußere Einflüsse sehr offenen 16. Jhs. einen besonderen Höhepunkt. Als wichtigste Spendersprachen fungieren, wie die be-

[45] *Einführung*, 190 ff., *Evolution et structure*, 263 f.; cf. auch Ullmann, *Précis*, 128 ff.; Vidos, *Handbuch*, 416 f.

[46] So im Rahmen der aufgeführten mittelalterlichen Übernahmen etwa

| | | | |
|---|---|---|---|
| neben | *différence* | auch | *différer, différent* |
| | *nature* | | *naturel* |
| | *religieux* | | *religion, religiosité* |
| | *nécessaire* | | *nécessité* |
| | *continuer* | | *continu, continuation* |
| | *possible* | | *possibilité, impossible* |
| | *discuter* | | *discussion* |
| | *imaginer* | | *imagination, imaginable* |
| | *facile, difficile* | | *facilité, difficulté* |
| | *exister* | | *existence* |
| | *préparer* | | *préparation, préparatoire* |
| | *tranquille* | | *tranquillité* |
| | *intelligent* | | *intelligence, intelligible* |
| | *permettre* | | *permission* |
| | *décider* | | *décision, décisif* |
| | *construire* | | *construction, constructeur* |
| | *expliquer* | | *explication, explicable* |
| | *résultat* | | *résulter* |
| | *libre* | | *liberté* |
| | *social* | | *société* |

[47] So etwa zu den gelehrten Verben *fatiguer, préférer, produire, correspondre, installer* auch die entsprechenden französischen Ableitungen *fatigue, préférence, préférable, produit, correspondance, installation.*
Vergleiche auch Vidos, *Handbuch*, 418 (zu *exploser*) sowie die Relativierungen bei J. Albrecht, *Le français langue abstraite?*, 1970, S. 216 ff.

reits S. 164 nach K. Gebhardt wiedergegebene Tabelle veranschaulicht, das Italienische, Okzitanische, Spanische und Niederländische[48]:

| | Engl. | It. | Okz. | Sp. | Deutsch | Niederl. | insgesamt |
|---|---|---|---|---|---|---|---|
| 14. Jh. | 9 | 60 | 62 | 14 | 12 | 31 | 188 |
| 15. Jh. | 5 | 97 | 52 | 14 | 7 | 22 | 197 |
| 16. Jh. | 16 | 369 | 154 | 96 | 20 | 26 | 681 |

Die enorme Ausweitung des italienischen Einflusses, speziell seit dem ausgehenden 15. Jh. und mit dem absoluten Höhepunkt zwischen etwa 1540 und 1560, betrifft neben dem quantitativen Ausmaß auch die begriffliche Breite der erfaßten Lebenssphären und bringt für den lexikalischen Kernbestand des „français fondamental" den (vom fränkischen Superstrat abgesehen) überhaupt bedeutendsten fremdsprachlichen Beitrag (mindestens 9, maximal 15 Formen). Als wesentlichste Einflußsphären treten neben die seit dem Altfranzösischen betroffenen Bereiche Handel und Seefahrt vor allem das Militärwesen, das (speziell höfische) Gesellschaftsleben sowie die schönen Künste (Architektur und bildende Kunst, Malerei, Musik, Dichtung).

Innerhalb des kommerziellen Sektors (cf. *trafic* „Handel" 14. Jh.) spiegeln die italienischen Lehnwörter insbesondere die starke italienische Durchdringung des Bank- und Finanzwesens (15. Jh.: *banque, banqueroute, zéro, chiffre* und als heutiges Zentrallexem *crédit*; 16. Jh.: *bilan, escompte, faillite*); vermutlich über den Handel vermittelt wurden aber auch, an sekundär in den Kernwortschatz einrückenden Formen:

*numéro* (16. Jh.), zuerst als Registernummer von Handelswaren und als Zahl in einem Spiel (cf. *nombre* < *numerus*)

[48] Die Zahl der (bei Gebhardt nicht erfaßten) Arabismen beläuft sich nach Guiraud (*Les mots étrangers*, 6) auf 36 (14. Jh.), 26 (15. Jh.), 70 (16. Jh.) bzw. bei Berücksichtigung sämtlicher (auch der nicht bis heute fortlebenden) Übernahmen zwischen 1300 und 1600 auf rund 160 (cf. *FEW XIX*).
Die bei Hope, *Lexical Borrowing*, erfaßten Italianismen umfassen für das 14. Jh. 59, für das 15. Jh. 91 und für das 16. Jh. 462 Einheiten (hiervon ca. 11 % aus dem militärischen und 8 % aus dem kommerziellen Bereich).
Als Gesamtzahl der Okzitanismen nach *FEW* (unter Einschluß vieler Zweifelsfälle) ermittelt Gebhardt (S. 285) für das 14. Jh. 98 noch heute gemeinsprachliche (und 44 untergegangene) Entlehnungen, für das 15. Jh. 108 (+ 87), für das 16. Jh. 365 (+ 306).
Zu den Übernahmen aus dem Bretonischen (z. B. *bijou* 15. Jh.; als Konkurrent zu älterem *joyau*) cf. W. v. Wartburg, *Les mots bretons en français et dans les parlers galloromans*, in *TLL 4, 1*, 1966, *Mélanges P. Gardette*, 503—507; zu *bijou* auch Gougenheim, *Les mots français, I*, 247 f.

*risque* „Wagnis", *risquer* „aufs Spiel setzen, wagen" (als Ableitung zu *risque* oder direkt aus dem Italienischen; Ende 16. Jh., „Gefahr laufen" 17. Jh.)

*important* „wichtig" (15. Jh., cf. *importance* 14., *importer* 16. Jh.) wohl aus it. *importare* „sich belaufen auf; wichtig sein", *importante, importanza* (aus spätlt. *importare, importans*).

In Verbindung mit der Seefahrt übernommen werden etwa im 15. Jh. *calme* und im 16. Jh. *boussole, escale, frégate, remorquer.* — Eine zunehmende Bedeutung seit dem 14. Jh. erlangen, aufgrund der in Frankreich dienenden italienischen Söldner und aufgrund des italienischen Vorbilds in Kriegstechnik und Heeresorganisation, die Wortentlehnungen im militärischen Bereich: im 14. Jh. übernommen werden etwa *alarme, canon, brigade, brigand* (zunächst „Fußsoldat"); im 15. Jh. *embuscade, escadre, cavalier* (cf. *chevalier*), *infanterie* sowie als Schlüsselwort und Zentrallexem:

*soldat* „Soldat", das sich im Laufe des 16. und 17. Jhs. ganz gegenüber *soudart* (S. 182; seit 17. Jh. pejorativ, cf. *-ard*) durchsetzt;

im 16. Jh. *attaquer, escorte, sentinelle, bataillon, fantassin, colonel, caporal, bastion.* — Den eigentlichen Angelpunkt des italienischen Einflusses im 16. Jh. bildet jedoch das vorübergehend (unter Catherine de Médicis) stark italianisierte Hofleben, welches dem Französischen neben der Bezeichnung des Höflings selbst (*courtisan*, vereinzelt seit 15. Jh., ev. über päpstlichen Hof von Avignon) eine Vielzahl von Bezeichnungen vor allem des verfeinerten Vergnügungslebens vermittelt (*carnaval, travestir, mascarade, masque, ballet, bouffon, burlesque, caprice, bizarre, favori, confident, politesse, caresse, jovial*). — Das kulturell-künstlerische Vorbild der italienischen Renaissance und viele in Frankreich wirkende italienische Künstler führen aber auch zur Übernahme zahlreicher Italianismen aus dem Bereich der Architektur[49] und der schönen Künste, so etwa *façade, balcon, balustrade, arcade, esquisse, relief, modèle, mosaïque, stuc, grotesque, concert, cadence, madrigal, cantilène, sonnet, nouvelle* „Novelle" (15. Jh.) sowie als sekundär in den Kernwortschatz einrückende Formen:

*appartement* „Wohntrakt (eines Schlosses, Palastes); Wohnung" (vereinzelt seit 16. Jh.)[50]

[49] Cf. *Cah. Lex. 18*, 89—108; *19*, 94—108. Unter italienischem Einfluß erfolgt auch die Verbreitung des Latinismus *architecte*.
[50] Cf. Gougenheim, *Les mots français, I,* 175.

*plan* „Grundriß, Plan" (16. Jh.)[51], vermutlich nach it. *pianta* aus *plant* „Pflanzung"
*artisan* „Handwerker" und (16., 17. Jh.) „Künstler" (cf. *artiste* S. 226).

Von ihrem allgemeinen Gehalt her kaum einem speziellen Übernahmemilieu zuweisen lassen sich die im 16. Jh. übernommenen heutigen Zentralverben:

*manquer* „fehlen, mangeln" (als hapax um 1400; *manquer de* 17. Jh.); für polysemes afr.mfr. *(de)faillir* (S. 64, 138)
*réussir* zunächst „einen (guten oder schlechten) Ausgang haben" (bis Ende 17. Jh.), aber vereinzelt seit Ende 16. Jh. auch „gut ausgehen, gelingen", „Erfolg haben"[52]; für polysemes afr.mfr. *profiter* (S. 149); cf. im 17. Jh. auch *succéder*.

Nicht eindeutig entscheiden, ob Entlehnung aus dem Italienischen oder aus einer anderen Sprache vorliegt[53], läßt sich bei den modernen Kernlexemen:

*camp* „Feldlager" (16., ev. Ende 15. Jh.), < it. oder okz. oder norm.-pik. (cf. *champ*, S. 38)
*campagne* „offenes Gelände" (16., „Land im Gegensatz zur Stadt" 17. Jh.), < it. oder okz. oder norm.-pik. (cf. afr.mfr. *champagne*, S. 76)
*guide* „Führer" (14. Jh.), < it. oder okz.; für afr. *guis* S. 115 (cf. *guider* 14. Jh. für afr. *guier*); *guide* „Buch-Führer" 17. (Tourismus 19.) Jh.
*brave* (u. a.) „tapfer" (14., „ehrlich, brav" 16., 17. Jh.), < it. oder sp.

Die okzitanischen Lehnwörter konzentrieren sich nach dem Zurücktreten des literarischen Einflusses in erster Linie (mit etwa der Hälfte aller mittelfranzösischen Übernahmen) auf den maritimen Bereich der Schiffahrt und des Fischfangs (z. B. *radeau* 15., *cap* 14., *écueil* 16., *thon* 14. Jh.). Daneben finden sich weiterhin einige Tier- und Pflanzenbezeichnungen (*langouste* 14., *cigale* 15., *truffe* 14., *airelle* 16. Jh.) sowie in zunehmendem Maße Entlehnungen in den Bereichen Krieg und Militär (*bande* „troupe" 14., *escalade* 15., *caserne* 16. Jh.; ev. *camp, campagne*)[54], Handel (*magasin* „Warenlager" Ende 14., < arab., „Geschäft, Laden" als Zentrallexem seit Ende 17., 18. Jh.; cf. auch *boutique* S. 165 Fn. 88) sowie häuslich-gesellschaftliches Leben (Küche: *escargot* „Weinbergschnecke" 14., *ciboule* 15. Jh.; affektive Sphäre:

[51] Seit ca. 1600 auch übertragen „(genau ausgearbeiteter) Plan" (cf. *projet* seit 15., 16. Jh.).
[52] Cf. P. Souyris, in *FM 27*, 1959, 204—214; Chaurand, *Introduction,* 75 f.
[53] Cf. zuletzt Gebhardt, *op.cit.*, 73 f.
[54] Die Übernahmen im kriegerisch-militärischen Bereich wurden vor allem durch die äußeren Verhältnisse zur Zeit des Hundertjährigen Krieges begünstigt (cf. Verf., in *Mélanges Gossen,* 896).

*badaud* 16., *fat* 16. Jh.). Für die Bezeichnungsgeschichte des Kernwortschatzes relevant wird die Übernahme vor allem von[55]:

*escalier* „Treppe" (16. Jh.)[56]; cf. mfr. *eschalier* (S. 101)
*auberge* „Herberge, Gasthaus" (15. Jh., geläufig seit 17., cf. Gebhardt, 206 f.)

Der lexikalische Einfluß des Spanischen nimmt erst im 16. Jh. nennenswerte Ausmaße an und bezieht sich zu einem guten Teil auf die Vermittlung arabischer oder überseeischer Produktbezeichnungen (*abricot, maïs, cacao, chocolat, tabac, hamac*; cf. ferner Messner, *Einführung*, 83). Als zunächst militärischer Terminus übernommen, aber sekundär auch für den Kernwortschatz relevant wird:

*camarade* „Zimmergenossenschaft, Kameradschaft" (16. Jh.), sekundär (seit Ende 16. Jh.) „Zimmergenosse, Kamerad".

Eine nur geringe Zunahme gegenüber dem Altfranzösischen und eine kontinuierliche Konzentrierung auf den nautisch-maritimen Bereich zeigen die (teils über die nördlichen Mundarten vermittelten) Entlehnungen aus dem Niederländischen. An Übernahmen allgemeinerer Charakters finden wir innerhalb der maritimen Sphäre *matelot* (14.), *pompe* (16.), *digue* (14. Jh.), in Verbindung mit dem Handel *paquet* (14. Jh.) und die neue Bezeichnung des „Hopfenbiers" *bière* (15. Jh.; für afr.mfr. *cervoise* S. 83; cf. auch *houblon* „Hopfen" 15. Jh.) sowie mit sekundärer Relevanz auch für den Kernwortschatz:

[55] Eventuell mitbeteiligt, aber keinesfalls zwingend ist der Einfluß des Nordwestokzitanischen bei der Ausweitung der bis zum 16., 17. Jh. vereinzelten Formen *paraître* und *pour que* (cf. Gebhardt, 119, 203). Afr. *paroistre* (< *parescĕre* S. 68) begegnet seit der *Passion* und ist im 12. Jh. bei Benoit, *Trojaroman* (s. *To-Lo*) und *Chronique des Ducs de Normandie* (s. Ed. Fahlin, Glossar) als „scheinen" und „erscheinen, sich zeigen" besonders häufig, bleibt ansonsten jedoch gegenüber *paroir* bis zum 16. Jh. ganz im Hintergrund (vgl. aber durchwegs geläufiges *aparoistre*). *Po(u)r que* (S. 78 Fn. 142; cf. *pour ce que* S. 142) findet sich vereinzelt seit dem 12. Jh., tritt im Mittelfranzösischen aber, zumindest in der Schriftsprache, weitestgehend gegenüber *afin que* (S. 187) zurück; geläufig erscheint *pour que* erst wieder im Laufe des 17. Jhs., wo es Vaugelas als „usité particulièrement le long de la Loire" kennzeichnet (cf. Brunot, *HLF III*, 397; Gougenheim, *Etudes*, 81; N. S. Bement, in *Romance Philology 9*, 429—435).

[56] *Escalier* bezieht sich in einigen der ersten Belege auf die Treppen eines Amphitheaters (cf. Gebhardt, 208) und dürfte sich vor allem als zunächst gehobenere und ans Lateinische anklingende Bezeichnung („prächtige, herrschaftliche Treppe") gegenüber den traditionellen Bezeichnungen *degré(s)* und *montée* (S. 101, 184) ausgeweitet haben; im 17. Jh. gilt *montée* bereits als „bas" und „populaire"; cf. auch K. Jaberg, in *RLiR 6*, 97 f.

*bouquin* „altes Buch, Schmöker" (15. Jh.; < **boeckijn* „kleines Buch"); umgangssprachlich synonym zu *livre* seit 19. Jh. (cf. S. 218, 251)

*drolle, drôle* „Schelm, Schlingel" (15. Jh.; < *drol* „kleiner Kerl, Kobold"); adj. „drollig, lustig" seit 17. Jh. (1636)

Neben den fremdsprachlichen Entlehnungen erfährt der Wortschatz des Zentralfranzösischen bzw. der auf dem „français de Paris" basierenden Schrift- und Nationalsprache auch eine kontinuierliche Beeinflussung durch die verschiedenen Mundarten der „langue d'oïl". Diese dialektalen Einflüsse bleiben im Vergleich zu den mittelfranzösischen Gesamtveränderungen des Lexikons allerdings sehr begrenzt. Bei Zugrundelegung der heute fortlebenden Formen auf der Basis des *Grand Robert* (in Klammer bei Berücksichtigung sämtlicher Übernahmen nach *FEW*) beträgt die Gesamtzahl der Dialektismen (nach Gebhardt, 273, 286)[57]:

14. Jh.: 20 (51)   15. Jh.: 13 (39)   16. Jh.: 30 (133)

Der weit überwiegende Teil dieser Formen entstammt, wie schon in altfranzösischer Zeit, dem normannisch-pikardischen Sprachraum (z. B. 14. Jh. *câble, marécage, accabler*; 15. Jh. *brioche, caboche*; 16. Jh. *crevette, brancard*; ev. *camp, campagne*, cf. S. 199), ein vor allem im 16. Jh. relativ hoher Anteil auch den Mundarten des Südwestens und des Centre (z. B. 14. Jh. *lessive*; 15. Jh. *chaise*; 16. Jh. *gaspiller, billevesée, cassis*). In den lexikalischen Kernbestand einrücken kann die ursprünglich ostfranzösische Form

*poussière* „Staub" (12., in Paris 15. Jh.); für traditionelles *poudre* „Staub, Pulver"(< *pulvis*), das durch die Übertragung auch auf das neu erfundene Schießpulver offenbar semantisch überlastet und ersatzbedürftig geworden war (cf. K. Jaberg, in *Festschrift J. Jud*, 1943, 284 ff.).

Die Bezeichnungsgeschichte des „français fondamental" wird durch die verschiedenen fremdsprachlichen und dialektalen Einflüsse der mittelfranzösischen Periode insgesamt in rund 20 Fällen (davon etwa die Hälfte Italianismen) tangiert, wobei allerdings mehrere der in Betracht kommenden Formen erst sekundär in den eigentlichen Kernwortschatz einrücken:

*crédit, numéro, risquer, soldat, appartement, artisan* „Künstler", (*nouvelle* „Novelle"), *manquer, réussir, camp, campagne, guide, brave, boutique,* (*magasin* „Lager"), *escalier,* (*auberge* „Gasthaus"), *camarade,* (*bouquin* „Schmöker"), *drôle, poussière*, ev. *important, plan* sb.

[57] Die entsprechenden Werte für die Frankoprovenzalismen lauten für das 14. Jh. 2 (5); 15. Jh. 1 (7); 16. Jh. 8 (34). Cf. auch K. Baldinger, *Les mots lyonnais et francoprovençaux en français*, in *TLL 4, 1, Mélanges P. Gardette,* 59—80.

### 3. Zusammenfassung

Die lexikalische Entwicklung vom Alt- zum Neufranzösischen bringt relativ umfangreiche und tiefgreifende Veränderungen auch im zentralen Bereich des Kernwortschatzes. Von den seit dem ausgehenden Altfranzösischen bezeichnungsgeschichtlich verfolgbaren rund 760 Begriffen des „français fondamental" sind mit fast 260 etwa ein Drittel von den Veränderungen bzw. Neuerungen zwischen 1300 und 1600 betroffen (die substantivischen Begriffe, Präpositionen und Konjunktionen zu rund 30 %, die Verbalbegriffe, Adjektive und Adverbien zu 37—38 %, die Indefinitpronomina zu über 40 %)[58]. Bei Berücksichtigung auch der etwa 65 im Mittelfranzösischen neu hinzutretenden Begriffe beläuft sich der Gesamtanteil der Veränderungen auf rund 40 %. Rund 20 % dieser Veränderungen (60 bis 70) beruhen auf gelehrtem lateinischen, rund 6 % (ca. 20) auf fremdsprachlich-dialektalem Einfluß; beim restlichen weit überwiegenden Teil der mittelfranzösischen Dynamik (mindestens 230 Begriffe) handelt es sich um innerfranzösische Entwicklungen. Diese starken innerfranzösischen Veränderungen beruhen nicht nur auf semantischen und formalen Neuerungen des Mittelfranzösischen selbst (ihre Zahl bleibt im Bezugsrahmen unter der der altfranzösischen Neuerungen)[59], sondern zu einem erheblichen Teil auch auf der Ausbreitung und Verallgemeinerung von bereits altfranzösischen Bezeichnungsvarianten. Der besonders einschneidende Charakter der Veränderungen führt in den meisten Fällen zu grundlegenden Bezeichnungsgegensätzen zwischen Altfranzösisch und Neufranzösisch und bei über der Hälfte der in Betracht kommenden Begriffe (mindestens 130, maximal 150) zum völligen Zurücktreten der altfranzösischen Normalbezeichnung[60].

[58] Die allerhäufigsten Begriffe, gemessen am ersten Teil der Frequenzliste des „français fondamental", zeigen ein insgesamt etwas geringeres Maß an Veränderungen: 1—100: ca. 24 %; 1—500: ca. 26 %.

[59] Auch die Zahl der in den mittelfranzösischen Jahrhunderten neu auftretenden Bezeichnungstypen der heutigen Frequenzliste des „français fondamental" (in ihrer modernen Funktion oder zumindest einer ihrer heutigen Bedeutungen) ist gegenüber dem 12. Jh. (ca. 124) rückläufig und gegenüber dem 13. Jh. (ca. 60) etwa gleichbleibend:

14. Jh. 83; 15. Jh. 47; 16. Jh. 51.

[60] Etwa ein Dutzend dieser traditionellen Bezeichnungen tritt gegenüber einem Latinismus, ein halbes Dutzend gegenüber einer fremdsprachlich-dialektalen Entlehnung zurück.

Aus dem gesamten Lexembestand des altfranzösischen *Rolandsliedes* sind nach Messner (*Einführung*, 54 ff.) insgesamt 38 % (von den Substantiven 31 %), bzw. speziell in der Zeit vom 14. bis einschließlich 17. Jh. 22 % untergegangen. Der An-

Als eine wesentliche Triebkraft der Entwicklung ergibt sich in erster Linie das spontansprachliche Expressivitätsstreben, das — teils gekoppelt mit dem Streben nach Lautfülle, Regelmäßigkeit und Eindeutigkeit — einen Großteil der ausweitenden Verallgemeinerungen und einen guten Teil der Neuerungen bestimmt. Ein hoher Anteil der vordringenden neufranzösischen Bezeichnungstypen kennzeichnet sich (anfänglich) durch Affektiv- oder Intensivgehalt, bildhafte Anschaulichkeit, phonische oder morphologische Motivation[61] und kann sich offensichtlich vor allem wegen dieses expressiven Charakters gegenüber den traditionellen (teils auch formal geschwächten) Bezeichnungen durchsetzen. Die vergleichsweise geringe Sprachstabilität, mit der starken gemeinsprachlichen Ausbreitung von zunächst spontansprachlich-expressiven Bezeichnungsvarianten, wird maßgeblich durch die relativ unstabilen äußeren Zeitverhältnisse begünstigt[62], während andrerseits die einschneidenden Lautreduktionen seit dem ausgehenden Altfranzösischen auch zu einer erhöhten formalen Ersatzbedürftigkeit traditioneller Lexeme führen können[63]. Eine gegenüber den älteren Entwicklungsphasen zunehmende Zahl von Lexemen kann sich im Mittelfranzösischen allerdings auch aufgrund eines (zunächst) offenbar gehobenen Stilwerts als gelehrt-fachsprachliche Bezeichnungsvariante progressiv ausweiten und zu modernen Normalbezeichnungen verallgemeinern.

teil der in der modernen Sprache nicht fortlebenden Lexeme aus dem Wortschatz von Chrétiens *Yvain* beläuft sich nach Lippold (*Die Gründe des Wortuntergangs*, 87) bei den Verben auf 28,3 %, Adjektiven 26,3 %, Substantiven 23,1 %.

[61] Vergleiche die zahlreichen Motivationsgewinne bzw. Remotivationen durch neugebildete Ableitungen und Zusammensetzungen, als Ausgleich gegen die Verdunkelungen aufgrund der lautlichen, semantischen und lexikalischen Veränderungen.

[62] Vergleiche S. 170 Fn. 2. Zu direkten lexikalischen Auswirkungen des Hundertjährigen Krieges siehe Verf., in *Mélanges Gossen,* 894 ff.

[63] Daß diese Lautreduktionen bis zur Einsilbigkeit sowie die häufig damit verbundenen neuen Homophonien aber nur in begrenztem Maße zu wortgeschichtlichen Konsequenzen führten, zeigt der vergleichsweise hohe Anteil an einsilbigen bzw. homophonen Formen im neufranzösischen Wortschatz; cf. v. a. J. Albrecht, *Le français langue abstraite?*, 1970, S. 116; L. C. Harmer, *The French Language Today*, 1954, Kap. *IV Monosyllabism*; Ullmann, *Précis*, 220; W. Rothe, *Phonologie des Französischen,* ²1978, 157—159; W. Fischer, *Französische Homophone*, 1963 (870 heterographe Homophonenpaare oder -gruppen); mit dem erhöhten Anteil der Homophonie erhöht sich auch die Kontextsensitivität der neufranzösischen Lexeme (vgl. andrerseits aber einen gewissen Rückgang der Polysemie, S. 167 f., 212). Zur homonymendifferenzierenden (ideographischen) Funktion der Orthographie cf. u. a. L. Söll, *Gesprochenes und geschriebenes Französisch*, und W. Börner, *Die französische Orthographie*, 1977.

Neben den zahlreichen Fällen eines Bezeichnungswechsels bzw. Wortersatzes bringt vor allem die stufenweise Funktionsausweitung der französischen gegenüber der lateinischen Schriftsprache auch eine starke Erweiterung des französischen Gesamtwortschatzes, mit einzelnen Auswirkungen auch auf den heutigen Kernbestand[64], sowie eine auch im Zentralbereich deutlich faßbare Entwicklung zu größerer lexikalischer Präzision und Differenzierung.

Zu einem Abbau altfranzösischer Polysemien und zu teils neuen lexikalischen Differenzierungen bzw. Oppositionen führen etwa die zunehmenden, wenn auch bis zum 17. Jh. meist nicht konsequenten Abgrenzungen zwischen[65]:

| | | | | | |
|---|---|---|---|---|---|
| *tourner* | vs. | *retourner* | *douleur* | vs. | *deuil* |
| *douter* | vs. | *redouter* | *personne* | vs. | *personnage* |
| *sembler* | vs. | *ressembler* | *cours* | vs. | *course* |
| *dormir* | vs. | *sommeiller* | *nourriture* | vs. | *éducation* |
| *aller* | vs. | *marcher* | *nombre* | vs. | *numéro* |
| *en* | vs. | *dans* | *étrange* | vs. | *étranger* |
| *partir* | vs. | *partager* | *léger* | vs. | *facile* |
| *lieu, endroit* | vs. | *place* | *beaucoup, très* | vs. | *assez* vs. *trop* |
| *cheveu* | vs. | *poil* vs. *crin* | *oui* | vs. | *si* „doch“ |

Trotz dieser Entwicklungstendenzen kennzeichnet sich jedoch auch noch der Wortschatz bzw. Wortgebrauch des 16. Jhs. durch eine weitgehende Uneinheitlichkeit und eine relativ große Vielfalt an synonymen, nicht konsequent differenzierten Bezeichnungsvarianten. Speziell im Rahmen der Literatursprache werden in einem teils bewußten Bemühen um quantitativen Wortreichtum[66] und in beträchtlicher individueller Freiheit des Sprachgebrauchs auch die zurücktretenden älteren Bezeichnungen oder Verwendungsweisen fallweise noch weitergeführt und die neuen Bezeichnungsquellen (gelehrte,

[64] Man vergleiche einen Großteil der S. 191 ff. aufgeführten Latinismen sowie offenbar weitgehend „neue“ Begriffe wie „moyen (sb.)“, „bureau“, „meuble“, „plan“, „avenue“, „risquer“, „rôle“, „initiative“.

[65] Vgl. S. 167 f., 212 f. Aufgegeben werden dagegen andrerseits etwa die lexikalischen Oppositionen zwischen *huis* vs. *porte*; *viez* vs. *vieux*; *penser* vs. *cuidier* vs. *croire*; n. k. *onques* vs. *jamais* (S. 128 f.); ferner die Differenzierungsmöglichkeit etwa zwischen *pucele/damoisele*; *malade/enferm*; *clore/serrer, fermer*; *soir/vespre*; *mais/ains* (cf. G. Ernst, *op.cit.* Fn. 16, 72 f.).

[66] Vergleiche den Grundsatz Ronsards „Plus nous aurons de mots en nostre langue, plus elle sera parfaitte“ und seine etwa im Vorwort der *Franciade* vorgeschlagenen Bereicherungsmethoden, deren praktische Anwendungen aber begrenzt bleiben und in den späteren Werken deutlich zurücktreten (cf. Brunot, *HLF II*, 168 ff.; Chaurand, *Introduction*, 80—86).

fremdsprachliche und mundartliche Entlehnungen, Neubildungen) vergleichsweise stark ausgeschöpft. Erst im letzten Viertel des 16. Jahrhunderts läßt sich weithin eine gewisse Einschränkung dieser formalen Vielfalt beobachten, was direkt zur lexikalischen Epuration und Vereinheitlichung des 17. Jhs. hinführt[67].

[67] Cf. v. a. H. Naïs, in Brunot, *HLF II*, 492—498 (*La réduction du vocabulaire à partir de 1580*).

## VI. Der neufranzösische Wortschatz

Der meist auf das 17. Jahrhundert festgelegte Beginn der neufranzösischen Sprachperiode ist auch aus der speziellen Sicht der Wortschatzgeschichte (bei aller grundsätzlichen Relativität von Periodisierungen) durchaus gerechtfertigt. Die Entwicklung dieses Jahrhunderts bringt, im Zuge einer intensiven sprachtheoretischen Aktivität, einerseits die definitive Trennung von den (im 16. Jh. teils noch fortgeführten) spezifisch mittelalterlichen Verhältnissen, andrerseits die Herausbildung einer hoch- und schriftsprachlichen Norm, die im wesentlichen auch von den folgenden Jahrhunderten als verbindlich weitergeführt wird und so die Grundlage einer relativen Stabilität bis zur Gegenwart bildet.

Aufgabe unserer Wortschatzgeschichte wird allerdings gerade auch die Relativierung dieser Stabilität sein, das heißt die Illustration der gegenüber dem Mittelfranzösischen zwar verlangsamten, aber doch kontinuierlich weiterführenden Dynamik auch während und seit dem 17. Jh. Hierbei sind neben den durch neue außersprachliche Bezeichnungsnotwendigkeiten bedingten, insgesamt sehr umfangreichen und teils auch für den heutigen Kernbestand relevanten Wortschatzerweiterungen[1] auch die bislang wenig erforschten Veränderungen innerhalb der Bezeichnung der traditionellen Zentralbegriffe zu berücksichtigen. Gleichsam als Ergebnis der mit der neufranzösischen Entwicklung verbundenen code- und registermäßigen Differenzierungen sowie zugleich als einen Ausgangspunkt für zukünftige Veränderungen betrachten wir abschließend die lexikalische Vielschichtigkeit der Gegenwartssprache.

Eine ausführliche, auf die sprachtheoretischen Stellungnahmen konzentrierte Darstellung der Wortschatzgeschichte des 17. und 18. Jhs. gibt:

F. Brunot, *Histoire de la langue française,* v. a. *III*, 81—271, *IV*, 219—622, *VI*, 999—1405, *IX*, 617—662, *X*, 103—158

[1] Zu den rund 825 seit mittelfranzösischer Zeit bezeichnungsgeschichtlich verfolgbaren Zentralbegriffen treten im Rahmen des „français fondamental" an die 70 „neue", das heißt erst seit dem 17. Jh. (gut 20), 18. Jh. (gut 20) oder 19., 20. Jh. (rund 25) faßbare Begriffe.

eine kulturgeschichtlich verarbeitete Darstellung von neu belegten Formen:

D. Messner, *Einführung in die Geschichte des französischen Wortschatzes*, 1977, 89—125

eine Charakterisierung wesentlicher Aspekte anhand ausgewählter Beispiele:

J. Chaurand, *Introduction à l'histoire du vocabulaire français*, 1977, 89—191

einen Einblick in die Frequenzverschiebungen innerhalb des schriftsprachlichen (literarischen) Wortschatzes von 1789—1964 der im Rahmen des *Trésor de la Langue Française* (1971 ff.) entstandene

*Dictionnaire des Fréquences, III., Table des variations de fréquence,* 1971 [= *TLF Var.*]

## 1. Die Reinigung und Normierung des (hoch- und schriftsprachlichen) Wortschatzes im 17. Jahrhundert

Die intensive und relativ wirksame sprachtheoretische Aktivität des 17. Jahrhunderts ist zwar primär auf den „Bon Usage"[2] der aristokratischen Elite und der hohen Literatur ausgerichtet, wird aber in mehrfacher Hinsicht auch für die neufranzösische Gemeinsprache schlechthin bestimmend. Die Bemühungen um eine Vervollkommnung der Sprache gelten, im Gegensatz zu den quantitativen Bereicherungstendenzen des 16. Jhs. (S. 204 Fn. 66), in erster Linie den qualitativen Idealen der „pureté" und „précision". In diesem Sinne wird der vielfältige und teils mit großer Freiheit gehandhabte Wortschatz der traditionellen (Literatur-)Sprache einer reinigenden Einschränkung sowie einer vereinheitlichenden Normierung unterzogen[3]. Die lexikalische „épuration" des „Bon Usage" läßt sich vor allem von den Zielen der Gemeinverständlichkeit, Einheitlichkeit, Stabilität und Hoffähigkeit leiten und umfaßt dementsprechend den Ausschluß der Archaismen, Regionalismen, Neologismen, Entlehnungen, Fachausdrücke sowie aller aufgrund ihrer diastratischen Markierung („bourgeois", „plébée") oder stilistischen Anstößigkeit („déshonnête", „sale") als „mots bas" qualifizierten Lexeme. Dieser Einschränkung und teilweisen Verarmung der hochsprachlichen Ausdrucksmittel (Rationalisierung, Farblosigkeit) stehen andrerseits aber auch Bereicherungen durch genaue Bedeutungsbestimmung und Synonymenabgrenzung bzw. durch einen präziseren Wortgebrauch gegenüber.

[2] „C'est la façon de parler de la plus saine partie de la Cour, conformément à la façon d'escrire de la plus saine partie des Autheurs du temps" (Vaugelas, *Remarques sur la langue françoise, Preface*).

[3] Zu Ansätzen dieser Entwicklung seit dem ausgehenden 16. Jh. s. S. 205.

Den kraftvollen Beginn der puristisch normierenden Tätigkeit bildet François Malherbe (1555—1628), der seit 1605 am Pariser Hof zur tonangebenden Persönlichkeit in sprachlichen Belangen wird und seine Grundsätze vor allem in kritischen Einzelbemerkungen zur Dichtersprache von Ph. Desportes niederlegt[4]. Da seine Prinzipien einem sich bereits anbahnenden „Usage" sowie einem allgemeineren Bedürfnis nach sprachlicher Disziplinierung und Verfeinerung entsprachen, wird Malherbe bald zum Wortführer und Ausgangspunkt einer breiten Neuerungsbewegung und seine „doctrine" in ihren wesentlichen Zügen zur Doktrin fast aller Sprachtheoretiker des 17. Jhs. Zum bedeutendsten Nachfolger und zur maßgebenden Autorität nach Malherbe wird Claude Favre de Vaugelas (1585—1650), der in seinen 1647 erschienenen *Remarques sur la langue françoise* auch eine theoretische Grundlegung des „Bon Usage" gibt und diese Norm, im Gegensatz zum tyrannischen Sprachreformer Malherbe, als „simple tesmoin" vorwiegend selektiv-registrierend darstellt. Eine systematische Zusammenfassung des lexikalischen „Bon Usage", als Ergebnis eines kontinuierlichen kollektiven Bemühens von Theoretikern, Literaten und höfischen „Beaux Esprits", schaffen schließlich die am Ende des Jahrhunderts publizierten Wörterbücher, insbesondere der bewußt auf die Sprache der „honnestes gens" eingeengte *Dictionnaire de l'Académie française* ($^1$1694)[5].

Die konkrete Reinigung des Wortschatzes bedeutet, wie erwähnt, vor allem eine Reihe von Einschränkungen. Aus dem „Bon Usage" ausgeschlossen werden etwa, im Hinblick auf Gemeinverständlichkeit, Einheitlichkeit und die Beseitigung jeder auch dichterischen Freiheit[6], alle veralteten oder alternden Lexeme, wodurch in zahlreichen Fällen die letzte Konsequenz aus den mittelfranzösischen Veränderungen und der definitive Übergang von den spezifisch mittelalterlichen zu den neufranzösischen Bezeichnungen vollzogen wird[7]. Bereits von Malherbe als „vieux" oder „hors d'usage" beanstandet werden vor allem, aus dem traditionellen Kernbestand:

[4] Eine systematische Verarbeitung gibt F. Brunot, *La Doctrine de Malherbe d'après son commentaire sur Desportes*, 1891 (Neudruck 1969).
Der Negativkatalog, der den Kern seiner lexikalischen Kommentare bildet, stempelt Malherbe in den Augen der Mlle de Gournay, als eine der wenigen Opponenten, zu einem „docteur en négative".

[5] Cf. B. Quemada, *Les Dictionnaires du français moderne, 1539—1863*, 1968. Zu einzelnen Diskrepanzen zwischen den im Vorwort des Akademiewörterbuchs dargelegten Prinzipien und der praktischen Ausführung s. I. Popelar, *Das Akademiewörterbuch von 1694 — das Wörterbuch des Honnête Homme?*, 1976.

[6] Malherbes kategorischer Grundsatz lautet: „ce qui est banni du langage, doit l'être de l'écriture".

[7] „la réforme de Malherbe n'est autre chose dans son ensemble qu'une rupture avec le lexique, la grammaire [. . .] de notre ancienne langue" (Brunot, *La Doctrine*, S. 253). — Vergleiche im einzelnen die bei Brunot, *HLF III*, 104 ff., *IV*, 244 ff., ge-

*ardre* „brûler"; *paroir* „paraître"; *retraire* „retirer"; *férir* „frapper"; *dépendre* „dépenser"; *chef* „tête"; *soudart* „soldat"; *fiance* „confiance"; *isnel* „rapide"; *or* „maintenant"; *jà* „déjà"; *ains* „mais"; *ainçois* „mais, plutôt"; *onques, onc* „jamais";

nach dem Zeugnis der Mlle de Gournay oder der Grammatik von A. Oudin (1632) schon im ersten Drittel des Jahrhunderts als Archaismen abgelehnt ferner:

*cuider*; *occire* „tuer"; *issir* „sortir"; *tollir* „enlever"; *douloir*; *ost* „armée"; *erre* „voyage"; *coulpe* „faute"; *senestre* „gauche"; *dextre* „droit"; *grief* „grave"; *adonc* „alors"; *hui* „aujourd'hui"; *riere* „derrière"; *entour* „autour"; *lez* „à côté de"; *sus* „sur".

Andere Formen bleiben offenbar zur Zeit Malherbes noch gebräuchlicher und werden erst bei Vaugelas oder in der zweiten Jahrhunderthälfte für veraltet erklärt, so etwa:

*bailler* „donner"; *clore* „fermer"; *cheoir* „tomber"; *quérir* „chercher"; *ouvrer* „travailler"; *seoir* „s'asseoir"; *vespre* „soir"; *nef* „navire"; *huis* „porte"; *souvenance* „souvenir"; *pertuis* „trou"; *lors* „alors"; *par aventure* „peut-être"; *aucunes fois* „quelquefois"; *devers* „vers".

Der starken politischen und literarischen Konzentrierung auf Paris entspricht eine Ablehnung auch der mundartlich-regionalen Lexeme[8] und damit eine gegenüber dem 16. Jh. rigorosere syntopische Vereinheitlichung, die auch für die folgenden neufranzösischen Jahrhunderte weitgehend verbindlich bleibt. Malherbe, der sich der Degaskognisierung des Hofes rühmte, beanstandet bei Desportes etwa *serrer* „fermer" als „provençal" (auch afr.mfr., S. 73) oder *avoir deuil* als „normand", und Vaugelas warnt sogar vor der Gefahr einer sprachlichen Ansteckung durch einen längeren Provinzaufenthalt („il ne faut pas insensiblement se laisser corrompre par la contagion des Provinces").

gebenen Listen der „mots vieux", wobei allerdings einige der geächteten Lexeme fortleben (cf. *III*, 123, *IV*, 243) und andrerseits auch mehrere Formen zurücktreten, ohne daß eine sprachtheoretische Ablehnung überliefert wäre (z. B. *douter* „redouter", *mire* „médecin", *mestier* „besoin", *souef* „agréable"). — Zu *abuser, affiner* „tromper"; *asseoir* „placer, poser"; *avaler* „descendre"; *baller* „danser"; *heur* „bonheur"; *cité*; *coi* „tranquille"; *part* „côté" cf. G. Ernst, *Der Wortschatz der französischen Übersetzungen von Plutarchs ‚Vies parallèles'*; zu *advenir* „arriver" id., in *ZrP 89*, 1973, 186 ff.

[8] Teils Hand in Hand mit dem Veraltern, cf. Malherbe „*Jà* est un mot vieil et qui ne s'use qu'entre les paysans".

Eine weitere lexikalische Einschränkung, die zumindest als puristischer Vorbehalt auch in den folgenden Jahrhunderten fortwirkt (cf. aber zum 18. Jh. S. 214 f.), gilt dem Neologismus und den Entlehnungen[9]. Die sprachtheoretische Einstellung gegenüber dem Neologismus im 17. Jh., etwa bei Vaugelas, ist grundsätzlich ablehnend („il n'est permis à qui que ce soit de faire de nouveaux mots"), schränkt aber sekundär ein „pour les mots allongez ou derivez, [. . .] on les souffre quelquefois". Entscheidend hierbei ist vor allem, ob die Neubildung, welche zunächst nur ein Vorschlag an den „Usage" sein kann, von diesem akzeptiert wird, wie etwa die seit 1634 belegte Ableitung *exactitude*, zu der Vaugelas bemerkt: „c'est un mot que j'ay veu naistre comme un monstre, contre qui tout le monde s'escrioit, mais enfin on s'y est apprivoisé" (cf. auch Chaurand, *Introduction*, 91 f.). Malherbes kritische Randbemerkungen zu Desportes wenden sich gegen neue Ableitungen wie *ivoirin* oder Zusammensetzungen wie *blond-doré*, verweisen aber auch bereits auf eine Einschränkung der Diminutivableitung („Ces diminutifs n'ont gueres bonne grâce en françois"), die in der Folge für das Neufranzösische kennzeichnend wird (der Anteil der Diminutive auf *-tt-* unter den Lexikoneinheiten sinkt vom 16. Jh. bis zum ausgehenden 17. Jh. von 2,3 % auf 0,35 %)[10].

Auf den „Bon Usage" der klassischen Hoch- und Literatursprache konzentriert bleiben dagegen die Ausklammerung der fachsprachlichen Lexeme[11] sowie die diastratisch-stilistische Abgrenzung gegenüber allen volks-

[9] Die Ablehnung fremdsprachlicher Übernahmen entspricht dem gestiegenen sprachlichen Selbstbewußtsein (Vaugelas: „chaque langue soit maistresse chez soy"), findet aber schon in den Texten des ausgehenden 16. oder beginnenden 17. Jhs., wie bei Desportes, nur noch wenig Anlaß zur Kritik. Cf. aber S. 235.

[10] Cf. B. Hasselrot, *Etudes sur la formation diminutive dans les langues romanes*, S. 176. — Die ablehnende Haltung gegenüber den Diminutiven erklärt sich v. a. als Reaktion auf deren besondere Häufigkeit bei vielen Dichtern des 16. Jhs. sowie als Vorbehalt einer vorwiegend rational eingestellten Periode gegenüber den Gefühlswerten dieser Formen. Die starke auch gemeinsprachliche Wirksamkeit dieser Einschränkung setzt allerdings voraus, daß die theoretische Ablehnung mit einer immanenten Tendenz des Französischen (Tendenz zur analytischen Ausdrucksform und Prädetermination; Lautreduzierung und Homophonie vieler Diminutivsuffixe) konvergierte (cf. auch Hasselrot, 198—210).
Parallel zum Rückgang der synthetischen Diminutivformen steigt die Frequenz und die hypokoristische Konnotation von *petit* (cf. *FM 24*, 1956, 35—47; 113—123; *27*, 1959, 289—307; *28*, 1960, 25—38).

[11] Der Ausschluß der „mots de métier" bleibt auf das 17. Jh. begrenzt und entspricht der weitgehenden sachlichen Ausklammerung von Fachwissen und pedantischer Gelehrsamkeit aus dem höfischen Gesellschaftsleben der Zeit.

tümlichen bzw. realistisch-anstößigen Ausdrücken. Parallel zur ausgeprägten sozialen Hierarchie wird auch der Wortschatz einer eingehenden hierarchischen Wertung und Klassifizierung („mot noble" vs. „mot bas") unterzogen[12], wobei neben den mots „plébées" oder „bourgeois" auch alle der Bienséance einer verfeinerten Ausdrucksweise entgegenstehenden mots „sales" und „réalistes" der Abwertung unterliegen („notre langue [...] rejette non seulement toutes les expressions qui blessent la pudeur et qui salissent tant soit peu l'imagination, mais encore celles qui peuvent estre mal interprétées", Bouhours)[13].

All diesen lexikalischen Einschränkungen, die den Wortbestand speziell der klassischen Literatursprache beträchtlich reduzieren[14], stehen jedoch auch

[12] „Les mots, bien ou mal nés, vivaient parqués en castes" charakterisiert V. Hugo, der in der romantischen Revolution seiner *Réponse à un acte d'accusation* (*Les Contemplations I*, 7) die Rechte des „mot bas" bzw. „mot propre" auch in der Dichtersprache wiederherstellen wird.
Im Rahmen der Zentralbegriffe betrifft diese Abwertung als „mot bas" etwa die (teils auch veraltenden) Formen *aviser* „apercevoir", *dévaler* „descendre", *montée* „escalier", daneben aber auch einige in der Folge uneingeschränkt weitergeführte Lexeme wie *gentil, finalement, tout à fait, à présent.*

[13] In diesem Sinne beanstandet schon Malherbe bei Desportes Lexeme wie *oindre, onguent, rhume, ulcère, cadavre,* und selbst ein Wort wie *poitrine* wird vorübergehend aus dem „Bon Usage" ausgeschlossen, „parce que l'on dit *poitrine de veau*" (Vaugelas). Zu einem tatsächlichen Rückgang in der Gemeinsprache führt offenbar die Verpönung der durch eine scherzhafte Verbindung (*la face du grand Turc* „cul") kompromittierten Form *face* „Gesicht" (cf. J. Renson, *Les dénominations du visage, I*, 253 ff.; vergleiche auch die mit der Pariser Aussprache des *a* antérieur gegebene Nähe zu *la fesse*).
In Meidung der „mots réalistes" bevorzugen die klassische Dichtung und die preziöse Mode häufig abstrakt-generelle Bezeichnungen bzw. umständliche Umschreibungen, was teilweise dem Prinzip der „clarté" entgegensteht. Zur Preziosität, die die puristisch-prüden Skrupel teils ins Extreme steigert und mit dem Streben nach gesucht-affektierter Ausdrucksweise verbindet, cf. v. a. R. Lathuillière, *La Préciosité*, 1966.

[14] Der Wortschatz der klassischen Tragödie Corneilles und Racines beschränkt sich auf rund 4000 Lexeme. Demgegenüber zeigen die der Norm des „Bon Usage" nicht direkt unterworfenen Gattungen auch im 17. Jh. eine weit größere lexikalische Vielfalt; vgl. v. a. Molière (mit dem Ziel einer realistischen Wiedergabe der sprachlichen Vielschichtigkeit) und La Fontaine (mit den Zielen der „gaieté", „nouveauté", „variété"; cf. J. A. Tyler, *A Concordance to the Fables and Tales of Jean de la Fontaine,* 1974, der 6354 Wörter verzeichnet). Cf. die (zu La Fontaine offenbar stark überhöhten) Werte in *Beiträge zur Rom.Phil. 4*, 1965, 140; zu Corneille cf. auch die von B. Quemada herausgegebenen Indices, zu Racine J.-G. Cahen, *Le vocabulaire de Racine*, 1946, B. C. Freeman — A. Batson, *Concordance du Théâtre et des Poésies de Jean Racine*, 1968 (4088 Wörter).

mehrere Bereicherungen der französischen Ausdrucksmöglichkeiten durch eine exaktere und differenziertere Wortverwendung gegenüber. Die Ziele der „précision“ und „clarté“ führen bei Malherbe und dessen Nachfolgern zu einem intensiven Bemühen um genaue Bedeutungsbestimmung und strenge Synonymenabgrenzung[15], was in hohem Maße auch gemeinsprachlich wirksam wird und für den neufranzösischen Wortschatz schlechthin verbindlich bleibt. Bereits Malherbe beanstandet an den Gedichten Desportes' eine Vielzahl von ungenau oder unklar gebrauchten Lexemen und fordert die strenge Abgrenzung etwa von:

| | | | | | |
|---|---|---|---|---|---|
| *dormir* | vs. | *sommeiller* (cf. S. 149) | *mot* | vs. | *parole* |
| *vue* | vs. | *regard* | *contraire* | vs. | *différent* |
| *nouveau* | vs. | *neuf* (cf. S. 147) | *simple* | vs. | *unique* |
| *trop* | vs. | *très* | *chaque* | vs. | *chacun* (cf. S. 150) |

oder die klare Trennung zwischen einfachen und präfigierten Verben wie

| | | | | | |
|---|---|---|---|---|---|
| *plaire* | vs. | *complaire* | *laisser* | vs. | *délaisser* (cf. S. 148) |
| *partir* | vs. | *départir* (cf. S. 135 f.) | *tomber* | vs. | *retomber* |

Vaugelas registriert einige neue Differenzierungen selbst gegenüber der Sprache Malherbes (*température* vs. *tempérament*; *terroir* vs. *territoire*) und deklariert neben mehreren semantischen Oppositionen wie

| | | | | | |
|---|---|---|---|---|---|
| *lever* | vs. | *élever* | *fond* | vs. | *fonds* |
| *chaise* | vs. | *chaire* | *honte* | vs. | *pudeur* |
| *étrange* | vs. | *étranger* (S. 181) | *vers* | vs. | *envers* |

auch die konsequente Trennung zwischen

präpositionellem *dans, sous, sur* vs. adverbiellem *dedans, dessous, dessus.*

In der zweiten Jahrhunderthälfte schließlich finden wir sprachtheoretisch eine teils noch explizitere Ablehnung jeder absoluten Synonymie („notre langue [. . .] ne peut supporter [. . .] les purs synonymes qui n'ajoutent rien au sens“, Bouhours) und im Sprachgebrauch die Herausbildung der neufranzösischen Unterscheidungen etwa von[16]:

[15] Cf. Brunot, *HLF III*, 227 ff., *IV*, 527 ff.; G. Ernst, *op.cit.* Fn. 7, v. a. S. 343 f. sowie zum teils parallel gehenden Abbau der Polysemie S. 248 ff. Die Fixierungen des 17. Jhs. bilden zum Teil lediglich den konsequenten Abschluß der sich schon im Mittelfranzösischen anbahnenden Entwicklungen (cf. S. 204).

[16] Vgl. im einzelnen und zu weiteren Beispielen v. a. Ernst, *op.cit.*; zu *ancien* id., in *ZrP 89*, 1973, 190 f.; zu *chair/viande* auch A. Greive, in *ASNS 204*, 1968, 426—429; zu *part/partie* S. 152; zu den Synonymiken des 18. Jhs. H.-M. Gauger, *Die Anfänge der Synonymik: Girard (1718) und Roubaud (1785)*, 1973.

| | | | | | |
|---|---|---|---|---|---|
| *choisir* | vs. | *élire* | *ramasser* | vs. | *amasser* |
| *assurer* | vs. | *rassurer* | *obliger* | vs. | *forcer, contraindre* |
| *coeur* | vs. | *courage* (S. 138) | *bataille* | vs. | *combat* |
| *chair* | vs. | *viande* | *bourgeois* | vs. | *citoyen* |
| *ancien* | vs. | *vieux, âgé* | *avant* | vs. | *devant* |

## 2. Überblick über die Entwicklung von etwa 1600 bis zur Gegenwart

### 2.1. Geänderte oder neue Bezeichnungsnotwendigkeiten

Die semantischen und formalen Neuerungen der neufranzösischen Periode werden in vergleichsweise hohem Maße von geänderten bzw. neuen Bezeichnungsnotwendigkeiten bestimmt oder mitbestimmt. Dementsprechend empfiehlt sich vor der Darstellung der einzelnen Sprachneuerungen (soweit sie für den heutigen Kernwortschatz relevant werden) ein Überblick über die wichtigsten außersprachlichen Voraussetzungen, die diesen Entwicklungen zugrunde liegen können.

Das 17. Jahrhundert kennzeichnet sich zwar, wie erwähnt, durch eine weitgehende sprachtheoretische Ablehnung und teilweise auch tatsächliche Einschränkung des sprachlichen Neologismus. Diese Restriktion betrifft jedoch in erster Linie den „Bon Usage" der Hochsprache (unter Ausschluß v. a. der Volkssprache und der Fachsprachen) und schließt selbst innerhalb dieser gehobenen Gemeinsprache eine größere Zahl von teils sachbedingten Neuerungen nicht aus[17]. Eine der wesentlichen kulturgeschichtlichen Änderungen, mit besonderer Relevanz auch für den neufranzösischen Kernwortschatz, bildet die Ausformung eines verfeinerten und nuancierten Gesellschaftslebens; im Vordergrund stehen hierbei der Bereich der Konversation (vgl. das Schlüsselwort *conversation* und neue Konversationswendungen wie *d'accord, bien entendu, en effet, par exemple, d'ailleurs, au fond, n'importe, pas du tout, rien du tout*), neue Umgangsformen[18] sowie neue Vergnügungen

[17] Brunot schätzt die Zahl der „mots [. . .] créés dans les milieux mondains et littéraires" zwischen 1660 und 1715 auf rund zweihundert (*HLF IV*, 515).
[18] Vergleiche auch die modernen allgemeinen Verwendungen von *monsieur, madame, mademoiselle* (S. 153), ferner als neue abwertende Bezeichnungen u. a. *impolitesse, malhonnêteté, choquant, ordinaire* „mittelmäßig". Auf eine Reihe typischer Kernwörter des 17. Jhs., „die um das ‚klassische Maß', die ‚Klarheit' und die ‚relations sociales' kreisen", verweist K. Baldinger in *ZrP 94*, 1978, 195; cf. auch M. Wandruszka, *Der Geist der französischen Sprache*, 1959, passim.

und eine neue Einstellung zum Vergnügen (cf. u. a. *roman; opéra; café; fumer; s'amuser, se divertir*)[19].

Die geistesgeschichtliche Entwicklung des 18. Jahrhunderts, als „siècle des lumières“, bringt auch eine teilweise Modifizierung der sprachtheoretischen Haltung speziell gegenüber dem Wortschatz. Die starke Erweiterung der Interessen, Kenntnisse und Fortschritte führt einerseits, seit dem ausgehenden 17. Jahrhundert, zur Wiedereinbeziehung des fachsprachlichen Vokabulars in den Wortschatz der gehobenen Gemeinsprache und der Prosaliteratur, andrerseits, in der 2. Hälfte des Jahrhunderts, zu einer eigentlichen lexikalischen Neuerungsbewegung. Um die Jahrhundertmitte hatten sich die Kenntnis und die Verwendung vieler fachsprachlicher „termes des arts et des sciences“ in der Gemeinsprache der Gebildeten schon so ausgeweitet, daß selbst das an sich konservativ-puristische Akademiewörterbuch dieser Entwicklung in der 4. Auflage von 1762 Rechnung tragen mußte und eine Vielzahl von bis dahin ausgeschlossenen Fachausdrücken aufnahm[20].

Neben dieser Öffnung gegenüber den Fachsprachen bedingen die vielfältigen Fortschritte und sachlichen Neuerungen aber auch eine beträchtliche Erweiterung des französischen Wortschatzes und — als besonders deutlichen Gegensatz zur Sprachkonzeption des 17. Jahrhunderts — eine sprachtheoretisch-methodische Bereicherungstendenz. Diese auch von Voltaire un-

[19] Vgl. auch die Konzentrierung auf die städtische Pariser Kultur (cf. *province*) und neue Begriffe wie „journal“, „police“, „colonie“. Zu *s'amuser* und *se divertir* s. P. Dumonceaux, *Langue et sensibilité au XVII$^{e}$ siècle*, 1975, S. 180 ff.; aus der Analyse der Begriffe „supplice“, „ravir“, „charme“, „divertir“, „ennui“, „plaire (et plaisir)“ erschließt Dumonceaux einen „bouleversement de la sensibilité“ v. a. um 1620—25, gekennzeichnet durch das Zurücktreten u. a. einer „conception ‚sérieuse‘ de la vie“ und durch das Entstehen einer „‚théorie‘ de la récréation“ (S. 365 ff.).

[20] Vgl. aus dem Vorwort dieser von Duclos besorgten Auflage: „Les sciences et les arts ayant été cultivés et plus répandus depuis un siècle qu'ils ne l'étaient auparavant, il est ordinaire d'écrire en français sur ces matières. En conséquence plusieurs termes qui leur sont propres, et qui n'étaient autrefois connus que d'un petit nombre de personnes, ont passé dans la langue commune. Aurait-il été raisonnable de refuser place dans notre Dictionnaire à des mots qui sont aujourd'hui d'un usage presque général? Nous avons donc cru devoir admettre dans cette nouvelle édition les termes élémentaires des sciences, des arts et même de ceux des métiers qu'un homme de lettres est dans le cas de trouver dans des ouvrages où on ne traite pas expressément des matières auxquelles ces termes appartiennent“. Schon die restriktive 1. Auflage von 1694 hatte sich gezwungen gesehen, einige „termes [. . .] fort communs“ aufzunehmen und andrerseits der gleichzeitigen Publikation eines eigenen *Dictionnaire des arts et des sciences* durch Th. Corneille zuzustimmen.

terstützte Bewegung der sog. „néologie“[21] richtet sich, neben der Wiedereinbeziehung archaischer Lexeme und der Übernahme von Lehnwörtern[22], in erster Linie auf die eigentliche Wortneubildung und läßt sich hierbei primär vom funktionellen Prinzip der „nécessité“ leiten[23]. Sie führt in Verbindung mit den umfangreichen neuen Bezeichnungsnotwendigkeiten tatsächlich zu einer starken lexikalischen Bereicherung, die sich besonders in den lexikographischen Werken des ausgehenden Jahrhunderts niederschlägt (der 1787 erschienene *Dictionnaire critique* von Féraud verzeichnet nicht weniger als 2000 innerhalb der vorangehenden 20 Jahre entstandene Neuerungen). Im Rahmen des Kernwortschatzes spiegeln sich von den geänderten oder neuen außersprachlichen Voraussetzungen vor allem die Entwicklungen im sozialen und politischen Bereich (cf. u. a. *social*; *classe* „soziale Klasse“; *milieu* „Milieu“; *national*) sowie in Industrie und Technik (cf. u. a. *fabrique, usine; technique; machine; moteur; mécanique; gaz*)[24].

Die politisch-soziale Revolution von 1789 führt sprachlich zwar nicht zu einer breiteren diastratischen Umschichtung (im Sinne eines massiven Vordringens volkssprachlicher Bezeichnungsvarianten), bedingt aber im Gefolge zahlreicher sachlicher Einzelveränderungen auch eine Reihe von lexikali-

[21] Der neue Terminus grenzt die funktionelle methodische Neuerung gegenüber dem „néologisme“ als gezierter preziöser Neuerung ab: „La Néologie est un art, le néologisme est un abus“ (*Ac.* 1762). In der Praxis können sich aber auch manche der als „néologismes“ verpönten Lexeme oder Verbindungen gemeinsprachlich durchsetzen, so z. B. *impressionner*; *comporter* „impliquer“; *perfectionnement*; *dément*; *tomber amoureux*; *mettre en valeur*.

[22] Die Zahl der dauerhaften Übernahmen aus Fremdsprachen zeigt im 18. Jh. allerdings kein Ansteigen (cf. S. 235). Archaismen, die im Rückgriff etwa auf Montaigne eine gewisse Wiederbelebung erfahren, bilden z. B. *alanguir, étrangeté, inélégance, exsangue*.

[23] Neben der „nécessité“ (im Hinblick auf neue Bezeichnungsnotwendigkeiten oder die exaktere und nuanciertere Bezeichnung mancher Begriffe) stehen die Prinzipien der „analogie“, das heißt der Eingliederung in Wortfamilien bzw. in die morphologischen Programme des Französischen, sowie der „euphonie“.

[24] Cf. K. Baldinger, *Einige terminologische Auswirkungen des Aufschwungs der Industrie im 18. Jahrhundert in Frankreich*, in *Alteuropa und die moderne Gesellschaft, Festschrift für O. Brunner*, 1963, 318—335 (v. a. zu *industrie, fabrique, fabriquer, manufacture*).
Vergleiche u. a. auch die Entwicklung von Reiseverkehr und Gastgewerbe (cf. *hôtel*; *restaurant*; *excursion*).
Zu „typischen Kernwörtern“ des 18. Jhs. cf. Baldinger, in *ZrP 94*, 1978, 195.

schen Neuerungen[25]. Für die heutige Gemeinsprache und teilweise auch den Kernwortschatz relevant werden vor allem die neu geschaffenen oder festgelegten Terminologien des Parlamentswesens (*député, législature, session, ordre du jour, droite, gauche*), der administrativen Neugliederung (*département, arrondissement, préfet, commune*), des neuen metrischen Maß- und Gewichtssystems (*mètre, kilomètre, litre, gramme*; cf. auch *franc* als offizielle Währungseinheit) und des reorganisierten Schulwesens (cf. *instituteur*), aber auch die Ausweitung von Lexemen wie *national* oder die neue moderne Bedeutung von *organiser* (cf. Ch. Bruneau, *Petite histoire de la langue française, II*, 2 f.).

Im Laufe des 19. und 20. Jahrhunderts vervielfältigen sich die neuen Bezeichnungsnotwendigkeiten durch die raschen und grundlegenden Entwicklungen insbesondere in Wirtschaft und Industrie, Wissenschaft und Technik, Verkehrsmitteln, Sozialwesen und Politik[26]. Hierbei werden neben der modernen Arbeitswelt (cf. *usine; patron; vacances; syndicat*) speziell die zahlreichen technischen Neuerungen an Verkehrsmitteln und Kommunikationsmedien von zentraler Bedeutung auch für das heutige Alltagsleben und damit den Kernwortschatz der zeitgenössischen Spontansprache (cf. im Rahmen des „français fondamental“: *chemin de fer; train; gare; vélo; moto; voiture; auto; car; camion; garage; métro; avion; téléphone; cinéma; film; photo;*

[25] „Les exemples sont nombreux, [. . .] mais n'affectent que des secteurs particuliers du vocabulaire, essentiellement celui des institutions, et ne représentent peut-être que la systématisation d'emplois nés avant 1789“ (J.-P. Seguin, *La langue française au XVIII^e siècle*, 1972, S. 242). Cf. ferner M. Frey, *Les transformations du vocabulaire français à l'époque de la Révolution (1789—1800)*, 1925; C. Th. Gossen, *Der Einfluß des politischen Geschehens auf den Wortschatz*, in *Wissenschaft und Weltbild 15*, 1962, 18—30; G. v. Proschwitz, *Le vocabulaire politique du XVIII^e siècle avant et après la Révolution. Scission ou continuité?*, in *FM 34*, 1966, 87—102; R. Balibar — D. Laporte, *Le français national. Politique et pratiques de la langue nationale sous la Révolution française*, 1974.

[26] Vgl. zu letzterem Bereich an teilweise sehr eingehenden lexikalischen Einzeluntersuchungen v. a. G. Matoré, *Le vocabulaire et la société sous Louis-Philippe*, 1951; J. Dubois, *Le vocabulaire politique et social en France de 1869 à 1872*, 1962; *Formation et aspects du vocabulaire politique français (XVII^e—XX^e siècles)*, in *Cah.Lex. 13, 14, 15* (1968, 1969); M. Launay, *Le vocabulaire politique de J.-J. Rousseau*, 1977; J. Klare, *L'élaboration du vocabulaire politico-social en France dans la première moitié du XIX^e siècle*, in *Beiträge zur Rom.Phil. 13*, 1974, 259—269; W. Blochwitz — W. Runkewitz, *Neologismen der französischen Gegenwartssprache unter besonderer Berücksichtigung des politischen Wortschatzes*, 1971. Zum Neologismus im 19. Jh. cf. auch Chaurand, *Introduction*, 131 ff.; zum „langage boulevardier“ J. R. Klein, *Le vocabulaire des moeurs de la „vie parisienne“ sous le Second Empire*, 1976.

*radio; poste; émission; speaker; disque*)[27]. Andrerseits schaffen in jüngster Zeit die zunehmende Demokratisierung und gewisse Annäherung der sozialen Gegensätze die Voraussetzung für eine progressive Annäherung auch der sprachlichen diastratischen Divergenzen, mit der häufigen spontansprachlichen Verallgemeinerung von zunächst spezifisch volkssprachlichen Bezeichnungsvarianten (s. S. 239 ff.).

## 2.2. Ausbreitung von bereits mittelfranzösischen Bezeichnungsvarianten

Viele heutige Zentrallexeme begegnen als spezifische oder fallweise Bezeichnungsvarianten bereits in mittelfranzösischer (teils auch altfranzösischer) Zeit, erfahren aber offenbar erst im Laufe der neufranzösischen Jahrhunderte eine so starke Ausbreitung, daß sie in die Frequenzliste des „français fondamental" Eingang finden. Als Vorteil und damit Grund für das Vordringen tritt neben die im Mittelfranzösischen vorwiegenden Kriterien (S. 171—176) in zunehmendem Maße der gehobene Stil- und Prestigewert von ursprünglich gelehrten und/oder fachsprachlichen Bezeichnungsvarianten.

### 2.2.1. Affektive und intensivierende Synonyme

Die Ausbreitung erfolgt meist durch eine expressiv übertreibende Ausdrucksweise, hat aber in der Regel den progressiven Verlust eben dieser Expressivität und die Abschwächung des ursprünglichen Intensivgehalts zur Folge[28].

*gêner* (zu *gêne*, von *jehir* S. 115) wird von der Grundbedeutung „foltern" (14.—18. Jh.) in Ansätzen seit dem 16. Jh. auf die Bedeutung „beengen, belästigen, stören" übertragen und kann sich in dieser Verwendung als zunächst besonders expressive Bezeichnungsvariante seit dem 17., 18. Jh. progressiv ausbreiten; cf. *déranger* seit 1770

*étonner* „betäuben, erschüttern" (< **extonare*) geht durch häufigen emphatisch übertriebenen Gebrauch seit dem 17. Jh. zunehmend zur abgeschwächten modernen

[27] Cf. P. J. Wexler, *La formation du vocabulaire des chemins de fer en France (1778—1842)*, 1955; D. Zastrow, *Entstehung und Ausbildung des französischen Vokabulars der Luftfahrt mit Fahrzeugen „leichter als Luft" (Ballon, Luftschiff) von den Anfängen bis 1910*, 1963; L. Guilbert, *La formation du vocabulaire de l'aviation*, 1965; id., *Le vocabulaire de l'astronautique*, 1967; J. Giraud, *Le lexique français du cinéma des origines à 1930*, 1958.

[28] Cf. v. a. E. Huguet, *L'évolution du sens des mots depuis le XVI^e^ siècle*, 1934 (1967), Kap. III „L'affaiblissement du sens", 105—114; Gougenheim, *Les mots français, I*, 11—15; zu *excessivement* F. Brunot, *La pensée et la langue*, 1936, 689 f. Zu *gêner* und *ennuyer* im 17. Jh. P. Dumonceaux, *op.cit.* Fn. 19, v. a. S. 57 ff., 253 ff.

Bedeutung „erstaunen" über (*s'étonner* „staunen" vereinzelt seit 12. Jh.); cf. u.a. *abaubir, esbaïr* S. 150; *soi merveillier* S. 139; *surprendre* seit Mitte 17. Jh. (Corneille)

*ennuyer* „zuwider sein, bekümmern" (S. 74) begegnet seit dem 12. Jh. auch als expressiv intensivierende Bezeichnungsvariante für „langweilen" und verschiebt sich seit dem 17. Jh. ganz zu den schwächeren Bedeutungen „lästig sein, auf die Nerven fallen" bzw. „langweilen"

*bouquin* „altes Buch, Schmöker" (S. 201) wird wohl aufgrund seiner expressiven Konnotationen („vieux livre qui a subi l'épreuve du temps") speziell in der Spontansprache zum Konkurrenten der traditionellen Normalbezeichnung *livre* ausgeweitet (bezeugt als „livre en gén." seit 1866); cf. S. 251

*magnifique* „großartig, herrlich, wunderbar" (15. Jh., S. 177) breitet sich in häufig emphatisch übertriebenem Gebrauch aus und wird so vereinzelt seit ca. 1600 zur Bedeutung „très beau" abgeschwächt (geläufig seit 19. Jh., „fam." bis *Ac* 1878); cf. *superbe* „très beau" seit 1762

*drôle* „Schelm; drolliger, lustiger Mensch" (S. 201) wird im Neufranzösischen vor allem in der adjektivischen Verwendung (bezeugt seit 1636) geläufig und kann sich als zunächst wohl expressivere Bezeichnungsvariante gegenüber *plaisant* (S. 178) und *amusant* (seit Ende 17. Jh.) ausbreiten: auch die schriftsprachliche Frequenz von *drôle* steigt nach *TLF Var.* zwischen 1789 und 1964 von 18 auf 382 und übersteigt die Frequenz von *amusant* seit 1816—1832 (Verhältnis 1938—1945: 331:110; 1946—1964: 382:69)

*évidemment* „offenbar, augenscheinlich" (13. Jh., zu gelehrtem *évident*) wird über häufige übertrieben intensivierende Verwendung seit der 2. Hälfte des 19. Jhs. (1865) zu satzeinleitendem affirmativem „gewiß" abgeschwächt[29]

### 2.2.2. Eindeutige und regelmäßige Synonyme

Einige in der mittelalterlichen Sprache noch seltene Bezeichnungsvarianten können sich im Laufe der neufranzösischen Wortschatzentwicklung offenbar vorwiegend aufgrund ihrer inhaltlichen und/oder formalen Eindeutigkeit

[29] Vergleiche auch den ursprünglichen Intensivgehalt von *formidable, fameux* (S. 229), ferner außerhalb des Kernwortschatzes etwa:

*abîmer* „in den Abgrund stürzen" (13.—18. Jh.) seit 16., 17. Jh. (als zunächst expressiv-intensivierende Bezeichnungsvariante) „vernichten, verderben, beschädigen"

*gâter* „verheeren, verwüsten" (< *vastare*) seit 13. Jh. „verderben" und seit 16., 17. Jh. übertragen „verziehen, verwöhnen"

*accabler* „niederschlagen, zu Boden drücken" (14., 15. Jh.) seit 16., 17. Jh. zunehmend in übertragenem Sinn „überhäufen mit" (positiv seit 1643)

*meurtrir* „ermorden, töten" seit 16. Jh. „beschädigen; quetschen"

*détester* „verfluchen" seit 16. Jh. „verabscheuen, hassen" (cf. Fn. 90).

und/oder ihrer Regelmäßigkeit gegenüber den polysemen, lautschwachen, arbiträren oder unregelmäßigen älteren Synonymen ausbreiten:

*entendre* (< *intendĕre* S. 54) bedeutet im Alt- und Mittelfranzösischen vorwiegend „verstehen", daneben aber von Beginn an (seit *Alexius*) auch „hören"; in dem Maße, in dem nun für „verstehen" das zunächst seltene *comprendre* ab dem 15. Jh. progressiv vordringt (cf. S. 194), kann *entendre* zu einer eindeutigen (monosemen) Bezeichnung für „hören" werden und so das lautschwache und unregelmäßige traditionelle Verbum *ouïr* im Laufe des 17. und 18. Jhs. ganz verdrängen[30]

*habiter* „wohnen" und *rester* „bleiben" können als eindeutigere Bezeichnungen polysemes *demeurer* „wohnen, bleiben" (S. 57, Fn. 87) speziell in der Spontansprache zurückdrängen: die Frequenz im Corpus des „Français fondamental" beträgt nach Strack (*op.cit.* S. 10 Fn. 3) für „rester" nur 1 und für „habiter" 4 (cf. auch *loger*); das schriftsprachliche Frequenzverhältnis von *demeurer* vs. *habiter, rester* zeigt nach *TLF Var.* keine deutliche Verschiebung

*éducation* (S. 192, 195) wird als eindeutige (und wohl auch gehobenere) Bezeichnung für „Erziehung" gegenüber polysemem *nourriture* bevorzugt (wodurch sich dieses wiederum seit dem ausgehenden 18. Jh. auf die Bedeutung „Ernährung; Nahrung" einschränkt)[31]

*dans* (S. 174) weitet seine Anwendungsbereiche gegenüber *en*, wohl vor allem als eindeutigere und lautvollere Form, im 17. und 18. Jh. weiterhin aus (cf. Brunot, *HLF III* 633 f., *IV* 1055 ff., *VI* 1519 ff.; zum heutigen semantisch-syntaktischen Verhältnis s. *RLaR 83*, 1978, 277—306)[32]

[30] Der Ersatz von *ouïr* erfolgt im Präsens bis ca. 1650, im Futurum bis 1660, im Passé simple und Infinitiv bis 1760 und im Partizip Perfekt bis 1800 (cf. W. Gottschalk, *Lat. „audire" im Französischen*, 1921).

[31] Als Gegenbeispiel zum Vordringen monosemer Lexeme vgl. *compter*, das seine Anwendungsbereiche im 17. Jh. stark ausweitet („mesurer avec parcimonie", „considérer comme", „entrer en ligne de compte", *compter sur* 1680, *compter avec* Anf. 18. Jh.), aber dennoch seit dem 18. Jh. gegenüber seinem älteren Synonym *nombrer* verallgemeinert wird.

[32] Auswirkungen der Homophonie lassen sich ferner vermuten beim (sprechsprachlichen) Zurücktreten etwa von:

*louer* „loben" (< *laudare*; cf. *louer* < *locare* S. 145), das heute weitgehend auf die religiöse und liturgische Kommunikationssituation (*louer Dieu, le Seigneur*) eingeschränkt ist (cf. K.-H. Körner, in *RJb 23*, 1972, 34 f.); im Corpus des „Français fondamental" fehlt *louer* „loben" nach Strack ganz

*sain* „gesund" (< *sanus*; cf. u. a. *saint, sein, cinq*) gegenüber u. a. *bien portant* (cf. K. Jaberg, *Wie die Wörter untergehen*, in *Neue Zürcher Zeitung*, 1.—3. und 5. Februar 1907); die schriftsprachliche Frequenz bleibt in etwa konstant

*tâche* „Aufgabe" und *las* „müde", die durch die Kollision von *a* antérieur und *a* postérieur mit *tache* „Fleck" bzw. *là* homophon werden (cf. A. Martinet, *Le français sans fard*, ²1974, 184); die schriftsprachliche Frequenz von *tâche* nimmt seit 1789 stark zu (*TLF Var.*).

*pour que* (S. 200 Fn. 55) wird vermutlich als eindeutiger motivierte (und kürzere) Konjunktion seit dem 18. Jh. gegenüber bis dahin dominierendem *afin que* (S. 187) stark ausgebreitet und kann sich speziell in der Spontansprache weitestgehend durchsetzen (cf. S. 247); die Frequenz von *afin* sinkt nach *TLF Var.* aber auch schriftsprachlich von 1744 zw. 1789—1815 auf 1019 zw. 1938—1945, bzw. 1349 zw. 1946—1964[33]

*habiller* (S. 177; reflexiv seit 1690) setzt sich wohl in erster Linie aufgrund seiner Regelmäßigkeit progressiv gegenüber traditionellem *vêtir* durch: im sprechsprachlichen Corpus des „Français fondamental" fehlt *vêtir* nach Strack bereits ganz; schriftsprachlich sinkt die Frequenz nach *TLF Var.* zwischen 1789 und 1964 von 134 auf 98, während die Frequenz von *habiller* in der gleichen Zeit von 51 auf 150 ansteigt

*bouger* (S. 96) kann sich als regelmäßiges Verbum stark gegenüber *(se) mouvoir* ausbreiten: im Corpus des „Français fondamental" findet sich von *se mouvoir* ein einziger Beleg; schriftsprachlich steigt die Frequenz von *bouger* zwischen 1789 und 1964 nach *TLF Var.* von 5 auf 332[34]

### 2.2.3. Gelehrte bzw. fachsprachliche Lexeme

Ein hoher Anteil des heutigen spontansprachlichen Kernwortschatzes entspricht in historischer Sicht gelehrten Latinismen, welche zwar schon im Alt- oder Mittelfranzösischen übernommen wurden, aber offenbar erst im Laufe der neufranzösischen Entwicklung von zunächst gelehrt-gehobenen bzw. fachsprachlichen zu geläufigen gemeinsprachlichen Lexemen werden. Die zu-

[33] Der durchsichtige Bezug zum geläufigeren Substantiv (und die Monosemie) begünstigt vermutlich auch das Vordringen von *essayer* gegenüber *tenter*: die schriftsprachlichen Frequenzen steigen nach *TLF Var.* zwischen 1789 und 1964, bei *essayer* von 389 auf 952, bei *tenter* von 213 auf 404 (*tâcher* 283—301); im sprechsprachlichen Corpus des „Français fondamental" stehen nach Strack 115 Belegen von *essayer* nur 3 Belege von *tenter* „essayer" gegenüber (*tâcher* 16).

[34] Im synonymen Nebeneinander von *sembler* und *paraître* steigt die relative Frequenz des regelmäßigen *sembler* zwar in der Schriftsprache seit 1789 deutlich an (nach *TLF Var.* von 2955 auf 3140, bei gleichzeitigem Rückgang von *paraître* von 4435 auf 2633), in der Sprechsprache bleibt aber *paraître* bis heute vorherrschend (cf. S. 248).
Ähnliches gilt für das Frequenzverhältnis von *mener* und *conduire*, welches sich in der jüngeren Schriftsprache zugunsten von *mener* verschiebt (1789—1815: 333:1017, 1946—1964: 647:480), während im Corpus des „Français fondamental" *conduire* deutlich vorherrscht (Frequenz 79, aber überwiegend „lenken, fahren"; *mener* nach Strack 14 Belege, überwiegend übertragen).
Einen deutlichen schriftsprachlichen Rückgang zeigt *terminer* gegenüber *finir* (*TLF Var.*).

nehmende Ausbreitung dieser Formen und ihr Einrücken in zentrale Bedeutungsbereiche[35] dürften maßgebend gerade von ihrem (zunächst) gehobenen Stil- und Prestigewert mitbestimmt werden[36].

*exister* (14. Jh., S. 192) wird erst seit dem 17. Jh. häufiger und erst seit der 2. Hälfte des 18. Jhs. zu einem auch gemeinsprachlich geläufigen Synonym von *vivre* bzw. *compter* „avoir de l'importance"

*installer* (14., 16. Jh., S. 192) breitet sich seit dem 17. Jh. v. a. auch in reflexiver Verwendung („sich niederlassen, sich einrichten"; „in einem Haus" Anf. 19.) aus; „installieren" seit 1873; die schriftsprachliche Frequenz von *installer* steigt nach *TLF Var.* zwischen 1789 und 1964 von 9 auf 391

*impression* (16. Jh., S. 193) seit 17. Jh. in ausgeweiteter Verwendung auch „Eindruck auf die Sinne" (1677) und „vage Vorstellung" (1684)

*idée* (12. Jh., S. 159) seit 17. Jh. allgemeinere Verwendung auch als „erster Gedanke" (1668) und „Einfall" (1690); zur heutigen Semantik cf. *Cah. Lex. 5*, 1964, 57—68

*professeur* (14. Jh., S. 191) seit Ende 17. Jh. (1690) geläufig als „Lehrer"; cf. *régent* seit 16. („Univ.-Prof." 13.) bis Anf. 20. Jh.

*centre* (13. Jh., S. 161) wird erst mit den übertragenen Verwendungen seit dem 17. Jh. (1638) auch gemeinsprachlich geläufig („ville capitale" 1839—42, *centre social, d'études* etc. 1929)

*animal* (16. Jh., S. 193) zeigt als gelehrt-gehobene Bezeichnungsvariante zu *bête* im Laufe des 17. Jhs. eine deutliche Frequenzzunahme (cf. Ernst, *op.cit.* Fn. 7, S. 84)

*accident* (12. Jh., S. 178) spezialisiert sich zunehmend auf die negative Bedeutung (*Ac.* 1694 „presque toujours en mauvaise part") und wird v. a. seit dem 18. Jh. als „Unfall" geläufig

35 Vgl. auch die Bedeutungserweiterungen von *opérer, représenter, docteur, scène, client, contact, patron, type, content, ordinaire, supérieur, pratique* (S. 223 ff.). Cf. auch B. Migliorini, *Polysémie des latinismes dans le vocabulaire européen*, in *Interlinguistica, Festschrift M. Wandruszka*, 1971, 75—86.

36 Als weitere Teilgründe wirken vor allem die geänderten Bezeichnungsnotwendigkeiten und die gemeinsprachlich ausgeweitete Relevanz mehrerer fachsprachlicher Bereiche (cf. u. a. P. Gilbert, in *Langue française 17*, 1973, 31—43) sowie der ursprüngliche Intensivgehalt einiger Latinismen (cf. *magnifique* S. 218, *formidable, fameux* S. 229). Ein gehobener Prestigewert bestimmt offenbar auch die Ausbreitung von *escalier* (S. 200 Fn. 56) und *appartement* (S. 198). Mehrere gelehrte Substantive verdanken ihr Vordringen ins „français fondamental" der besonderen Geläufigkeit in festen Verbalverbindungen, z. B. *avoir l'habitude* (17. Jh.), *avoir l'intention* (19.), *avoir l'impression* (Anf. 20.), *faire attention* (17.); zu den Frequenzen s. Strack, *op.cit.* S. 10 Fn. 3. Cf. auch *par exemple* (17. Jh.).

*problème* (14. Jh., S. 191) erfährt v. a. seit dem 18. Jh., mit der gemeinsprachlich ausgeweiteten Bedeutung „praktische Schwierigkeit" (1775), eine starke Ausbreitung: die schriftsprachliche Frequenz steigt nach *TLF Var.* zwischen 1789 und 1964 von 109 auf 1327

*résultat* (16. Jh., S. 193) wird erst seit dem 18., 19. Jh. geläufig („information fournie par une étude attentive" 1753, „Prüfungsresultat" 1908)

*machine* (16. Jh., S. 193) breitet sich v. a. im 18. Jh. (als wohl gehobenere und eindeutigere Bezeichnung) stark gegenüber *engin* aus und schränkt dieses auf spezielle Verwendungen ein (cf. Gougenheim, *Les mots français, I,* 224—227 : „Peut-être est-ce l'aspect plus savant de *machine* [. . .] qui a amené son succès"); cf. *appareil* S. 229; *Cah. Lex. 22,* 1973, 59—67

*nord* (12. Jh., S. 165) bildet (gleich *sud, est, ouest*) bis ins Neufranzösische eine fachsprachliche (maritime oder wissenschaftliche) Bezeichnungsvariante und wird erst seit dem 18., 19. Jh. auch in der Gemeinsprache geläufig

*grave* (15. Jh., S. 194) breitet sich v. a. als Bezeichnungsvariante für „schwerwiegend, ernst" (von Krankheiten seit 18. Jh.) aus

*excellent* (12. Jh., S. 160) wird zunächst noch als Partizip („supérieur") aufgefaßt und bis zum 16., 17. Jh. vorwiegend als Komparativ oder Superlativ von einer relativen Überlegenheit gebraucht; die absolute Verwendung wird seit dem 16. Jh. geläufig und seit Ende 17. Jh. (1680) auch auf Speisen übertragen (von charakterlichen Vorzügen seit 19. Jh.)

*exact* (16. Jh., S. 193) erfährt v. a. in der erweiterten Nuance „wahr, richtig" (1657) eine starke gemeinsprachliche Ausbreitung („pünktlich" 1870)

*moderne* (14. Jh., S. 191) begegnet zunächst vorwiegend als fachsprachlicher Terminus (*Ac.* 1694 „ne se dit guere que des Arts et des Sciences") und wird erst im 18. Jh. zu einem geläufigen gemeinsprachlichen Lexem

*social* (16. Jh., S. 193) wird erst im 18. Jh. (v. a. bei den Enzyklopädisten) geläufig und im 19. Jh. zu einem gemeinsprachlichen Kernlexem ausgeweitet (cf. Brunot, *HLF VI,* 101 ff.; *op.cit.* Fn. 26); cf. *classe* „soziale Klasse" seit 1792

*national* (16. Jh., S. 183) geläufig seit 2. Hälfte 18. Jh. („qui intéresse ou concerne l'ensemble de la nation" 1740, „qui représente la nation" 1789)

*mécanique* (14. Jh., S. 192) erhält erst im 18., 19. Jh. die auch gemeinsprachlich geläufige Bedeutung „maschinell" („qui est actionné par une machine" 1786, „qui est réalisé par le recours aux machines" 1868)

## 2.3. Bedeutungsveränderungen

Den neben den Ausbreitungen vorherrschenden Aspekt der neufranzösischen Wortschatzdynamik bilden im Rahmen des betrachteten Kernwortschatzes die semantischen Neuerungen innerhalb des traditionellen Formenbestandes. Bei gut der Hälfte der in Betracht kommenden Veränderungen handelt es sich um Bedeutungserweiterung (mit Fortführung auch der älteren Funktionen), wobei mehrfach gerade die neuen Verwendungen das Vordringen der betreffenden Lexeme ins „français fondamental" bestimmen oder mitbestimmen[37]:

*sortir* seit 17. Jh. (1636) auch „ausgehen"

*employer* und *placer* seit 17. Jh. (1636 bzw. 1677) auch „(als Arbeitskraft) anstellen"

*marcher* seit 17. Jh. auch „rouler, fonctionner" (d'une machine 1643, des affaires 1690)

*rouler* seit Anf. 17. Jh. (1611) auch „fahren"

*passer* seit 17. Jh. (1669) auch „aufsuchen" (*passer un examen* 18. Jh.; cf. *coller un élève, un candidat* seit 19. Jh.)

*battre* seit Anf. 17. Jh. (1609) auch „besiegen"

*fumer* seit 17. Jh. (1690) auch „Tabak rauchen"[38]

*opérer* „bewirken, durchführen" (15., 16. Jh.; gelehrt aus *operari*) seit 17. Jh. (1690) auch medizinisch „operieren" (cf. *ouvrer* „operieren" seit 14., 15. Jh.; andere berufsspezifische Verwendungen seit 19. Jh.); cf. *opération* (13. Jh. „Tun, Wirkung") „Operation" (1690)

*représenter* seit 19. Jh. (1833, Balzac) auch „constituer"

*conduire* seit 19. Jh. (1846) auch absolut „(ein Fahrzeug) lenken, fahren" (*conduire une voiture* seit 17. Jh.)

*pièce* seit 17. Jh. auch „Theaterstück" sowie als „Teil eines Hauses, einer Wohnung = Zimmer" (1694) auch Synonym zu *chambre* (S. 57), das weitgehend auf „Schlafzimmer" eingeschränkt wird; cf. *salle* (S. 115), das seit dem 17. Jh. (vereinzelt 1558) bestimmte Zimmer bezeichnet (*salle à manger* 1636, *salle de bains* 1691, „Klassenzimmer" 1690)

*morceau* seit 17. Jh. (1672) auch „Teil"

*mesure* seit 17. Jh. auch übertragen „Maßnahme" (1662; *prendre ses mesures* 1640; *être en mesure de* 1779)

*docteur* seit 17. Jh. (vereinzelt 15., Villon) als Abkürzung von *docteur en médecine* auch „médecin" (als Anrede Ende 19. Jh.); cf. S. 248

*scène* „Bühne" (S. 193) seit 17. Jh. auch „Theater" (1690) und übertragen „Schauplatz" (1668) bzw. „heftige Vorwürfe, Krach" (Ende 17., *faire une scène à* 1782)

[37] Vgl. auch *compter* (Fn. 31), ferner 2.2.3. Zur Frequenz der einzelnen Teilbedeutungen bei den Verben cf. Strack, *op.cit.* S. 10 Fn. 3.

[38] Cf. K. Baldinger, *Zur Entwicklung der Tabakindustrie und ihrer Terminologie*, in *Philologische Studien für J. M. Piel*, 1969, 30—61.

*billet* seit 17. Jh. (1680) auch „Eintrittskarte" („Banknote" 18., „Fahrkarte" 19. Jh.)

*journal* „Tagebuch" (14. Jh.) seit 17. Jh. (1631) auch „Zeitschrift, Zeitung"; als wohl gehobenere (auch für gelehrte Zeitschriften verwendete) Bezeichnung verdrängt es im 18. Jh. älteres *gazette* (ca. 1600; < it.); cf. Gougenheim, *Les mots français, I,* 243

*rapport* seit 17. Jh. (1662; in Ansätzen 16. Jh.) auch „Beziehung"

*retraite* seit Mitte 18. Jh. auch „Ruhestand, Pension"

*canard* seit 18. Jh. (1750) auch übertragen „Zeitungsente"

*magasin* „Warenlager" (S. 199) seit Ende 17. Jh. (1690) auch „(großes) Geschäft, Laden"; in dieser Verwendung breitet es sich im 18. und 19. Jh., als zunächst offenbar gehoben-anspruchsvollere Bezeichnungsvariante, gegenüber *boutique* (S. 165 Fn. 88) aus (*grand magasin* 1883)[39]

*client* (S. 192) bezeichnet zunächst nur den „Klienten" eines Anwalts, wird aber sekundär auch auf den „Patienten" des Arztes und schließlich seit 1826 auf den „Kunden" schlechthin ausgeweitet; in letzterer, von Littré noch getadelter Verwendung setzt es sich gegenüber den älteren Bezeichnungen *chaland* (S. 180) und *pratique* („clientèle" 1588, „client habituel" 1651) durch, „peut-être parce qu'il était plus flatteur à la fois pour le commerçant et pour l'acheteur"[40] (vgl. auch Balzac: „noble terme alors appliqué par les détaillants à leurs pratiques"); cf. die Polysemie von *pratique*

*milieu* seit 18., 19. Jh. auch „Milieu"[41]; cf. *ambiance* seit 1889

*contact* (S. 193) seit Ende 18. Jh. auch „Verbindung, Kontakt"

*tenue* „Haltung" (S. 184) seit 18., 19. Jh. auch „Anzug, Kleidung" („manière dont une personne est habillée" 1798, „ensemble des vêtements" 1872)

*courant* „Strömung" (S. 152) seit Anf. 19. Jh. (1806) auch *courant électrique*; *au courant de* seit 1780

[39] Cf. Brunot, *HLF IX,* 161: „Il existe un effort constant vers le mot noble. Au début du XIX^e^ siècle, le boutiquier cessa de dire: ma *boutique*, il dit: mon *magasin*"; ferner Gougenheim, *Les mots français, I,* 238 ff. („les commerçants ont appelé *magasins* les boutiques les plus spacieuses").

[40] Gougenheim, *Les mots français, II,* 54; cf. *III,* 160 f. (= *FM 14,* 251 f.). Die schriftsprachliche Frequenz von *client* steigt nach *TLF Var.* zw. 1789—1815 und 1938—1945 bzw. 1946—1964 von 17 auf 247 bzw. 150.

[41] Im 18. Jh. im Bereich der Physik „Element, das eine Substanz umgibt" und seit G. Saint-Hilaire in der Biologie „Umgebung eines Lebewesens", im 19. Jh. v. a. durch Comte, Balzac, Taine auf die Sozialwissenschaften übertragen; seit Mitte 19. Jh. allgemein „groupe social qui constitue l'entourage habituel d'une personne et dont elle subit l'influence". Cf. L. Spitzer, *Essays in Historical Semantics*, 1948, S. 207 ff.

*patron* (S. 159) seit 1. Hälfte 19. Jh. auch „Leiter eines Unternehmens, Chef, Arbeitgeber" („personne qui dirige une entreprise" 1834; „maître d'une maison" 1611); ev. zunächst als ironisch-scherzhafte Übertragung im Munde der Arbeiter, cf. Gougenheim, *Les mots français, II,* 53

*truc* „Trick" (S. 237) seit 1886 auch „Ding"; cf. *machin* S. 231; cf. S. 244 f.

*voiture* seit Ende 19. Jh. auch „Auto, Wagen" (1893; *voiture automobile* 1876); cf. *camion* „Karren (für schwere Lasten)" seit Anf. 20. Jh. „Lastauto" (*camions-autos* 1915)

*avenue* „(mit Bäumen bestandene) Allee" (S. 180) seit Ende 19. Jh. auch „städtische Prachtstraße" („grande voie de ville, plantée ou non d'arbres" 1898)

*type* (S. 191) seit 1844 Bezeichnung eines originellen, sonderbaren Menschen und seit 1881 auch volkssprachlich-umgangssprachliches Synonym zu *homme*; cf. *gars* (S. 146) „jeune homme, garçon, fils" (16. Jh.), „homme vigoureux, résolu" (1759; als Anrede 1834); *bonhomme* „homme en gén." Anf. 20. Jh. („figure humaine façonnée ou dessinée grossièrement" 1831); cf. S. 250

*content* (S. 161) seit Anf. 17. Jh. (1622) auch „froh, erfreut"; für afr.mfr. *lié* (< *laetus*)

*ordinaire* (S. 191) seit 17. Jh. (1675) auch „mittelmäßig"

*supérieur* (S. 160) seit 17. Jh. auch übertragen „qualitativ überlegen" (1611; von Personen 1694)

*certain* seit 19. Jh. (1863; vereinzelt 1634) auch pronominal *certains* „quelques-uns"

*pratique* (S. 191) seit Anf. 20. Jh. (1907) auch übertragen „zweckmäßig, praktisch"

*naturellement* (S. 152) seit 17. Jh. (1681) auch in der heute vorwiegenden Funktion als Modalisator „natürlich, selbstverständlich" (comme réponse avec une valeur exclamative 1874)

*également* (S. 153) seit 19. Jh. (1835) auch „gleichfalls, auch"

*parfaitement* seit 19. Jh. (1868) auch „ja, genau"

*là-bas* seit 19. Jh. (1835) auch „dort"

*tandis que* (S. 155) seit Anf. 17. Jh. (1623) auch adversativ „während (doch)"; cf. *au lieu que* (S. 187), *alors que* (1635; vorher „lorsque")

Unter den semantischen Neuerungen, die ganz oder weitgehend an die Stelle der älteren Bedeutungen treten, finden sich als geläufigste Arten und Gründe, neben der sub 2.2.1. besprochenen Bedeutungsabschwächung durch übertriebenen Gebrauch[42]:

[42] Als sach- und kulturgeschichtlich bedingte oder mitbedingte Veränderungen vgl. u. a. *fumer, s'amuser, province, conversation, roman, police, hôpital, hôtel, gare*; ferner die im 18., 19. Jh. neu erfolgende Verschiebung der Hauptmahlzeiten (cf. S. 181), in deren Zuge *déjeuner* zur „Mittagsmahlzeit" und *dîner* zum „Abendessen" (für *souper*, S. 140) wird (cf. M. Höfler, in *ZrP 84*, 1968, 301—308).

eine einengende Spezialisierung[43]:

*chance* (S. 146) als ursprüngliche vox media „Zufall" spezialisiert sich im Laufe des 17. Jhs. progressiv auf die positive Bedeutung „Glücksfall, Glück" (cf. Söll, *op.cit.*, 54 f.: „Der Fall liegt offensichtlich so, daß sich der übertragene und ‚gute' Gebrauch in der Sprache des einfachen Volkes entwickelte"); cf. *fortune* „hasard heureux, chance, bonheur" seit 17. Jh. (1636; Söll, 51 ff.); *réussir* (S. 199; Söll, 50)

*qualité* „Eigenschaft" (S. 160) spezialisiert sich in bezug auf Personen im 17. Jh. (1642) zu „gute Eigenschaft" (Söll, *op.cit.*, 18 ff.)

*province* „Landesteil, Verwaltungseinheit" (12. Jh.; gelehrt aus *provincia*) erhält im 17. Jh. (1659) die spezielle und wertende Bedeutung „Provinz im Gegensatz zur Hauptstadt Paris" (als Verwaltungseinheit seit der Revolution durch *département* ersetzt)

*campagne* „offenes Gelände" (S. 199) kommt im 17. Jh. (1671) zur speziellen Bedeutung „Land im Gegensatz zur Stadt" (für afr.mfr. *champs* S. 38); *campagne* „Feldzug" 17., „Kampagne" 18. Jh.

*conversation* „Verkehr, Lebenswandel" (12. Jh.; gelehrt aus *conversatio*) wird im 17. (vereinzelt 16.) Jh. auf die „Konversation" als zentralen Aspekt des damaligen Gesellschaftslebens spezialisiert[44]; cf. afr.mfr. *parlement, parole* (S. 140), *devis* 15.—18. Jh., *entretien* (S. 179)

*roman (romanz, romant)* „literarisches Werk in der Volkssprache (< *romanice*)", „Erzählung" erhält im ausgehenden 16. und im 17. Jh. die spezielle moderne Bedeutung „Roman"

*police* „Verwaltung, öffentliche Ordnung" (13., 14. Jh.; gelehrt aus *politia*) wird seit Beginn des 17. Jhs. (1606) zur Bezeichnung des öffentlichen Ordnungswesens und seit der 2. Hälfte des Jhs. (1684) der „Polizei" als Institution (*police judiciaire* 1810)

*concours* „Zusammenlauf, Zusammentreffen" (16. Jh., „recours" 14.; gelehrt aus *concursus*) seit 17. Jh. speziell „Mithilfe" (1644) und „Wettbewerb" (1660)

*artiste* „Handwerker" (Ende 14. Jh.; gelehrt aus *artista*) begegnet seit 1656 als Bezeichnung speziell für „Künstler" und wird seit dem 18. Jh. konsequent gegenüber *artisan* (S. 199) abgegrenzt

[43] Die Entwicklung kennzeichnet vor allem das 17. Jh. (cf. auch *accident* S. 221). Cf. L. Söll, *Studien zum prägnanten Wortgebrauch in der französischen Sprache des 17. Jahrhunderts*, Diss. München, 1956.

[44] Es fällt auf, daß gerade diese für das 17. Jh. besonders kennzeichnende Neuerung für die Zeitgenossen offenbar rasch so geläufig und selbstverständlich war, daß sie gar nicht bewußt und sprachtheoretisch reflektiert wurde und dementsprechend in den Listen der semantischen Neuerungen bei Brunot (*HLF III, IV*) nicht erscheint.

*hôpital* „Unterkunft, Hospiz (für Kranke und Bedürftige)“ (12. Jh.; gelehrt aus *hospitalis*) wird vereinzelt seit dem 17. (geläufig seit 19.) Jh. zur Bezeichnung speziell des „Krankenhauses“ („maison où l'on soigne gratuitement les malades pauvres“ 1675); cf. *hôtel-Dieu* „Krankenhaus“ 13.—19. Jh.

*hôtel* „Unterkunft“ (< *hospitale*) bezeichnet vereinzelt seit dem 13. Jh. ein „Gasthaus“, andrerseits seit Ende 14. Jh. (nach *l'ostel le roi*) v. a. ein „vornehmes Privathaus“; im 17. Jh. tritt *hôtel* in der fast verschwundenen älteren Bedeutung wieder als Bezeichnungsvariante neben *hostellerie* „Herberge, Gasthaus mit Unterkunft“ (12.—19. Jh.) und *auberge* (S. 200), wobei es aber speziell vornehme Unterkünfte bezeichnet (cf. Furetière 1690: „s'est dit depuis quelque temps des maisons garnies, et des célèbres hostelleries ou auberges“) und sich in der Folge gerade aufgrund dieses Prestigewertes progressiv ausbreiten kann[45]

*vacance* „Frei-, Unbesetztsein“ (16. Jh.; zu *vacant*) wird als Plural *vacances* seit Anf. 17. Jh. (1622) zur Bezeichnung der „Schulferien“ spezialisiert („Gerichtsferien“ seit 1594; cf. *vacation*, 16. Jh. auch „Schulferien“); *vacances* „Urlaub“ seit Anf. 20. Jh.

*commune* „Gemeinde“ (S. 76) wird seit der Revolution (1793) zum Terminus für die kleinste Verwaltungseinheit

*instituteur* „Einrichter, Stifter“ (15. Jh.; gelehrt aus *institutor*) begegnet seit 1734 als „Erzieher“ und wird seit der Revolution (1793) zur offiziellen Bezeichnung des Elementarlehrers (für älteres *maître d'école*, seit 13. Jh.)[46]

*franc* „Frank(en)“ (14. Jh.; nach der Aufschrift „Francorum rex“), das verschiedene Münzen bezeichnen konnte, wird seit 1803 zur offiziellen Währungseinheit und ersetzt so v. a. polysemes *livre* (cf. Gougenheim, *Les mots français, I,* 232 f.)

*train* „Gefolge, Zug“ (12. Jh.; zu *traîner*) wird seit Anf. 19. Jh. (1829) zur Bezeichnung speziell des „Eisenbahnzuges“ (ev. unter engl. Einfluß) und setzt sich gegen mehrere Konkurrenzbezeichnungen wie *convoi* durch; cf. Wexler, *op.cit.* Fn. 27, S. 123 ff.

[45] Cf. W. Gerster, *Beitrag zur Geschichte einiger Bezeichnungen für Gasthaus, besonders fr. taverne — hôtel — auberge,* in *VR 9,* 1946/47, 57—151: „bessere *hostelleries* usurpierten nun die Bezeichnung *hôtel*, zuerst vor allem in den Städten, wenn man den vornehmen, abgeschlossenen, den einem Privathaus eigenen Charakter dieser Häuser betonen wollte [. . .]. Langsam verblaßte die vornehme Bedeutung von *hôtel* ‚Gasthaus‘. Heute nennt sich auch ein bescheidenes, nur geringen Anforderungen genügendes Gasthaus *hôtel*, in der Stadt wie überall auf dem Lande. Der Fremden- und Reiseverkehr, verbunden mit dem ständigen modischen Wandel der Sache, hat dabei die ausschlaggebende, nivellierende und verflachende Rolle gespielt“ (S. 93 f.); in jüngster Zeit werden *hostellerie* und *auberge* wieder aufgegriffen als Bezeichnungen speziell für vornehme Häuser (cf. *boutique*); cf. auch Gougenheim, *Les mots français, III,* 130—135.

[46] Cf. F. Cramer, *Frz. instituteur und seine Konkurrenzwörter*, in *ZrP 54*, 1934, 729—741; M. Arrivé, *Maître, instituteur, professeur,* in *FMonde* 1966, 37—39.

*syndicat* „Amt eines Syndikus" (15. Jh.; zu *syndic*) sekundär „Syndikat, (Berufs-)Verband" und seit 1839 speziell „Gewerkschaft"

*disque* „Scheibe" (1690; „Wurfscheibe, Diskus" 1555) seit Anf. 20. Jh. „Schallplatte"

Übertragungen (cf. auch mehrere der genannten Bedeutungserweiterungen):

*amuser* „täuschen" (12. Jh.; zu *muser*) wird über negatives „hinhalten", „faire perdre le temps de qn." („mit leeren Versprechungen" seit 12., sonst 15. Jh.) zu neutralem „faire passer, occuper le temps de qn." übertragen und geht im ausgehenden 17. Jh. progressiv zur positiven modernen Hauptbedeutung „unterhalten, belustigen, vergnügen" über (v. a. als reflexives *s'amuser*, das frequenzmäßig in den Vordergrund tritt; *s'amuser* „seine Zeit mit einer nutzlosen Beschäftigung vergeuden" seit 14. Jh.); cf. *(se) divertir,* das in der 1. Hälfte des 17. Jhs. von „(sich) ablenken" zu „(sich) unterhalten, vergnügen" übertragen wird; cf. P. Dumonceaux, *loc.cit.* Fn. 19

*se rappeler* wird in der übertragenen Verwendung „sich ins Gedächtnis zurückrufen" seit Ende des 17. Jhs. zu einem (zunächst) anschaulichen Synonym von *se souvenir* (S. 54); frequenzmäßig dringt *se rappeler* in den folgenden Jahrhunderten in der Sprechsprache stärker vor als in der Schriftsprache (cf. S. 248); cf. K. Baldinger, in *Mélanges M. Grevisse*, 1966, 21—37, *Cah. Lex. 8*, 1966, 3—46

*se produire* seit 17. Jh. (1657) übertragen „geschehen, sich ereignen"

*prévenir* „zuvorkommen, vorbeugen" (15. Jh.; gelehrt aus *praevenire*) wird seit Anf. des 18. Jhs. (1709) auf die moderne Hauptbedeutung „benachrichtigen, warnen" übertragen; cf. *avertir* seit 13. Jh.; schriftsprachlich tritt *prévenir* gegenüber *avertir* seit 1789 nach *TLF Var.* leicht zurück (von 351 : 222 auf 187 : 168), die Frequenz von *avertir* im „Français fondamental" beträgt nach Strack 11

*se foutre de* (< *futuĕre*) und *se ficher de* (< **figicare,* S. 68 Fn. 118; seit 17. Jh. „foutre") werden als expressive Übertragungen zu volkstümlich-spontansprachlichen Bezeichnungsvarianten für „sich nichts aus einer Sache machen, sich lustig machen über" (17., 18. Jh. bzw. 1808; *se ficher* „se moquer de qn." 1695); *foutre, ficher* „faire" seit Anf. 20. bzw. 17. Jh., „donner; mettre" seit 18. bzw. 17. Jh. (zu den Frequenzen der einzelnen Verwendungen s. Strack)

*organiser* „donner aux éléments d'un corps la structure vitale" (14. Jh.; zu *organe*) wird seit der Revolutionsperiode (1796) auf die Organisation etwa eines Staatswesens übertragen („doter d'une structure permanente") und gemeinsprachlich ausgebreitet („vorbereiten, veranstalten" seit 1801); cf. Ch. Bruneau, *loc.cit.* S. 216

*se débrouiller* (S. 182) begegnet als expressive Übertragung seit Anf. des 19. Jhs. (1822) in der Bedeutung „sich aus der Affäre ziehen, sich zu helfen wissen, zurechtkommen" („s'éclaircir, du temps" 1648)

*fabrique* „Fabrikation" (14. Jh.) bezeichnet übertragen vereinzelt seit dem ausgehenden 17. Jh. (1679) das „Fabrikgebäude" und setzt sich in dieser Verwendung im Laufe des 18. Jhs. gegenüber älterem *manufacture* durch (cf. K. Baldinger, *loc.cit.* Fn. 24); cf. *usine* S. 238

*bonne* wird in übertragener Verwendung seit Anf. 18. Jh. (1708) zu einer zunächst wohl euphemistisch-affektiven Bezeichnungsvariante für „Dienstmädchen" und kann die älteren Bezeichnungen *chambrière* und *servante* (S. 184) weitestgehend verdrängen

*blague* „Tabaksbeutel" (Anf. 18. Jh.; < ndl.) kommt seit Anf. 19. Jh. (1809) als expressive bildhafte Übertragung zur Bedeutung „Windbeutelei, Scherz, Witz"; in dieser Verwendung setzt es sich gegenüber der älteren Bezeichnung *plaisanterie* (S. 178) v. a. in der Spontansprache weitgehend durch und zeigt auch in der jüngeren Schriftsprache zunehmende Frequenz (cf. S. 249)

*appareil* „Veranstaltung, Ausrüstung, (vereinzelt Gerät)" (12. Jh.; < **appariculum* oder deverbal zu *appareillier*) wird seit Anf. 19. Jh. (1805) Bezeichnung für „Apparat" bzw. diverse spezielle technische Geräte; die Frequenz steigt seit dieser Zeit auch schriftsprachlich deutlich an (*TLF Var.*)

*restaurant* „stärkende Speise" (Mitte 16. Jh., okz. Anf. 16.), „Bouillon" (1666—2. H. 19. Jh.) wird seit der 2. Hälfte 18. Jh. (1771) auf Gaststätten (in denen die *restaurant* genannte Suppe serviert wurde) übertragen

*moteur* „Beweger, treibende Kraft" (14. Jh.; gelehrt aus *motor*) seit 18. Jh. (1744) „Maschine, die Bewegung erzeugt, Motor" („Fahrzeugmotor" 20. Jh.)

*équipe* „Schiffsmannschaft, -besatzung" (15. Jh.; zu *équiper*) wird unter Abgrenzung zu *équipage* übertragen auf „Arbeitsgruppe, -trupp" (1864) und „Sportmannschaft" (Anf. 20. Jh.; vom „quintaine"-Spiel 15. Jh.)

*émission* „Aussenden, Ausgabe" („action d'émettre" 14. Jh.; gelehrt aus *emissio*) seit ca. 1900 „Sendung" („production d'un son articulé" 16. Jh.)

*bête* „Tier" seit 17. (vereinzelt 13.) Jh. als expressive Übertragung adjektivisch „dumm" (z. B. Molière, *Les femmes savantes,* V. 1058); cf. *imbécile* „schwachsinnig, dumm" (vereinzelt seit 1580) als Euphemismus aus „faible"; *bêtise* 15. Jh.

*fameux* „berühmt" (15. Jh., S. 192) geht seit dem 18. Jh. (1730) progressiv zur übertragenen Bedeutung „ausgezeichnet, famos" über („dont on a beaucoup parlé" seit Ende 19. Jh.)

*formidable* „furchtbar" (15. Jh.; gelehrt aus *formidabilis*) bedeutet seit der 1. Hälfte 19. Jh. (1831) „ungeheuer, riesig, außerordentlich" und umgangssprachlich seit Anf. 20. Jh. als superlativartige Intensivierung auch „très beau, très remarquable"

*actuel* „tatsächlich, wirksam" (13. Jh.; gelehrt aus *actualis*) bildet bis ins Neufranzösische einen fachsprachlichen (v. a. philosophischen und medizinischen) Terminus und geht vermutlich über medizinisches „augenblicklich wirksam" seit dem 18. Jh. (1750) zur Bedeutung „gegenwärtig, jetzig" über (*actuellement* zeigt die moderne Bedeutung vereinzelt seit 14. Jh., S. 185)

*forcément* „gezwungenerweise, zwangsweise" (14. Jh.) seit 1. Hälfte 19. Jh. (1835) übertragen „zwangsläufig, notwendigerweise, unvermeidlich" (setzt sich v. a. spontansprachlich durch, während schriftsprachlich *nécessairement* geläufiger bleibt, wenngleich das weniger schwerfällige *forcément* in jüngster Zeit auch hier zunimmt, s. *TLF Var.*)

*sympathique* (16. Jh. „relatif à l'affinité qui existe entre certains corps"; zu *sympathie*) seit 17. Jh. (1690) „gleichgesinnt" und seit 19. Jh. (1851) „sympathisch"

## 2.4. Neubildungen

Die Wortneubildungen sind im Rahmen der neufranzösischen Bezeichnungsgeschichte des Kernwortschatzes vergleichsweise selten und konzentrieren sich, von den neuen Verbindungen abgesehen, auf Bezeichnungen für technische Neuerungen.

### 2.4.1. Ableitungen[47]

[17. Jahrhundert:]

*coiffeur* „Friseur" (1669; *coiffeuse* 1647) zu *coiffer*; cf. *barbier* seit 13. Jh.

*gare* „Flußhafen, Ausweichstelle für Schiffe" (Ende 17. Jh.) zu *garer* „ein Schiff im Hafen in Sicherheit bringen" (< frk. **warôn*); sekundär „Ausweichgleis, Bahnhof" seit 1835 (Konkurrenzbezeichnungen v. a. *embarcadère, station*; cf. Wexler, *op.cit.* Fn. 27, S. 80 ff.);

*garage* als Suffixableitung zu *garer* bezeichnet zunächst (seit 1802) das Einbringen von Schiffen in einen Flußhafen, dann das Einstellen von Wagons (1865) und schließlich seit Anf. 20. Jh. die „Autogarage" (1901; „Reparaturwerkstatt" 1907)

*début* „Anfang" (1664 *Rob.*; „erster Schlag oder Wurf beim Spiel" 1642) zu *débuter*; breitet sich gegenüber schwerfälligem *commencement* (S. 151) in der Sprech- und Schriftsprache stark aus (nach *TLF Var.* verschiebt sich das Frequenzverhältnis zwischen 1789 und 1964 von 84 : 483 zu 704 : 275)

[47] Cf. zur Suffixableitung im jüngsten Französischen v. a. J. Dubois, *Etude sur la dérivation suffixale en français moderne et contemporain,* 1962; id., in *Introduction à la lexicographie*, 1971, 133—197; zur Präfigierung J. Peytard, *Recherches sur la préfixation en français contemporain,* 3 Bde., 1975.

*retard* „Verspätung" (1677) zu *retarder*; neben bzw. für schwerfälliges *retardement* (S. 183)

*élève* „Schüler" (cf. it. *allievo*; 1653 in bezug auf Künstler, 1690 in bezug auf Schule) zu *élever* „aufziehen" (S. 149); neben *écolier* (S. 157)

*militaire* (S. 191) seit 1658 auch substantiviert „Soldat" („qui fait partie des forces armées", v. a. im Gegensatz zum Zivilisten); cf. *soldat* (S. 198)

[19. Jahrhundert:]

*machin* „Ding" seit 1808 als umgangssprachliche Rückbildung zu *machine* (cf. *engin*; auch *machine* vereinzelt „Ding"); neben *chose* und *truc* (S. 237); cf. S. 244 f.

*avion* „Flugzeug" seit 1890 (ev. 1875) als individuelle Prägung von C. Ader nach lat. *avis* „Vogel" (zur Endung cf. *ballon*; *aviation* seit 1863); setzt sich v. a. als militärischer Terminus im 1. Weltkrieg gegenüber schwerfälligem älterem *aéroplane* (1855) durch (cf. Guilbert, *op.cit.* Fn. 27, S. 126 ff.)

## 2.4.2. Verbindungen

[17. Jahrhundert:]

*point de vue* „Aussichtspunkt" (1651), übertragen „Gesichtspunkt" (1670 *Rob.*; *du, au point de vue de* 1887; „opinion personnelle" 20. Jh.)

*tout de suite* „sofort" (1696; „ununterbrochen, hintereinander" 1549); cf. *tantôt* (S. 154)

*tout à l'heure* „soeben" (1647; „sofort" 1538), „dans un moment" (1853)

*bon marché* „billig" (1694; *à bon marché, à grand marché* 13. Jh.)

*d'abord* „zunächst, anfangs" (eigentlich „bei der Ankunft") (1636; „sofort" 1607—18. Jh.); cf. *premièrement* (S. 153); cf. G. Ernst, in *ZrP 89*, 191—195

*d'accord* „einverstanden" (1666; *être d'accord* 12. Jh., S. 155)

*bien entendu* „selbstverständlich" (1671)

*en effet* „tatsächlich" (1664; „en réalité" 1637; pour souligner une affirmation 1896)

*par exemple* „zum Beispiel" (1690)

*au fond* „im Grunde genommen" (1690)

*n'importe* „das macht nichts, das spielt keine Rolle" (1642)

*pas du tout* „überhaupt nicht, gar nicht" (Descartes)

*rien du tout* „gar nichts" (1669)

*au bout de* „nach Ablauf" (Corneille)

*d'après* „suivant le modèle de" (1670), „selon" (1811)

*faire attention* „achtgeben, aufpassen" (Fénelon); für afr.mfr. *entendre* (S. 54)

*avoir l'habitude* „gewöhnt sein, pflegen" (*B-W.* 17$^{e}$ s.); für afr.mfr. *souloir* und neben *avoir coutume* (S. 188)

*avoir l'air* „scheinen" (1662)[48]; neben *paraître, sembler*; cf. S. 248

*n'avoir pas le sou* (1694) und weitere moderne Wendungen mit *sou* (< *solidus*)

[18. und 19. Jahrhundert:]

*être en train de* „im Begriffe sein" (1735)

*chemin de fer* „Eisenbahnstrecke, Schienenweg" (1823; von Pferdebahn 1784), sekundär „Eisenbahn" (Mitte 19. Jh.; cf. *train* S. 227); cf. Wexler, *op.cit.* Fn. 27; *TLF*

*quand même* „dennoch, trotzdem" (1839; als Ausruf Anf. 20. Jh.); *tout de même* (1859; „absolument de la même façon" 1654); cf. S. 142, 246

*en principe* „prinzipiell, grundsätzlich" (1883)

*se rendre compte de* „sich klar werden über" (1710)

*avoir l'intention de* „die Absicht haben, beabsichtigen, vorhaben" (1845)

### 2.4.3. Zusammensetzung auf neulateinischer Grundlage

Eine bedeutende Rolle im Rahmen der neufranzösischen und allgemein der modernen europäischen Wortbildung spielt die Zusammensetzung mit gelehrten griechisch-lateinischen Elementen. Die Bildungen nach dieser „neulateinischen" Kompositionsweise kennzeichnen primär die modernen Fachsprachen, werden mit einigen im 19. Jh. geschaffenen Bezeichnungen für Verkehrs- und Kommunikationsmittel aber auch für den heutigen Kernwortschatz des „français fondamental" relevant[49]:

*vélocipède* „Fahrrad" (1868; „Laufrad" 1829); cf. *bicyclette* (1880 als Dim. zu *bycicle* < engl.)

*motocycle, motocyclette* „Kraftrad mit 2 Rädern, Motorrad" (1896 *Rob.*)

[48] Zu *air* cf. M. Wandruszka, *Haltung und Gebärde der Romanen,* 1954, v. a. 72—75.

[49] Cf. speziell zu den Bildungen auf *-(o)manie, -(o)mane* sowie zu Grundsatzfragen M. Höfler, *Zur Integration der neulateinischen Kompositionsweise im Französischen,* 1972; ansonsten zur neufranzösischen Wortzusammensetzung v. a. Chr. Rohrer, *Die Wortzusammensetzung im modernen Französisch,* 1977; H.-M. Gauger, *Untersuchungen zur spanischen und französischen Wortbildung,* 1971; M. Grieve-Schumacher, *Die Nominalkomposition im Französischen,* 1960; Li Ching, *Beiträge zur französischen Gegenwartssprache,* 1964; U. Wandruszka, *Französische Nominalsyntagmen,* 1972; id., *Probleme der neufranzösischen Wortbildung,* 1976.

*automobile* „Automobil, Auto" (1890; *voiture automobile* 1866)[50]; cf. S. 248
*téléphone* „Fernsprecher, Telefon" (1876; „Lautsprecher" 1836); *téléphoner* (1885)
*photographie* „Lichtbild, Fotografie" (1839)
*radiophonie* „Hörfunk, Radio" (1880; *radiotéléphonie* 1906)
*cinématographie* „Filmgerät, Filmkunst, Kino" (1895; cf. Giraud, *op.cit.* Fn. 27)

### 2.4.4. Kurzformen

Die Wortbildung durch Verkürzung („troncation", „abrègement") breitet sich erst im 19. Jh. aus (vorher fast nur bei Rufnamen), erlangt aber in jüngster Zeit, als Ausdruck auch eines immer rascheren Lebensrhythmus, eine zunehmend steigende Bedeutung[51]. Die meist durch Apokope entstandenen Kurzformen nehmen ihren Ursprung teils in speziellen fachsprachlichen Milieus (Bedürfnis nach Kürze, Neigung zu gruppensprachlichen Spezifika)[52], kennzeichnen jedoch heute in erster Linie die spontane Sprechsprache (cf. z. B. *sympa, sensass, formid, impecc, d'acc, fana, manif, combine, imper, pull, proprio, mécano*). Im Rahmen des lexikalischen Kernbestandes des „français fondamental" finden sich vor allem Kurzformen zu den eben genannten schwerfälligen Bildungen nach neulateinischem Muster, wobei die Vollformen meist weitgehend oder ganz zurücktreten (cf. auch *prof* Fn. 98):

*vélo* (1888)
*moto* (1906)
*auto* (Anf. 20. Jh.; cf. S. 248)
*car* (1928; cf. S. 236)
*photo* (1878)
*radio* (1932; Gerät 1949, cf. *poste* S. 237)
*cinéma* (1900; *ciné* 1906)
*métro* (1891; cf. *Cah.Lex. 5*, 1964, 101—109)

[50] Cf. Gougenheim, *Les mots français, I*, 208 ff.; zu *-mobile* Höfler, *op.cit.*, S. 1 Fn. 2.
[51] Cf. u. a. S. Heinimann, in *Mélanges M. Roques, II,* 1953, 151—163; M. Prigniel, in *FM 34*, 1966, 47—53; H. Kjellman, *Mots abrégés et tendances d'abréviation en français*, 1920; Haensch-Lallemand, *Wortbildungslehre des modernen Französisch*, 68 ff.; K. E. M. George, *L'apocope et l'aphérèse*, in *FM 48*, 1980, 16—37.
Zu den Sigelbildungen (Initialabkürzungen) als primär schriftsprachlichem Verfahren cf. K. Gebhardt, *Abkürzungen, Akronyme, Sigel und Ableitungen von Sigeln im heutigen Französisch,* in *Sprache und Mensch in der Romania, Festschrift H. Kuen,* 1979, 80—93.
[52] Vgl. z. B. *piano* (1798), *labo, sana, météo, micro, accu, dactylo, colon, paras,* sowie im „argot scolaire" *prof, bac, maths, philo, gym, compo, rédac, récré, surgé.*
Cf. auch Fn. 105 und die starke Ausbreitung der kurzen Dankformel *merci* seit ca. 1830.

## 2.5. Latinismen und Gräzismen

Die Entwicklung des neufranzösischen Kernwortschatzes bringt zwar eine starke gemeinsprachliche Ausweitung von älteren Latinismen (cf. S. 220 ff.), aber eine im Vergleich zum Alt- und Mittelfranzösischen begrenzte Zahl von nur einem Dutzend gelehrter Neuübernahmen, die ins „français fondamental" einrücken[53]:

[17. Jahrhundert:]

*colonie* „Kolonie (Gebiet)" (1636; „Kolonisten", in bezug auf Antike 13. Jh.; colonia); *colonie pénitentiaire* 1863; *colonie de vacances* 1907

*époque* „Epoche" (gr. epokhê; „période de temps marquée par des événements importants" 1619; „période caractérisée par un certain style artistique" 1829; „moment déterminé" Ende 18. Jh.)

*programme* „Programm" (gr. programma; 1677, zunächst ‚terme de collège'; geläufig seit 19. Jh.)

*gaz* (nach chaos „gestaltlose Masse"; 1670 als individuelle Prägung von Van Helmont; mod. Bed. 1787, praktische Verwertungen 19. Jh.)

*électrique* „elektrisch" (electricus; 1660 „qui a trait à l'électricité"; *courant électrique* 1806, S. 224; „qui est produit par l'électricité" 1849, „qui produit de l'électricité" 1864)

[18. und 19. Jahrhundert:]

*technique* „fachlich, technisch" (gr. tekhnikos; 1750; *grammairien technique* 1684); sb. *technique* seit 1842 („application pratique des connaissances scientifiques dans le domaine de la production" 1936)

*normal* (normalis; vereinzelt 15. Jh. *verbe normal*; mathem. *ligne normale* 1753; *école normale* 1793; „qui sert de règle" 1803, „qui est conforme à la règle" 1845)

*excursion* „Ausflug, Wanderung" (excursio; 1772; „bewaffneter Einfall" 16. Jh.); cf. *promenade* (S. 179)

*musée* „Museum" (museum; 1762; „cabinet d'un savant" 1733; als histor. Terminus vereinzelt seit 13. Jh.)

[53] Die Gesamtzahl der Lexeme gelehrten Ursprungs in der heutigen Frequenzliste beträgt (bei Einschluß der formalen Relatinisierungen, aber Ausschluß der halbgelehrten Formen) 157 (bei Einbeziehung auch der Ableitungen zu gelehrten Formen und der Neubildungen nach neulateinischem Muster rund 185).
Von den bei Guiraud, *Le moyen français*, S. 53 erfaßten 2800 lateinischen und griechischen Wortstämmen der heutigen Sprache werden rund 21 % im Neufranzösischen übernommen (gegenüber 55 % im Mittelfranzösischen und 24 % im Altfranzösischen).

*mètre* „Meter“ (gr. metron; 1791); *kilomètre* (1795; *faire tant de kilomètres à l'heure* 1924)

*litre* „Liter“ (gr. litron; 1793; „contenu d'un litre“ 1867)

*lycée* „höhere Schule, Gymnasium“ (lyceum; heutige Bed. als offizieller Terminus 1807; „Versammlung von Gelehrten“ 1721; als histor. Terminus seit 16. Jh.); cf. *collège* (S. 190 Fn. 39)

## 2.6. Fremdsprachliche und dialektale Einflüsse

Die fremdsprachlichen Einflüsse auf den neufranzösischen Wortschatz gehen im 17. und 18. Jh. (gegenüber dem 16. Jh.) leicht zurück, zeigen aber im 19. und 20. Jh. ein sehr starkes Ansteigen durch die zunehmende Übernahme speziell von englisch-amerikanischen Lehnwörtern[54] (vgl. die vollständige Tabelle S. 164):

| | Engl. | It. | Okz. | Sp. | Deutsch | Niederl. | insgesamt |
|---|---|---|---|---|---|---|---|
| 17. Jh. | 62 | 194 | 90 | 97 | 28 | 38 | 509 |
| 18. Jh. | 123 | 122 | 87 | 57 | 48 | 24 | 461 |
| 19. Jh. | 444 | 151 | 125 | 88 | 84 | 14 | 906 |
| 20. Jh. | 578 | 45 | 46 | 52 | 89 | 3 | 813 |

Die Übernahme von Anglizismen tritt quantitativ seit dem 18. Jh. in den Vordergrund (cf. bereits 1754 *anglomanie*)[55] und konzentriert sich zunächst

[54] Cf. zu den Anglizismen u. a. D. Behrens, *Über englisches Sprachgut im Französischen,* 1927; F. Mackenzie, *Les relations de l'Angleterre et de la France d'après le vocabulaire*, 1939, *I. Anglicismes français*; J. Brüch, *Die Anglomanie in Frankreich*, 1941; *FEW XVIII*; M. Höfler, in *ZrP 86*, 1970, 324—339; K. Gebhardt, in *ZrP 91*, 1975, 305—309 („Die insgesamt 1254 Anglizismen machen gerade 2,1 % des lexikalischen Materials von GRob und GRobS aus — kaum eine statistische Bestätigung für die immer wieder geäußerte Furcht, das Franz. deformiere sich zum ‚Franglais'“). Für die jüngste Entwicklung ermittelt der Vergleich zwischen den Auflagen des *Petit Larousse* von 1948 und 1960 durch J. Dubois — L. Guilbert — H. Mitterand — J. Pignon (*Le mouvement général du vocabulaire français de 1949 à 1960, d'après un dictionnaire d'usage,* in *FM 28*, 1960, 86—106, 196—210, = J. et Cl. Dubois, *Introduction à la lexicographie*, 1971, 111—132) unter den insgesamt 3973 Neuerungen 105 Angloamerikanismen, also rund 2,6 % (insgesamt rund 5 % Lehnwörter). Cf. auch Fn. 56—58. Ein historisches Wörterbuch der Anglizismen wird angekündigt von M. Höfler, in *Sprachkontakte. Zur gegenseitigen Beeinflussung romanischer und nicht-romanischer Sprachen* (Hrsg. R. Werner), 1980, 69—86.

[55] Im Rahmen des Akademiewörterbuchs steigt die Zahl der aufgenommenen Anglizismen von 11 Formen in der 1. Auflage von 1694 auf 54 Formen in der 4. Auflage von 1762 und 60 Formen in der 5. Auflage von 1798.

auf die Bereiche des politischen und parlamentarischen Vokabulars (z. B. *vote, voter, opposition, budget, pétition, parlement*; cf. aber auch *humour, club, rosbif* u. a.). Das 19. und 20. Jh. bringen steigende Einflußnahmen vor allem in den Bereichen des Sports (z. B. *sport, match, derby, record, tennis, golf, hockey, football*)[56], des Gesellschaftslebens und der Mode (z. B. *dandy, flirt, lunch*)[57], des Tourismus (*touriste, tourisme*), der Naturwissenschaften und der Technik (cf. etwa in der Terminologie des Eisenbahnwesens *wagon, rail, tunnel, express, ticket*, ev. *train*; s. Wexler, *op.cit.* Fn. 27), der Massenmedien und der Reklame[58]. Im gemeinsprachlichen lexikalischen Kernbereich des „français fondamental" bleiben die Anglizismen jedoch, trotz des steigenden Gesamtumfangs der Entlehnungen, sehr vereinzelt und beschränken sich im wesentlichen auf die 3 Lexeme (ev. auch *train, métro*):

*film* (1889; „oeuvre cinématographique" Ende 19. Jh.)

*car* (1873 „voiture sur rails" bzw. seit 1928 „Reiseomnibus" als Kurzform zu *autocar* 1910 < engl.); cf. *autobus* 1906, Kurzform *bus* 1907

*speaker* „Sprecher, Ansager" (1933; „Sportansager" 1904; in bezug auf England seit 1649).

Der Einfluß des Italienischen bleibt im 17. Jh. (trotz eines deutlichen Rückgangs gegenüber dem 16. Jh.) zahlenmäßig noch vorherrschend[59], konzentriert sich aber weitgehend auf die fachsprachlichen Vokabularien der Malerei (z. B. *attitude, profil, coloris, reflet*), der Musik (*virtuose, récitatif, basse*) und des Theaters (*burlesque, pantalon, postiche*). Für den heutigen Kernwortschatz relevant werden die Übernahmen von[60]:

*café* „Kaffee" (*cafeh* 1651, *café* 1665; *caoua* 1592); „Café" (1694, ev. 1654)

*opéra* „Oper" (1646; „Operngebäude" 1694)

[56] Cf. K. Becker, *Sportanglizismen im modernen Französisch*, 1970; H. Seibold, *Der Einfluß des Englischen auf die französische Sportsprache der Gegenwart*, Diss. Erlangen 1974; N. Bäcker, *Probleme des inneren Lehnguts, dargestellt an den Anglizismen der französischen Sportsprache*, 1975.

[57] Cf. V. Brink-Wehrli, *Englische Mode- und Gesellschaftsausdrücke im Französischen; 19. Jh.*, Diss. Zürich, 1961.

[58] Cf. R. Frey, *Das englische Lehnwort im modernsten Französisch (nach Zeitungsexzerpten von 1920—1940)*, Diss. Zürich, 1943; A. Schütz, *Die sprachliche Aufnahme und stilistische Wirkung des Anglizismus im Französischen, aufgezeigt an der Reklamesprache (1962—1964)*, 1968.

[59] Die bei T. E. Hope, *Lexical Borrowing in the Romance Languages*, erfaßten Italianismen belaufen sich im 17. Jh. auf 203, im 18. Jh. auf 106, im 19. Jh. auf 81 (S. 309, 367, 451).

[60] Vgl. auch *gazette* (S. 224) und die vermutlich von it. *allievo* beeinflußte Neubildung *élève* (S. 231).

*groupe* „Gruppe" (1669, als Terminus der bildenden Kunst; allg. seit 1770; „ensemble de personnes liées sous un certain rapport" 1861); cf. afr.mfr. *tourbe* (< *turba*)

*poste* zuerst als militärische Übernahme „Posten (Standort)" (1636; hapax fem. ca. 1500), „Anstellung" (1664); „Empfangsgerät, Radio" (1927)

Begriffliche Schwerpunkte der okzitanischen Lehnwörter bilden weiterhin die maritimen Bereiche der Schiffahrt und des Fischfangs, daneben aber seit dem 17. Jh. in steigendem Maße auch spezielle Terminologien von Industrie und Technik[61]. Sekundär für den spontansprachlichen Kernwortschatz relevant wird das vermutlich aus okz. *truc* „Stoß, Hieb" übernommene

*truc* „Geschicklichkeit, Trick" (um 1800; „List" 13. Jh.), das v. a. in der Theatersprache die Bedeutung „Trickmaschine" (1849; „moyen de réaliser un tour d'adresse" 1867) annimmt und volks- bzw. umgangssprachlich seit 1886 zum terme-omnibus „Ding, Dingsda" wird (cf. S. 225, 244 f.); cf. *machin* (S. 231)

Der sprachliche Einfluß des Spanischen erreicht seinen Höhepunkt im ausgehenden 16. und in der 1. Hälfte des 17. Jhs. Er bleibt aber auch in dieser Zeit auf Lehnwörter für spezifisch spanische Realitäten konzentriert (cf. Guiraud, *Les mots étrangers*, 40 ff.) und tangiert den geläufigen gemeinsprachlichen Wortschatz nur vereinzelt (z. B. *compliment, moustique, estrade, caramel*).

Die seit dem 18. Jh. zunehmenden Übernahmen aus dem Deutschen oder aus deutschen Mundarten liegen schwerpunktmäßig im Bereich der Militärterminologie (z. B. *cible, bivouac, obus, képi*) und der Mineralogie (*zinc, potasse, quartz, nickel, gneiss*). Für den geläufigen Wortschatz der Gemeinsprache erlangen sie gleichfalls nur geringe Bedeutung (cf. *valse, opérette, bock, kirsch, édredon*); cf. D. Behrens, *Über deutsches Sprachgut im Französischen*, 1923; B. Kratz, *Deutsch-französischer Lehnwortaustausch*, in Mitzka, *Wortgeographie und Gesellschaft*, 1969, S. 445—487.

Die in den französischen Gemeinwortschatz übernommenen Dialektismen zeigen parallel zu den fremdsprachlichen Entlehnungen eine deutliche Zunahme seit dem 18. Jh., bleiben aber gegenüber den Gesamtveränderungen und auch gegenüber den fremdsprachlichen Einflüssen weiterhin von vergleichsweise geringer Bedeutung (Werte auf der Basis des *Grand Robert* bzw. in Klammer des *FEW* nach Gebhardt, *op. cit.*, S. 273, 286)[62]:

[61] Cf. Gebhardt, *Das okzitanische Lehngut*, v. a. 254—257. Als Gesamtzahl der Okzitanismen nach dem *FEW*-Corpus nennt Gebhardt, S. 285, für das 17. Jh. 225 noch heute gemeinsprachliche (und 112 untergegangene) Übernahmen, für das 18. Jh. 252 (104), für das 19. Jh. 376 (180), für das 20. Jh. 91.

[62] Die entsprechenden Werte für die Frankoprovenzalismen lauten:
17. Jh.: 1 (22), 18. Jh.: 10 (95), 19. Jh.: 14 (68), 20. Jh.: 6 (26).

17. Jh.: 29 (88) 18. Jh.: 40 (172) 19. Jh.: 74 (331) 20. Jh.: 21 (78)

Als Spenderidiome bleiben wie in den älteren Perioden die normannisch-pikardisch-wallonischen Mundarten besonders bedeutsam (z. B. 18. Jh. *vareuse, flaque*; 19. Jh. *pieuvre, porion*; 20. Jh. *rescapé*), wenngleich der Anteil auch der anderen Mundarten zunehmend steigt. Dem Nordosten entstammt die einzige Übernahme, die für den heutigen Kernwortschatz relevant wird, nämlich

*usine* „Werkstatt; vom Wasser getriebene Einrichtung" (< *officina*), das mit der Entwicklung der maschinellen Fabrikation zunehmend auf große Fabriken ausgeweitet wird (vereinzelt seit 1732, cf. *HLF VI*, 382, *VII*, 188) und als konkrete Gebäudebezeichnung für ein Industriewerk die älteren Fabrikbezeichnungen (s. *fabrique* S. 229) auf spezielle Verwendungen einschränkt; die schriftsprachliche Frequenz von *usine* steigt nach *TLF Var.* zwischen 1789 und 1964 von 11 auf 232

Die Geschichte des heutigen Kernwortschatzes wird demnach von den fremdsprachlichen und dialektalen Einflüssen der neufranzösischen Periode in insgesamt rund 10 Fällen (durchwegs Substantive) tangiert. Zusammen mit den vereinzelten altfranzösischen Entlehnungen und den rund 20 Übernahmen der mittelfranzösischen Zeit beläuft sich die Gesamtzahl der Lexeme fremdsprachlichen oder dialektalen Ursprungs in der heutigen Frequenzliste des „français fondamental" (bei Ausschluß der vorliterarischen Entlehnungen) auf rund 30 (maximal 35) Formen[63], also auf 3—4 % aller Einheiten. Dieser Prozentsatz bildet etwa die Hälfte desjenigen Anteils, der sich (nach Gebhardt) für den gesamten Wortbestand des *Grand Robert* errechnen läßt, nämlich 4308[64] von ca. 58 000 Einheiten bzw. rund 7,4 %.

### 3. Die lexikalische Vielschichtigkeit der Gegenwartssprache[65]

#### 3.1. Diastratische Divergenzen und Aufwertungen

Die diastratische Vielschichtigkeit des französischen Diasystems war im 17. Jahrhundert als Gegensatz zwischen dem „Bon Usage" der aristokratisch-

[63] *Bateau, nord, hasard, crédit, numéro, risquer, soldat, appartement, manquer, réussir, camp, campagne, guide, brave, magasin, escalier, camarade, bouquin, drôle, poussière, film, car, speaker, café, opéra, groupe, poste, truc, usine* sowie mehrere Zweifelsfälle.

[64] 4003 fremdsprachliche Lehnwörter, 248 Dialektismen, 42 Frankoprovenzalismen.

[65] Cf. u. a. B. Müller, *Das Französische der Gegenwart (Varietäten, Strukturen, Tendenzen)*, 1975; zu den diatopischen Divergenzen u. a. auch L. Wolf, *Le français régional*, in *TLL 10,1*, 1972, 171—177; M. Piron, *Les belgicismes lexicaux*, in

höfischen Elite und dem „Mauvais Usage" der Restbevölkerung besonders ausgeprägt[66]. Diese deutliche Registertrennung bleibt auch für die folgenden Jahrhunderte, trotz des ausgeweiteten Trägerkreises des „Bon Usage" und trotz der aufgezeigten gemeinsprachlichen Ausweitung vieler gehobener Bezeichnungsvarianten, weitgehend kennzeichnend. Erst die jüngste Entwicklung des 20. Jahrhunderts bringt im Zuge einer gewissen allgemeinen Demokratisierung und der ausgeweiteten Kontakte zwischen den verschiedenen Schichten auch eine zunehmende Annäherung und teilweise Nivellierung der schichtenspezifischen Sprachgegensätze.

Diese Annäherung erfolgt vor allem als Ausweitung vieler ursprünglich spezifisch volkssprachlicher Bezeichnungsvarianten („français populaire" inklusive „argot") auf die Spontansprache auch der Oberschicht („français familier", „langue courante"; vereinzelt auch auf die Standardsprache)[67]. Hierbei bleiben die „aufgewerteten" Formen bei den Oberschichtsprechern aber (zunächst) häufig eine von mehreren diaphasischen Varianten (die je nach Kommunikationssituation oder Ausdrucksabsicht eingesetzt werden), so daß die ursprünglichen diastratischen mehrfach in primär diaphasische Divergenzen übergehen. Andrerseits bringen die Annäherungen und Vereinheitlichungen speziell der spontanen Sprechsprache („français parlé") gleichzeitig eine Akzentuierung des codemäßigen Gegensatzes zum traditionsgebundenen „français écrit" (cf. 3.2.).

Angesichts der fließenden diastratischen Grenzen, die sich gerade aus den Annäherungen und permanenten diachronischen Veränderungen ergeben, stößt die Registerzuweisung auf große Schwierigkeiten und hat bislang noch kaum zu empirisch fundierten Analysen des heutigen Wortschatzes geführt[68].

*TLL 11,1,* 1973, 295—304; *Langue française 18 (Les parlers régionaux)*, 1973; H. Berschin — J. Felixberger — H. Goebl, *Französische Sprachgeschichte*, 1978 (*E. Die sprachliche Gliederung Frankreichs*, 243 ff.); J. Pohl, *Les variétés régionales du français. Etudes belges (1945—1977)*, 1979; *TLL 15,1*; *RLiR 42*, 149—94.

[66] Vgl. Vaugelas: „Il y a sans doute deux sortes d'Usages, un bon et un mauvais. Le mauvais se forme du plus grand nombre de personnes, qui presque en toutes choses n'est pas le meilleur, et le bon au contraire est composé non pas de la pluralité, mais de l'élite des voix" (*Remarques, Préface,* II).

[67] Cf. J. Dubois et alii, *op.cit.* Fn. 54: „L'interpénétration des diverses classes sociales se traduit sur le plan linguistique par une atténuation importante des différences entre les niveaux de la langue. Les mots d'argot sont presque tous popularisés, les termes familiers ne sont plus sentis comme tels" (S. 208; *Introduction* S. 131); P. Guiraud, *Le français populaire*, 1973: „l'écart entre le français populaire et le français familier se réduit chaque jour" (S. 9); M. Cohen, *Histoire d'une langue: Le français*, [4]1973, S. 372 f.; A. Martinet, *Le français sans fard*, [2]1974, S. 39.

[68] Zu einzelnen Ergebnissen aus Corpusanalysen s. S. 242 ff.

Diesem Fehlen empirisch-statistischer Grundlagen sowie auch einer einheitlichen Registerterminologie entspricht eine starke Uneinheitlichkeit der diastratisch-diaphasischen Markierungen in den modernen lexikographischen Werken[69]. Ein Vergleich von 70 Lexemen in 6 verschiedenen Wörterbüchern ergab lediglich bei 8 Formen eine einheitliche Markierung[70], und der von F. J. Hausmann in seiner *Einführung in die Benutzung der neufranzösischen Wörterbücher* (1977), S. 124 f. gegebene Markierungsvergleich veranschaulicht auch, daß etwa die Angaben im *Dictionnaire du Français Contemporain (DFC), Petit Robert (PR)* und *Dictionnaire du Français Vivant (DFV)* in je nach Form unterschiedlicher Richtung divergieren können:

| | |
|---|---|
| *DFC* pop. vs. *PR, DFV* fam.: | *bagnole, boulot, culot, fiole, môme, toubib* u. a. |
| *PR* pop. vs. *DFC, DFV* fam.: | *bistrot, bûche* „chute“, *faignant, se casser la tête* u. a. |
| *DFC, PR* pop. vs. *DFV* fam.: | *bosser, cinglé, flic, en avoir marre, pinard* u. a. |

Die Untersuchung der diachronischen Registerveränderungen und diastratischen Aufwertungen ist aber vor allem auch hinsichtlich der älteren Sprachverhältnisse weitgehend auf vereinzelte und intuitive zeitgenössische Zeugnisse angewiesen. Als vergleichsweise objektive und umfangreiche Basis für einen diachronischen Markierungsvergleich mit dem frühen 20. Jahrhundert kann jedoch das erstmals 1920 publizierte „dictionnaire du français tel qu'on le parle dans le peuple“ in H. Bauche, *Le langage populaire* dienen[71]. Das Corpus der über 3000 Lexeme, die von Bauche und/oder dem *Petit Larousse* von 1925 als „populaire“ oder „argot“ gekennzeichnet werden, wird in der Dissertation von B. Treu, *Diastratische Verschiebungen in der Entwicklung des französischen Wortschatzes im 20. Jahrhundert* (Erlangen 1975) einem systematischen Vergleich mit den Markierungen in 4 heutigen Wörterbüchern unterzogen. Dieser Vergleich macht trotz des nur relativen Aussagewertes der zugrunde gelegten Quellen deutlich, daß die diastratische

[69] Diese Markierung, die sich unausgesprochen auf die Norm des „français écrit“ bezieht, „wird weithin unsystematisch und intuitiv vorgenommen und erreicht deshalb einen zu geringen Teil des Wortschatzes, die mehr oder weniger klaren Fälle“ (L. Söll, *Gesprochenes und geschriebenes Französisch*, ²1980, S. 190). Intuitiv und teils kaum realitätsadäquat sind auch die Beispiele für diastratische Divergenzen bei E. Coseriu, etwa in *Einführung in die strukturelle Betrachtung des Wortschatzes*, ²1973, S. 33 ff. (= in *Strukturelle Bedeutungslehre*, ed. H. Geckeler, 1978, S. 225 f.).

[70] S. P. Gilbert, in *Le Français dans le Monde 69*, 1969, S. 46.

[71] Zur Volkssprache des frühen 19. Jhs. cf. G. Gougenheim, *La langue populaire dans le premier quart du XIXᵉ siècle d'après le Petit Dictionnaire du Peuple de J. C. L. P. Desgranges (1821)*, 1929 (*Kap. III: Lexicologie*, S. 129 ff.).

Aufwertung eine besonders wirksame und kennzeichnende Entwicklungstendenz der jüngsten französischen Wortschatzgeschichte darstellt und daß insgesamt etwa ein Drittel der anfangs der 20er Jahre als „populaire" oder „argot" gewerteten Lexeme nach allen oder der Mehrzahl der heutigen Wörterbücher eine Registeraufwertung zu „familier" (teils „standard") erfahren haben. Aus dem Bestand des „français fondamental" finden sich unter den aufgewerteten Formen (*copain* und *gars* sind bereits für *PL* 1925 „fam."):[72]

*type* „homme" (cf. S. 225, 250); *gosse* „enfant" (seit 1798; < ?); *bouquin* „livre" (S. 218); *truc* „Ding" (S. 237); *se ficher de* (S. 228).

## 3.2. Sprechsprachlicher und schriftsprachlicher Wortschatz

Die grundsätzlich immer bestehenden Gegensätze zwischen sprechsprachlichem und schriftsprachlichem Wortschatz werden in der Entwicklung seit dem 17. Jahrhundert[73], vor allem durch die relative Stabilität der Schriftsprache und gleichzeitige Fortentwicklung der spontanen Sprechsprache, zunehmend vertieft[74]. Die systematische Untersuchung der heutigen Divergenzen und der Spezifika des sprechsprachlichen Wortschatzes steht allerdings noch ganz in den Anfängen. Trotz einer in jüngster Zeit stark intensivierten Beschäftigung mit dem „français parlé" finden gerade die lexikalischen

[72] Ferner als expressive synonyme Bezeichnungsvarianten, die diesen zentralen Begriffsbereichen entsprechen, u. a.:
*se balader* „se promener" („spazierengehen, bummeln", seit 1856, cf. Treu, 236 ff.)
*bûcher, trimer* „travailler durement" (seit 1856 bzw. 1754)
*rigoler* „s'amuser, rire" (1870); *rigolo* „amusant, comique" (1848; cf. *FM 38*, 1—9)
*embêter, barber* „ennuyer" (1794 bzw. 1882)
*veine* „chance, bonne chance" (1835 bzw. 1876)
*moche* „laid, désagréable, mauvais" („mies", 1878)
*épatant* „formidable" (1885).

[73] Für die Oberschicht des 17. Jhs. war der Gegensatz sprachtheoretisch offenbar weitgehend reduziert. Der „Bon Usage" ist etwa für Vaugelas „la façon de parler [. . .], conformément à la façon d'escrire [. . .]".

[74] Als gegenläufige (vereinheitlichende) Komponente ist die häufige Verallgemeinerung von gelehrt-gehobenen Bezeichnungsvarianten zu berücksichtigen. Andrerseits betrifft die geschilderte diastratische Annäherung im jüngsten Französisch in erster Linie die Sprechsprache und ist mehrfach mit einer stärkeren Differenzierung gegenüber den traditionellen Bezeichnungen des „français écrit" verbunden.

Besonderheiten der Sprechsprache nur wenig Berücksichtigung[75] und bilden bisher nur vereinzelt den Gegenstand eingehender und empirisch fundierter Analysen[76].

Die Erörterung der „Divergenzen im Lexikon" in dem Handbuch *Gesprochenes und geschriebenes Französisch* von L. Söll (S. 185—196) bildet einen wesentlichen Fortschritt, vor allem in der durchdachten Behandlung von Grundsatzfragen und in allgemeinen Feststellungen wie etwa, daß die lexikalischen Divergenzen zwischen „français écrit" und „français parlé" in der Regel nicht exklusiver Natur sind[77]. In der konkreten Exemplifizierung der Gegensätze kann sich aber auch Söll, mangels verläßlicher weiterer Materialien[78], nur auf einzelne Beobachtungen in der *Elaboration du français fondamental* (*op.cit.* S. 10 Fn. 3) stützen und übernimmt hierbei auch eine, wie wir glauben, einseitige quantitative Charakterisierung der beiden Codes.

[75] Im ersten Versuch einer vergleichenden Gesamtdarstellung der beiden Codes durch A. Sauvageot (*Français écrit, français parlé,* 1962) werden die lexikalischen Divergenzen praktisch überhaupt nicht angesprochen (das Kapitel „Le problème du vocabulaire" beschäftigt sich ausschließlich mit dem kaum codespezifischen Problem der Anglizismen). Andere allgemeine Stellungnahmen zum sprechsprachlichen Wortschatz beschränken sich auf intuitive Beispiele und Charakterisierungen, so etwa das kaum zutreffende Urteil „Lexikalisch hat sich der Abstand zwischen *français parlé* und *français écrit* nach 1945 stark abgeflacht" (B. Müller, *op.cit.* Fn. 65, S. 74; cf. auch P. Rivenc, in *La grammaire du français parlé*, éd. A. Rigault, 1971; die Ansicht beruht v. a. auf der unberechtigten Gleichsetzung der zunehmenden Kopie des Parlé innerhalb schriftsprachlicher Texte mit dem primären „français écrit").

[76] Cf. an auch lexikalisch relevanten Arbeiten v. a. Th. Ebneter — M. P. Gessner, *La causalité en français parlé,* in *TLL 12,1,* 1974, 325—346; S. Allaire, *La subordination dans le français parlé devant les micros de la Radiodiffusion,* 1973; E. Gülich, *Makrosyntax der Gliederungssignale im gesprochenen Französisch,* 1970. Auf umgangssprachlich gefärbte Texte und auf Befragungen stützt sich U. Trettner, *Die Ausdrükke der Bewunderung und des Abscheus im Umgangsfranzösischen und im Argot (1900—1965),* Diss. Bonn, 1967. Zur Negation cf. Söll, 117 ff.

[77] „Es gibt kaum ein Wort, das strikt an einen der beiden codes gebunden wäre" (S. 185, cf. auch 27). Als eine der wenigen Ausnahmen wird S. 196 typisch orales *truc* und *machin* angesprochen, „das in geschriebener Sprache, soweit sie nicht gesprochene kopiert, so gut wie nie vorkommen dürfte" (cf. zu diesen Formen S. 244 f.).

[78] Vgl. S. 194: „Es ginge jetzt noch darum, das oben skizzierte Schema an Teilen des französischen Wortschatzes zu erproben. Aus verständlichen Gründen ist das nicht möglich, kein Wörterbuch und keine uns bekannte Monographie bietet dafür verläßliches Material".

Die Autoren des *Français fondamental* vergleichen in einem kurzen Abschnitt „Langue parlée et langue littéraire" (*Elaboration,* 118—124) einige ihrer sprechsprachlichen Ergebnisse mit der schriftsprachlichen Frequenzliste v. a. von Vander Beke (*French Word Book,* 1929) und kommen zu dem Ergebnis, daß der Wortschatz schriftsprachlicher Texte quantitativ vielfältiger (nuancierter und variierter) ist als der Wortschatz der Sprechsprache: als Bezeichnung etwa für „brechen" zeigt die Literatursprache das Nebeneinander der 3 jeweils geläufigen Synonyme *briser, casser, rompre*, während sich die Sprechsprache weitgehend auf ein Verbum, nämlich *casser,* beschränkt (s. S. 247); — besonders häufige Verben wie *être, avoir, faire, dire, aller* haben in der Sprechsprache, was ebenfalls von einer geringeren Differenzierung zeugt, eine weit höhere Frequenz als in der Schriftsprache („celle-ci étant beaucoup plus soucieuse de la variété et de la propriété des mots"). Dieser Aspekt der größeren lexikalischen Vielfalt der Schriftsprache wird von Söll als allgemeine Charakterisierung des Code-Gegensatzes übernommen und sowohl theoretisch durch die spezifischen Bedingungen der schriftlichen vs. mündlichen Kommunikation als auch konkret durch die verschiedene type-token-Relation bekräftigt[79].

Wir sind überzeugt, daß das quantitative Verhältnis zwischen einem vielfältigeren schriftsprachlichen und einem weniger vielfältigen sprechsprachlichen Wortschatz[80] in den von den Autoren des *Français fondamental* genannten und zahlreichen anderen Beispielen zutrifft, meinen aber, daß diese Kennzeichnung angesichts vieler Gegenbeispiele nicht zu einer lexikalischen Ge-

[79] „Geht man von der Tatsache aus, daß geschriebene Sprache aufgrund ihrer besonderen Realisierungsbedingungen (und auch aus thematischen Gründen) stärker vorgeplant und durchorganisiert, daher in höherem Maße differenziert ist, das Lexikoninventar der Sprache also besser ausnützen kann als gesprochene Sprache, müßten sich für die beiden codes verschiedene type-token-Relationen ergeben. Bei gleicher Textlänge, also bei einer konstanten Zahl von Vorkommen (tokens) sollte ein geschriebener Text in der Regel mehr verschiedene lexikalische Einheiten (types) aufweisen als ein gesprochener" (S. 186). Diese Annahme findet Söll durch den Vergleich zwischen der sprechsprachlichen Frequenzliste des „français fondamental" und den schriftsprachlichen Frequenzwörterbüchern bestätigt: „français fondamental" 312 000 tokens:7995 types, Vander Beke 1 148 000 tokens:19 253 types; von den Worttypen des „français fondamental" findet ein Großteil nur sehr selten Verwendung, während andrerseits die häufigen Formen besonders häufig sind und bereits mit den 37—38 geläufigsten types die Hälfte aller tokens abdecken (in der Schriftsprache gilt dies für etwa 69 types).

[80] Cf. auch B. Müller, *op.cit.*, S. 75: „Der schriftliche Ausdruck ist lexikalisch im allgemeinen reichhaltiger, variabler als der mündliche".

samtcharakterisierung der beiden Codes verallgemeinert und verabsolutiert werden darf. In der Bezeichnung mehrerer Einzelbegriffe erweist sich gerade umgekehrt die Sprechsprache als deutlich vielfältiger (speziell an expressiven Bezeichnungsvarianten, s. S. 249 ff.), und die von Söll herangezogenen type-token-Relationen (Fn. 79) bilden lediglich einen summarischen Gesamtwert, hinter dem sich je nach Begriff divergierende Einzelverhältnisse verbergen.

Unser folgender Überblick über diese Einzelverhältnisse stützt sich auf den Vergleich zwischen den Frequenzwörterbüchern sowie auf die Analyse sprechsprachlicher Corpora in Erlanger Zulassungsarbeiten (= Corpusanalyse)[81]. Er gliedert sich nach den verschiedenen Arten von Gegensätzen und unterscheidet zunächst, trotz fließender Grenzen, zwischen einerseits mehr grundsätzlichen Spezifika der Sprechsprache und andrerseits bloßen Bezeichnungsgegensätzen der beiden Codes. Erstere sind stärker in den spezifischen Bedingungen und allgemeinen Merkmalen der mündlichen Kommunikation verankert und bilden in gewissem Maß auch spezifische „Signifiés", letztere sind rein lexikalische Divergenzen in der Bezeichnung von Begriffen, die prinzipiell (in weitgehend gleicher Weise) in beiden Codes gegeben sind. Innerhalb der Bezeichnungsgegensätze, welche die Bezeichnungen als solche oder nur die relativen Frequenzen betreffen können, gliedern wir — ohne strenge Grenzen ziehen zu wollen — nach a) Beispielen für eine größere Bezeichnungsvielfalt der Schriftsprache, b) Beispielen für Frequenzunterschiede bei an sich schrift- und sprechsprachlichen Synonymen, c) Beispielen für eine größere Bezeichnungsvielfalt der spontanen Sprechsprache.

Die mehr grundsätzlichen Besonderheiten des sprechsprachlichen Wortschatzes, welche maßgebend von den allgemeinen Voraussetzungen der Sprechsprache bestimmt werden, sind vereinzelt[82]. Das wohl deutlichste Beispiel bilden die sog. „Leerwörter" oder „termes-omnibus" *truc* und *machin,* deren hohe Frequenz in der spontanen Sprechsprache nicht nur

[81] Ausgewertet wurden Texte des Orléans-Corpus, die vom „Crédif" publizierten Kindergespräche (*Enquête sur le langage de l'enfant français. Transcription de conversations d'enfants de 10 ans*) sowie eigene Tonbandaufnahmen.
Zu den schriftsprachlichen Frequenzen cf. auch G. Engwall, *Fréquence et distribution du vocabulaire dans un choix de romans français*, 1974; B. Endres-Niggemeyer, *Das Lexikon französischer Massenliteratur in den mittleren und unteren Frequenzklassen*, 1975.

[82] Vgl. auch die spezifisch sprechsprachlichen „Gliederungssignale", die textgliedernde und phatische Funktion (v. a. Appell an den Hörer) erfüllen, und die „Abtönungspartikel", die die subjektive Haltung des Sprechers zur Aussage ausdrücken (cf. Söll, *op.cit.*, S. 162 ff.).

einem Bezeichnungsgegensatz gegenüber schriftsprachlichem *chose* entspricht, sondern in erster Linie einer spezifischen Funktion, die vorwiegend die mündliche Kommunikation kennzeichnet. Beide Formen dienen einerseits als „Verlegenheitswörter", v. a. wenn das eigentliche Substantiv unter dem spezifischen Zeitdruck oraler Kommunikation nicht einfällt, andrerseits aber auch als „Sparformen", wenn angesichts etwa des situativen Kontextes eine genauere Bezeichnung nicht erforderlich erscheint. Frequenzmäßig überwiegt *truc* gegenüber *machin*: im „français fondamental" im Verhältnis 77 : 39, in der Kindersprache (Corpusanalyse) noch deutlicher mit dem Verhältnis 87 : 9[83].

Vom allgemeinen Merkmal größerer Subjektivität und Emotionalität der Sprechsprache wird unter anderem[84] die besondere sprechsprachliche Häufigkeit von Interjektionen und von Intensivadverbien mitbestimmt. In der Frequenzliste des „français fondamental" figuriert eine große Zahl von bekräftigenden oder steigernden Adverbien (v. a. *évidemment, certainement, naturellement, forcément, exactement, absolument, complètement, extrêmement*), die in einem schriftsprachlichen Frequenzwörterbuch durchwegs einen weit niedereren Rang einnehmen[85].

83 Als vorwiegend volkssprachliche Synonyme finden sich auch *chose* m., *bidule, fourbi, zinzin.* Fallweise als „termes-omnibus" fungieren auch Lexeme wie *affaire, histoire* (cf. Ullmann, *Précis de sémantique française,* S. 264, 272).
Die spezifisch sprechsprachliche Voraussetzung einer nicht präsenten oder nicht erforderlichen genauen Bezeichnung bildet auch eine Teilerklärung für die besondere sprechsprachliche Häufigkeit von demonstrativem *ça* (im „français fondamental" Rang 15 mit 3972 Belegen) sowie im verbalen Bereich für die erwähnte höhere sprechsprachliche Frequenz von besonders häufigen Verben wie *être, avoir, faire, dire, aller* (zu *faire* als „Pro"-Form cf. J. Albrecht, *Le français langue abstraite?,* 1970, S. 155 ff.; cf. auch *foutre, ficher* S. 228).

84 Vgl. u. a. auch die größere Vielfalt an expressiven Bezeichnungsvarianten (S. 249 ff.).

85 Die genannten Formen haben im „français fondamental" Ränge zwischen 184 (*évidemment*) und 615 (*extrêmement*), im *Frequency Dictionary of French Words* von A. Juilland (1970) hingegen Ränge zwischen 666 (*évidemment*) und 2485 (*forcément*), wobei das Corpus von Juilland auch der Sprechsprache nahestehende Texte einschließt.
Unter den Lexemen, die umgekehrt bei Juilland einen vorderen Rang einnehmen, im „français fondamental" aber nicht aufscheinen, überwiegen die Substantive (z. B. *amour, corps, art, pensée, action, oeuvre, caractère, siècle, loi, âme, nature, visage, peuple, gouvernement, ciel, être, intérêt, élément, instant, paix, regard, feu, lumière, méthode, ministre, objet, sentiment, manière, saint, société, système, honneur, liberté, roi*). Insgesamt fehlen in der Frequenzliste des „français fondamental" rund ein Drittel von den 1063 häufigsten Lexemen bei Juilland (diese Formen werden zu einem guten Teil in unsere Darstellung einbezogen).

Schließlich bestehen gewisse Zusammenhänge zwischen der geringeren syntaktischen Komplexität der Sprechsprache und einzelnen Besonderheiten des sprechsprachlichen Wortschatzes. Der relativ geringen Rolle der syntaktischen Unterordnung entspricht eine kleinere und weniger vielfältige Zahl von unterordnenden Konjunktionen. Dies äußert sich in mehreren quantitativen Bezeichnungsgegensätzen (S. 246 f.), beim speziellen Ausdruck des Konzessivverhältnisses aber auch in einer grundlegenderen Divergenz: die spontane Sprechsprache verzichtet hier überhaupt weitgehend auf syntaktische Unterordnung und damit unterordnende Konjunktionen und bevorzugt v. a. Konstruktionen mit den adversativen Adverbien *quand même* und *tout de même*; dementsprechend notieren die Autoren des *Français fondamental* (*Elaboration*, S. 222) neben 368 Belegen von *quand même* und 116 Belegen von *tout de même*[86] lediglich 11 Belege von *quoique,* 2 Belege von *bien que*, 1 Beleg von *encore que* und sehen für die Elementargrammatik ausschließlich die Konstruktion mit *quand même* vor.

Die gegenüber solchen grundsätzlicheren Divergenzen wesentlich häufigeren Bezeichnungsgegensätze zwischen Schrift- und Sprechsprache zeigen als insgesamt wohl wichtigsten und in den bisherigen Charakterisierungen ganz im Vordergrund stehenden Aspekt eine größere lexikalische Vielfalt der Schriftsprache (cf. S. 243 f.). Als konkrete Einzelbeispiele nennen schon die Autoren des *Français fondamental* (*Elaboration,* S. 118 f.) die Bezeichnung der Begriffe „als", „jetzt" und „brechen"[87]:

„als": die Schriftsprache verwendet neben *quand* als geläufige Bezeichnungsvariante auch *lorsque* (Frequenzverhältnis nach Vander Beke 1116 : 395 = 2,8 : 1), die Sprechsprache beschränkt sich weitgehend auf *quand* (964 : 43 = 22,4 : 1)[88]

[86] Die Zahlenwerte sind insofern inadäquat, als sie sämtliche (also auch die nicht konzessiven) Verwendungen einschließen. Eine differenziertere Analyse (Orléans-Corpus) zeigt, daß nur etwa die Hälfte der Belege von *quand même* konzessive Funktion hat; von den unterordnenden Konjunktionen erscheint aufgrund der Corpusanalyse *quoique* auf die Unterschichtsprecher (hier auch *malgré que*), *encore que* dagegen auf die Oberschichtsprecher konzentriert (cf. auch S. Allaire, *op.cit.* Fn. 76).

[87] „Entre plusieurs mots synonymes ou quasi-synonymes, celui qui est le plus employé dans la langue parlée ressort avec vigueur, tandis que dans la langue littéraire les fréquences tendent à se rapprocher, d'une part en raison d'un maniement plus raffiné de la langue, d'autre part parce que les écrivains cherchent à introduire dans leurs écrits une variété dont la langue parlée se soucie peu".

[88] Wiederum wird allerdings nicht zwischen den verschiedenen Funktionen von *quand* unterschieden. Die differenziertere Corpusanalyse zeigt ein Verhältnis von 164:23 = 7,1:1, wobei *lorsque* bei Unterschichtsprechern (ebenso in der Kindersprache) fast ganz fehlt. Cf. auch Söll, *op.cit.*, Fn. 222.

„jetzt": die Schriftsprache gebraucht neben *maintenant* mit größerer Häufigkeit als die Sprechsprache auch *à présent*: das Verhältnis beträgt im „écrit" 509 : 42 = 12 : 1, im „parlé" 391 : 5 = 78 : 1 (auch in den Corpusanalysen fehlt *à présent* weitestgehend); daneben in beiden Codes *actuellement*, das besonders die Journalistensprache kennzeichnet

„brechen": die Schriftsprache kennt als 3 jeweils geläufige Synonyme *briser, casser, rompre* (75 : 62 : 40; Juilland: 19 : 13 : 15; *TLF Var.* 1946—1964: 223 : 143 : 267), die spontane Sprechsprache verzichtet auf diese Differenzierungs- oder Variationsmöglichkeit[89] und verwendet fast ausschließlich *casser*[90] (im *Français fondamental* 30 Belege : 3 *briser*: 2 *rompre*; in den kindersprachlichen Texten nur *casser*)

Weitere Beispiele für eine größere Bezeichnungsvielfalt der Schriftsprache zeigen im Rahmen der Kernbereiche etwa die Begriffe:

„schnell, rasch": schriftsprachlich neben *vite* vergleichsweise häufig auch *rapidement* (Vander Beke: 219 : 75; Juilland: 88 : 46; *TLF Var.* 1946—1964: 1025 : 278), sprechsprachlich offenbar fast ausschließlich *vite* (Corpusanalyse 53 : 2; *Français fondamental*: *vite* Frequenz 73)

„damit": schriftsprachlich neben *pour que* auch *afin que* (Vander Beke 94 : 29; *afin de* 82), im Corpus des *Français fondamental* (*Elaboration,* S. 222) ausschließlich *pour que* (52 Belege; *afin de* 1; auch in der Corpusanalyse fehlt *afin que* gänzlich)

„weil, denn": schriftsprachlich mit etwa gleicher Frequenz *parce que* und *car,* sprechsprachlich ein starkes Überwiegen von *parce que*: *Français fondamental*: 1126 : 58 = 19 : 1; Corpusanalysen: 840 : 12 = 70 : 1 bzw. 513 : 5 = 102 : 1 (mit völligem Fehlen von *car* in der Unterschicht); auch *puisque* „da ja" ist gegenüber *parce que* sprechsprachlich weit seltener als schriftsprachlich; cf. auch Ebneter-Gessner, *loc.cit.* Fn. 76: *parce que* 50 %, *car* 6 % („niveau assez soutenu"), *puisque* 6 % („style soutenu, réfléchi")

Als zweite Gruppe von Bezeichnungsgegensätzen zwischen Schrift- und Sprechsprache betrachten wir die (bei grundsätzlich gleichem Bezeichnungsbestand) bestehenden Frequenzunterschiede, also Synonyme, die an sich

[89] Zu überprüfen bleibt (wie bei mehreren anderen Beispielen) das genaue inhaltliche Verhältnis zwischen den koexistierenden Synonymen und damit die Frage, auf welche Nuancierungen die Sprechsprache weitgehend verzichtet.

[90] Zur spontansprachlichen Bevorzugung regelmäßiger Verben (z. B. *casser* vs. *rompre; couper* vs. *interrompre; abîmer* vs. *corrompre; détester* vs. *haïr; rigoler, se marrer* vs. *rire; se sauver* vs. *fuir; arriver à, attraper* vs. *atteindre; augmenter, pousser* vs. *croître; avoir peur* vs. *craindre*) cf. A. Martinet, *De l'économie des formes du verbe en français parlé,* in *Le français sans fard,* ²1974, 91—120 (ein Teil der angesprochenen Verben ist auch schriftsprachlich rückläufig). Vgl. aber *paraître, conduire* (Fn. 34).

in beiden Codes geläufig vorkommen, deren relative Frequenz aber je nach Code divergiert. Ein erstes Beispiel wird bereits von den Autoren des *Français fondamental* (*Elaboration,* S. 119) mit dem Verhältnis von *médecin* und *docteur* angesprochen:

das an sich in beiden Codes gegebene Nebeneinander beider Lexeme zeigt frequenzmäßig in der Sprechsprache ein Vorherrschen von *docteur* (79 : 55; cf. die häufige Verwendung als Anrede), in der Schriftsprache dagegen ein Vorherrschen von *médecin* (Vander Beke 105 *médecin* : 83 *docteur*)

Weitere Beispiele im Bereich der Zentralbegriffe[91] bilden etwa:

„scheinen": die Schriftsprache zeigt ein leichtes Überwiegen von *sembler* (Juilland: 320 : 258; *TLF Var.* 1946—1964: 3140 : 2633), die Sprechsprache ein deutliches Vorherrschen von *paraître*: *Français fondamental*: 134 *paraître* (unps. 52) : 36 *sembler* (14), cf. *avoir l'air* 45; Corpusanalyse (v. a. Kindersprache): 32 (28) : 5 (3), *avoir l'air* 17

„sich erinnern": die Schriftsprache zeigt im älteren Corpus von Vander Beke ein Überwiegen von *se souvenir* gegenüber *se rappeler* (93 : 68) und bei Juilland ein ausgeglichenes Verhältnis (51 : 54), sprechsprachlich dagegen herrscht *se rappeler* deutlich vor: „français fondamental": 99 *se rappeler* : 58 *se souvenir*; Corpusanalyse (v. a. Kindersprache): 51 : 9 (bei fast allen Sprechern geläufig auch *se rappeler de*)

„Auto": die Schriftsprache bevorzugt *voiture* gegenüber *auto* (seit 1926—1937 geläufiger als *automobile*) im Verhältnis von etwa 2 : 1 (*TLF Var.* 1946—1964: 445 : 234), das sprechsprachliche Corpus des *Français fondamental* noch deutlicher im Verhältnis 182 : 27 = 6,7 : 1

„Meinung": schriftsprachlich überwiegt *opinion* gegenüber *avis* (Juilland: 55 : 48; *TLF Var.* 1946—1964: 517 : 407), sprechsprachlich herrscht *avis* vor: Corpusanalyse: 42 *avis* (ohne *à mon avis* etc. 18) : 7 *opinion* (cf. auch *point de vue* 29, davon 23 in der Wendung *au, du point de vue de*); *Français fondamental*: 39 *avis* (25), 63 *point de vue*

„Art, Gattung": schriftsprachlich ist *sorte* weit häufiger als *espèce* und *genre* (*TLF Var.* 1946—1964: 2410 : 987 : 489), im „français fondamental" überwiegen *genre* und *espèce* (60 : 60 : 48)

„Art und Weise": schriftsprachlich ist *manière* mindestens gleich häufig wie *façon* (*TLF Var.* 1946—1964: 1583 : 1363), im Corpus des *Français fondamental*

[91] Vgl. auch die Bezeichnung für „Gesicht", wo schriftsprachlich *visage* und sprechsprachlich *figure* vorherrscht. J. Renson, *Les dénominations du visage,* nennt S. 666 ff. für das 20. Jh. das Verhältnis 1860 *visage* (= 76,16 %):418 *figure* (17,11 %):164 *face* (6,71 %); die Corpusanalyse illustriert das deutliche sprechsprachliche Vorherrschen von *figure* im Verhältnis 13:3.

erreicht dagegen nur *façon* (Frequenz 119) die für die Aufnahme in die Frequenzliste erforderliche Häufigkeit

„Scherz": schriftsprachlich überwiegt *plaisanterie* gegenüber *blague* (*TLF Var.* 1946—1964: 110 : 48), in der Frequenzliste des *Français fondamental* figuriert nur *blague* (Frequenz 26)

„Schuh": schriftsprachlich überwiegt *soulier* gegenüber *chaussure* (*TLF Var.* 1946—1964: 141 : 57), in der Frequenzliste des *Français fondamental* findet sich nur *chaussure* (Frequenz 35); cf. die (heute rückläufige) Kollision von *soulier* mit *souiller* in der Volkssprache

„manchmal": die Schriftsprache zeigt ein deutliches Vorherrschen von *parfois* gegenüber *quelquefois* (Juilland: 129 : 48; *TLF Var.* 1946—1964: 1543 : 468), die Sprechsprache umgekehrt ein Vorherrschen von *quelquefois* (und teils eine sehr hohe Frequenz von *des fois*): Corpusanalyse (v. a. Kindersprache): 29 *quelquefois* : 4 *parfois* : 103 *des fois*; „français fondamental" nur *quelquefois* (Frequenz 72)

Die dritte und letzte Gruppe von Bezeichnungsgegensätzen soll veranschaulichen, daß in der Bezeichnung mancher Begriffe (im Gegensatz zur ersten Gruppe) die spontane Sprechsprache eine größere lexikalische Vielfalt aufweist als die Schrift- bzw. Literatursprache. Wie bereits angedeutet, ist das in der Regel hervorgehobene Verhältnis eines vielfältigeren schriftsprachlichen und weniger vielfältigen sprechsprachlichen Ausdrucks zwar für viele Begriffe zutreffend, es darf aber nicht verallgemeinert und zu einer Gesamtcharakterisierung verabsolutiert werden. Denn neben der für die Schriftsprache öfters kennzeichnenden nuancierenden oder variierenden Vielfalt besteht beim Ausdruck mehrerer Begriffe auch eine vorwiegend expressive Bezeichnungsvielfalt, die in erster Linie die spontane Sprechsprache kennzeichnet. Hieraus ergibt sich wiederholt auch das umgekehrte quantitative Verhältnis, nämlich daß sich das „français écrit" weitgehend auf die objektiv-neutrale Normalbezeichnung beschränkt, während das „français parlé" neben dieser Normalbezeichnung auch eine oder mehrere expressive Bezeichnungsvarianten kennt (wir beschränken uns auf Beispiele aus dem Rahmen der Zentralbegriffe)[92]:

„Kind": neben der traditionellen Normalbezeichnung *enfant* bestehen mehrere expressive Bezeichnungsvarianten, von denen speziell *gosse* (S. 241) auch schon in der spontanen Sprechsprache der Oberschicht geläufig wurde und in die Fre-

[92] Wir konzentrieren uns auf Fälle von Bezeichnungsvielfalt, die die spontane Sprechsprache mehr oder weniger aller Schichten und nicht nur speziell das „français populaire" oder das „argot" kennzeichnen.

quenzliste des „français fondamental“ Eingang fand[93] (Frequenz 110, „répartition“ 50; cf. *enfant* „âge“ 174/52, „fils ou fille“ 131/42); vgl. ferner *gamin, mioche* und als mehr volkssprachliche Synonyme u. a. *môme, marmot(s), mouflet, moutard, lardon*

„Mann“:[94] neben polysemem *homme* kennt die spontane Sprechsprache als besonders geläufige, auch im „français fondamental“ figurierende Expressivsynonyme v.a. *type* (Frequenz 171, „répartition“ 47)[95] und *gars* „garçon; homme“ (88/23), cf. auch *bonhomme* (26/14); die Corpusanalyse (v. a. Kindersprache) zeigt daneben als häufige Bezeichnungsvariante auch *mec* (4 *homme* „Mann“ : 28 *gars* : 20 *type* : 17 *mec* : 10 *bonhomme*); cf. ferner *coco, zèbre, zigue*

„lachen“: neben dem traditionellen Normalverbum *rire* verwendet die spontane Sprechsprache auch *rigoler* „rire, s'amuser“ und das primär volkssprachliche aber heute schon stark ausgeweitete *se marrer*[96]; im Corpus des *Français fondamental* finden sich nach Strack für *rigoler* 15 und für *se marrer* 5 Belege, im vorwiegend kindersprachlichen Corpus lautet das Verhältnis 17 *rire* : 10 *se marrer* : 3 *rigoler*

„lustig, komisch“: neben gemeinsprachlichen *drôle* und *amusant* (cf. S. 218) kennt die Spontansprache als expressive Bezeichnungsvarianten v. a. auch *marrant* und *rigolo*; in den kindersprachlichen Texten finden sich: 20 *marrant* : 15 *amusant* : 12 *drôle* : 6 *rigolo* : 1 *poilant*[97]

„spazierengehen“: neben gemeinsprachlichem *se promener* speziell sprechsprachlich auch *se balader* „spazierengehen, bummeln“ (Fn. 72); Frequenzen im *Français fondamental* (nach Strack) 24 *se promener* : 10 *se balader,* im vorwiegend kindersprachlichen Corpus 14 : 5

[93] Die soziale Zusammensetzung des Corpus des *Français fondamental* ist (nach *Elaboration*, S. 65): freie und intellektuelle Berufe 104; Angestellte 34; Arbeiter 31.

[94] Vgl. ferner neben *ami* und *camarade* als vorwiegend sprechsprachliches Synonym *copain* („français fondamental“: 112 *ami* : 51 *camarade* : 63 *copain*; vorwiegend kindersprachliches Corpus: 26 : 23 : 17) sowie neben gemeinsprachlichem *père* und *mère* die vorwiegend sprechsprachlichen Synonyme *papa* und *maman* („français fondamental“: 129 *père* : 45 *papa,* 106 *mère* : 78 *maman*; Corpusanalyse: 88 : 40 bzw. 58 : 87).

[95] Vgl. *Elaboration*, S. 121 Fn. 7: „C'est à son emploi vulgaire au sens d' «homme» que *type* doit sa fréquence dans notre enquête“. Fem. *typesse* (1879).

[96] Ursprünglich „sich langweilen“, dann als ironische Übertragung ins Gegenteil „sich amüsieren, lachen“. Cf. *en avoir marre* (Strack 6 Belege, Corpusanalyse 16). Vergleiche auch neben *(s')ennuyer* u. a.: *(s') embêter* (Strack: 9 *embêter*, 5 *s'embêter*; Corpusanalyse: 3 *ennuyer* : 26 *embêter*, 9 *s'ennuyer* : 7 *s'embêter*; 3 *ennuyeux* : 21 *embêtant*), *(se) barber* (Strack 2, Corpusanalyse 2).

[97] Auch die Analyse von Queneaus *Zazie dans le métro* ergibt ein Vorherrschen von *marrant* (21 Belege : 12 *drôle* : 2 *amusant*). Zur Volkssprache cf. auch P. Guiraud, *L'argot*, 1966, S. 48.

„Buch": neben der gemeinsprachlichen Normalbezeichnung *livre* speziell sprechsprachlich auch *bouquin* (S. 218); Frequenzen im *Français fondamental* 60 *livre* : 33 *bouquin*[98]

Fragen wir uns abschließend noch, ob die genannten lexikalischen Divergenzen zwischen Schrift- und Sprechsprache durch die jüngere diachronische Sprachentwicklung verringert oder verstärkt werden, so ergibt sich wiederum ein je nach Beispiel unterschiedliches Bild. Die nach *TLF Var.* faßbaren Frequenzverschiebungen des schriftsprachlich-literarischen Wortschatzes von 1789 bis 1964 verlaufen teils in Richtung auf die sprechsprachlichen Verhältnisse und können eine Annäherung der beiden Codes bringen, etwa mit dem grundsätzlich auch schriftsprachlichen Vordringen von:

*casser, avis, façon, blague, vite, quand, pour que*[99].

Teils zeigt die Schriftsprache aber auch eine zur Sprechsprache offenbar entgegengesetzte Entwicklung, die eine zunehmende Vertiefung der Codedivergenz bringt, so mit dem spezifisch schriftsprachlichen Vordringen von:

*sembler, mener, sorte, soulier, visage, parfois*[100].

[98] Vgl. ferner u. a.: *taper* „frapper" (cf. Strack); *trimer, bûcher, piocher, turbiner, bosser, boulonner* „travailler (durement)"; *boulot* „travail"; *s'amener* „venir, arriver"; *roupiller* „dormir"; *bouffer* „manger" (cf. Strack); *toubib* „médecin"; *bagnole* „voiture", *fric* „argent", *veine* „chance", *flics* „police", *pinard* „vin", *gros* „grand", *cinglé* „fou" sowie das vorwiegend sprechsprachliche Nebeneinander von Vollform und Kurzform etwa bei *professeur/prof* („français fondamental": 79 : 17; Corpusanalyse: 129 : 61), *faculté/fac* (Corpusanalyse 3 : 4), *manifestation/manif* (4 : 5), *autobus/bus* (3 : 1), *football/foot* (14 : 13), *cinéma/ciné* (24 : 2), *télévision/télé* (49 : 43).

[99]

| | *TLF Var.* 1789—1815 | 1946—1964 |
|---|---|---|
| *casser : briser : rompre:* | 36 : 316 : 230 | 143 : 223 : 267 |
| *avis : opinion:* | 357 : 1602 | 407 : 517 |
| *façon : manière:* | 148 : 3573 | 1363 : 1583 |
| *blague : plaisanterie:* | 1 : 168 | 48 : 110 |
| *vite : rapidement:* | 230 : 188 | 1025 : 278 |
| *quand : lorsque:* | 5717 : 4951 | 6834 : 1707 |
| *pour que : afin que:* s. S. 220 | | |

[100]

| | *TLF Var.* 1789—1815 | 1946—1964 |
|---|---|---|
| *sembler : paraître:* | 2955 : 4435 | 3140 : 2633 |
| *mener : conduire:* | 333 : 1017 | 647 : 480 |
| *sorte : genre : espèce:* | 2194 : 2385 : 3165 | 2410 : 489 : 987 |
| *soulier : chaussure:* | 22 : 12 | 141 : 57 |
| *visage : figure* (cf. auch Renson): | 643 : 929 | 2208 : 634 |
| *parfois : quelquefois:* | 10 : 1941 | 1543 : 468 |

Die zuletzt betrachtete sprechsprachliche Vielfalt an expressiven Bezeichnungsvarianten ergibt sich meist durch den kontinuierlichen Aufstieg von ursprünglich volkssprachlichen Formen in die Spontansprache auch der Oberschicht und bringt bei den Oberschichtsprechern mehrfach eine Verstärkung des Gegensatzes zwischen spontansprechsprachlichem und schriftsprachlichem Ausdruck.

## 4. Zusammenfassung

Die neufranzösische Wortschatzgeschichte zeigt im Vergleich zur mittelfranzösischen Entwicklung eine relative Stabilität speziell in der Bezeichnung der traditionellen älteren Begriffe. Die diachronische lexikalische Dynamik setzt sich zwar kontinuierlich fort und führt auch in den zentralen Begriffsbereichen zu einer Mehrzahl von Neuerungen. Der prozentuale Anteil der Bezeichnungsveränderungen (vs. Bezeichnungskontinuität) bleibt jedoch, als Folge v. a. einer relativ festen, auf die Norm des 17. Jhs. ausgerichteten Sprachtradition[101], vergleichsweise gering: von den rund 825 seit dem Mittelfranzösischen bezeichnungsgeschichtlich faßbaren Begriffen des „français fondamental" erfahren rund 5 Prozent eine mehr oder weniger weitgehende Veränderung, was im Vergleich zu allen älteren Entwicklungsphasen den niedrigsten Wert darstellt[102].

Dieser Verlangsamung des innersprachlichen Entwicklungsrhythmus stehen jedoch, im Gefolge der zunehmenden neuen Bezeichnungsnotwendigkeiten, eine stark zunehmende Ausweitung des Gesamtlexikons und eine Erweiterung auch im Zentralbestand des „français fondamental" um rund 70 „neue" Begriffe gegenüber. Bei Einbeziehung dieser Erweiterungen (darunter etwa 20 Bezeichnungen für technische Neuerungen) beläuft sich der Gesamtanteil der neufranzösischen Veränderungen in der Bezeichnungsgeschichte des Kernwortschatzes auf rund 12 %[103]. Die Zahl der neu auftreten-

[101] Zur konservativen Haltung und konservierenden Wirkung von Littrés *Dictionnaire de la langue française* (1863—1872) cf. u. a. B. Müller, *Das Französische der Gegenwart,* S. 24, zum Schulunterricht u. a. M. Cohen, *op. cit.* Fn. 67.
Eine innersprachliche Voraussetzung für die relative lexikalische Stabilität bildet die relative Stabilität in der Lautentwicklung, die nur vereinzelt zu neuen Homophonien führt (cf. *tâche, las* Fn. 32, *soulier* S. 249).

[102] Der überwiegende Teil der Bezeichnungsveränderungen betrifft substantivische (rund 20) und verbale (rund 10) Begriffe.

[103] Cf. zur Dynamik des Gesamtwortschatzes in jüngster Zeit den Vergleich der Auflagen des *Petit Larousse* von 1948 und 1960 durch J. Dubois et alii (*loc. cit.* Fn.

den Bezeichnungstypen der heutigen Frequenzliste des „français fondamental" liegt für das 17. Jh. noch etwa gleich hoch wie im ausgehenden Mittelfranzösischen, geht im 18. und 19., 20. Jh. aber deutlich zurück[104].

Der weit überwiegende Teil der für den Kernwortschatz relevanten Neuerungen entfällt auf die Ausbreitung oder die Bedeutungsveränderung von älteren Lexemen. Die Wortneubildung spielt in der neufranzösischen Entwicklung dieses Zentralbereiches eine vergleichsweise geringe Rolle und konzentriert sich auf neue Verbindungen sowie, im 19., 20. Jh., auf die Komposition nach neulateinischem Muster und auf die Wortverkürzung. Der Anteil der gelehrten Neuentlehnungen (Latinismen, Gräzismen) sowie der fremdsprachlichen (inkl. dialektalen) Lehnwörter beträgt annäherungsweise je 10 % der Gesamtveränderungen.

Als Grund für die Ausbreitung älterer Bezeichnungsvarianten und für die Bezeichnungsveränderungen wird neben den formalen Vorteilen (Lautfülle, Regelmäßigkeit) und dem Streben nach expressiver Ausdruckskraft (Affektivität, Intensivierung, Anschaulichkeit) in zunehmendem Maße die Tendenz zu gehobenen Bezeichnungen (gelehrt-fachsprachliche Bezeichnungsvarian-

54). Die Analyse zeigt, daß in dieser relativ kurzen Zeitspanne fast ein Viertel des in Betracht kommenden Vokabulars eine Veränderung erfuhr: „sur un total de 36 000 entrées en 1949, on compte 5105 suppressions; 3973 mots ajoutés ensuite ont amené le vocabulaire de 1960 à 35 000 mots environ. [. . .] les suppressions représentent 14 % du vocabulaire de 1948, les additions 11,4 % de celui de 1960; les additions et suppressions de sens intéressent 4300 termes et affectent 12 % du vocabulaire de 1948 subsistant en 1960. En définitive, *près de 25 % du vocabulaire du dictionnaire est modifié.*" Die 1960 neu aufgenommenen Formen betreffen allerdings in weit überwiegendem Maße das fachsprachliche Vokabular: „sur 3973 additions, 350 seulement intéressent le vocabulaire général, c'est-à-dire les mots qui n'appartiennent à aucune science ou technique particulière soit environ 9 %".

[104] Insgesamt finden sich von den heutigen Bezeichnungstypen, in ihrer modernen Funktion oder zumindest einer ihrer heutigen Bedeutungen:

| | | |
|---|---|---|
| seit vorliterarischer Zeit | | 424 |
| 9.—11. Jh. | weitere 31 | = insgesamt 455 |
| 12. Jh. | 124 | 579 |
| 13. Jh. | 60 | 639 |
| 14. Jh. | 83 | 722 |
| 15. Jh. | 47 | 769 |
| 16. Jh. | 51 | 820 |
| 17. Jh. | 49 | 869 |
| 18. Jh. | 24 | 893 |
| 19., 20. Jh. | 34 | 927 |

ten, Prestigewörter) wirksam[105]. Ein wesentlicher Teil der Bezeichnungsveränderungen entfällt auf das Hinzutreten eines neuen Synonyms und damit teilweise auch neuer Nuancierungsmöglichkeiten[106]; vgl. u. a.:

| | | | | | |
|---|---|---|---|---|---|
| *se rappeler* | neben | *se souvenir* | *pièce, salle* | neben | *chambre* |
| *docteur* | | *médecin* | *début* | | *commencement* |
| *élève* | | *écolier* | *blague* | | *plaisanterie* |
| *militaire* sb. | | *soldat* | *prévenir* | | *avertir* |
| *avoir l'air* | | *sembler, paraître* | *également* | | *aussi* |

---

Überblicken wir abschließend die gesamte Geschichte des französischen Kernwortschatzes vom klassischen Latein bis zur Gegenwart, dann werden gut vier Fünftel der in Betracht kommenden Begriffe von den dargestellten Bezeichnungsveränderungen zu den verschiedenen Perioden betroffen. Von den etwa 560 Begriffen, deren Bezeichnungsgeschichte sich kontinuierlich bis zum klassischen Latein zurückverfolgen läßt, zeigen nur rund 100 eine völlige oder weitgehende bezeichnungsgeschichtliche Konstanz bis zum heutigen Französischen. Dieser Prozentsatz der lexikalischen Kontinuität und Übereinstimmung liegt in der 1. Hälfte der Frequenzliste des „français fondamental", also unter den allerhäufigsten Begriffen, kaum höher als im 2. Teil (rund 60 von 326 vs. 40 von 234 Begriffen). Von den verschiedenen Wortklassen zeigen die verbalen und die substantivischen Begriffe mit etwa 20 % (35 von 174 bzw. 40 von 208) den höchsten Kontinuitätsanteil.

[105] Die Entwicklung vom „Prestigewort" zur Normalbezeichnung zeigen v. a. *élève, hôtel, appartement, escalier, journal, client, magasin, machine, usine.*
Mehrere Veränderungen beruhen auch auf offiziellen terminologischen Festlegungen, vor allem seit der Revolution.
Einen weiteren, in der neufranzösischen Wortschatzentwicklung offenbar zunehmend wirksamen Teilfaktor sehen wir schließlich im Vordringen von relativ kurzen Lexemen gegenüber ihren schwerfälligeren Synonymen (vgl. auch 2.4.4.): cf. u.a. *début* vs. *commencement*; *blague* vs. *plaisanterie*; *retard* vs. *retardement*; *avis* vs. *opinion*; *drôle* vs. *amusant*; *forcément* vs. *nécessairement*; *vite* vs. *rapidement*; *pour que* vs. *afin que*.
Als Träger für die gemeinsprachliche Ausbreitung v. a. von gelehrt-fachsprachlichen Bezeichnungsvarianten, offiziellen Termini und neuen fremdsprachlichen Übernahmen fungieren in jüngster Zeit in zunehmendem Maße die Massenmedien (zu den Anfängen des journalistischen Einflusses cf. Matoré, *op.cit.* Fn. 26, S. 103—109).

[106] Vergleiche auch die expressiven synonymen Bezeichnungsvarianten der spontanen Sprechsprache (S. 249 ff.).
Zu neuen lexikalischen Differenzierungen und Abgrenzungen cf. S. 212 f., ferner *artiste* vs. *artisan, éducation* vs. *nourriture, retard* vs. *retardement, période* vs. *époque, équipe* vs. *équipage.*

## Bezeichnungsgeschichtlicher Überblick[1]

| Klt. | Vlt. | Glt. | Afr. | Mfr. | Nfr. | Fr.fond. (1—17) |
|---|---|---|---|---|---|---|
| esse ——— | (*essĕre) ——— | ——— | estre (9.) ——— | ——— | ——— | être |
| habēre ——— | (unpers. 4.) ——— | ——— | avoir (9.) ——— | ——— | ——— | avoir |
| non } haud+ } ——— | non ——— | ——— | ne . . . (pas, mie Rol) ——— | ——— | ——— | ne . . . pas |
| | | | (nulement 12.———) | | pas du tout(17.) — | pas du tout(596) |
| et } atque+, -que+ } — | et ——— | ——— | et (9.) ——— | ——— | ——— | et |
| | sic ——— | ——— | si („et ainsi" 9.—16. 17.) | | | |
| (homo) - - - | - - - | homo* (cf.frk.) — | on (9.) ——— | ——— | ——— | on |
| (ut+, quod) - - - | quod, quia ——— | ——— | que (9.) ——— | ——— | ——— | que |

[1]Erläuterungen:

Die Reihenfolge entspricht grundsätzlich der Frequenzreihung des „français fondamental"; in Durchbrechung dieser Folge werden jedoch synonyme (bzw. wortgeschichtlich zusammengehörige) Formen sowie Grundformen und Ableitungen zusammengefaßt (die so rangmäßig vorweggenommenen Formen sind durch die in Klammer hinzugefügte Rangzahl des „français fondamental" gekennzeichnet; cf. auch die Seitenverweise im Wortindex). Zu den erfaßten Wortklassen s. S. 10 Fn. 4.

In den Überblick nicht aufgenommen sind v. a. Adverbien auf *-ment* (cf. S. 141, 152 f., 185), Wochentags- und Monatsnamen (S. 79 u. a.), Maß- und Münzbezeichnungen (S. 216, 235), Anredeformen (S. 153) und Bezeichnungen für spezielle technische Neuerungen des 19., 20. Jhs. (S. 216 f., 232 f.). Bei den erfaßten Begriffen beschränkt sich der Überblick auf die jeweils wichtigsten Bezeichnungen.

| | | |
|---|---|---|
| (Klt.) | = | selten oder fallweise oder mit spezifischer Funktion auch Klt. |
| L, (L) | = | Latinismus bzw. halbgelehrte oder relatinisierte Form |
| 16. 17. | = | schon zu Beginn des 17. Jhs. nur noch begrenzt gebräuchliche Form |
| (Fr.fond.) | = | Form, die der Gegenwartssprache, aber nicht dem Fr.fond. angehört |
| nachgestellter Asterisk | = | in der betreffenden Bedeutung nicht belegt. |

| Klt. | Vlt. | Glt. | Afr. | Mfr. | Nfr. | Fr.fond. (19—56) |
|---|---|---|---|---|---|---|
| facĕre } agĕre+ } | facĕre | | faire (9.) | | | faire |
| | *refacĕre | (ev.) | refaire (12.) | | | refaire (916) |
| | | | (ovrer, errer) | L agir (15. 16.) | | agir (625) |
| ita (est)+ | sic (+ Verb) | | (si + Verb) | si „doch“ (15.) | | si (229) |
| | | hoc, hoc ille | oïl (Rol) | | | oui |
| tum+, tunc(+) | illa hora | | lors (12.), alors (13.) | | | alors |
| | dunc „dann“ | | (a)donc (10., 12.—17.) | | | |
| ergo+ | „also“ | | donc (12.) | | | donc (162) |
| sed+, autem+ | magis | | mais (10.) | | | mais |
| verum(+) | *antius | | ainz, ains (11.—16. 17.) | | | |
| in | | | en (9.) | | | en (prép.) |
| | deintus | | (denz selten) | dans (16.) | | dans (31) |
| | | | dedenz (11.—17. auch prép.) | | | dedans (336) |
| dicĕre | | | dire (10.) | | | dire |
| ibi | (x hic) | | iv, i (9., 10.) | | | y |
| illic(rom) | illāc | | la (10.) | | | là (40) |
| eo+ | illōc (illŏc) | | il(u)ec (10.—17.) | | | |
| pro | por (cf. per) | | por (9.) | | | pour |
| ire(+) | vadĕre, ambulare (*allare) | | aler (10.) | | | aller |
| bene | | | bien (10.) | | | bien |
| melius | | | mielz (9. 10.) | | | mieux (172) |
| (inde) | inde | | en (9.) | | | en (pr.-adv.) |

| | | | |
|---|---|---|---|
| ut+, velut+ | quomodo (et) | com(e) (9., 11.) | comme |
| sicut+ | | coment (Rol) | comment (127) |
| vidēre | | veoir (10.) | voir |
| | revidēre ----- (ev.) ------- | reveoir (10.) | revoir (677) |
| | | veüe (Rol, 12.) | vue (622) |
| non (+ Verb) | | non (11., cf. nenil 12.) | non |
| scire(+) | sapēre | savoir (9.) | savoir |
| postea | postea, postius | puis (9.—17. auch prép.) | puis |
| deinde(+) | | ensuite (16.) | ensuite (364) |
| post(+) ----- | depost (ostrom); ad pressum | apres (10.) | après (106) |
| omnis(+, it) } totus } | tot(t)us | tot (9.) | tout (cf. 78, 118) |
| omnino+ | per totum | (partot selten) | |
| plane(+) | | du to(u)t (Rol) ---- tout a fait (15.) | tout à fait (346) |
| valde(+) } multum } | multum | mout (10.—16.) | |
| | trans | tres (Rol) | très |
| multus, multum | | mout (adj., adv. 10.—15. 16.) | |
| | | beaucoup (13. 14.) | beaucoup (80) |
| | | (L) nombreux (14.) | nombreux (968) |
| posse | (*potēre) | pooir (9.) | pouvoir |
| quia | | que (12.—16.) | |
| quod(rom) --- | pro quod (6.) | po(u)r (ce) que (10.), par ce que (13. 16.) | parce que |
| quoniam+ | quando | quant (11.—16.) | |
| | | puisque (Rol) | puisque (307) |
| nam+, enim+ | quare | car (10.) | car (486) |

| Klt. | Vlt. | Glt. | Afr. | Mfr. | Nfr. | Fr.fond. (57—88) |
|---|---|---|---|---|---|---|
| cum | cum (rom); | apud | o(d) (9.—15. 16.) | | | |
| | | *ab hoc | avuec (11.) | | | avec |
| opus est | | *estopet | estuet (11.—14.) | | | |
| oportet+ | | | (il) faut (13. 14.) | | | il faut |
| | | | en fin, enfin (12., „kurz“ 17.) | | | enfin |
| per | | | par (9.) | | | par |
| cum+ / quando | quando | | quant (10.) | | | quand |
| | | | lors que (12. 13.) | | | lorsque (602) |
| velle | (*volēre) | | voloir (9.) | | | vouloir |
| parvus(+) | minutus; | *pitt | petit (10.) | | | petit |
| si | (si, se) | | se, si (9.) | | | si (cond.) |
| idem+, ipse | ipse „idem“ | | es (10.—13.) | | | |
| | *metipsimus | | meesme (11.) | | | même |
| supra, super | | | sor(e) (9.), sur (x sus, 13.) | | | sur |
| | desuper | | desor (11.—16.) | | | |
| | (de)sursum | | (de)sus (9., Rol) | (là-d. 16. 17.) | | dessus (493) |
| aut / vel(+), sive+ | aut | | o (10.) | | | ou |
| alius(+) / alter | alter | | autre (10.) | | | autre |
| venire | | | venir (9.) | | | venir |
| sumĕre(+) / prehendĕre | pre(he)ndĕre | | prendre (9.) | | | prendre |
| | repre(he)ndĕre | | reprendre (12.) | | | reprendre (442) |

| | | | | |
|---|---|---|---|---|
| advenire | | avenir (11.—17.) | | |
| | adripare* | ariver (11., 12.) | (unpers. 17.) | arriver |
| cogitare | pensare | (L) penser (10.) | | penser (154) |
| putare+ | cogitare | cuidier (11.—17.) | | |
| credĕre | | croire (10.) | | croire |
| hora | | oure (10.) | | heure |
| nihil(+) | *ne . . . gente(m) | nient (10.—17.) | | |
| | nulla, res nata | (ne . . . rien) ---- rien (14.) | | rien |
| | | | rien du tout (17.) | (1042) |
| dies | | di (9.—13. selten) | | |
| | diurnum (4.) | jorn (10.) | | jour |
| | (ev.) *diurnata | jo(u)rnee (12. 13.) | | journée (296) |
| ponĕre(rom) | mittĕre | metre (10.) | | mettre |
| collocare(+) | pausare | poser (10.) | | poser (492) |
| | allocare | alo(u)er (11.–16.); placer (16.) | | placer (750) |
| reponĕre(rom) | remittĕre | remetre (12. 14.) | | remettre (531) |
| transire(+) | *passare | passer (11., refl. 14.) | | passer |
| praeterire+ | | passage (Rol, 12.) | | passage (1011) |
| | | repasser (12. 16. 17.) | | repasser (1032) |
| paulum+ | paucus, paucum | poi, pou (11., un pou 13.) | | (un) peu (cf. 187) |
| (aliquid) | | auques (Rol –13.) | | |
| res | | rien (10.) | (rien) | |
| | causa | chose (9.) | | chose |
| | | | truc (18. 19.) | truc (386) |
| | | | machin (19.) | machin (650) |

| Klt. | Vlt. | Glt. | Afr. | Mfr. | Nfr. | Fr.fond. (90—139) |
|---|---|---|---|---|---|---|
| debēre | | | devoir (9.) | | | devoir |
| | | | devoir sb. (12.) | | | devoir sb. (992) |
| etiam | | | | | | |
| quoque+ | etiam+ | *al-sic | aussi (12.) | | | aussi |
| | *alteru-sic | | autresi (9.—13.) | | | |
| adhuc(+, sp) | | | | | | |
| etiam(+) | | *hinc ha hora | encor(e) (11.) | | | encore |
| loqui+ | fabulare; parabolare (7.) | | parler (10.) | | | parler |
| | | | | causer (15.) | | causer (922) |
| semper | | | (sempres selten) | | | |
| | | | toz jorz (Rol) | | | toujours |
| invenire | | | | | | |
| reperire+ | invenire(+); *tropare | | trover (10., refl. 12. 13.) | | | trouver |
| | | | retrover (12.) | | | retrouver (539) |
| magnus(+) | | | | | | |
| grandis | grandis | | grant (9.) | | | grand (cf. 210) |
| tempus | (auch „Wetter“) | | tens (10.) | | | temps |
| dare | dare (rom); | donare | doner (9.) | | | donner |
| | | baiulare | baill(i)er (12.—17.) | | | |
| | vices (8.) | | foiz (10.) | | | fois |
| annus | | | an (10.) | | | an |
| | (ev.) *annata | | anee (12.) | | | année (161) |
| intellegĕre(+) | | | | | | |
| comprehendĕre | compre(he)ndĕre | | comprendre (12., selten) | | | comprendre |
| | intendĕre* | | entendre (Rol) | | (cf. bien entendu 17.; 705) | |

| | | | | |
|---|---|---|---|---|
| nunc+ | ha(c) hora | or(e) (10.—16. 17.) | | |
| | | maintenant (13. 14.) | | maintenant |
| bonus | | bon (9.) | | bon |
| melior | | meillour (Rol) | | meilleur (520) |
| tamen(+) | | ne(non)poruec (10.—13.); | quand même (19.) | quand même |
| nihilo minus+ | | neportant (12.) — | pourtant (14. 16.) | pourtant (424) |
| | | | tout de même (19.) | (267) |
| apud(+) | (in) casa | chies (12., übertragen 16.) | | chez |
| non iam | | ne ja (10.), ne (ja) mais (11.—16.) | | |
| | | ne plus (Rol) | | ne plus |
| (n)umquam | | (ne) onques, onc (9.—17.) | | |
| | | (ne) ja, ja mais (10., 11.) | | (ne) jamais (128) |
| (momentum+) | L | moment (12. 14.) | | moment |
| minus | | meins (12.) | | moins |
| novisse+ | cognoscĕre | conoistre (10.) | | connaître |
| (re)cognoscĕre – | recognoscĕre | reconoistre (10.) | | reconnaître (654) |
| notitia+ | | conoissance (Rol) | | connaissance(777) |
| verus | | voir (10.—16.) | | |
| | *veracus | verai, vrai (Rol, 12.) | | vrai (186) |
| | | | véritable (15.) | véritable (860) |
| proficisci+ | (vadĕre, ambulare) | (soi) (de)partir (Rol, 12.) | | partir |
| abire+ | | | repartir (16. 17.) | repartir (739) |
| | | depart(ement) (12., 13.) | | départ (736) |

| Klt. | Vlt. | Glt. | Afr. | Mfr. | Nfr. | Fr.fond. (140—173) |
|---|---|---|---|---|---|---|
| puer(+), puella+ liberi+ | | infans | enfant (10.) | | | enfant |
| | | | garçon (12. 13.) | | | garçon (298) |
| | | | (gars) | gars (16. 18.) | | gars (345) |
| | | | | | gosse (18. 19.) | gosse (282) |
| ecce | | ecce | es (11.—14.) | | | |
| | | | vois ci, la (12., 13.) | | | voici (852), voilà |
| satis | ad satis | | (sez), asez (10., auch „viel“) | | | assez |
| poscĕre+, petĕre (sp, pg) | | | | | | |
| (inter)rogare | | | rover (9.—14.) | | | |
| quaerĕre | | | (querre), requerre (11.—17.) | | | |
| | demandare | | demander (10.) | | | demander |
| quaestio+ | | L | question (12.) | | | question (285) |
| nimium+, nimis(+) | | frk. *þrop | trop (11., auch „viel“) | | | trop |
| tenēre | | (*tenire) | tenir (9. 10.) | | | tenir |
| retinēre | | (*retenire) | retenir (11., „sich merken“ 12.) | | | retenir (1008) |
| domus(+) | casa (rom); | mansio | maison (10.) | | | maison |
| femina | | („Frau“) | feme (10., „Ehefrau“ Rol) | | | femme |
| mulier | (auch „Ehefrau“) | | moillier (11.—15. 16.) | | | |
| uxor | | | (oissor selten) | | | |
| coniunx+ | sponsa | (L) | espose (11.) | | | (épouse) |
| fortasse+ forsitan | forsit(+) | | puet (cel) estre (12. 13.) | | | peut-être |
| | | | espoir (12.—16.) | | | |
| amare diligĕre+ | amare | | amer (9., qn. 11.) | | | aimer |
| | | | avoir chier (11.—16. 17.) | | | |

| | | | | |
|---|---|---|---|---|
| homo „Mensch“ / vir+, h. „Mann“ | homo | | (h)ome (10., 11.) | homme (253) |
| | | | gens (12. 13.) | gens |
| | | | bonhomme (18., 20.) | (876) |
| mensis | | | mois (Rol) | mois |
| aliquid | aliquid | | auques (12.—13.) | |
| | | | aucune ch. (12.); quelque ch. (13. 14.) | quelque chose |
| vesper | | | vespre (10.—17.) | |
| | sera, serum | | soir (10.) | soir |
| | | | seree (12.) — (soirée 16.) | soirée (725) |
| manēre | (re)manēre | | (re)manoir (11., 12.—16. 17.) | |
| restare | | (L) | rester (12.) | rester |
| | | | reste (13.) | reste (630) |
| sine | (x absentia) | | senz, sans (10.) | sans |
| exemplum | | (L) | essemple, (L) exemple (12. 13., par 17.) | exemple |
| iam | | | ja (10.), déjà (13.) | déjà |
| primus(+, it) | primarius | | premier (10.) | premier |
| edĕre+ | comedĕre; manducare | | mangier (10.) | manger |
| latus, -eris | | | lez (10.—16. 17.) | |
| | *costatum | | costé (Rol) | côté |
| iuxta | iuxta | | jo(u)ste (11.–15.); de (à) côté (16. 17.) | à côté (de) |
| | (de)latus | | (de)lez (10., 11.—16. 17.) | |
| pulcher+ | formosus; bellus | | bel (9.) | beau |
| | | | (gent, gentil) joli (14.) | joli (461) |
| mane | | | main (Rol —16. 17.) | |
| | matutinum | | matin (10.) | matin |

| Klt. | Vlt. | Glt. | Afr. | Mfr. | Nfr. | Fr.fond. (175—210) |
|---|---|---|---|---|---|---|
| hic | ecce hic | | ci, ici (10.) | | | ici |
| vocare(+, afr) | clamare | | clamer (10.—16. 17.) | | | |
| appellare | | | apeler (10., „rufen“ 11.) | | | appeler |
| | | | avoir nom (10.—17.); s'appeler (14.) | | | s'appeler |
| imprimis+ | *super totum | | ensoretot (10.) | surtout (15.) | | surtout |
| praesertim+ | | | | en particulier (16. 17.) | | en part. (566) |
| exire | | | eissir, issir (10.—16. 17.) | | | |
| | | | sortir (12. 13.) | | | sortir |
| laborare | | | (L) laborer (10.—17.) | | | |
| opus facĕre | operare | | o(u)vrer(10.—17.); | travailler (13., 14.) | | travailler |
| | | | | travail (15.) | | travail (194) |
| operarius | | | ovrier (12.) | | | ouvrier (723) |
| (usque ad) | usque | inde usque | (usque), (en)jusque (10.) | | | jusque |
| senex(+) vetulus | vetulus | | vieil (11.) | | | vieux |
| vetus | | | viez, vies (12.—16.) | | | |
| priscus+ | *anteanus | | (L) ancien (11., „ehemalig“ 17.) | | | ancien (660) |
| ante | *antius | | ainz (10.—14., 16.) | | | |
| pro+, prae(+) | abante (2.),*deabante | | avant (9.), devant (10.) | | | avant, devant(343) |
| | | | | en face de (15.) | | en face de (649) |
| solus | | | soul (10.) | | | seul |
| historia | | | (L) estoire (12.), | (L) histoire (14.) | | histoire |

| | | | | |
|---|---|---|---|---|
| malus | | mal (9.—16. 17.) | | |
| | malifatius | mauvais (11.) | | mauvais (341) |
| male | | mal (Rol) | | mal adv. |
| malum | (ev.) | mal sb. (10., avoir m. 12.) | | mal sb. (359) |
| pati(+), dolēre | | do(u)loir (10.–17.); souffrir (16.) | | souffrir (900) |
| | (vectura | voiture 12.) | voiture (Ende 19.) | |
| | | | auto(mobile) (19. 20.) | (848) |
| per | | par (Rol —16. 17.) | | |
| intra | inter | entre (11.—13.); pendant (14.) | | pendant |
| ludus+ / schola | schola | (L) escole (11.) | | école |
| | | | L college (16.); L lycée (Anf. 19.) | lycée (782) |
| emĕre+ | comparare (rom); *accaptare | acheter (10.) | | acheter |
| | franciscus | françois (Rol, 12.) | | français |
| prope | | pruef (10.—13.) | | |
| | presse | pres (10.) | | près |
| relinquĕre+ / sinĕre(+) | laxare | laissier (9.) | | laisser |
| aliqui(s)(+) | *alicunus | aucun(s) (10., 12.—17.) | | |
| quidam+ | | quelque(s) (13.) | (quelqu'un 14.) | quelques (cf. 832) |
| audire | | oïr, ouïr (10.—17. 18.) | | |
| | intendĕre* | entendre (11., selten) | | entendre |
| auscultare | | escouter (9.) | | écouter |
| crassus(+) | grossus | gros (Rol, „grand" 13.) | | gros |

| Klt. | Vlt. | Glt. | Afr. | Mfr. | Nfr. | Fr.fond. (211—246) |
|---|---|---|---|---|---|---|
| reverti | | revertire | revertir (11.—16. 17.) | | | |
| redire(+) | tornare | | to(u)rner, retorner (10., Rol) | | | retourner (543) |
| | | repatriare | repairier (10.—15.) | | | |
| (revenire) | revenire | | revenir (10.) | | | revenir (220) |
| | | | rentrer (12.) | | | rentrer |
| ex+, ab(+) | deex | | des (10.) | | | (dès) |
| post, postea | postius | | puis (11.), depuis (12.) | | | depuis |
| cur+, quid | pro quid | | que, por quoi (11.) | | | pourquoi |
| incipĕre(+) | *cominitiare | | comencier (10.) | | | commencer |
| | | | recomencier (Rol) | | | recommencer(734) |
| initium(+) | | | comencement (12. ———); | | début (17.) | début (644) |
| iter facĕre | | iterare (6.) | errer (10.—16.); | marcher (14. 17.) | | marcher |
| spectare(+) | mirare; germ. *wardôn | | (re)garder (10.) | | | regarder |
| reddĕre(+) | *rendĕre | | rendre (10.) | | | rendre |
| filia | | (auch „Mädchen“) | fille (10.) | | | fille |
| puella+ | *pullicella | | pucele (9.–17.); | jeune fille (15.) | | jeune fille (671) |
| postremus+ | | | | | | |
| ultimus+ | (ev.) *deretranus | | derrain, derrenier (12.) | | | dernier |
| tam(+) | sic | | si (9.) | | | si(intensif)(251) |
| adeo+ | | | tel(l)ement (13.) | | | tellement |
| tot+, tantum | tanti, tantum | | tanz (11.), tant (10.) | | | tant (456) |
| tantundem+ | *al(teru)tantum | | autretant (Rol), autant (12.) | | | autant (430) |
| (typus+) | | | | L type (14. 19.) | | type (cf. homme) |
| legĕre | | | lire (11.) | | | lire |

| | | | | |
|---|---|---|---|---|
| ascendĕre(+) | subire (u. a. sp); | *montare | monter (10.) | monter |
| | | | remonter (12.) | remonter (716) |
| pendĕre+ / solvĕre } | solvĕre | | soudre (12.—14.) | |
| | (pacare) | - - - - - - - - | paier (12.) | payer |
| tutus+ | securus | | seür (Rol) | sûr |
| certus | *certanus | | cert, certain (12., indef. 13., pron. 19.) | certain (265) |
| quaerĕre | | | querre, querir (10.—16. 17.) | |
| | (circare | | cerchier Rol) chercher | chercher |
| | | | c'est a savoir (12.); c'est-à-dire (16.) | c'est-à-dire |
| ictus(+) | colaphus (colpus) | | coup (Rol) | coup |
| vocabulum+ | muttum | | mot (10.) | mot |
| verbum(+) | (gr) parabola | | parole (Rol) | parole (888) |
| | | | (L) interesser (14. 16.) | intéresser (348) |
| | | | intéressant (17. 18.) | |
| ludĕre(+) / canĕre+ | iocare / sonare } | iocare | joer (Rol) | jouer |
| ludus(+) | iocus | | jou (Rol) | jeu (618) |
| dimidius | (medius) | demedius | demi (Rol) | demi |
| vita | | | vie (10.) | vie |
| aqua | | | eve, eaue (Rol) | eau |
| (ap)parēre | parescĕre | | paroir (Rol), paroistre (10. selten) | paraître |
| vidēri+ | similare (1.) | | sembler (Rol) | sembler (676) |
| | | | avoir l'air (17.) | avoir l'air (577) |
| exspectare(+) / opperiri+ } | aspectare; | attendĕre* | atendre (11.) | attendre |

| Klt. | Vlt. | Glt. | Afr. | Mfr. | Nfr. | Fr.fond. (247—277) |
|---|---|---|---|---|---|---|
| amittĕre+ / perdĕre | perdĕre | | perdre (9.) | | | perdre |
| punctum | | | point (11.) | | (p. de vue 17.) | point |
| saepe+ | subinde | | sovent(esfois) (11.) | | | souvent |
| persona | | | persone (12.) | | | personne sb. |
| | | | | personnage (13. 15.) | | personnage (939) |
| carus | | | chier (10.) | | | cher |
| ne, num, nonne+ | si | | se, si (10.) | | | si (interr.) |
| pater / genitor+ | pater | | pere (10.) | | | père |
| | pappa | | papa (13.) | | | papa (579) |
| finire | (fenire) | | fenir, finir (Rol, 13.) | | | finir |
| (terminare+) | | L | terminer (13., refl. 16. 17.) | | | terminer (997) |
| omnis(+, it) | cata (quisque) unum | | chaun, chascun (9., 11., chaque 12. 17.) | | | chacun(357,545) |
| quisque(+) | (totus mundus) | | tot le monde (12.) | | | tout le monde |
| naturalis+ | | L | naturel (12. 13.) | | | naturel (847) |
| locus | | | lieu (10.) | | | lieu (575) |
| | | | endroit (12.) | | | endroit (512) |
| | platea | | place (Rol) | („zukommender“) | | place |
| urbs+ | civitas | | cité (10.—17.) | | | |
| oppidum+ | | | vile (Rol) | | | ville |
| pagus+ | villa | | vile (10.—16.) | village (13. 14.) | | village (496) |
| vicus(+) | | | | | | |
| vicus(+) | strata (3.) | | estree (Rol-14.) | | | |

| | | | | | |
|---|---|---|---|---|---|
| via(rom) | | ruga (8.) | rue (11.) | | rue |
| | | (via) rupta | rote (12.) | | route (292) |
| modus(+) | germ. *wîsa | | guise (10.) | (guise) | |
| | *manuaria | | maniere (12.) | | (manière) |
| | factio | | façon (12.) | | façon |
| descendĕre | | | descendre (10.) | | descendre |
| | | | avaler (Rol–16.) | | |
| silva | | | (selve selten) | | |
| | | forestis (7.) | forest (12.) | | (forêt) |
| lignum(+) | | frk. *busk(?) | bois (Rol, „Holz" 12.) | | bois |
| recordari | | | (soi) recorder (11.—17. 18.) | | |
| meminisse+ | (re)memorare | | (re)membre(r) (10.—16. 17); | se rappeler (17.) | se rappeler |
| | subvenit | | sovient (Rol) | se souvenir (13. 14.) | se souvenir (482) |
| memoria(+,L) | | | sovenance, sovenir (12., 13.) | | souvenir sb. (863) |
| equus+ | caballus | | cheval (Rol) | | cheval |
| stare | (re)stare | | ester (10.), rester (12.—15.) | | |
| (con)sistĕre+ | *arrestare | | arester (Rol, refl. 12.) | | arrêter |
| bellum+ | germ. *werra | | guerre (Rol) | | guerre |
| narrare(+) | computare | | conter (10.), raconter (12.) | | raconter |
| discĕre+ | appre(he)ndĕre | | aprendre (10., „lehren" 12.) | | apprendre |
| docēre | - - - - - - - - - | docĕre | (duire „instruire") | | |
| amicus } familiaris+ } | amicus | | ami (10.) | | ami |
| iustus | - - - - - - - - - | - - - - - - - - - | (L?) juste (12. 13.) | (adv. 17.) | juste (683, 542) |
| primo, primum+ | prima | | primes (10.); premiers (12.–17); | d'abord (Anf. 17.) | |

| Klt. | Vlt. | Glt. | Afr. | Mfr. | Nfr. | Fr.fond. (278—317) |
|---|---|---|---|---|---|---|
| communis | | | comun (10.) | | | (commun) |
| generalis+ | | L | general (12., en g. 13.) | | | général |
| diu(+) | longo tempore | (?) | lonc tens (10.) | | | longtemps |
| (caput) | | | chief (12.—16. 17.) | | | |
| extremum(+) | | | bot (12.) | | (au b. de 17.) | bout |
| pretium | | | pris (11.) | | | prix |
| maritus, vir+ | maritus | | mari (12.) | | | mari |
| manus | | | main (10.) | | | main |
| servitium | | (L) | servise (11.), (L) service (12.) | | | service |
| ministerium | | | mestier (9.—16.) | | | |
| mater, genetrix+ | mater | | mere (10.) | | | mère |
| | (mamma) | | maman (13.) | | | maman (381) |
| iuvenis, novellus(+) | iuvenis | | juene (11.) | | | jeune |
| mutare | | | muer (11.—17.) | | | |
| | (kelt.) cambiare (2.) | | changier (12., auch „ändern“) | | | changer |
| occupare+ | | L | ocuper (12., refl. 14., de 17.) | | | occuper |
| sentire | (auch „riechen“) | | sentir (10., 12., 14.) | | | sentir |
| paene+, prope | prope | | pruef (12.—13.) | | | |
| | (ev.) presse | | pres, pres que (12.) | | | presque |
| fere+, ferme+ | circa(+), quasi(+) | | environ (13.) | | | environ (772) |

| | | | |
|---|---|---|---|
| (idea+) | | L idee (12., allg. 17.) | idée |
| cadĕre | (cadēre) | cheoir (10.—17.) | |
| | | tomber (12., „herunter“ 15.) | tomber |
| procul+<br>longe | longe | loing (10.) | loin |
| ad (cf. à) | versus | vers (10.) | vers (prép.) |
| pecunia(+)<br>argentum | argentum | argent (9.) | argent |
| vendĕre | | vendre (10.) | vendre |
| longus<br>diuturnus+ | longus | long (10.) | long |
| servire | („zu etwas dienen“) | servir (9., 12., refl. 16.) | (se) servir |
| uti+ | *usare (8.) | user (de) (12.) | (user de) |
| adhibēre+ | *implicare | emploier (Rol, „anstellen“ 17.) | employer (722) |
| experiri+<br>temptare | temptare | tenter (12.) | (tenter) |
| | *exagiare | essaier (Rol) | essayer |
| ratio | | raison (12.—16. 17.) | |
| | computus | conte (Rol, rendre c. 12.) | compte |
| conclave+ | camera (4.) | chambre (11.) | chambre |
| | frk. *sal | sale (Rol, „Zimmer“ 17.) | salle (648) |
| | | | pièce „Zimmer“ (17.) |
| pars (cf. part) | (kelt.) *pettia | piece (10., Rol) | pièce |
| fragmentum(+) | | mors, morsel (12.) | morceau (664) |
| inter | | entre (10., temp. 15.) | entre |

| Klt. | Vlt. | Glt. | Afr. | Mfr. | Nfr. | Fr.fond. (318—353) |
| --- | --- | --- | --- | --- | --- | --- |
| | hebdomas(+), septimana | | semaine (11.) | | | semaine |
| | | | | | vacances (17., 20.) | |
| | | | | L professeur (14., 17.) | | professeur |
| | | | | | appareil (Anf. 19.) | |
| quot+, quantum | quanti | | quanz (10.—16. 17.) | | | |
| | | | combien (12.) | | | combien |
| numerare | | | nombrer (Rol) | | (nombrer) | |
| computare | | | conter (Rol) | | | compter |
| sub(rum, sp, pg) | subtus | | soz (10.) | | | sous |
| infra(+) | desubtus (4.) | | desoz (10., auch prép.—18.) | | | dessous (864) |
| potius(+) | *antius | | ainz, ainçois (10., 12.—17.) | | | |
| | | | plus tost (13. 14.) | | | plutôt |
| pes | | | piet (10.) | | | pied |
| pars | | | part (9.) | | | part |
| | | | partie (12.) | | | partie (402) |
| caput | | | chief (9.—16. 17.) | | | (cf. chef 546) |
| | testa | | teste (11.) | | | tête |
| regio | | | (roion), L region (12.) | | | région (474) |
| | *contrata | | contree (11.) | | | (contrée) |
| | *pagense | | païs (10.) | | | pays |
| statim+ | loco | semper* | luès (12.—13.), sempres (10.—13.) | | | |
| confestim(+) | | | maintenant (12.—14.) | | | |
| ilico(+) | | | tantost (12.—16. 17.); | | tout de suite(17.) | tout de suite |
| | | | | | tout à l'heure (17. 19.) | (500) |

| | | | |
|---|---|---|---|
| scribĕre | | escrire (11.) | écrire |
| animadvertĕre+ | germ. kausjan | choisir (12.—17.); remarquer (16.) | remarquer |
| percipĕre | *appercipĕre | (a)perçoivre, apercevoir (Rol) | apercevoir (609) |
| | | (mndl.) drôle (15., 17.) | drôle |
| | | amusant (17.) | amusant (840) |
| | | gab(erie) (12.); plaisanterie (16.) | (plaisanterie) |
| | | blague (19.) | blague (867) |
| mundus<br>orbis terrarum+ | mundus | mont (10.), (L) monde (12.) | monde |
| nomen | | nom (9.) | nom |
| cogĕre(+) | *(ex)fortiare | (es)forcier (12.) | (forcer) |
| obligare(+) | | L obligier (13., „zwingen" 16.) | obliger |
| (constringĕre) | | constreindre (12.) | (contraindre) |
| (impressio+) | | L impression (16. 17.) | impression |
| vivĕre | | vivre (10.) | vivre |
| existĕre + | | L exister (14. 18.) | exister (659) |
| aeger+ | infirmus | enferm (11.—16.) | |
| aegrotus(+) | male habitus (2.) | malade (10.) | malade |
| valēre | | valoir (11., mielz Rol, 12.) | valoir |
| | valor (7.) | valour (Rol) | valeur (798) |
| nox | | nuit (10.) | nuit |
| necessitas(+) | mi(ni)sterium* | (avoir) mestier (12.—16. 17.) | |
| egēre+ | frk. *bisunni | (avoir) besoin (11., 12.) | (avoir) besoin |
| contentus | ev. L | content (13., „froh" 17.) | content |
| laetus | | lié (10.—16.) | |

| Klt. | Vlt. | Glt. | Afr. | Mfr. | Nfr. | Fr.fond. (355—401) |
|---|---|---|---|---|---|---|
| novus | | | nuef (10., „ungebraucht“ 12.) | | | neuf (640) |
| | novellus | | novel (12.) | | | nouveau |
| gens(+) | | *mansionata | maisniee, mesnie (11.—16. 17.) | | | |
| familia(+) | | L | famille (13.) | | | famille |
| | | | estre d'acort (12. , d'accord 17.) | | | (être) d'accord |
| ubivis+ ubique+ | per totum | | partot (10.) | | | partout |
| | | | | L minute (14., 16.) | | minute |
| pauper | | | povre (11., „bedauernswert“ 14.) | | | pauvre |
| iacēre } cubare(+) } | iacēre | | gesir (10.—16. 17.) | | | |
| | (se) collocare | | (soi) couchier (11., être couché 15.) | | | (se) coucher |
| | | | | | (it) café (17.) | café |
| ars(+) artificium+ | mi(ni)sterium* | | mestier (11.) | | | métier |
| (exactus+) | | | | L exact (16., 17.) | | exact (816) |
| doctor+ | | L | doctor (12., „médecin“ 17.) | | | docteur |
| medicus - - - - - - - | - - - - - - - | (L) | mire (12.—16. 17.); médecin (14.) | | | médecin (506) |
| vertĕre | | | vertir (11.—17. selten) | | | |
| volvĕre(+) | tornare | | torner (11.) | | | tourner |
| | | | tor (12.) | | | tour m. (454) |
| ducĕre | conducĕre | | duire, conduire (10.) | | | conduire |
| | minare | | mener (10.) | | | (mener) |
| | | | en mener (Rol) | | | emmener (565) |
| | | | amener (10.), ramener (12.) | | | (r)amener(429,737) |

| | | | |
|---|---|---|---|
| finis | | fin (10.) | fin sb. |
| placēre | | plaisir, plaire (11.) | plaire |
| plenus | | plein (11.) | plein |
| | | somme (12., 13.) | somme |
| metuĕre+ | dubitare (5.) | (re)doter (10., 11.) | (redouter) |
| timēre(rom) | *habēre pavorem | avoir peour (10.) | avoir peur |
| | *cremĕre | criembre, craindre (10. 13.) | (craindre) |
| (maritare) | maritare | (soi) marier (12., 13.) | (se) marier |
| matrimonium+ | | mariage (12.) | mariage (903) |
| fundus | (-oris) | fonz (Rol, au fond 17.) | fond |
| simplex - - - - - - - - - - | (L) | simple (12., 13.) | simple |
| terra } | terra | terre (10.) | terre |
| humus+ } | terrenum (1.) | terrain (12.) | terrain (692) |
| difficilis+ | gravis (grevis) | grief (Rol___) L difficile (14.) | difficile |
| classis(+) | | L classe (14., 16., 18.) | classe |
| par | pariculus | per, pareil (11., 12.) | pareil |
| accipĕre(+) | recipĕre | reçoivre, recevoir (10., 13.) | recevoir |
| (completus+) | L | complet (13.) | complet (1030) |
| talis | | tel (10.) | tel |
| | | chaland (16.); pratique (17.) | |
| (cliens+) | | L client (15., 19.) | client |
| respondēre | (respondĕre) | respondre (10.) | répondre |
| (deus) | deus | Deu, Dieu (9.) | Dieu |
| (casus+) | L | cas (13.) | cas |

| Klt. | Vlt. | Glt. | Afr. | Mfr. | Nfr. | Fr.fond. (403—441) |
| --- | --- | --- | --- | --- | --- | --- |
| (velox+) | tostus* | frk. *snel | tost (9.), isnelement (Rol —16., 17.) | | | |
| (celer+) | | | vistement (12.) | vite (adv. 16.) | | vite |
| | | | isneleté (12.); vitesse (12. 16.) | | | vitesse (641) |
| factum | | | fait (12.) | | | fait |
| ferre(+) | portare | | porter (10.) | | | porter |
| afferre+ | apportare | | aporter (10.) | | | apporter (422) |
| nonnumquam+ | (ev. Verb. mit vices) | | aucunes foiz (12.); | quelquefois (15.) | | quelquefois |
| interdum+ | | | a la foiz (13.); | parfois (14.) | | (parfois) |
| lucrari(+) | | frk. *waidanjan | gaaignier (12.) | | | gagner |
| (com)plures+ | *plusiores | | pluisor, plusior (11.) | | | plusieurs |
| plurimi+ | | | li plus(ior) (11.); | la plupart (15.) | | la plupart (984) |
| (normalis+) | | | | L | normal (18. 19.) | normal |
| oculus | | | ueil, ueus (10.) | | | oeil, yeux |
| | | | | | journal (17., 18.) | journal |
| | | | | | gare (19.) | gare |
| aetas | | | eé, aé (Rol), eage, aage (Rol) | | | âge |
| frigidus | (frĭgidus) | | froit (Rol) | | | froid |
| dormire | | | dormir (11.) | | | dormir |
| | | | sommeillier (12.—14.) | | | |
| dum+ | dum interim | | (en)dementiers (que) (12.—16.) | | | |
| | | | tandis que (13., advers. 17.) | | | tandis que |
| cum+ | quando | | quant | | alors que (17.) | alors que (819) |

| | | | | |
|---|---|---|---|---|
| | possibilis(+) | L | possible (13. 14.) | possible |
| | impossibilis+ | L | impossible (13.) | impossible (751) |
| filius | | | filz (10.) | fils |
| bibĕre | | | boivre (10.) | boire |
| lectus | | | lit (11.) | lit |
| neque, nec | | | ne (9.), ni (13. 15.) | ni |
| servare(+) | germ. *wardôn | | garder (10.) | garder |
| custodire(+) | | frk. *wahtôn | gaitier, guetter (Rol—16. 17.) | |
| speculari+ | | | veillier (12.) — surveiller (16.) | surveiller (1047) |
| cras(+) | (de)mane (Vulg.) | | demain (Rol) | demain (744) |
| postridie+ | | | endemain (12.—15.); lendemain (14.) | lendemain |
| parentes | (auch „verwandt“) | | parenz (10.) | parents |
| | | | pere et mere (12.—) | |
| | | | afaire (12.) | affaire |
| poena | (auch „Qual“) | | peine (10., 12.) | peine |
| aperire (rom) | | (*operire) | ovrir (10.) | ouvrir |
| habitare(+) | | L | (h)abiter (12.) | habiter |
| incolĕre+ | manēre | | manoir (9.); logier (12., „wohnen“ 16.) | loger (950) |
| | demorare | | demorer (13.) | (demeurer) |
| | | | formidable (19.) | formidable |
| charta(+) | | (ev.it) | papier (13.) | papier |
| praedium+ } villa } | villa | | vile (12.—15.) | |
| | | | ferme (13.) | ferme sb. |

| Klt. | Vlt. | Glt. | Afr. | Mfr. | Nfr. | Fr.fond. (443—481) |
|---|---|---|---|---|---|---|
| mittĕre(+) | transmittĕre | | trametre (10.—15. 16.) | | | |
| | inviare* | | envoier (10.) | | | envoyer |
| | | | | | (se) foutre (18.) | (se) foutre |
| | | | (se moquer 12. 13.) | | (se) ficher (19.) | (se) ficher (965) |
| vinum | | | vin (10.) | | | vin |
| humilis(+) | bassus (8.) | | bas (12.) | (là-bas 15.) | | bas (cf. 155) |
| | (praesentare+) | | L presenter (9.) | | | présenter |
| (repraesentare+) | | | L representer (12., „constituer" 19.) | | | représenter (794) |
| soror | | | suer, serour (11.) | | | soeur |
| sodalis+ | companio (5. 6.) | | compain, compagnon (Rol) | - - - - - - | copain (19.) | copain |
| socius(+) | | | (sp) | camarade (16.) | | camarade (525) |
| sensus (sp, pg) | germ. *sin | | sen (11.); L sens (Rol) | | | sens |
| secare(+) | taliare (6.) | | taillier (10.) | | (tailler) | |
| | | | couper (12.) | | | couper |
| mori | (morire) | | morir (9.) | | | mourir |
| nullus | (auch pron.) | | nul (9.) | | | (nul) |
| nemo (ostrom) | nec unus (ca. 400) | | negun (10.—13.); | aucun (16.) | | aucun |
| | | | nul(u)i (12.–16.); | personne (16.) | | personne (470) |
| pergĕre+ } | | | | | | |
| persequi } | persequi (-ĕre) | | parsivre, porsuivre (12., 13.) | | | (poursuivre) |
| continuare+ } | | | L continuer (12.) | | | continuer |
| | | | gentil (12.) | | | gentil |
| | | | | après midi (16.) | | après-midi |

| | | | | |
|---|---|---|---|---|
| post(+) | (de)retro (Itala) | riere, deriere (Rol; sb. 14.) | | derrière (cf. 937) |
| retro | adretro | riere, ariere (10.; sb. 13.) | | arrière (970) |
| calidus | | chaut (10.; auch sb.) | | chaud |
| calor | | chalour (12.) | | chaleur (1053) |
| durus | | dur (10.) | | dur |
| studium(+) | | (L) estuide (12.) | | étude |
| | (scholaris) | (L) escolier (13.—); | estudiant (14.) | étudiant (925) |
| | | | élève (17.) | élève (632) |
| genus(+) | | L genre (12.) | | genre |
| species(+) | | (L) espece (13.) | | espèce (472) |
| (sors) | | | L sorte (14. 15.) | sorte (555) |
| voluptas+ | solacium* | solaz, soulas (12.—17.) | | |
| delectatio+ | | delit (12.—15.); | plaisir (14.) | plaisir |
| (se) delectare | | (soi) delitier (12.—15.) | | |
| | (se) solaciare* | (soi) solacier (12.—17.); | s'amuser (17.) | s'amuser (526) |
| tangĕre(+) | *toccare | tochier (Rol) | | toucher |
| fatigare(+) | lassare | lasser (12.—); | L fatiguer (14.) | fatiguer |
| liber | | (L) livre (Rol) | | livre |
| | | | (mndl.) bouquin (15., 19.) | bouquin (729) |
| simul+ | insimul, insemel (1.) | ensemble (10.) | | ensemble |
| mensa (rum, sp) | tabula | table (11.) | | table |
| altus | (ev. x frk. *hôh) | (h)alt (10., 11.; | là-haut 16.) | haut (cf. 779) |
| meridies(+) | medius dies | midi (10.) | | midi |
| validus+ | fortis | fort (10., auch adv.) | | fort (cf. 688) |

| Klt. | Vlt. | Glt. | Afr. | Mfr. | Nfr. | Fr.fond. (483—523) |
|---|---|---|---|---|---|---|
| gratias agĕre | gratias reddĕre (4. 5.) | - - - - - - - | rendre graces (10.); gracier (11.—16.) | | | |
| | | | (re)mercier (Rol, 12.) | | | remercier (837) |
| | | | | merci (14., häufig 19.) | | merci |
| heri | | | ier (Rol) | | | hier |
| trahĕre | (*tragĕre) | | traire (11.—16. 17.) | | | |
| | | (?>) | tirer (Rol, „schießen“ 15. 16.) | | | tirer |
| retrahĕre | | | retraire (Rol); retirer (12. 13.) | | | retirer (1035) |
| ratio | (u. a. auch „causa“) | | raison (10.) | | | raison |
| causa(+) | germ. *sin | | sen (11.—15.) | | | |
| ubi | (auch „quo“) | | o, ou (10.) | | | où (interr.) |
| filum | | | fil (12., auch „Draht“) | | | fil |
| intrare } inire+ } | intrare | | entrer (10.) | | | entrer |
| | | | entree (12.) | | | entrée (868) |
| | | | L | installer (14., 16., refl. 17.) | | installer |
| | | | | installation (14., 17.) | | installation(988) |
| patronus(+) | | L | patron (12.) | | („Chef“ 19.) | patron |
| cuneus | | (auch „Ecke“) | coin (12.) | | | coin |
| fieri(+) | devenire (Itala) | | devenir (10.) | | | devenir |
| status(+) | | L | estat (12.) | („Staat“ 15. 16.) | | état |
| | | | | situation (14., 17.) | | situation (616) |
| culina+ | coquina (4.) | | cuisine (Rol, „Kochen; Kost“ 12.) | | | cuisine |
| parare | | | parer(10.–17.); | L preparer (14., 19.) | | préparer |
| praeparare+ | *appariculare | | apareillier (Rol —17.) | | | |

| | | | |
|---|---|---|---|
| canis | | chien (Rol) | chien |
| | | en train de (18.) | en train de |
| foris | deforis (ca. 400) | (de)fors, (de)hors (10., 12.) | dehors |
| ianua(+) | ostium (ustium 5.) | (h)uis „Tür“ (11.—17.) | |
| porta | | porte „Tor“ (10.) | porte |
| ius+ | directum (8.) | droit (9.) | droit sb. |
| oriri+ | (se) levare | (soi) lever (10., 12.) | (se) lever |
| surgĕre | | sordre (Rol —16.) | |
| | *exlevare – – – (ev.) | eslever (12., „aufziehen“ 13.) | élever (926) |
| tollĕre | | tolir (9.—16. 17.); enlever (12. 13.) | enlever (508) |
| auferre+ | obstare (5.) | oster (12.) | (ôter) |
| permittĕre+ | | sofrir u. a.; L permettre (10. 15.) | permettre |
| licēre | | loisir „être permis“ (10.—16. 17.) | |
| aer | | air (12.) | air „Luft“ |
| canĕre+ / cantare | cantare | chanter (10.) | chanter |
| ut+ | quod, (ev.) *pro quod | que (9.), por que (Rol, 12. selten) | pour que |
| | | afin que (13. 14.) | (afin que) |
| cor | | cuer (10.) | coeur |
| | | co(u)rage (11.—17.) | |
| consuetudo | | costume (Rol) | (coutume) |
| usus | | us, usage (12.—); habitude (15.) | habitude |
| solēre | | so(u)loir (10.—16. 17.); avoir l'habitude (17.) | |
| acervus+ | frk. *tas | tas (12.) | tas |

| Klt. | Vlt. | Glt. | Afr. | Mfr. | Nfr. | Fr.fond. (524—571) |
|---|---|---|---|---|---|---|
| proximus | | | proisme (12.—16.) | | | |
| | *propeanus „nahe“ | | prochain (12., auch „nächst“) | | | prochain |
| | | | | bureau (14. 15.) | | bureau |
| rus+ | campus (1.) | | champs (—17.) | | campagne (16., 17.) | |
| ager(+) | campus | | champ (Rol) | | | champ (720) |
| | | | | camp (15. 16.) | | camp (642) |
| ridēre | (ridēre) | | rire (Rol) | | | rire |
| pyxis | (buxida 4.) | | boiste (12.) | | | boîte |
| alter(+) } secundus } | secundus | - - - - - - - - - - - - | (L) segont, secont (12.) | | | second (680) |
| | | | | deusi(e)me (14.) | | deuxième |
| | | | quart sb. (12.) | | | quart |
| | | | | quartier (16.) | | quartier (553) |
| ostendĕre+ } monstrare } | monstrare | | mostrer, (L) monstrer (10.) | | | montrer |
| hiems+ | hibernum | | iver(n) (10.) | | | hiver |
| frater | | | frere (9.) | | | frère |
| intentio+ | | | L intention (12.); | L attention (16.) | | attention |
| sedēre | | | (soi) seoir (10., 12.—17.) | | | |
| assidĕre | (*assedēre) | | (soi) asseoir (10., être assis 15.) | | | s'asseoir |
| | | | | | en effet (17.) | en effet |
| theatrum+ | | | L t(h)eatre (12. 14.) | | | théâtre |
| publicus(+) | | | L publique (13., sb. 14.) | | | public |

| | | | | |
|---|---|---|---|---|
| hodie | | | (h)ui (10.—16. 17.); aujourd'hui (14.) | aujourd'hui |
| | | | milieu (12., „Milieu“ 18. 19.) | milieu |
| interior(+) | | | dedentrain (12.); L interieur (15. 16.) | intérieur |
| explicare(+) | | | L expliquer (14. 15.) | expliquer |
| exponĕre | | | espondre (12.—15.) | |
| iter | | iter | oirre, erre (11.—16.) | |
| peregrinatio(+) | | viaticum* | voiage (Rol, allg. 15.) | voyage |
| machina(+) | ingenium (8.) | | engin (12.—) L machine (14. 16.) | machine |
| | | | (okz) botique (14.—); magasin (14., 17.) | |
| animal(+) } bestia | best(i)a | | (L?) beste (Rol) | bête sb. (786) |
| | | | L animal (12. 16.) | animal |
| | | | moyen sb. (14.) | moyen sb. |
| circum+ | | | environ (10., Rol —16. 17.) | |
| circa(+) | (ev.) *in torno | | entor (10., Rol) — autour (14.) | autour |
| ater(+) } niger | niger | | noir (Rol) | noir |
| diversus | | | divers (12.) | (divers) |
| differens+ | | | despareil (12.); L different (14.) | différent |
| differentia+ | | | L diference (12.) | différence (673) |
| | (particularis+) | | L particulier (13.) | particulier |
| | | | (hostellerie 12., auberge 15.—) hôtel (17. 18.) | hôtel |
| | | | (mangier 10.) repas (16.) | repas |
| vox | | | voiz (10.) | voix |
| sequi | (sequĕre) | | siure, suivre (10., 13., „zuhören“ 17.) | suivre (608) |
| | | *sequita | siute, suite (12.) | suite |

| Klt. | Vlt. | Glt. | Afr. | Mfr. | Nfr. | Fr.fond. (572—619) |
|---|---|---|---|---|---|---|
| beatus+ } felix(+) } | felix(rum) | | (bien)eüros (12., 13.) | | | heureux |
| miser(+) | captivus | | chaitif, chetif (Rol —17.) | | | |
| infelix+ | | | maleüros (11. 12.) | | | malheureux (754) |
| calefacĕre | | | chaufer (12.) | | | chauffer |
| | | | chaufage (13.) | | | chauffage (707) |
| albus } candidus(+) } | albus(+); germ. *blank | | blanc (10.) | | | blanc |
| nix | | | noif (10.—15.); | neige (14.) | | neige |
| | | | maistre d'escole (13.—) | | instituteur (18.) | instituteur |
| musica+ | | | L musique (12., 16.) | | | musique |
| abesse+ | fallĕre, *fallire | | faillir, defaillir (11., Rol —17.) | | | |
| deesse+ | | | | (it) manquer (16.) | | manquer |
| (ad)iuvare+ | adiutare | | aidier (10.) | | | aider |
| pendēre | (*pendĕre) | | (pendre), L dependre (12.) | | | dépendre |
| hortus | | viridiarium | (ort); vergier (Rol —15.) | | | |
| | | frk. *gard(o) | jart, jardin (12.) | | | jardin |
| stolidus(+) | | | | | bête adj. (17.) | bête adj. (821) |
| stultus+ | follis (4.) | | fol (Rol, v.a. „töricht") | | | fou |
| insanus+ | | (?>) | desvé (11.—16.) | | | |
| | (modernus+) | | | L moderne (14.) | | moderne |
| rector(+) | (director+) | | | L directeur (15.) | | directeur |

| | | | |
|---|---|---|---|
| interficĕre+ / occidĕre | occidĕre | oc(c)ire (10.—17.) | |
| | (tutare) | tuer (12.) | tuer |
| fiducia (rom) | | fiance (Rol —16.) | |
| confidentia(+) | | (L) confiance (13. 15.) | confiance |
| | | porfiter (12.); (it) reussir (16. 17.) | réussir |
| cursus | | cors (Rol, „Kurs“ 13. 14.) | cours |
| | | course (13. 14.) | course (643) |
| | | curieux (16.) | curieux |
| | | (it) appartement (16. 17.) | appartement |
| oblivisci+ | *oblitare | oblier (10.) | oublier |
| | | accident (15. 18.) | accident |
| | basilica(+) | mo(u)stier (11.—17.) | |
| | ecclesia (3.) (L) | eglise (11.) | église |
| sperare | | esperer (11.) — (L) | espérer |
| affirmare | | afermer, (L) affirmer (13., 16.) | (affirmer) |
| (con)firmare(+) | *assecurare | asseürer (12.) | assurer |
| (con)stare | | coster (12.) | coûter |
| occurrĕre+ | *incontrare | encontrer, rencontrer (10., 12.) | rencontrer |
| tertius | | tierz, tiers (—17.); troisi(e)me (14.) | troisième |
| facilis+ | *leviarius | leg(i)er (12.); L facile (15.) | facile (656) |
| relinquĕre+ | laxare | (de)laiss(i)er (11., 12.—) | |
| | frk. *werpjan | (de)guerpir (10.); quitter (16.) | quitter |
| murus | (auch „Wand“) | mur (10.) | mur |

| Klt. | Vlt. | Glt. | Afr. | Mfr. | Nfr. | Fr.fond. (620—690) |
| --- | --- | --- | --- | --- | --- | --- |
| visĕre+ / visitare | visitare | | (re)visder, (L) visiter (10., 12.) | | | visiter |
| consobrinus / patruelis+ u. a. | cons(obr)inus | | cosin (Rol) | | | cousin |
| navis | | | nef (11.—17.) | | | |
| navigium(+) | | (ags.) | bat, batel (12.) | | | bateau |
| pellĕre+ | pulsare | | pousser (12. selten) | | | pousser |
| | | frk. *bôtan | bo(u)ter (Rol —17.) | | | |
| suavis | | | so(u)ef (13.—17.) | | | |
| iucundus+ | | | agreable (12.) | | | agréable |
| alibi+, alio+ | (in) *aliore (loco)? | | aillors (11.) | (d'ailleurs 16. 17.) | | ailleurs (cf. 146) |
| rarus | | | (rer selten) | (L) rare (14.) | | rare |
| epistula+ / litterae | litterae | | letres, letre (11., 12.) | | | lettre |
| | | | brief (Rol —16.) | | | |
| | | | | | province (17.) | province |
| aestas | | | esté (Rol) | | | été |
| terribilis+ | | | L terrible (12., 16.) | | | terrible |
| | | | | | se débrouiller (19.) | |
| vicinus | | | voisin (12.) | | | voisin |
| | | | | L sujet (14., 16.) | | sujet |
| sententia+ | | | avis (12., 14.) | | | avis |
| opinio(+) | | | L opinion (12.) | | | (opinion) |
| | | | | plan (16. 17.) | | plan |

| | | | | |
|---|---|---|---|---|
| tarde | | tart (11.) | | tard |
| | | | arranger (16.) | arranger |
| rusticus(+) | *villanus (9.) | vilain (11.—16.) | | |
| agricola+ | | païsenc, païsant (12.) | | paysan |
| serius+ | | | L serieux (14., 16.) | sérieux |
| contra | incontra (1.) | (en)contre (9., 10.) | | contre |
| spiritus | (L) | esperit, esprit (10., 12.) | (L) | esprit |
| fenestra | | fenestre (12.) | | fenêtre |
| (reparare+) | L | reparer (12.) | | réparer |
| bracchium | | braz (Rol) | | bras |
| (fortuna) | augurium | eür, bon(h)eur (12.—) | chance (17.) | chance |
| impedire(+) | impedicare* (L) | empëechier (12.) | | empêcher (788) |
| (disturbare) | | destorber (Rol —17.); | gêner (16. 17.) | gêner |
| | | manage, menage (13.) | | ménage |
| ruber(+) | rubeus (u. a.) | roge (12.) | | rouge |
| (con)servare+ | salvare (3.) | sauver (9., refl. 16.) | | sauver |
| gravis | gravis, grevis | grief (Rol), | (L) grave (15., 16.) | grave |
| | | tissu (12. 13.) | | tissu |
| | | maugré, malgré (12., 15.) | | malgré |
| dubitatio | (ev.) | dotaison; dote (12.) | | doute |
| claudĕre | | clore (12.—17.) | | |
| | (firmare | fermer „fest“) | fermer | fermer |
| lavare | | laver (10.) | | laver |
| praeferre+ | | amer mielz(12.); | L preferer (14.) | préférer |

| Klt. | Vlt. | Glt. | Afr. | Mfr. | Nfr. | Fr.fond. (691—743) |
|---|---|---|---|---|---|---|
| lingua | | | lengue (10.; cf. lengage 10.) | | | langue |
| | novella | | novele (11., „Novelle“ 15.) | | | nouvelle |
| offĕrre | (*offerire) | | ofrir (11.) | | | offrir |
| ovum | (*ǫvum) | | uef (12.) | | | oeuf |
| | (problema+) | | | L probleme (14., 18.) | | problème |
| qualitas+ | | L | calité, qualité (12., pos. 17.) | | | qualité |
| vitrum | | („Trinkgefäß“) | voirre, verre (12.) | | | verre |
| | | | | | (it) poste m. (17.) | poste m. |
| calceamentum | | | chaucement (12.); chauceüre (12.) | | | chaussure |
| calceus(+) | | subtelaris | soler, soulier (12., 14.) | | | (soulier) |
| | | (L) | curé (13.) | | | curé |
| colonia+ | | | | | L colonie(17.,19.) | colonie |
| substituĕre+ | | | remuer (13.—16.); | remplacer (16.) | | remplacer |
| genu(+) | geniculum, -uculum | | genoil (10.) | | | genou |
| contrarius+ | | L | contraire (Rol, 12.) | | | contraire |
| ita+ / sic | sic, ac sic, *in sic | | ensi, einsi (10., 12.) | | | ainsi |
| | | | | magnifique (15.) | | magnifique |
| onerare+ | carricare (6.) | | chargier (Rol) | | | charger |
| | | | (grant, gros) | important (15.) | | important |
| | | | | | n’importe (17.) | n’importe (556) |

| | | | | |
|---|---|---|---|---|
| planus | | plain (12.) | plain | |
| | (gr) plattus | plat (Rol, sb. 14.) | | plat |
| motus+ | *movitus, -a | (muete); movement (12.) | | mouvement |
| salire | | saillir (Rol —16. 17.) | | |
| | saltare* | sauter (12., selten) | | sauter |
| forum(+) | | | | |
| mercatus | | marchié (10.) | (bon m. 17.) | marché |
| mare | | mer (11.) | | mer |
| color | | colour (11.) | | couleur |
| (articulus) | | L article (13., „Ware“ 16. 17.) | | article |
| fames | | faim (11.) | | faim |
| | | | restaurant (18.) | restaurant |
| exercitus+ | hostis (5.) | ost (11.—16. 17.); armée (14.) | | armée |
| oleum - - - - | | (L) olie, oile, uile (11.) | | huile |
| | germ. rauba* | robe (12.) | | robe |
| invidia | („Lust nach“) | enveie, (L) envie (12., avoir 12.) | | (avoir) envie |
| cupiditas(+) | talentum | talent (10.—17.) | | |
| ora | ora, orum (6.) | (ore), or (12.), | oree (14.—18.) | |
| | frk. *bord | bort (12.) | | bord |
| | | raport (13., „Beziehung“ 17.) | | rapport |
| | | | actuel (18.) | actuel (1036) |
| (charta) | | L carte (14.) | | carte |
| crus+ | camba, gamba (4., 6.) | jambe (Rol) | | jambe |
| saccus | | sac (11.) | | sac |

| Klt. | Vlt. | Glt. | Afr. | Mfr. | Nfr. | Fr.fond. (745—795) |
|---|---|---|---|---|---|---|
| (turba) | | | to(u)rbe (11.—17.); | | (it) groupe (17., 18.) | groupe |
| scaena+ | | | | L scène (16., 17.) | | scène |
| pulvis | | | poudre (Rol–19.); | poussière (15.) | | poussière |
| tranquillus+ quietus | quietus | | coi (Rol —17.); L | tranquille (15.) | | tranquille |
| perfectus | | | (L) parfit, parfait (11., 12.) | | | parfait |
| excellens+ | | | L excellent (12., 16.) | | | excellent |
| obstupefacĕre+ | | | esbaïr, ebahir (12.—) | | étonner (17.) | étonner |
| | | | ne (non) aussi (12.); | non plus (15.) | | non plus |
| panis | | | pain (10.) | | | pain |
| | pascha, pascua | | Pasches (10.) | | | Pâques |
| | | | | | sympathique (19.) | |
| aedificium+ | | | L edifice (12.); bâtiment (12., 16.) | | | bâtiment |
| cultura(+) | | | | L culture (14., 16.) | | culture |
| | | | | (ouvrer 14.); | opérer, opération (17.) | (cf. 960) |
| ardēre | (auch trans.) | | ardoir, ardre (9.—16. 17.) | | | |
| urĕre(+) | ustulare | frk. *brôjan | usler, brusler (12.) | | | brûler |
| propter ob+ | propter+; pro, por | | po(u)r (9.—); | à cause de (14.) | | à cause de |
| spatiari+ ambulare(+) | | | (soi) esbatre (12.); | (se) promener (15.) | | se promener |
| | | | | promenade (16.) | | promenade (1012) |
| | | | | | L excursion (18.) | excursion (1061) |

| | | | |
|---|---|---|---|
| (decidĕre+) | | esgarder (12.); L decider (15.) | décider |
| | | pardon (12., interj. 16.) | pardon |
| (quatĕre+) | quassare | quasser (Rol) | casser |
| rumpĕre | | rompre (10.) | (rompre) |
| frangĕre | brisare* | fraindre (10.—15.), brisier (Rol) | (briser) |
| curare | | curer (12.—17.); soigner (14., 16.) | soigner |
| clarus | | cler, clair (10., 14.) | clair |
| disputare+ | (discutĕre+) | L discuter (13.) | discuter |
| forma | | fourme, (L) forme (12.) | forme |
| | | L résultat (16. 19.) | résultat |
| caeruleus+ | frk. *blao | blef, blo (12.) | bleu |
| construĕre+ | | L construire (13. 15.) | construire |
| locare | | loer (Rol, „mieten“ 12.) | louer |
| | | moteur (18.) | moteur |
| pictura | (*pinctura) | peinture (12., „Farbe“ 14.) | peinture |
| finis | | fin(s) (13.—17.) | |
| | germ. *marka | marche (Rol—17.); frontière (13. 14.) | frontière |
| numerus | | nombre (12.) | nombre |
| | | (it) numéro (16.) | numéro (986) |
| audēre+ | ausare | oser (10.) | oser |
| vis, vires + | virtus | vertu (Rol — 17.) | |
| | fortia (3.) | force (Rol) | force |
| ordo | | (orne), (L) ordre (Rol, „Befehl“ 16.) | ordre |
| flēre+ | plorare | plorer (10.) | pleurer |

| Klt. | Vlt. | Glt. | Afr. | Mfr. | Nfr. | Fr.fond. (796—851) |
| --- | --- | --- | --- | --- | --- | --- |
| olim+ | antea, ante annum | | ainz, antan (12.—17.) | | | |
| aliquando(+) | (ev. Verb. mit vices) | | autrefoiz (12. 13.) | | | autrefois |
| | | | estage (12.) | | | étage |
| viridis | | | vert (Rol) | | | vert |
| | | | | bonjour (15.) | | bonjour |
| via (rom); iter | | | oirre, erre (11.—17.) | | | |
| | (kelt.) cam(m)inus (7.) | | chemin (Rol) | | (de fer 18. 19.) | chemin |
| (lectio) | | | (L) leçon (12., 16.) | | | leçon |
| | | parisiensis | paresi(s) | parisien (14.) | | parisien |
| pluĕre | (plovĕre, *plovēre) | | plovoir (12.) | | | pleuvoir |
| | | | | | concours (17.) | concours |
| cantus | | | chant (12.) | | | chant |
| | | | | L principe (13. 14., en p. 19.) | | principe |
| dominus(+) | | | | | | |
| magister | | | maistre (10., Rol) | | | maître |
| sufficĕre | | | (L) sofire (12.) | (L) suffire (15.) | | suffire |
| | (periodus+) | | | L période (14.) | | période (1056) |
| | | | | | L époque (17.) | époque |
| dimidium(+) | medietas (2.) | | moitié (Rol) | | | moitié |
| gravis | (grevis) | | grief (Rol —17.); | pénible (12., 16.) | | pénible |
| providēre | | | porveoir (12.—14.) | | | |
| praevidēre+ | | | (L) preveoir (13., 16.) | | | prévoir |

| | | | | |
|---|---|---|---|---|
| | | | L social (16. 18.) | social |
| | | | hôpital (17. 19.) | hôpital |
| mortuus | | mort (9.) | | mort |
| (lagena+) | germ. flasca (6.) | flasche (12.—14.) | | |
| | *butticula | boteille (13.) | | bouteille |
| | | | L gaz (17., 18.) | gaz |
| | | | billet (15., 17.) | billet |
| | | | commune (Ende 18.) | — |
| | | | (engl) speaker (20.) | speaker |
| durare | | durer (11.) | | durer |
| exter(nus)+ | extraneus | estrange (11.–17.); étranger (14.) | | étranger |
| (famosus+) | | (alosé; renomé); L fameux (15., 18.) | | fameux |
| | | | organiser (Ende 18.) | — |
| mors | | mort (9.) | | mort sb. f. |
| dives+ | frk. *rîki | riche (11.) | | riche |
| arbor | | arbre (Rol) | | arbre |
| im(ex)pendĕre+ | dispendĕre* | despendre (12.); depenser (14.) | | dépenser |
| | | engagier (12., „verpflichten“ 16.) | | engager |
| lac | (lactis) | lait (12.) | | lait |
| mensura / modus(+) | mensura | mesure (Rol, „Maßnahme“ 17.) | | mesure |
| intelligens+ | | (entendant) | L intelligent (15.) | intelligent |
| superior+ | | L superior (12., „besser“ 17.) | | supérieur |
| foramen (rom) | traucum (7.) | tro(u) (12.) | | trou |

| Klt. | Vlt. | Glt. | Afr. | Mfr. | Nfr. | Fr.fond. (853—909) |
|---|---|---|---|---|---|---|
| nota(+) | | | L note (12., 13.) | | | note |
| | | | | | national(16. 18.) | national |
| | | | | | (it) opéra (17.) | opéra |
| | | | | (it) crédit (15.) | | crédit |
| | imaginari(+) | | L imaginer (13., refl. 15.) | | | (s') imaginer |
| iacĕre+ | iactare (iectare) | | geter, jeter (9.) | | | jeter (995) |
| | lanceare (3.) | | lancier (Rol, appel 17., cris 19.) | | | lancer |
| (affinis+) | cognatus (rom); | sororius | sororge (12.—17.); beau-frère (14.) | | | beau-frère |
| nasus | | | nes (Rol) | | | nez |
| liber(+) | | (frk.) francus | franc (11.—); | L libre (16.) | | libre |
| maestus+ / tristis } | tristis (tristus) | | trist, (L) triste (12.) | | | triste |
| | | *dolentus | dolent (11.—18.) | | | |
| costa | (auch „Seite", „Abhang") | | coste (12., „Küste" 16.) | | | côte |
| | | | courant (13., elektr. 19., au c. 18.) | | | courant |
| | | | | | L électrique (17. 19.) | |
| tempus (anni) | | | tens (12.); saison (12.) | | | saison |
| aula(+) | cohors | | cort (10.) | (cour 15.) | | cour |
| sol(rom) | | *soliculus | soleil (10.) | | | soleil |
| capillus | | | chevel (11.) | | | cheveu |
| nasci | (nascĕre) | | naistre (10.) | | | naître |
| | | | porfitier, profiter (12., 13.) | | | profiter |

| | | | | |
|---|---|---|---|---|
| | (proprietarius+) | L proprietaire (13.) | | propriétaire |
| | | retraite (12., „Pension“ 18.) | | retraite |
| se movēre | | (soi) movoir (Rol, 12.) | se mouvoir | |
| | *bullicare | bougier (12.) | | bouger |
| saltare(+) | (gr) ballare (4.) | baler (12.—16. 17.) | | |
| | (ev.) frk. *dintjan | dancier (12.) | | danser |
| miles+ | (ev. Abl. v. *solidata) - - - | soudoier (Rol); | (it) soldat (15.) | soldat |
| militaris+ | | | L militaire (14., sb. 17.) | militaire (980) |
| | | enfermier (13.), (L) infirmier (14.) | | infirmier |
| | (textus+) | L texte (12., 13.) | | texte |
| | | tant come, tant que (11., Rol) | | tant que |
| eligĕre | | elire (Rol—17.) | | |
| | kausjan* | choisir (12.) | | choisir |
| | (practicus+) | | L pratique (14., 20.) | pratique adj. |
| currĕre | | corre, courir (10., 13.) | | courir |
| vestire | | (soi) vestir (10., 12.) | (se) vêtir | |
| | | | habiller (14., refl. 17.) | (s')habiller |
| | | | avenue (16., 19.) | avenue |
| | | ro(u)eler (12., „fahren“ 17.) | | rouler |
| | | | équipe (19., 20.) | équipe |
| | natalis (dies) | Nael, Noel (12.) | | Noël |
| | | | (it) artisan (16.); artiste (17.) | artiste |
| piscis (rom) | *piscio | poisson (10.) | | poisson |
| imago - - - | | (L) image(ne) (11.) | | image |

| Klt. | Vlt. | Glt. | Afr. | Mfr. | Nfr. | Fr.fond. (910—959) |
|---|---|---|---|---|---|---|
| miserēri+ | plangĕre ——— | ——— | (soi) plaindre (11., Rol) ——— | ——— | ——— | (se) plaindre |
| tergum(+) / dorsum } ——— | dorsum ——— | ——— | dos (Rol) ——— | ——— | ——— | dos |
| iecur(+) | ficatum (4.) ——— | ——— | firie, foie (Rol, 12.) ——— | ——— | ——— | foie |
| | | | (avertir 13.—) | | prévenir (Anf. 18.) ——— | ——— |
| fremitus ——— | ——— | nausea* ——— | (friente), noise (11.—16. 17.) | | | |
| | | | bruior, bruit (Rol, 12.) ——— | ——— | ——— | bruit |
| occasio ——— | ——— | ——— | (ochaison), (L) occasion (12., 13.) ——— | ——— | ——— | occasion |
| | | | atraper (12., „auffangen" 17.) ——— | ——— | ——— | attraper |
| verberare(+) | batt(u)ĕre ——— | ——— | batre (11., „besiegen" 17.) ——— | ——— | ——— | battre |
| ferire ——— | ——— | ——— | ferir (10.); fraper (12., 16.) ——— | ——— | ——— | frapper (949) |
| | | (ev.) *tappare - - - | taper (12., selten) ——— | ——— | ——— | taper (987) |
| subito(+) | | | sodainement (12.); | tout d'un coup (16. 17.) ——— | ——— | tout d'un coup |
| prandium(ostrom) - - - | - - - | *prandiaria ——— | (prangiere); | disner (—19.); | déjeuner sb. (18. 19.) ——— | ——— |
| cena(rom) | | | so(u)per (10.—19.) | | dîner sb. (18. 19.) ——— | (1037) |
| respondēre ——— | (respondĕre) ——— | ——— | respondre (13.); | L correspondre (14.) ——— | ——— | correspondre |
| operire+ - - - | cooperire ——— | ——— | covrir (10.) ——— | ——— | ——— | couvrir |
| aestimare ——— | ——— | ——— | esmer (12.), (L) estimer (13. 14.) ——— | ——— | ——— | estimer |
| sinister ——— | (sinexter) ——— | ——— | senestre (Rol—17.); gauche (15.) ——— | ——— | ——— | gauche |
| | | | | L | technique (18., sb. 19.) ——— | ——— |
| | | | | | usine (18. 19.) ——— | usine |
| | | | (romanz) - - - | - - - | roman sb. (16. 17.) ——— | ——— |

| | | | | |
|---|---|---|---|---|
| | | pesche(rie) (13.) | | pêche |
| iugulum(+) | gurges (gurga) | gorge (12., „Brust“ 13.) | | gorge |
| patruus+ } avunculus } | avunculus | oncle (Rol) | | oncle |
| gallina | | geline (12.—17.) | | |
| | pulla | pole (12. 13.) | | poule |
| anas | | ane (12.); quanart (13.) | | canard |
| idoneus(+) | habilis | able (13.—16.); L | capable (14.) | capable |
| | | travers (12.) | | travers |
| casus+ | (*adventura) | aventure(12.-18.); | hasard (16.) | hasard |
| ordinarius+ | | L | ordinaire (14., 17.) | ordinaire |
| secundum | | son, (L) second (12.); | suivant (15.) | suivant prép. |
| | | (parole; parlement) | conversation (16. 17.) | |
| scalae(rom) | scalarium | (eschalier), (okz) | escalier (16.) | escalier |
| | | degré (11.—18.); | montée (14.—19.) | |
| colligĕre | (re)colligĕre | (re)coillir (—17.); | ramasser (15. 16.) | ramasser |
| linea | | ligne (12., „Zeile“ 13.) | | ligne |
| septentriones+ | (aengl) | nort (12., selten bis 18. 19.) | | nord |
| (producĕre+) | | (L) | produire (14., refl. 17.) | produire |
| auctor+ | L | au(c)tor (12.) | | auteur |
| creare | | crier, (L) creer (12.) | | créer |
| | *quadrellus | quarrel (Rol, 12.) | | carreau |
| venatio(+) | (ev.) *captia | chace (12.) | | chasse |

| Klt. | Vlt. | Glt. | Afr. | Mfr. | Nfr. | Fr.fond. (963—1023) |
|---|---|---|---|---|---|---|
| tabernaculum+ | | (?>) | tref (Rol—17.) | | | |
| tentorium+ | tenda (7.) | - - - | tente (12.) | —— | —— | tente |
| | | | des que (12.) | —— | —— | dès que |
| | (inodiare) | - - - | enoiier (Rol, 12.) | —— | —— | ennuyer |
| | | | | risquer (16. 17.) | —— | risquer |
| | | | (it, sp) | brave (14., 16.) | —— | brave |
| | | | | adresser (15., 16.) | —— | adresser |
| | *abantiare | —— | avancier (12.) | —— | —— | avancer |
| transire(+) | transversare (5.) | —— | traverser (10.) | —— | —— | traverser |
| balneum —— | (auch „Baden“) | —— | bain (Rol) | —— | —— | bain |
| pronuntiare+ | | L | prononcier (12., 13.) | —— | —— | prononcer |
| | | | demore (12.—17.); | retardement, retard (14., 17.) | —— | retard |
| valetudo+ | | | | | | |
| sanitas | —— | —— | santé (10.) | —— | —— | santé |
| dexter, dextra | —— | —— | destre (10., Rol); | droit, droite (15., 16.) | —— | droit(e sb.) |
| | | | | entretenir (15.) | —— | entretenir |
| mercator(+) | (ev.) *mercatans | - - - | marcheant (10.) | —— | —— | marchand |
| | | | | meuble (16., 17.) | —— | meuble |
| lana | —— | —— | laine (12.) | —— | —— | laine |
| | | | | rôle (16., 17.) | —— | rôle |
| dolor | —— | —— | dolour (11.) | —— | —— | douleur |
| | dolus (3.) | —— | duel (10.—17.) | | | |

| | | | | | |
|---|---|---|---|---|---|
| religiosus+ | | L | religio(u)s (12.) | | religieux |
| latus | | | lé (Rol—16.) | | |
| | largus* | | large (11., Rol) | | large |
| experientia+ | | L | esperience (13.) | | expérience |
| experimentum | - - - - - - - - - - | (L) | esper(i)ment (12.), (L) experiment | | |
| (centrum+) | | L | centre (13., übertragen 17.) | | centre |
| agglutinare+ | (ev.) glutare - - - - - - | | gluer (12.—17.); | coller (14.) | coller |
| necessarius(+) | | L | necessaire (12.) | | nécessaire |
| | | | | police (17.) | police |
| fatēri+ | frk. *jehhjan | | jehir, gehir (12.); | avouer (16.) | avouer |
| invitare | | | envier (11.), | (L) inviter (14.) | inviter |
| flavus(+) | galbinus (1.) | | jalne (Rol) | | jaune |
| amita, matertera+ } | amita | | ante (12.—16.), tante (12.) | | tante |
| | | | | fumer (17.) | fumer |
| politicus, -e+ | | L | politique (13., adj. 14.) | | politique |
| | | | | syndicat (19.) | syndicat |
| ancilla | | | ancele (12.—16.); | servante (14.); bonne (Anf. 18.) | bonne sb. |
| contactus+ | | | | L contact (16., 18.) | contact |
| flos | | | flour (Rol) | | fleur |
| medicina(+) | (physica+) | L | fisique (12.); | L medecine (14.) | médecine |
| | | | | tenue (16., „Kleidung“ 18. 19.) | tenue |
| nare+, natare } | natare (*notare) | | no(u)er (12.—17.); | nager (14.) | nager |

| Klt. | Vlt. | Glt. | Afr. | Mfr. | Nfr. | Fr.fond. (1024—1063) |
|---|---|---|---|---|---|---|
| insula — | | | isle (12.) — | | | île |
| | | | | | musée (18.) — | musée |
| | | | | initiative (16.) — | | initiative |
| | | | (barbier 13.) | | coiffeur (17.) — | coiffeur |
| paratus+ | praestus — | | prest (11.) — | | | prêt adj. |
| gustus — | | | gost (12., „Neigung“ 16.) — | | | goût |
| | (specialis+) - - - | (L) | especial, (L) special — | | | spécial |
| condicio+ | | L | condicion, condition (12.) — | | | condition |
| | | | esforz (Rol) — | | | effort |
| culpa — | | | cou(l)pe (9.—16. 17.) | | | |
| | *fallita — | | faute (12.) — | | | faute |
| fingĕre(+) | | (L) | supposer (13.) — | | | supposer |
| suspicari — | | | soschier (12.—13.) | | | |
| avia(+) | *aviola — | | aïeule (12.—); | grand mere (14.) — | | grand-mère |
| intentio+ | | L | entencion, intencion (12.) — | | | intention |
| recusare(+) | *refusare — | | refuser (12.) — | | | refuser |
| repudiare(+) | contradicĕre — | | contredire (9.—15.) | | | |
| decipĕre — | | | deçoivre, decevoir (12.—17.) | | | |
| fallĕre(+) | *ingannare — | | enganer (11.—17.); tromper (14., refl. 16.) — | | | tromper |
| veritas — | | | verté, (L) verité (10.) — | | | vérité |
| festus dies - - - | festa (4.) — | | feste (11.) — | | | fête |
| | (mechanicus+) | | | L mécanique (14., 18.) — | | mécanique |

| | | | | | |
|---|---|---|---|---|---|
| purgare | | | purg(i)er (12.—17.) | | |
| | | *nitidiare | neier, netoiier (12.) | | nettoyer |
| educatio+ | | nutritura* (L) | norriture (12.); | L éducation (15.) | éducation |
| acumen(+) | puncta (4.) | | pointe (12.) | | pointe |
| tabula (picta) | | | tablete (13.—16.); | tableau (14.) | tableau |
| | | | | L programme (17. 19.) | |
| (castellum | | | chastel) | chateau (14. 15.) | château |
| dux(+), ductor | | ductor | (duitor 12.) | | |
| rector(+) | | frk. *wîto | guis, guion (12.); | guide (14., Buch 17.) | guide |
| inventor+ | | | | L inventeur (15.) | inventeur |

## Bibliographie in Auswahl[1]


Baldinger, Kurt: *Kollektivsuffixe und Kollektivbegriff*, Berlin 1950.

Bambeck, Manfred: *Lateinisch-romanische Wortstudien*, Wiesbaden 1959.

Brunot, Ferdinand: *Histoire de la langue française des origines à nos jours*, 13 vol., Paris, Neudruck 1966—1972.

Brunot, Ferdinand/Bruneau, Charles: *Précis de grammaire historique de la langue française*, Paris ³1949, Neudruck 1961.

Chaurand, Jacques: *Introduction à l'histoire du vocabulaire français*, Paris 1977.

Darmesteter, Arsène: *La vie des mots*, Paris 1950 (erstmals 1887).

Dauzat, Albert: *Précis d'histoire de la langue et du vocabulaire français*, Paris 1949.

Dubois, Jean: *Etude sur la dérivation suffixale en français moderne et contemporain*, Paris 1962.

Dubois, Jean/Dubois, Claude: *Introduction à la lexicographie: le dictionnaire*, Paris 1971.

Ducháček, Otto: *Précis de sémantique française*, Brno 1967.

Ernout, Alfred: *Aspects du vocabulaire latin*, Paris 1954.

Ernst, Gerhard: *Der Wortschatz der französischen Übersetzungen von Plutarchs «Vies parallèles» (1559—1694)*, Tübingen 1977.

*Etymologie*, Ed. R. Schmitt, Darmstadt 1977.

Gamillscheg, Ernst: *Französische Bedeutungslehre*, Tübingen 1951.

Gebhardt, Karl: *Das okzitanische Lehngut im Französischen*, Bern-Frankfurt/M. 1974.


[1] Zu semasiologischen und onomasiologischen Einzeluntersuchungen cf. v. a.:

Levy, Raphael: *A bibliography of longer French word-studies, 1935—1965*, in: *RLiR 30* (1966), 390—414.

Gorog, Ralph de: *Bibliographie des études de l'onomasiologie dans le domaine du français*, in: *RLiR 37* (1973), 419—446.

Picoche, Jacqueline: *Le vocabulaire psychologique dans les Chroniques de Froissart*, vol. I, Paris 1976, v. a. S. 199—212.

Zu den wichtigsten etymologischen Wörterbüchern und Lexika über die älteren Sprachstufen:

Baldinger, Kurt, éd.: *Introduction aux dictionnaires les plus importants pour l'histoire du français*, Paris 1974.

Zu den modernen Wörterbüchern:

Hausmann, Franz Josef: *Einführung in die Benutzung der neufranzösischen Wörterbücher*, Tübingen 1977.

Zu den Arbeiten über die Gegenwartssprache:

Schütz, Heinz: *Gesprochenes und geschriebenes Französisch. Bibliographische Materialien (1964—1976)*, Tübingen 1978, v. a. 3. Lexique, S. 73 ff.

GOUGENHEIM, Georges / MICHÉA, René / RIVENC, Paul / SAUVAGEOT, Aurélien: *L'élaboration du français fondamental (1er degré)*, Paris, Nouv. éd. 1964.
GOUGENHEIM, Georges: *Etudes de grammaire et de vocabulaire français*, Paris 1970.
—: *Les mots français dans l'histoire et dans la vie*, Paris, vol. I 41972, vol. II 21969, vol. III 1975.
GRISAY, Auguste/LAVIS, Georges/DUBOIS-STASSE, Micheline: *Les dénominations de la femme dans les anciens textes littéraires français*, Gembloux 1969.
GUIRAUD, Pierre: *L'ancien français*, Paris 51975 (Que sais-je?).
—: *Le moyen français*, Paris 31972 (Que sais-je?).
—: *Les mots étrangers*, Paris 21971 (Que sais-je?).
—: *Les mots savants*, Paris 21978 (Que sais-je?).
HASSELROT, Bengt: *Etudes sur la formation diminutive dans les langues romanes*, Uppsala-Wiesbaden 1957.
—: *Etude sur la vitalité de la formation diminutive française au XXe siècle*, Uppsala 1972.
HÖFLER, Manfred: *Zur Integration der neulateinischen Kompositionsweise im Französischen, dargestellt an den Bildungen auf* -(o)manie, -(o)mane, Tübingen 1972.
HUGUET, Edmond: *L'évolution du sens des mots depuis le XVIe siècle*, Paris 1934, Neudruck Genf 1967.
—: *Mots disparus ou vieillis depuis le XVIe siècle*, Paris 1935, Neudruck Genf 1967.
HUPKA, Werner: *Das Wortfeld ‚schlagen' im Altfranzösischen*, München 1980.
JUD, Jakob: *Romanische Sprachgeschichte und Sprachgeographie*. Ausgewählte Aufsätze, Zürich 1973.
LIPPOLD, Else: *Die Gründe des Wortuntergangs, untersucht am Schicksal des Crestiien-Wortschatzes in der französischen Schriftsprache*, Diss. Erlangen 1946.
LÖFSTEDT, Einar: *Philologischer Kommentar zur Peregrinatio Aetheriae*, Uppsala 1911, Neudruck Darmstadt 1966. [= Löfstedt]
—: *Syntactica*, Lund, Bd. I 21942, Neudruck 1956, Bd. II 1933, Neudruck 1956.
LÜDTKE, Helmut: *Geschichte des romanischen Wortschatzes*, 2 Bde., Freiburg i. Br. 1968.
MATORÉ, Georges: *La méthode en lexicologie: domaine français*, Paris 1953.
MESSNER, Dieter: *Einführung in die Geschichte des französischen Wortschatzes*, Darmstadt 1977.
—: *Essai de lexicochronologie française*, Salzburg 1975.
MITTERAND, Henri: *Les mots français*, Paris 51976 (Que sais-je?).
MULLER, Charles: *Initiation aux méthodes de la statistique linguistique*, Paris 1973.
NYROP, Kristoffer: *Grammaire historique de la langue française*, 6 vol., Copenhague-Paris 1899—1936.
PEYTARD, Jean: *Recherches sur la préfixation en français contemporain*, 3 vol., Lille-Paris 1975.
PICOCHE, Jacqueline: *Précis de lexicologie française*, Paris 1977.

QUADRI, Bruno: *Aufgaben und Methoden der onomasiologischen Forschung*, Bern 1952.
RENSON, Jean: *Les dénominations du visage en français et dans les autres langues romanes*, 2 vol., Paris 1962.
REY, Alain: *La lexicologie*, Paris 1970.
RHEINFELDER, Hans: *Altfranzösische Grammatik*, Teil 2: Formenlehre und Syntax, München ²1976.
ROHLFS, Gerhard: *Romanische Sprachgeographie*, München 1971.
SAUVAGEOT, Aurélien: *Portrait du vocabulaire français*, Paris 1964.
SCHMITT, Christian: *Die Sprachlandschaften der Galloromania*, Bern-Frankfurt/M. 1974.
SCHÖNE, Maurice: *Vie et mort des mots*, Paris ²1951 (Que sais-je?).
SÖLL, Ludwig: *Die Bezeichnungen für den Wald in den romanischen Sprachen*, München 1967.
SÖLL, Ludwig: *Gesprochenes und geschriebenes Französisch*, Berlin 1974, ²1980 (bearbeitet von Franz Josef Hausmann).
STEFENELLI, Arnulf: *Der Synonymenreichtum der altfranzösischen Dichtersprache*, Wien 1967.
STEMPEL, Wolf-Dieter: *Untersuchungen zur Satzverknüpfung im Altfranzösischen*, Braunschweig 1964.
*Strukturelle Bedeutungslehre*, Ed. H. Geckeler, Darmstadt 1978.
ULLMANN, Stephen: *Grundzüge der Semantik*, Berlin 1967.
—: *Sprache und Stil*, Tübingen 1972.
—: *Semantik. Eine Einführung in die Bedeutungslehre*, Frankfurt 1973.
—: *Précis de sémantique française*, Bern ⁵1975.
VÄÄNÄNEN, Veikko: *Introduction au latin vulgaire*, Paris ²1967.
WAGNER, Robert-Léon: *L'ancien français*, Paris 1974.
WARTBURG, Walther von: *Evolution et structure de la langue française*, Bern ¹⁰1971.
—: *Einführung in Problematik und Methodik der Sprachwissenschaft*, Tübingen ³1970.
—: *Die Ausgliederung der romanischen Sprachräume*, Bern 1950.
—: *Die Entstehung der romanischen Völker*, Tübingen ²1951.

## Wortindex

# Sachindex